Erstürmt die Höhen der Kultur!

Manfred Karge / Hermann Wündrich

ERSTÜRMT DIE HÖHEN DER KULTUR!

Umkämpftes Theater in der DDR

Unter Mitarbeit von Renate-Louise Frost

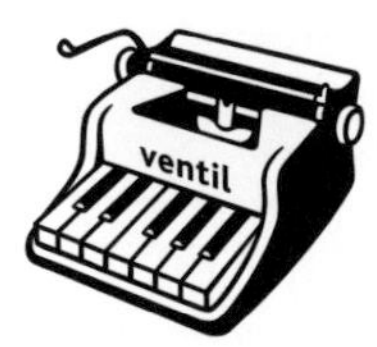

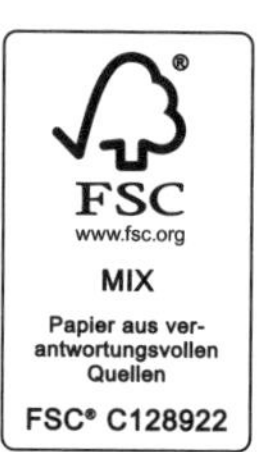

Gedruckt mit freundlicher Unterstützung der Bundesstiftung zur Aufarbeitung der SED-Diktatur

1. Auflage Dezember 2020

Layout & Satz: Patrick Siegmund & Oliver Schmitt
Druck: Himmer GmbH Druckerei, Augsburg
ISBN 978-3-95575-141-8

Ventil Verlag, Boppstr. 25, D-55118 Mainz
www.ventil-verlag.de

Programm

VORSPIEL

VORHANG AUF!

NACHSPIEL

EPILOG

VOR DEM VORHANG

die erkenntnis kann an einem anderen ort gebraucht
werden als wo sie gefunden wurde.

Bertolt Brecht, »Fatzer«

VOR
SPIEL

Die untergegangene Schatzinsel

Mit einer Pressemeldung vom 10. Januar 2013 stellte das Berliner Ensemble ein neues Projekt vor: »Mit der Reihe ›Verbotene und vergessene Theaterstücke der DDR‹ will das Berliner Ensemble an vergessene und verbotene Dramen aus der DDR-Zeit erinnern. Geprägt durch die – häufig nach Ostdeutschland – zurückgekehrten exilierten deutschen Schriftsteller bildete sich ab Ende der 50er-Jahre ein ganz eigener Typus von Theaterstück heraus. Allerdings kamen etliche dieser Stücke nur unter Schwierigkeiten oder nie auf die Bühne, da sie von der Politik als zu kritisch angesehen wurden. Diese Stücke sollen hier zu Wort kommen und solche, die den Sprung auf die Bühne geschafft haben, aber inzwischen in Vergessenheit geraten sind. Diese kleine Reise in die Dramatik jüngster Vergangenheit ist ein Sich-Erinnern, das auch ein Bewahren und immer auch ein Gegen-den-Strom-Schwimmen ist.«

Aus der geplanten kleinen Reise, die der Regisseur und Autor Manfred Karge zusammen mit dem Dramaturgen Hermann Wündrich unternehmen wollte, entwickelte sich eine ausgiebige Expedition in eine Vergangenheit, die Überraschungen und Neuigkeiten bereithielt. Selbst an jener Zeit Beteiligte oder von ihr Betroffene betraten zuweilen Neuland. Fertige Urteile erwiesen sich als nachgetragene Vorurteile, Kenntnisse als Unwissen, Fakten als Fake. Vieles war eben doch ganz anders.

Das Interesse des Berliner Publikums an diesen szenischen Lesungen mit Schauspielern und Schauspielerinnen, die monatlich stattfanden, weiteten das ursprünglich begrenzte Vorhaben zu 44 Veranstaltungen aus, die erst im Juli 2017 mit dem Abschied Claus Peymanns als Theaterleiter abgebrochen werden mußten. So blieben einige Autoren außen vor, die wiederzuentdecken sich lohnen würde.

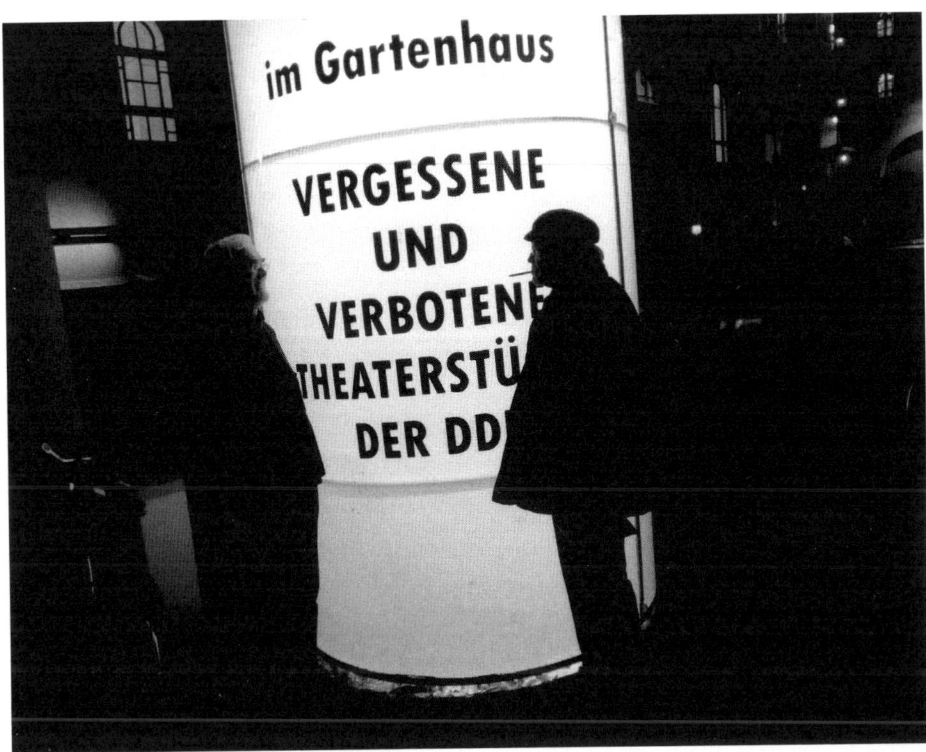

Plakatsäule vor dem Berliner Ensemble 2017

Auf den Erfahrungen, die aus diesen Lesungen gewonnen wurden, beruht die Idee zu diesem Buch. Es erzählt Geschichten von den Uraufführungen der vorgestellten Stücke. Es sind tragische, komische, abenteuerliche, mutige, dumme, listige, subtile, verständnisvolle und brutale Geschichten. Es sind Geschichten aus der Kulturgeschichte eines untergegangenen Landes. »Erstürmt die Höhen der Kultur!«, propagierte die DDR. Geschah das? War das so? Was bleibt übrig davon?

Die vorliegende Auswahl aus dem reichen Schatz der DDR-Dramatik ist in keiner Weise repräsentativ. Persönliche Vorlieben, Erinnerungen und der Zufall spielten den Ratgeber. Trotzdem – oder deshalb – wird deutlich, wenn die jeweilige Uraufführungsgeschichte eines Stückes umrissen wird, welche Bedeutung die DDR dem Theater zumaß.

Manfred Karge
Hermann Wündrich

VOR
HANG
AUF
!

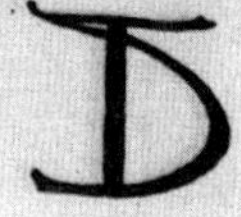

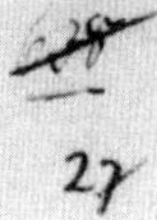

19. Feb. 1953

27

DEUTSCHES THEATER UND KAMMERSPIELE
STAATSTHEATER
INTENDANT WOLFGANG LANGHOFF

Kulturabteilung des ZK
z.Hd. Herrn Herzog

Berlin W 1
Thälmannplatz

BERLIN NW 7, den
Schumannstraße 13a
Fernruf 42 55 06

19.2.53

Lieber Genosse Herzog!

Wir hatten gestern abend im Deutschen Theater keine Kohlen, das Publikum mußte gebeten werden, die Mäntel anzubehalten und die Darsteller waren nur mit Mühe zu überreden, daß sie überhaupt spielten. (Die Umzüge in kalten Garderoben, die zugige Bühne usw. sind gesundheitsgefährdend.)

Wir müssen darauf hinweisen, daß wir heute unter keinen Umständen probieren und spielen können, falls uns da nicht irgendeine Hilfe kommt.

Mit sozialistischem Gruss!

W. Langhoff.

erledigt.
19.2.53
Boock

Praktische Probleme eines Theaterintendanten 1953[4]

Zwischen den Stühlen

Heinar Kipphardt
1922–1982

SHAKESPEARE DRINGEND GESUCHT

Was tun, wenn für den Aufbau des Sozialismus die Theaterstücke fehlen? »Es muss erreicht werden, dass so schnell wie möglich Bühnenstücke mit sozialistischen Themen zum starken ideellen Kern des Repertoires werden.« Das fordert die Partei in einem ihrer vielen Thesenpapiere zur Vorbereitung der nächsten, übernächsten und überübernächsten Kulturkonferenz.[1] Die junge DDR befindet sich im Aufbau. Das Land ringt um ein Selbstverständnis. Die Regierung sucht Anerkennung. Da gilt es, dass die Partei sich auch kulturell behauptet. Also was tun? Die DDR ist gerade einmal drei Jahre alt, da schreibt die Staatliche Kommission für Kunstangelegenheiten 1952 einen allgemeinen Wettbewerb aus. Zweck: »Förderung zeitgenössischer Dramatik.«[2] Zehn ausgesuchte Autoren bekommen den Auftrag, sich zu beteiligen. Dafür erhalten sie ein monatliches Stipendium. Dazu zählen unter anderen Heinar Kipphardt, Hedda Zinner, Alfred Matusche. Die Auswahl verursacht, wie könnte es in der Literaturszene anders sein, Aufregung. Der Schriftsteller Fritz Erpenbeck zum Beispiel wurde nicht berücksichtigt. Er schickt ein Telegramm an die Kommission: »Ich möchte mich an dem neuen Wettbewerb mit einem Schauspiel beteiligen Arbeitstitel Sechstagerennen Stop Bitte um Aufnahme unter die letzten zehn Auserwählten Stop Fritz Erpenbeck.«[3] Der Mann ist nicht irgendwer. Er ist nicht nur Hauptabteilungsleiter der Abteilung Darstellende Kunst beim Ministerrat der DDR und erteilt als solcher Druckgenehmigungen für Bühnenmanuskripte, er ist auch Chefredakteur der Zeitschrift »Theater der Zeit«, also ein wichtiger Theaterkritiker, auch Gegner Brechts (»Vorsicht, Sackgasse!«), und zu allem Überfluss noch der Ehemann von Hedda Zinner, die man ja eingeladen hatte, am Preisausschreiben teilzunehmen. Und eben auch Autor.

Damit nicht genug. Bertolt Brecht, der die Kommission wegen ihrer Anmaßung, Zensur auszuüben, zuvor immer wieder heftig kritisiert hatte, sitzt gleichwohl oder gerade deshalb in der Jury des Wettbewerbs. Er schlägt vor, auch Erwin Strittmatter und Johannes Bartel, einen hoffnungsvollen jungen proletarischen Autor, von Beruf Schlosser, in die Liste aufzunehmen. Er bietet an, beiden als »Berater« beizustehen. Die beiden Autoren werden abgelehnt. Brecht verlässt unter Protest die Jury.[5]

Die Lasten der Preisträger

Eingereicht werden 61 Stücke. Für den ersten Preis gibt es 7.500 Mark. Ihn gewinnt Hedda Zinner für ihr Stück »Der Teufelskreis«. In fünf Akten schildert sie den Reichstagsbrand 1933 und den folgenden Prozess. Vom Stück ihres Mannes ist keine Rede mehr. Im Zentrum von »Teufelskreis«, einem politischen Panorama mit 50 Rollen, steht der klassenbewusste Angeklagte Dimitroff. Höhepunkt ist ein Rededuell vor Gericht zwischen ihm und Göring, das den Reichsfeldmarschall blamiert. Das Stück wird im Theater am Schiffbauerdamm uraufgeführt und ist die letzte Inszenierung des scheidenden Intendanten Fritz Wisten. Er übernimmt die Volksbühne und Bertolt Brecht zieht mit seinem Berliner Ensemble 1954 in das Theater, das er sich immer gewünscht hatte.

Den 2. Preis und 5.000 Mark erhält Heinar Kipphardt für seine Komödie »Shakespeare dringend gesucht«. Es ist eine Satire auf den Kulturbetrieb, dem sich der Autor als Dramaturg, der er ist, zugehörig fühlt. Gesättigt mit Selbstironie, hat das Stück quasi den Wettbewerb selbst, die Suche nach einem neuen Stück, zum Thema. Kipphardt schreibt gewissermaßen das dringend gesuchte neue Gegenwartsstück, in dem dringend ein neues Gegenwartsstück gesucht wird.

Was wird gespielt?

Unbedacht setzt ein engagierter Dramaturg, der zunehmend verzweifelt nach einem zeitgenössischen, fortschrittlichen Stück sucht, einen Autor vor die Tür, dessen Talent er später doch noch erkennt. Hektisch macht er sich auf die Suche nach ihm, was zu grotesken Auftritten und wüsten Verwechslungen führt. Sie bieten die Gelegenheit, verschiedene Typen von Autoren – Ähnlichkeiten mit lebenden Vorbildern sind nicht zufällig – und ihre vermeintlich fortschrittlichen Stücke der Lächerlichkeit preiszugeben (»Nieten«, »Zeitmörder«, »Ajaxe der Talentlosigkeit«, »Türme des Dilettantismus«). Endlich hält der Dramaturg das begehrte Stück in Händen. Bevor es zur Uraufführung kommt, muss er noch die Widerstände des opportunistischen Intendanten, eifersüchtiger Autoren

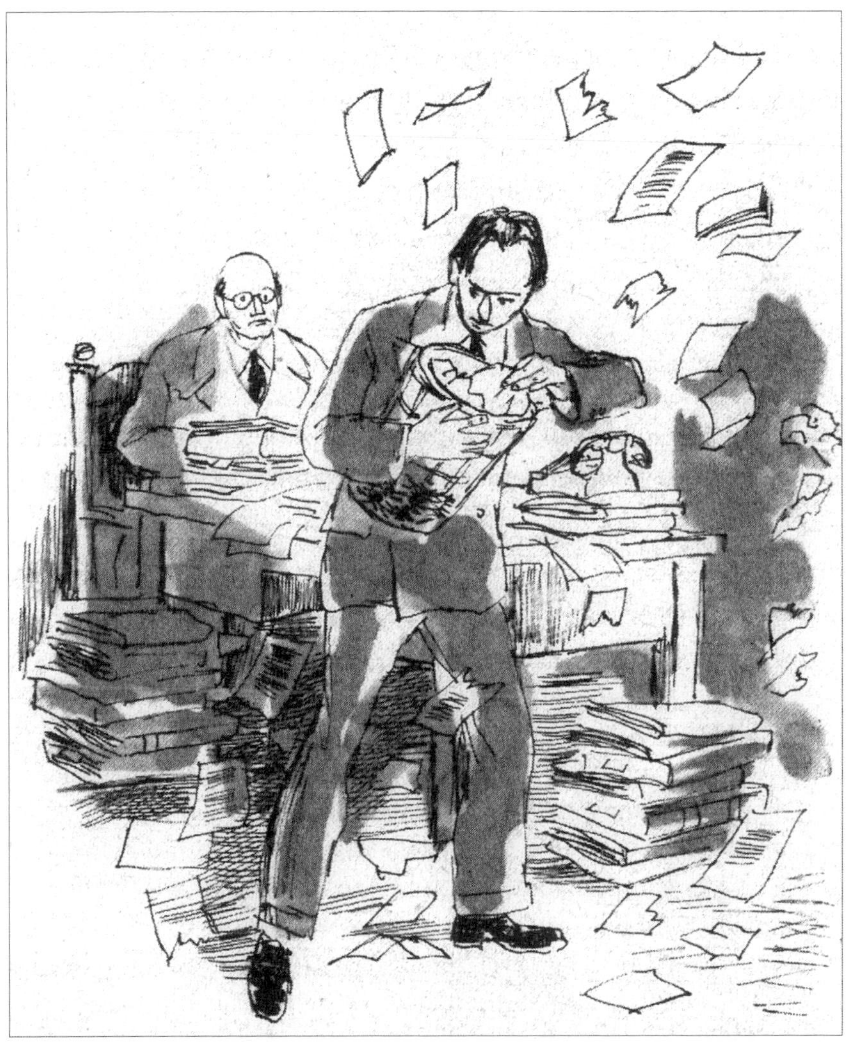

»Um Gottes Willen! Ich habe den Dichter mit dem einzigen brauchbaren Stück hinausgeschmissen.« Zeichnung aus dem Programmheft der Uraufführung Deutsches Theater Berlin 1954.[6]

und des engstirnigen, dogmatischen »Amtes für Kunst« überwinden – obwohl der Autor theoretisch dem sozialistischen Ideal entspricht, denn er ist Schlosser (sic!) und Schriftsteller, also Prolet und Poet, die ideale Lichtgestalt, der viel beschworene und ersehnte »positive Held«! Kipphardt erhält den Nationalpreis III. Klasse.

Aber Kipphardt bremst mit einem Hinweis vorschnelle Begeisterung: »Die einzig positive Gestalt des Stückes ist der junge Fridolin (der Bürobote, eine kleine Nebenfigur). Sein Bewusstsein ist sozialistisch. Für ihn ist natürlich, dass er sich frei entwickeln kann. [...] Er wird der allseitig gebildete, Wahrheit und Tätigkeit verbindende neue Mensch sein in einer Welt, die die Herrschaft des Menschen verwirklicht hat.«

> *»Als kabarettistisches, kritisches Stück über die Theaterlandschaft und die Kulturpolitik fand ich ›Shakespeare dringend gesucht‹ schon ganz geistreich und habe mich gefreut, dass sowas gespielt wurde. Es war damals eine ziemlich geschlossene Zeit, eine Zeit mit viel Zensur, wo viel verboten wurde und wo gerade Kritik nicht gern gesehen wurde.«*[7]
>
> Maik Hamburger

In seinem satirischen Zeitstück bringt der Chefdramaturg auch seine eigenen Erfahrungen mit einer »völlig inkompetenten DDR-Kulturbürokratie« und ihren unfähigen Funktionären auf die Bühne. Die Ironie will es, dass Kipphardts Stück beinahe selbst Opfer der Zustände geworden wäre, die es kritisiert. »Seit Herbst 1952 gab es ergebnislose Gesprächsrunden mit Berliner Kulturfunktionären [über das Stück], bis sich Langhoff genötigt sah, die ›entscheidenden Genossen‹ zu bemühen.«[8]

Das Stück kommt an – endlich etwas zum Lachen. Die insgesamt 400 Vorstellungen machen Kipphardt mit einem Schlag zum erfolgreichen und bekannten Bühnenautor. Der Autor, der einen unbekannten Autor sucht, wird populär. Einen großen Beitrag dazu leisten Tageszeitungen mit Zeichnungen und Karikaturen. Ein Stück von »aktueller Bedeutung, mit frischem, zupackenden Mut«, erklärt der Theaterintendant Fritz Wisten.[9] »Etwas Neues und Erfreuliches in unserer Gegenwartsdramatik«, schreibt Hans Ulrich Eylan in der »Berliner Zeitung«.[10] »Kipphardts Stück kommt zur rechten Stunde. Es spielt im Theater, aber es betrifft alle Kreise unseres Lebens und Arbeitens. [...] Es wird mithelfen, eine neue Atmosphäre zu schaffen [...], eine Atmosphäre mutiger Kritik und Selbstkritik«, bemerkt Henryk Keisch im »Neuen Deutschland«.[11] Die »Berliner Zeitung« veröffentlicht an prominenter Stelle eine Leserzuschrift. Das Stück

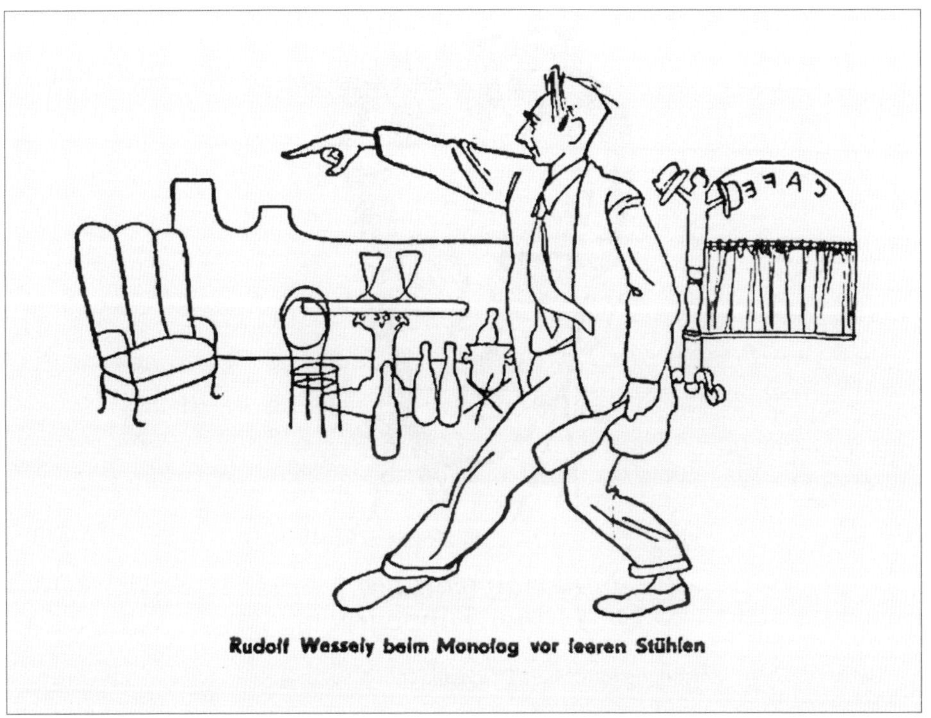

Uraufführung »Shakespeare dringend gesucht!«, Zeichnung aus der Berliner Zeitung 4.7.1953

»hat gezeigt, dass tatsächlich von der literarischen Seite her auch eine politische Entwicklung, ein neuer Kurs unterstützt werden kann. [...] Dieses Werk bedeutet ein Programm in der Gegenwartssituation.«[12]

»Betrifft alle Kreise unseres Lebens«, »Atmosphäre mutiger Kritik«, »ein neuer Kurs«, »aktuelle Bedeutung, zupackender Mut« – so kurz nach dem Volksaufstand am 17. Juni desselben Jahres, 1953, erhalten diese Worte eine erweiterte Bedeutung. Propagiert das Stück die Rebellion? Kipphardt bekennt, er habe das Stück geschrieben, weil »ich mich ärgerte über das Gängeln leitender Stellen, über das oftmalige Administrieren. Ich wollte Mißstände freilegen.«[13]

Die ersten Vorbehalte Kipphardt gegenüber werden aber bald erkennbar: »Was der Autor wirklich sagen will, ist eben nicht mit dem Leben und den Problemen mit den Werktätigen verbunden – d.h. nicht so verbunden, dass sie es als ihre eigene Angelegenheit betrachten können«, schreibt der Kritiker Walter Pollatschek.[14]

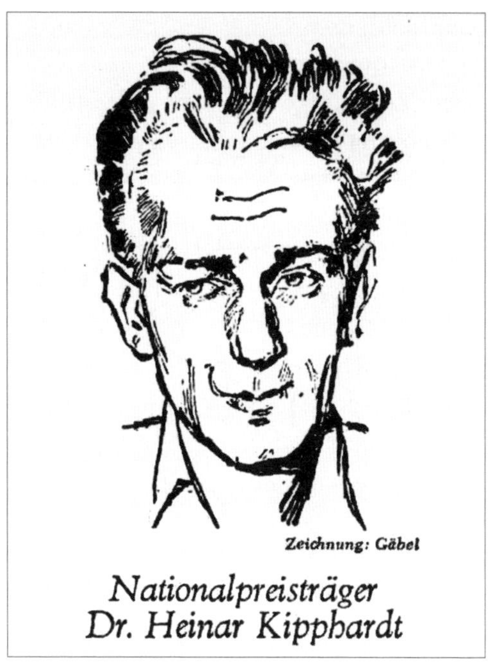

Zeichnung in »Neues Deutschland«, 9.10.1953

Auf der Suche nach der neuen Zeit

Wer aber ist dieser Heinar Kipphardt? Wo kommt er her? Zunächst: Er ist kein Mann der ersten Stunde. Erst fünf Jahre nach Kriegsende zieht es den 28-jährigen Arzt für Psychiatrie von West nach Ost. Kipphardt arbeitet an der Charité und wechselt nach ersten literarischen Veröffentlichungen bald ans Deutsche Theater. Wolfgang Langhoff bietet ihm die Gelegenheit, das »praktische Theater kennenzulernen.« Bald ist er dessen Chefdramaturg. Das Thema seines Stückes, der dringend gesuchte neue, sozialistische Shakespeare, ist nicht nur Kipphardts persönliches Thema. Die sozialistische Dramatik fehlt auch im Zentrum des Spielplans im Deutschen Theater. Mit diesem Vorwurf sieht er sich als Chefdramaturg und damit als Verantwortlicher für den Spielplan zunehmend konfrontiert. Zu bürgerlich! Warum Rücksicht nehmen auf ein Westberliner Publikum, das regelmäßig nach Ostberlin ins Theater kommt? Wo sind die Stücke, die den Aufbau des Sozialismus fördern?

Diese und ähnliche Angriffe auf ihn und auf Intendant Wolfgang Langhoff werden heftiger. Kipphardt kontert. Er kritisiert die »ungenügende literarische Qualität unserer eigenen sozialistischen Dramatik.« Stücke dieser Art will er nicht in den Spielplan aufnehmen: »Es herrscht ein Mangel an sozialistischen Stücken, weil es keine gibt.« Angriffslustig bekennt er 1955 in einem Artikel, der keine Zweifel lässt, Farbe. Zündfunke ist die Uraufführung des jungen Alfred Matusche am Deutschen Theater. Sein Stück »Auf der Dorfstraße« wird von der Kritik niedergemacht, auch mit lächerlichen Argumenten. Kipphardt dagegen sieht in dem Stück die hoffnungsvollsten Ansätze für eine literarisch qualitätsvolle, neue, sozialistische Theaterliteratur. Er fordert, »die Phase des flachen agitatorischen Gebrauchsstücks auf unseren Bühnen zu beenden. [...] Aufgabe ist, dramatische LITERATUR zu fördern und zu spielen.« Er macht Personen, die ihn angegriffen haben, lächerlich. Besonders ein Kritiker hat es ihm angetan. Immer noch spielt der Wettbewerb eine Rolle. »Pollatscheck empfiehlt eine Anzahl ausgeprägt agitatorischer Gebrauchsstücke, die in einem Preisausschreiben der Staatlichen Kunstkommission vor zwei Jahren anerkennend genannt, aber damals nicht mit Preisen ausgezeichnet wurden.« Der Preisträger Kipphardt qualifiziert die Vertreter der Agitationsstücke ab, indem er ihnen eine »sektiererische Position einer glücklich überwundenen, falschen Kulturpolitik« vorwirft.[15] In diesem Punkt – »überwunden« – irrt Kipphardt, wie sich später herausstellt.[16]

> *»Was mich an unserem gesellschaftlichen Leben so begeistert, ist die Tatsache, dass der Schriftsteller eine direkte Wirkung auf den Aufbau einer neuen Ordnung ausübt.«*[17]
>
> Heinar Kipphardt

Äpfel mit Äpfeln vergleichen

Einer der Autoren, die Kipphardt meinte, ärgert sich, weil sein Stück »Prozess Wedding«, das am Deutschen Theater aufgeführt wurde, in einer Galerie aller Uraufführungen im Foyer fehlt. »Ich stellte ohne Überraschung, aber doch mit gerechtem Zorn fest, dass bei den Wandtafeln, die [...] den Uraufführungen am Deutschen Theater gewidmet waren, selbstverständlich ›Prozess Wedding‹ fehlte (was, ebenso selbstverständlich, auf Kipphardts Uraufführung nicht zutraf.)«, beschwert sich der missachtete Agitationsstückautor nach einem Theaterbesuch pikiert.[18] Sein Stück hatte sich im Wettbewerb mit vier anderen den – unbezahlten – 3. Preis teilen müssen. Seine Beschwerde richtet er nicht etwa an das Theater. Er schickt seinen Brief gleich ans Zentralkomitee der SED.

Vehement verteidigt der Chefdramaturg Kipphardt 1956 die Uraufführung von Peter Hacks' »Die Schlacht bei Lobositz« am Deutschen Theater. Die Angriffe pariert er wiederum mit Gegenangriffen, etwa auf die Stücke Hedda Zinners. Ihre Stücke widersprächen seinen »Vorstellungen vom sozialistischen Realismus im Drama in krasser Weise«. Er kritisiert Schönfärberei und Schwarzweiss-Malerei. Hedda Zinners Stück »Die Lützower« wird wegen mangelnden Publikumsinteresses abgesetzt. Intendant Langhoff muss die Entscheidung zurücknehmen: »Auf Empfehlung der Kulturabteilung mussten wir ›Die Lützower‹ spielen.« Das ruft Kipphardt auf den Plan: »Administration und Anordnung ohne Sachkenntnis ist ein Fehler der Partei. [...] Bei dieser Praxis besteht die Verantwortlichkeit der Intendanten nur auf dem Papier. [...] Die Intendanten lassen dann alle Stücke von der Kulturabteilung genehmigen. [...] Geschmacksfragen werden von der Kulturabteilung zu politischen Fragen gemacht.«[19]

Was Kipphardt nicht wissen kann: Hedda Zinner hat am 18.10.1956 einen langen Beschwerdebrief an das Politbüro geschrieben: »Genossen, so geht das nicht.« Vor allem Kipphardt greift sie an. »Langhoff ist dem Druck gewichen, der hauptsächlich von seinem Dramaturgen (Gen. Kipphardt) ausgeübt wurde.« Zinner rühmt sich, mit ihrem nationale Gesinnung stiftenden Stück über das Freikorps Lützow »Pionierarbeit geleistet« zu haben. Sie müsse sich aber von einigen Schauspielern des Deutschen Theaters in der Kantine kritisieren lassen: »Frau Zinner, Nation hat sich überlebt. Wir sind Weltbürger.«[20]

Kipphardt erklärt, was Demokratie zumindest ausmacht: »Man muss wählen können zwischen einem guten Apfel und einem weniger guten Apfel.« Auf seine Kritik an den alternativlosen Wahlen in der DDR bekommt er von einem Dramaturgiekollegen die Antwort: »Genosse Kipphardt, wir lassen uns durch die Demokratie nicht die Macht nehmen.«[21]

Kipphardt sucht Stücke, die, wie er sagt, »Widersprüche auf der Bühne darstellen«. Theater muss, so seine Ansicht, »die Welt als veränderbar darstellen«. Er will »einen Beitrag für eine neue Schauspiel- und Regiekunst leisten«. Er bezieht Position gegen die beispielhafte »dogmatische Ästhetik Shdanows«, Mitglied des ZK der KPdSU, die durch ihre »schulmeisterlichen Regeln abstoßend« wirkt. Alle diese Äußerungen Kipphardts finden ihren Niederschlag in zahlreichen Berichten und Protokollen, die ihren Weg ins Politbüro finden.[22]

»Die Haupthelden der literarischen Werke sind die aktiven Erbauer des neuen Lebens: Arbeiter und Arbeiterinnen, Kollektivbauern und Kollektivbäuerinnen, Parteifunktionäre, Wirtschaftler, Ingenieure, Komsomolzen und Pioniere. Das sind die Grundtypen und Haupthelden unserer Sowjetliteratur. Unsere Literatur ist erfüllt von Enthusiasmus und Heldentum. Sie ist optimistisch ihrem Wesen nach. [...] Sie muss mit der Aufgabe verbunden werden, die werktätigen Menschen im Geiste des Sozialismus ideologisch umzuformen und zu erziehen.«

Andrei A. Shdanow[23]

Die Endrunde

Der Konflikt mit Kipphardt kocht hoch, angefacht durch einen offenen Brief an das Deutsche Theater[24] und genährt durch Leserbriefaktionen. Die Wortwahl der Briefe gleicht sich. So fordert etwa ein Herr Gerald Hübner aus Weinböhla bei Dresden vom Deutschen Theater in Berlin »sozialistische Gegenwartsdramatik«. Herr Herbert Keller aus Leipzig verlangt »die Entwicklung des sozialistischen Theaters«. Für Dr. Erwin Reiche aus Berlin-Niederschönhausen ist die »Qualität unserer sozialistischen Dramatik nicht entscheidend«, denn sie ist immer noch besser als das »peinlich schwache Stück ›Der Müller von Sanssouci‹ oder die Aufführung ›Der Lohndrücker‹«.[25]

Höhe- und Endpunkt der Kampagne um die Spielplanpolitik des Deutschen Theaters ist eine »Beratung der Kulturkommission beim Politbüro des ZK« mit Intendanten der Berliner Theater am 16.3.1959. Geladen sind 24 Personen, darunter Langhoff und Kipphardt, Wolfram und Mäde vom Maxim-Gorki-Theater, Pfaff von der Volksbühne, Korff-Edel vom Metropol-Theater sowie Kulturfunktionäre, Dramaturgen, Theaterwissenschaftler, Gesellschaftswissenschaftler. Als allgemeine Diskussion über die Berliner Theater annonciert, zielt die Veranstaltung jedoch auf eine Generalabrechnung mit Kipphardt ab. Der Staatsapparat hat sich gut vorbereitet. Man gibt sich viel Mühe. Man nimmt sich Zeit. Man ist gründlich. Den Auftakt machen zwei Referate. Das erste hält Siegfried Wagner, Leiter der Abteilung Kultur des ZK, der im Fall Heiner Müller noch eine unrühmliche Rolle spielen wird. Die folgende, neunstündige Diskussion wird von Alfred Kurella geleitet, dem Leiter der Kommission, und Alexander Abusch, Minister für Kultur. Die Liste der Vorwürfe ist lang,[26] sie gleicht einem sozialistischen Katechismus.

Die Neue Gesellschaft

REDAKTION
Chefredakteur

K/D.K.
4/02.

6. Okt. 1953

VERLAG KULTUR UND FORTSCHRITT GMBH
BERLIN W 8 TAUBENSTRASSE 10 TEL. 42 85 68
Mauerstr. 16-18
Telf.: 22 19 84

266

An die
Genossin B u g
im ZK der SED Abt.
Kunst und Literatur (Theater)

B e r l i n W 8
Thälmann-Platz

IHRE ZEICHEN	IHRE NACHRICHT VOM	UNSER ZEICHEN	DATUM
-	-	HH/T	5. 10. 53

BETREFF

Liebe Genossin Bug!

Als ich gestern an der 70-Jahrfeier des "Deutschen Theaters" und anschließend an der Eröffnung der entsprechenden Ausstellung im Foyer des "Deutschen Theaters" teilnahm, stellte ich, ohne Überraschung, aber doch mit gerechtem Zorn fest, daß an den Wandtafeln, die den einzelnen Neuinszenierungen und Uraufführungen am "Deutschen Theater" gewidmet waren, selbstverständlich "Prozeß Wedding" fehlte (was, ebenso selbstverständlich, auf Kipphardts Kammerspiel-Uraufführung nicht zutraf).

Das nur zur Illustrierung meiner Dir vielleicht übertrieben erscheinenden Skepsis gegenüber der politischen Geradlinigkeit Langhoffs (der mich am Abend zuvor in der "Distel" noch mit den Worten freudig ansprach: "Hauser, ich glaube, unser Weizen blüht wieder!").

Vielleicht ist diese Mitteilung bei Deiner Unterhaltung mit der Betriebsparteileitung im "Deutschen Theater" von nutzen.

Mit sozialistischem Gruß
Dein
Harald Hauser
(Harald Hauser)
Chefredakteur

Protest gegen Kipphardt, Brief an das ZK der SED 1953[27]

Ein sozialistischer Katechismus

Kipphardt habe »eine Vorliebe für bürgerliche Stücke, für Stücke mit stark revisionistischem Charakter. Daraus können Kräfte in Westberlin Kapital schlagen.«

K. lehnt »erste Zeugnisse sozialistischer Dramatik mit hämischen Begründungen als nicht qualitätsvoll ab.«

K. verurteilt den Begriff »Volkstümlichkeit«, weil es ein Begriff der Nazis sei.

K. habe »eine sehr verworrene Theorie vom dialektischen Theater, von Theater für die fortgeschrittene Klasse«. Er fordere »Weltoffenheit«.

K. ergötzt die Leute mit »Lüsternheiten des Bourgeois«.

K. »schickt die Leute mit dem Bewusstsein nach Hause, dass sie in Irrtümern leben und dass sie ruhig leben, wenn man sie in den Irrtümern belässt.«

K. hat eine falsch verstandene Forderung nach Qualität, denn »es gab unter dem Dogma der hohen Qualitätsforderung letzten Endes eine Einengung der neuen sozialistischen Dramatik bis zur Negierung.«

K. hat einen Spielplan gemacht, der »auch unter anderen gesellschaftlichen Bedingungen möglich ist, der also unseren sozialistischen Bedingungen nicht entspricht.«

K. hat »parteimäßige Stellungnahmen [...] vermieden und stattdessen immer neue Fragen gestellt.«

K. ist »so reaktionär aufgetreten wie sonst kein Chefdramaturg.«

K. betreibt »abstrakten Marxismus.«

K. hat im Almanach »10 Jahre Theaterarbeit im Deutschen Theater« »nur 26 Zeilen über Sowjetdramatik, aber einen großen vierseitigen Artikel mit 160 Zeilen über den bürgerlichen Dramatiker O'Casey« veröffentlicht.

K. bedient sich der »Terminologie der Revisionisten«. An die Stelle von Begriffen wie »Arbeiterklasse, Partei, Sozialismus sind Begriffe wie Mensch, Zukunft, Weltverständnis« getreten.

K. habe die junge sozialistische Dramatik als »rosa Plüschdramatik« bezeichnet.

K. wollte »durch seine Stückauswahl den sozialistischen Aufbau hemmen.«

K. will »Theater für Feinschmecker, nicht für die Masse der Werktätigen.«

K. »schleppt bürgerliche Vorstellungen in die Partei hinein.«

K. hat erklärt: »Führende Rolle der Partei – ja! Aber ohne Parteifunktionäre.«

K. ist typisch für »bestimmte Überreste« in der Partei.

K. unterliegt Fehleinschätzungen. »Die Gegenüberstellungen von Hacks und Müller mit von Wangenheim und Zinner sind Gift. Zwei junge, noch wenig geprüfte gegen zwei alte Parteipferde – das darf er nicht tun.«

K. ist »als Staatsfunktionär und als Theaterfunktionär erledigt.«

K. ist nicht mehr tragbar. »Er ist ein Bürokrat, der alles von vornherein weiß, dieser unangenehme Typus, den er so gern selber darstellt in seinen Stücken.«

Als abschreckendes Beweismittel wird eine Szene aus Kipphardts neuestem Stück vorgestellt. Angewidert referiert ein Funktionär den Inhalt von »Esel schreien im Dunklen», in dem »ein Zuchthäusler als Mitarbeiter der Kontrollkommission des ZK auftritt. Ein Funktionär wird als Muster an Dummheit und Rücksichtslosigkeit beschrieben, ein völlig unnützer, unfähiger Mensch. Alles was Genosse Kipphardt an Hohn und Spott verschießen konnte, verschießt er auf diesen armen Menschen.« Die Diskussion über dieses Stück wird heftig. Aber 20 der 24 Diskutanten kennen das Stück gar nicht. Das hindert sie nicht, es als »leeres Geschwätz« abzuqualifizieren. »Es hat mit unserer Wirklichkeit überhaupt nichts zu tun.« »Wie kann man sowas zu Papier bringen.« »Über alle fachlichen Fragen hinweg stellt sich die Frage nach der Einstellung zur Partei.« »Hier spricht der Kleinbürger. Kipphardt ist der Kleinbürger, der sich dem Sozialismus zur Wehr setzt.« Kipphardt dagegen: »Das Stück wendet sich gegen die Gestrigen in unserer Gegenwart.«

Es nützt nichts, dass Kipphardt die Beschreibung seines Stückes zurückweist. »Es ist schwer, über ein Stück zu reden, das nicht bekannt ist«, zudem, wenn es »aus dem Zusammenhang zitiert und mit missverständlichen Angaben« versehen wird.

Kipphardt geht in seiner Antwort alle Vorwürfe Punkt für Punkt durch, betont: »Ich bekenne mich ausdrücklich zum sozialistischen Realismus.« Er betont aber auch, die »marxistische Ästhetik ist vielfältig und nicht dogmatisch eng gefasst.« Er besteht auf seinen Geschmacksurteilen. »Ich halte Müller und Hacks für begabter als Gustav von Wangenheim und Hedda Zinner. Ich halte diese Stücke für nützlicher und wichtig.« Gibt aber auch den Fehler zu, »auf gewissen Qualitätsansprüchen beharrt zu haben.« Er fordert »Zeit, alles zu überdenken, vor allem sein Verhältnis zur Partei«. Zuletzt, nachdem jeder Teilnehmer sich ausführlich ausgelassen hat, teilt er der Runde mit, »zugunsten eigener schriftstellerischer Arbeiten« seinen Posten als Chefdramaturg aufzugeben.

Das ist der entscheidende Satz, auf den alle hingearbeitet haben. Schnell schließt Kurella die Versammlung, schließlich ist es schon 22.30 Uhr. Nach neun Stunden ist das Ziel erreicht. Kipphardt gibt auf.

Stimmen aus dem Hinterzimmer

Anschließend in kleiner Runde der Spitzenfunktionäre – man ist unter sich – wird besprochen, wie es weiter gehen soll. Kurella: »Ich will ihm helfen. Mit Langhoff können wir rechnen.« Langhoff, der auch sein Fett weg bekommen hatte, zeige sich lernfähig. Er hatte beteuert, eine »richtige Ausgangsposition zur Kritik gefunden zu haben« und ebenfalls seine »Demissionierung« angeboten. Sie wird abgelehnt. Er wird (noch) geschont.

Minister Abusch äußert sogar ein gewisses Verständnis für Kipphardt. Der Schriftsteller »ist ein Kleinproduzent« und hat »selbstverständlich die Tendenz«, sich »gegen den Riesenapparat« der Partei, die notwendig eine »straffe Organisation braucht, ohne die wir nicht zum Sozialismus kommen können«, abzuschirmen. Abuschs Schlusswort: »Genosse Kipphardt ist keine Privatperson als Mitglied unserer Partei. Er gehört zu unseren Kadern und das, was er machen wird, werden wir uns als Partei vorbehalten.« Vorstellbar sei, dass er »zum Beispiel die Leitung eines Industrie-Klubhauses in Thüringen oder Mecklenburg übernehmen« könne. Tatsächlich allerdings wird später ihm, dem Arzt, angeboten, die Direktion des Hygiene-Museums in Dresden zu übernehmen.

Es ist erstaunlich, welche Mühe, welche Arbeit, welche Zeit aufgewendet wird, um Argumente gegen ein fehlgeleitetes Parteimitglied anzuhäufen. Das Deutsche Theater, quasi das Nationaltheater der DDR, läuft nach Ansicht der Partei in eine falsche Richtung. Dafür wird in erster Linie Kipphardt verantwortlich gemacht. Statt aber den Schuldigen, den man ausgemacht hat, abzuservieren, setzt sich die Partei in diesem Fall mit ihm auseinander, wenn auch auf spezielle Weise: Die Partei hat von vornherein Recht. Es gilt nur, den Angeklagten davon zu überzeugen. Man will ihn auf den rechten Weg zurückführen. Mit pädagogischem Furor und missionarischer Inbrunst greift man zur Taktik von Zuckerbrot und Peitsche. Im Protokoll, 136 Seiten dick, ist nachzulesen, wie Kipphardt auch immer wieder Brücken gebaut werden. Er scheint zu überlegen, ob er sie vielleicht doch betreten könne. Er wolle sich bessere »Kenntnisse der Arbeiterklasse« verschaffen, denn »ich habe große Neigung zur Abstraktion«. Zu Recht wundert sich ein Teilnehmer der Runde über »die lange Geduld, den weiten Atem, den langen Anlauf, den diese Diskussion genommen hat«, und ist stolz auf ihre »Sorgfalt und Gründlichkeit«, findet allerdings Kipphardts Äußerungen »völlig unzureichend«.

In der Tat macht man in anderen Fällen in späteren Jahren kurzen Prozess. Das hätte man auch in diesem Fall tun können. Denn das Ergebnis war von vornherein klar, wie Abusch wusste: »Als alter Kommunist merkt man doch sofort, schon am Ton, wo das herkommt.«[28] Das ist das Schlusswort, mit dem der erste große Theaterskandal der DDR seinen Abschluss findet. Er ist Ausdruck eines politischen Richtungskampfes. Die Gegner, allesamt Parteimitglieder, eint der Wille zum Aufbau des Sozialismus. Uneinig sind sie sich allerdings darüber, welche Mittel die Kulturpolitik zu diesem Zweck anzuwenden habe. Ästhetische Fragen werden parteipolitisch beantwortet. In dieser Auseinandersetzung offenbaren sich unterschiedliche Vorstellungen vom Aufbau des Sozialismus überhaupt.

Die Zeit der verordneten Läuterung nutzt der nunmehr 37-jährige Kipphardt zu einem genehmigten Gastvertrag am Schauspielhaus Düsseldorf. Das wird als Republikflucht interpretiert. Ausbürgerung, Parteiausschluss und Aberkennung des Nationalpreises folgen. Er kehrt nicht mehr in die DDR zurück. Auf Karl-Heinz Stroux, den Intendanten in Düsseldorf, wird von Lokalpolitikern Druck ausgeübt, weil Kipphardt, den er an sein Haus holt, als »eingeschleuste Person« denunziert wird – antikommunistischer Nahkampf. Stroux sieht sich daraufhin auch nicht mehr in der Lage, wie bereits verabredet, Brechts »Galilei« mit Ernst Busch als Gast aus der DDR zu inszenieren. In Ost wie West würde man es wohl zu verhindern suchen, befürchtet er. Zehn Jahre später wird Kipphardt Chefdramaturg an den Münchner Kammerspielen. Düsseldorf ist nur das Vorspiel dessen, was ihn in München erwartet.

Drachenköpfe in Aktion

Als Kipphardt an den Münchener Kammerspielen ein Jahr im Amt ist, erzwingt, obwohl rechtlich verboten, der Kulturausschuss der Stadt München den Intendanten der Kammerspiele, den Vertrag nicht zu verlängern. Wieder wird Kipphardt der Stuhl vor die Tür gesetzt. Dazu reichte eine obskure Denunziation. Günter Grass greift sie willig auf und reitet die entscheidende Attacke. Kipphardt sei »als Dramaturg ein Stückeverfälscher«, schreibt er in der Süddeutschen Zeitung. »Wer hier nach intellektuellen Qualitäten sucht, gerät in den schmalen Bereich, der zwischen Joseph Goebbels und Eduard von Schnitzler offen geblieben ist [...]«. Er setze eine der »schlimmen deutschen Traditionen fort: Hetze, die zum Mord führen kann.« Kipphardt sei ein »Hexenjäger, der mit Abschusslisten arbeitet«.[29]

Starken Tobak war Kipphardt gewohnt, aber das nicht. Die Wut ging so weit, dass seine Gegner ihm die Autoreifen durchschnitten. Was hatte er diesmal verbrochen? »Das Theater wieder zu einem beunruhigenden, störenden Faktor« machen zu wollen, war durchaus seine erklärte Absicht. Aber der Skandal, den er entfachte, betraf absurderweise einen Vorgang, der gar nicht stattgefunden hatte. Zwei leere Seiten im Programmheft, für das Kipphardt verantwortlich gewesen war, reichten, ihn zu köpfen. Auf diesen beiden Seiten wollte der Dramaturg Michael Hatry ursprünglich, passend zur Uraufführung von Wolf Biermanns »Dra-Dra«, eine Paraphrase auf Jewgeni Schwarz' Märchen »Der Drache«, Drachenköpfe abdrucken lassen. 24 Porträts von Wirtschaftsbossen, Publizisten, Politikern, darunter auch der Kopf des Oberbürgermeisters von München, Hans-Jochen Vogel. Unter den Fotos sollte folgender Text stehen: »Die auf dieser Seite abgebildeten Personen sind eine denkbare Auswahl von Drachen im Sinne des Stückes. Sie sind austauschbar. Nicht die Personen, ihre Funktionen sind wichtig.« Aber August Everding, der Intendant, hatte rechtliche Bedenken. Kipphardt schloss sich der Meinung an. Da die Produktion des Heftes schon im Gange war, blieb nichts anderes übrig, als die Seiten leer zu lassen. Die Drachenköpfe blieben ungedruckt. Hatry sollte rausgeschmissen werden, Kipphardt aber, als sein Chef, übernahm die Verantwortung für den ganzen Vorgang. Zwei leere Seiten lieferten Grass die Munition: »Es ist einer Stadt nicht zuzumuten, einen Mann zu beschäftigen, der zur Ermordung des Oberbürgermeisters auffordert.« Woher wusste Grass von der Sache? Kipphardt antwortet Grass in derselben Zeitung unter der Überschrift: »Grass als Kämpfer gegen linken Terror« und fragt unter anderem: »Wenn nun diese gemeingefährliche Bekanntgabe von Kapitalmacht und deren Interessenvertretung glücklicherweise gar nicht veröffentlicht wurde, warum veröffentlicht das dann Günter Grass und wieso hat er gekannt, was gar nicht veröffentlicht wurde?«[30] Grass hatte eigentlich keine Beziehung zu den Kammerspielen. Offenbar wollte jemand Kipphardt ans Leder. Der Denunziant blieb unbekannt. Naturgemäß gab es Vermutungen.

Die Vorgänge von München (und Düsseldorf) sind verwandt mit denen in Ostberlin. Hier wie dort sind Denunzianten am Werk. In beiden Fällen spielen zweifelhafte Vorwürfe eine Rolle. Geheuchelt und gelogen wird hier wie dort. In Ost wie West greift die Politik direkt ins Theater ein. Allerdings ist das in der BRD verboten, in der DDR erlaubt, gehört zu ihren erklärten Grundsätzen. Was drüben die Partei darf, darf hüben keine Partei. Was ist da schlimmer, was ist da ehrlicher, was verlogener? Letztlich bestehen die Unterschiede im Verfahren. Im Ergebnis kommt es auf dasselbe hinaus: Kipphardt war seinen Job los.

8

Abschrift

Dr. Heinar Kipphardt
Düsseldorf, Kapellstr. 9 b   11.10.59

Sehr geehrter Herr Minister!

Es fällt mir schwer, Ihnen diesen Brief zu schreiben. Er ist das Ergebnis langer, geduldiger und schmerzhafter Überlegungen. Ich bitte Sie, mir und meiner Familie die Ausreisegenehmigung aus der DDR zu erteilen.
Der Grund ist, daß ich unter den gegenwärtigen Bedingungen, besonders auf dem Gebiete der Kulturpolitik, keine Möglichkeit mehr sehe, als Schriftsteller und Theaterfachmann nutzbringend zu arbeiten. Es ist bekannt, daß ich manche Prinzipien und fast die ganze Methodik der gegenwärtigen Kulturpolitik nicht für geeignet halte, eine sozialistische Kunst in Deutschland entstehen zu lassen. Ich habe meine Ansichten dazu dargelegt solange das möglich war. Aus diesen Auseinandersetzungen hat sich ergeben, daß es für mich fernerhin auf dem Gebiete der Theaterarbeit keine Aufgabe gibt, daß meine Stücke entweder nicht gespielt oder verboten werden, daß meine sonstigen schriftstellerischen Arbeiten kaum eine Chance haben, publiziert zu werden. Ich sehe auch keine Möglichkeit, diese Lage zu ändern, da meine Vorstellungen von den Aufgaben des Theaters und von den Aufgaben des Schriftstellers in unserer Zeit den gegenwärtigen Forderungen der Kulturpolitik tatsächlich nicht entsprechen.
Ich glaube, daß es bei diesem Tatbestand keinen anderen Weg gibt, als Sie um die Genehmigung zur Ausreise zu ersuchen.
Ich beabsichtige nicht, irgendwelche Erklärungen abzugeben, die geeignet sein könnten, die DDR oder den Sozialismus zu schädigen, und ich will auch alle Handlungen unterlassen, die eine solche Wirkung haben könnten. Diese meine feste Absicht würde sehr erleichtert, wenn mir und meiner Familie eine legale Ausreisegenehmigung von den Behörden der DDR erteilt würde. Ich stehe zu jeder Art von Rücksprachen gern zur Verfügung und bitte Sie, im Interesse der Sache zu überlegen, wie eine anständige Lösung gefunden werden kann.

Mit vorzüglicher Hochachtung
gez. Heinar Kipphardt

Heinar Kipphardt schreibt einen Brief an den Minister für Kultur der DDR.[31]

Heimatliebe

Fünf Jahre nach Kipphardts Rausschmiss aus der DDR schreibt er einen Brief an Helene Weigel. Die Weigel schreibt daraufhin einen Brief an Kurt Hager, Mitglied des Politbüros des Zentralkommites der SED und zuständig für Kulturpolitik. Kurt Hager antwortet ihr: »Werte Genossin Weigel, Sie haben sich wegen einer Aufenthaltsgenehmigung für Herrn Kipphardt und für Herrn Uwe Johnson an mich gewandt. [...] Ich halte es nicht für möglich, dieser Bitte zu entsprechen. Beide Herren haben die Deutsche Demokratische Republik ohne staatliche Genehmigung verlassen. Die gegnerische Presse hat seinerzeit diesen Schritt [...] gegen uns ausgenutzt. Weder Herr Kipphardt noch Herr Johnson haben meines Wissens seitdem ihre Republikflucht als falsch bedauert. [...] Es liegt daher meines Erachtens kein Grund vor, jetzt so zu tun, als ob nichts geschehen sei. [...] Mit besten Grüßen, Kurt Hager«[32]

Kipphardt wollte eine Woche lang nach Ostberlin, um ins Theater zu gehen. Mehr nicht. Er wollte auch fünf Jahre zuvor nicht republikflüchtig werden. Er hatte seinerzeit einen Brief an den Kultusminister geschrieben, um »eine anständige Lösung« und um »eine legale Ausreisegenehmigung« zu erzielen. Kipphardt wollte von der DDR nicht lassen, obwohl er, wie er an den Minister schrieb, die »ganze Methodik der gegenwärtigen Kulturpolitik nicht für geeignet« hielt, eine »sozialistische Kunst in Deutschland entstehen zu lassen«.[33] Einzig um Wolfgang Langhoff die letzte Ehre zu erweisen, durfte Kipphardt zur Beerdigung 1966 die DDR kurz wieder besuchen.

Heinar Kipphardt »Shakespeare dringend gesucht, Ein satirisches Lustspiel in drei Akten« Uraufführung 28.6.1953, Regie: Herwart Grosse, mit Rudolf Wessely, Ulrich Thein / Eckart Friedrichson, Angelika Hurwicz / Antje Ruge, Heinz Hinze, Friedrich Richter / Friedrich Kühne, Horst Schönemann, Ellinor Vogel, Wolfram Brunecker, Harry Berber, Kurt Wenkhaus, Wolfgang Gubisch, Werner Pledath, Ernst Kahler / Heinz Voß, Margret Homeyer / Karla Runkehl, Kurt Sperling, Mathilde Danegger / Ruth Baldor, Johannes Maus, Gisela May / Judith Harms, Fritz Schlegel / Hans Schoelermann, Lothar Dimke / Wolfgang Thal, Arthur Malkowsky, Walter Lendrich

»Vergessen Sie bitte meine Telefonnummer!«

Friedrich Wolf
1888–1953

PROFESSOR MAMLOCK

Der 1888 geborene Friedrich Wolf war Arzt und Schriftsteller. Seit 1928 war er Mitglied der KPD und des Bundes Proletarisch-Revolutionärer Schriftsteller. Er schrieb expressionistische Gedichte, Erzählungen und Dramen und löste mit dem 1929 veröffentlichten Drama »Cyankali« eine weltweite Diskussion über den Abtreibungsparagraphen 218 aus.

Nach der Machtergreifung der Nazis emigrierte der Jude und Kommunist Wolf mit seiner Familie über die Schweiz und Frankreich in die Sowjetunion. Auf der Flucht schrieb er in Frankreich das Drama »Professor Mamlock«, die Tragödie eines bürgerlichen deutschen Intellektuellen. Zu den Gründen befragt, die ihn veranlassten, das Schauspiel zu schreiben, äußerte sich Wolf im Jahre 1946:

»Am frühen Morgen des 28. Februar 1933 stand mein Telefon nicht still. Es waren nicht meine Stuttgarter Patienten, die mich anriefen, sondern meine ärztlichen Kollegen. Sie ersuchten mich mit vor Entrüstung zitternder Stimme: ›Vergessen Sie bitte meine Telefonnummer, Herr Kollege! Ihre Freunde haben den Reichstag angezündet!‹ Ich erwiderte, dass wir doch längst vor einer Naziprovokation gewarnt hätten; ob sie wirklich diesen plumpen Nazischwindel glaubten? – ›Ein Schwindel? Es ist doch eine amtliche Meldung!‹ Damit legten sie den Hörer auf.«

Der weltberühmte jüdische Arzt Professor Mamlock, der eine chirurgische Klinik leitet, der in gutem Glauben Hitler gewählt hat und lange die Gefährlichkeit des Nazi-Systems unterschätzt, ja, nicht wahrhaben will, zerbricht an der zunehmenden Gewalt gegen die Juden und begeht Selbstmord.

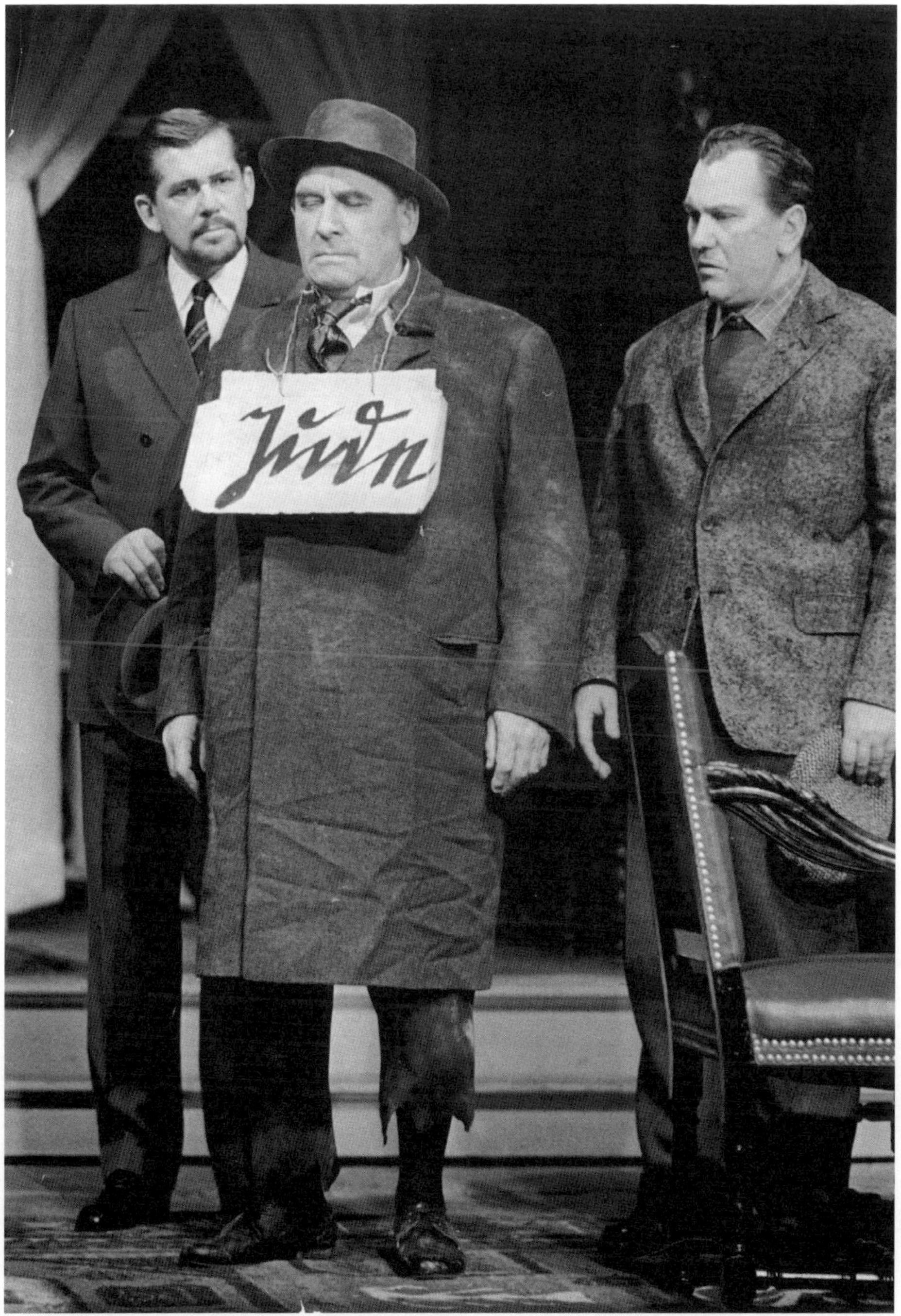

»Professor Mamlock«, Deutsches Theater Kammerspiele 1959 mit (von links nach rechts) Waldemar Schütz, Wolfgang Heinz und Heinz Voss

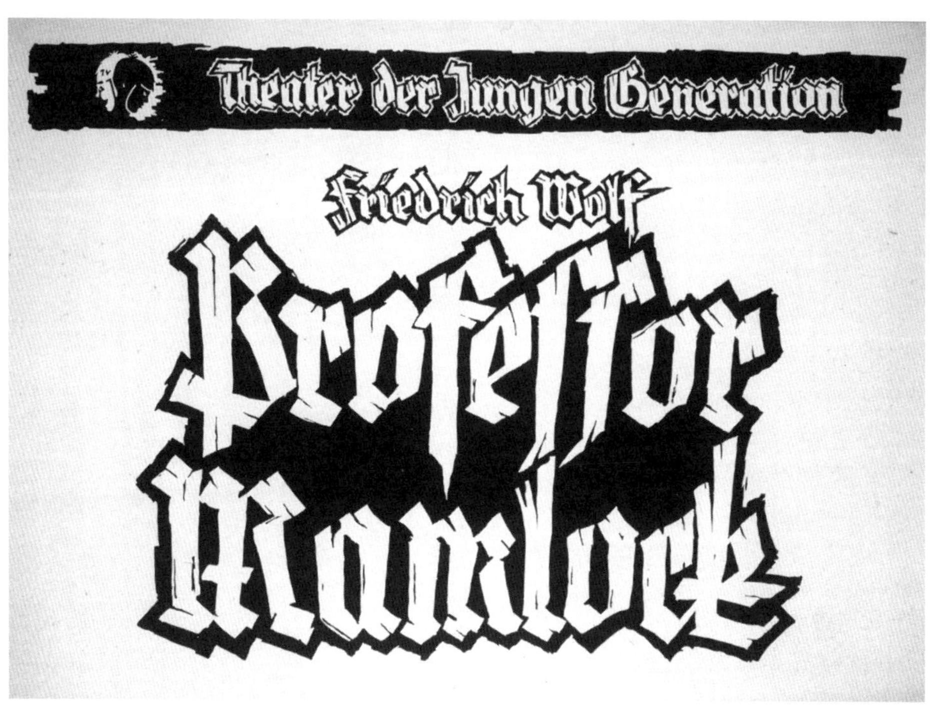

Plakat Theater der Jungen Generation, Dresden 1954

Das Schauspiel wurde 1934 in jiddischer Sprache im Jüdischen Theater Warschau unter dem Titel »Der Gelbe Fleck« uraufgeführt. Die deutsche Erstaufführung des Bühnenstücks fand 1934 im Zürcher Schauspielhaus unter dem Titel »Professor Mannheim« statt.

Auch wenn das Stück genau genommen nicht in die Zeit fällt, die dieses Buch umreißt, gehört es doch zu den Anfängen und zum Aufbau der DDR. Der Antifaschismus war Staatsdoktrin von allem Anfang an; »Professor Mamlock« war das Stück der allerersten Stunde. Kein anderes wurde so häufig gespielt; kein anderes begründete derart das Selbstverständnis des entstehenden Staates; kein anderes trug so zum antifaschistischen Grundkonsenz bei.

Wolf kehrte 1945 nach Deutschland zurück und setzte seine schriftstellerische Arbeit fort. Bald entstanden neue Stücke, auch als er von 1949 bis 1951 erster Botschafter der DDR in Polen war. Bereits 1946 war »Professor Mamlock« im Berliner Hebbel-Theater zur Aufführung gekommen. Hier begann der Nachkriegs-Triumphzug des Stückes über alle großen Bühnen. Was beim Nürnberger Prozeß vor Gericht verhandelt wurde, fand eine Entsprechung auf der Bühne.

Nachdem das Schauspiel bereits 1938 in der Sowjetunion verfilmt worden war, inszenierte Konrad Wolf, der Sohn des Autors, 1961 einen bemerkenswerten Film bei der DEFA.

Als nach der »Courage«-Inszenierung des Berliner Ensembles im Jahre 1949 kritische Stimmen gegen Brechts »episches Theater« laut wurden, wobei sich der erbitterte Brecht-Kritiker Erpenbeck (»Vorsicht, Sackgasse!«) besonders hervortat, schickte auch Wolf einen Fragenkatalog an Brecht, in dem er letztlich bezweifelte, dass das »epische Theater« Brechts geeignet wäre, die Probleme der Zeit realistisch wiederzugeben. Er stellte dem »epischen« das »dramatische« Theater gegenüber, wie er es praktiziere.

»... müßte die Courage, nachdem sie erkannt hat, dass der Krieg sich nicht bezahlt macht, nachdem sie nicht bloß ihre Habe, sondern auch ihre Kinder verlor, müsste sie am Schluss nicht eine ganz andere sein wie am Anfang des Stückes? Grade für unsere heutigen deutschen Zuschauer, die sich bis 5 Minuten nach 12 stets damit herausredeten: Was konnte man schon machen? Krieg ist Krieg! Befehl ist Befehl! Man zieht den Karren weiter.«

Friedrich Wolf, der mit seinen Stücken »Cyankali« und »Mamlock« wichtige Themen auf die Bühne gebracht hatte, konnte allerdings mit seinen späteren Stücken an seine frühen Erfolge nicht mehr anknüpfen.

PS.: Jedoch erfreut sich Groß und Klein in Ost und West alle Weihnachten wieder an Friedrich Wolfs wundersamer Geschichte um die »Weihnachtsgans Auguste«.

Friedrich Wolf »Professor Mamlock« Uraufführung 19.1.1934 Jüdisches Theater Warschau unter dem Titel »Der gelbe Fleck«. Deutschsprachige Erstaufführung 8.12.1934 Zürcher Schauspielhaus, unter dem Titel »Professor Mannheim«

Der Mann der Stunde

Friedrich Wolf
1888–1953

WIE TIERE DES WALDES

Sein Drama »Cyankali« aus dem Jahr 1929, das die Not einer ungewollt schwanger gewordenen Arbeiterin behandelt, löste eine heftige politische Dabatte über den § 218 aus. Der darauf basierende Film wurde immer wieder zensiert und unter den Nazis 1933 verboten. Sein Stück »Professor Mamlock« wurde bei der deutschsprachigen Premiere 1934 im Zürcher Schauspielhaus, wie Wolf berichtete, von heftigem Störfeuer Schweizer Faschisten begleitet. Sofort nach Beendigung des Krieges kehrte Wolf aus dem Exil nach Deutschland zurück. »Wie soll in dieser Totenlandschaft jemals wieder Theater gespielt werden?« fragte sich Friedich Wolf bei seiner Ankunft in Berlin.

Eigentlich war er der Mann der Stunde! Unmittelbar nach Kriegsende stand Friedrich Wolf bereit. Ein streitbarer Kommunist, ein berühmter Schriftsteller, zurückgekehrt aus dem Exil in die SBZ, die Sowjetische Besatzungszone, stellte er sich zur Verfügung, mit all seinen Kräften und Fähigkeiten mitzuarbeiten beim Aufbau des Sozialismus. »Zuerst bin ich Kommunist, dann Schriftsteller«, erklärte er in »Kunst ist Waffe!«[34]. Nicht nur sein Vorkriegserfolg »Professor Mamlock« entwickelte sich zu einem wichtigen Stück des Neuanfangs. Auch seine anderen Stücke aus dem Exil machten ihren Weg. Aber es waren Erfolge mit Stücken aus der Vorkriegszeit. Seine Hoffnung, mit neuen kämpferischen Stücken politische Wirkung zu erzielen, zerstob bereits 1946, drei Jahre bevor die DDR überhaupt gegründet wurde. Zu seiner großen Enttäuschung wurden seine aktuellen Themenstücke nicht gespielt. Er beklagte sich bitterlich darüber, dass den »Rampenvögten« – gemeint sind die Theaterleiter – »der nötige Mumm« fehle, seine »aggressiven Stücke auf die Bühne zu bringen«. Er vermutete als Grund: »In diesen Stücken wird die Schuldfrage unserer Landsleute aufgeworfen, und das ist z. Z. unerwünscht«.

In der Tat stellt sein neues Stück »Wie Tiere des Waldes« Fragen nach der Schuld von Mitläufern und NSDAP-Mitgliedern, die seit Kriegsende als Sozialisten auftreten und brave Nachbarn sind.

Worum geht es?
In den letzten Kriegstagen, die Sowjetarmee ist bereits in der Nähe, desertiert ein junger Panzersoldat. Um nicht als Kanonenfutter verheizt zu werden, versteckt er sich in der Nähe seines Heimatdorfes im Wald. Trotz der Hilfe einiger ist er dort nicht sicher. Nachbarn und die örtlichen Nazibonzen machen Jagd auf ihn, allen voran der Vater seiner Freundin. Die Hatz endet mit dem Tod von dessen Tochter. Der erste Tag des Friedens beginnt mit einer tiefen Verstörung.

> *»Ich möchte einmal ein ganzes Stück nur gegen die Feigheit schreiben und es überschreiben: Der Hosenscheißer«*
> Friedrich Wolf

Besonders enttäuscht sah sich Friedrich Wolf von seinem Freund, Kampfgefährten und Parteigenossen Wolfgang Langhoff, dem Intendanten des Deutschen Theaters in Berlin. Hatte Wolf doch Langhoff unmittelbar nach 1945 nach Berlin gelockt: »Komm so schnell wie möglich, hier gibt es viele Möglichkeiten.« Wolf hatte ihn sogar Alexander Dymschitz, dem Kulturbeauftragten der Sowjetischen Militäradministration, als Intendant für das Deutsche Theater empfohlen.[35] Als Langhoff im Herbst 1947 »demonstrativ die Uraufführung von ›Tiere des Waldes‹ verweigerte«, war Wolf wie vor den Kopf gestoßen.[36] Zuvor hatte Wolf schon dem Chefdramaturgen des Hauses, dem renommierten Kritiker Herbert Jhering, vorgeworfen, unzulängliche Stücke auszuwählen. Wolf attackierte entrüstet: »Jedenfalls im Eiskeller der heutigen Dramaturgie [...] wird kein neues Drama gedeihen. Nach über 30 Jahren Arbeit an den deutschen Bühnen habe ich zum ersten Mal den Kampf aufgegeben, den Kampf gegen Bürokratie, Trägheit und Dilettantismus.«[37]

»Möglich auch, dass Langhoff und Jhering, die literarisches Welttheater im Sinn hatten, diese Art von Tendenz- und Kampftheater nicht mehr ins Konzept passte. Weil: Tendenz erhält der Zuschauer als Fertigware. Es wird ihm zum

Vorgang auch der Reim geliefert, den er sich auf ihn zu machen hat«, vermutete bereits Alfred Polgar.[38]

Der öffentlich ausgetragene Streit scheint die private Freundschaft zwischen Wolf und Langhoff nicht zerstört zu haben. Wie Matthias Langhoff, Sohn von Wolfgang Langhoff, berichtet, pflegten die Familien weiterhin engen Kontakt, verbrachten auch gemeinsam den Urlaub.

Die Frage nach der Mitschuld vieler faschistischer Mitläufer passte nicht in das politische Konzept des neuen und sozialistischen Staates, der sich von vornherein als antifaschistisch verstand. Der Kampf gegen den Nationalsozialismus war geschlagen und gewonnen. Jetzt galt es, die Zukunft aufzubauen. Die Nazis waren im Westen, nicht hierzulande. Was gab es also im eigenen Land aufzuarbeiten?

Wolfs Kampfstück schien der Gegner abhandengekommen. Seine »direkte, nüchterne, absichtlich undichterische Sprache [...] will nichts anderes, als einen Fall aufrollen« schrieb Herbert Jhering.[39]

Wolf sah sich in seinen Hoffnungen betrogen. Glaubte er 1945 noch an die »echte, wahrheitssuchende und kunstbegeisterte Jugend in unserem Lande«, so sah er 1947, nur zwei Jahre später, »ein vermurkstes, selbstgerechtes, unbelehrbares Volk«.[40]

Ein Stück, das von heute aus betrachtet wie der Prototyp für ein politisches, antifaschistisches Gegenwartsstück der DDR geschaffen schien, stieß auf taube Ohren. Heute ließe sich das Stück verstehen als ein Dokument über die verpasste Aufarbeitung der Nazi-Vergangenheit vieler Deutscher – auch in der DDR.

Friedrich Wolf »Wie Tiere des Waldes« Uraufführung 1. 4. 1948 Schauspielhaus Leipzig, Regie: Joachim Büttner

Zwiefach Verdammnis

Hanns Eisler
1898–1962

JOHANN FAUSTUS

Für den 7. Oktober 1968 bereitete das Berliner Ensemble eine szenische Lesung von Hanns Eislers Opern-Libretto »Johann Faustus« vor. Diese erste öffentliche Vorstellung des Textes im Theater war als Ehrung zu Eislers 70. Geburtstag gedacht. Nach einigen Proben erhielt Helene Weigel die Weisung vom Kulturministerium, die Aufführung abzusagen. Sowohl die Beteiligten an der Produktion als auch die Leitung des Hauses verlangten eine Erklärung, aber das Kulturministerium blieb ohne Antwort bei seiner Entscheidung. Für die Betroffenen war spürbar, dass dieser Vorgang in irgendeiner Weise mit den Aufgeregtheiten um die zeitnahen Ereignisse des »Prager Frühlings« und dessen gewaltsamer Niederschlagung durch die Truppen des Warschauer Pakts zusammenhing.

Eislers Text löste allerdings schon bei seinem ersten Erscheinen im Jahre 1952 harsche Kritik aus. Der Aufbau Verlag musste die Buchausgabe zurücknehmen. Auch entbrannte eine Diskussion, die hauptsächlich in den Mittwochsgesprächen der Akademie der Künste geführt wurde. Brecht verteidigte ihn: »Hat Eisler versucht, unser klassisches Faustbild völlig zu zerstören? Entseelt, verfälscht, vernichtet er eine wunderbare Gestalt des deutschen Erbes? Nimmt er den Faust zurück? Ich denke nicht. Eisler liest das alte Volksbuch wieder und findet in ihm eine andere Geschichte als Goethe und eine andere Gestalt, ihm bedeutsam erscheinend. Freilich bedeutsam in einer anderen Weise als die der Goethe'schen Gestaltung. So entsteht für mein Empfinden ein dunkler Zwilling des Faust, eine finstere, große Figur, die den helleren Bruder nicht ersetzen noch überschatten kann oder soll. Von dem dunklen Bruder hebt sich der helle vielmehr ab und wird sogar heller. So etwas zu machen ist nicht Vandalentum«.[41]

x/ 1. Ankündigung i. Spielplan der Berliner Bühnen' am 30.8.

Ministerrat
der Deutschen Demokratischen Republik

Ministerium für Kultur
Stellvertreter des Ministers

Frau
Intendant Prof. Helene Weigel
Berliner Ensemble

1o4 B e r l i n
Am Bertolt-Brecht-Platz

Berliner Ensemble Archiv

Ihre Nachricht vom | Unsere Zeichen Schra/Schw. | 102 BERLIN 2 Molkenmarkt 1-3 | 2o. 9. 1968

Betrifft:

Sehr geehrte Frau Professor Weigel,

x) dem Wochenplan der Berliner Bühnen entnehme ich die Ankündigung, daß das Berliner Ensemble beabsichtigt, am 6. Oktober 1968 eine Lesung des Operntextes "Dr. Faustus" von Hanns Eisler zu veranstalten.

Ich bin sehr erstaunt darüber, daß ein solches Vorhaben nicht mit uns vorher abgestimmt worden ist. Gerade in der gegenwärtigen Situation scheint mir der "Dr. Faustus" für eine Ehrung Hanns Eislers ganz ungeeignet zu sein.

Wie Sie wissen, stand der "Dr. Faustus" vor Jahren im Mittelpunkt einer heftigen Auseinandersetzung, an der sich vor allem Ernst Fischer mit zweifelhaften Thesen beteiligte, die den Ausgangspunkt seiner heutigen konterrevolutionären Haltung bilden. Der Minister hat in seiner Rede zum 2o. Jahrestag der Wiedereröffnung des Deutschen Nationaltheaters Weimar am 28. August dieses Jahres auf diesen Zusammenhang hingewiesen und machte gleichzeitig grundsätzliche Ausführungen über unser Verhältnis zum kulturellen Erbe der deutschen Klassik. Die Veranstaltung wäre meines Erachtens aus diesem Grunde auch gleichzeitig in gewisser Weise ein Affront gegen den Minister.

Ich bin davon überzeugt, daß das Berliner Ensemble eine andere geeignete Form der würdigen Ehrung für Hanns Eisler findet, die auch besser zum Vorabend des 19. Jahrestages der Republik paßt.

Mit freundlichem Gruß

Bork
Kurt Bork

(83) Ag 119/65/65 5 765

Bankkonto Deutsche Notenbank Berlin Nr. 1130 000 | Telefon: 209 | Fernschreiber: Berlin 011 303 | Telegramm-Anschrift: Kulturministerium Berlin | Besuchszeit: Dienstag 9–14 Uhr Freitag 9–18 Uhr

In Anwortschreiben wird um Angabe der Geschäftszeichen gebeten

Die Intendantin des Berliner Ensembles erhält einen Brief vom Minister, 20.07.1968.[42]

Brecht war seinem Freund Eisler zwar beigesprungen, auch Walter Felsenstein und einige andere, aber die Kritiker waren in der Überzahl und saßen am längeren Hebel. Sie ließen kein gutes Haar an dem Werk.

So äußerte sich zum Beispiel der Professor für Philosophische Ästhetik Walter Besenbruch: »Eisler solle sich doch auf die positiven Kräfte des deutschen Volkes besinnen und nicht nur im Dreck wühlen.« Und der Direktor des DEFA-Studios für Spielfilme, Hans Rodenberg, meinte: »Dieser Renegat Doktor Faustus kann – und gerade heute – kein Held eines Werkes sein, das ein nationales Werk sein will. Es kann es nicht und darf es nicht! [...] Und ich habe sehr den Eindruck, dass aus seinen (Eislers) Händen etwas herausgegangen ist wie eine Büchse der Pandora: er wollte etwas Schönes schaffen, und diese Büchse der Pandora enthält nichts als Schreckliches.«[43]

> *»Im ›Doktor Faustus‹ wollte ich die Bauern-Revolution rühmen. Dies ist nicht verstanden worden [...] Es sind in der Polemik gegen ›Faustus‹ harte und böse Worte gegen mich gefallen. Ich werde in meiner Erwiderung solche vermeiden. Ich glaube nicht, dass sie unserer Diskussion nützlich sind.«*
>
> Hanns Eisler

Auch der Literaturwissenschaftler Wilhelm Girnus, vom Kulturminister Johannes R. Becher, der sich selbst aus der Diskussion heraushielt, animiert, gab zu Protokoll:

»Im ›Johann Faustus‹ wird die deutsche Geschichte als Misere dargestellt. Als typisch für den deutschen Humanisten sieht Eisler die Rolle des Renegaten. Goethes Faust wurde zu einer Nationalgestalt, zu einem deutschen Nationalhelden, weil Goethe die progressivsten Substanzen des deutschen Volkes als typisch betrachtete, trotz des negativen Durchschnitts, der vorhanden war. Wie steht Hanns Eisler zu dieser Einschätzung? Im ›Johann Faustus‹ gibt es keinen echten Konflikt. Faust und Mephisto sind kein dialektischer Gegensatz, wie zum Beispiel bei Goethe, sondern eine einfache Wiederholung. Daher gibt es auch keine Entwicklung. Was versteht Hanns Eisler unter schöpferischer Weiterentwicklung des klassischen Erbes? Wie steht Hanns Eisler zur Einschätzung seines Werkes durch Ernst Fischer?«[44]

Ernst Fischer, der österreichische Literaturwissenschaftler und Kommunist, hatte sich, neben Brecht und einigen anderen, ganz vehement zum Fürsprecher Eislers gemacht. Diese Fürsprache sollte nun Jahrzehnte später zum Verhängnis für die vorgesehene Lesung des Berliner Ensembles werden.

Nachdem mehrmalige Anfragen nach den Gründen des Verbots unbeantwortet blieben, sickerte hinter vorgehaltener Hand Folgendes durch: Eine einmalige Aufführung des ungeliebten Werkes hätte man ja noch verschmerzen können. Dass das Theater aber gerade jetzt, wo sich der große Fürsprecher Fischer mit seiner konterrevolutionären Haltung zu den Prager Ereignissen als Renegat entpuppt hätte, das Stück aufführen wolle, sei eine politische Geschmacklosigkeit sondergleichen.

Welche kuriose Bedeutung Goethes »Faust« für die Machthaber der DDR hatte, zeigt ein Zitat von Walter Ulbricht aus dem Jahr 1962:

»Was aus dem gemeinschaftlichen Werk des befreiten Volkes auf freiem Grund wird, lässt Goethe offen. Eigentlich fehlt hier noch ein dritter Teil des ›Faust‹. Goethe hat ihn nicht schreiben können, weil die Zeit dafür noch nicht reif war. Erst weit über hundert Jahre nachdem Goethe die Feder für immer aus der Hand legen musste, haben alle Werktätigen der Deutschen Demokratischen Republik begonnen, diesen dritten Teil des ›Faust‹ mit ihrer Arbeit, mit ihrem Kampf für Frieden und Sozialismus zu schreiben.«

Die Künste werden geehrt
Und, wenn nötig
Mit aller Strenge
In unseren Landen

Hanns Eisler, Faust-Libretto

Von der Kritik entnervt, von den Anwürfen tief getroffen, zog sich Eisler zurück und beließ es beim Libretto. Die Oper hat er nie komponiert – so die allgemeine Ansicht. Der Regisseur Matthias Langhoff, mit Eisler befreundet, allerdings berichtet:

»Es heißt, dass Eisler nur einige Bruchstücke seines Faustus-Librettos vertont habe. Von seiner Frau Steffy Eisler wusste ich, dass es nicht so war. Der ›Faustus‹ existierte so gut wie vollständig als Klavierauszug. Hanns Eisler war, wie der Text ausweist, ein brillanter Schriftsteller, aber in erster Linie Komponist. Die Arbeit am ›Faustus‹ begann bereits 1943 in Amerika. Ich habe oft erlebt, wie er sich einen Text aneignete, indem er beim Lesen zu summen begann. Das Klavier war ihm nicht das Wichtigste beim Komponieren. Er summte und dann schrieb er auf, was er summte. Das nur selten gestimmte Klavier brauchte er nur, wenn er mir oder einem anderen mit krächzender Stimme vorsang, was er gerade aufgeschrieben hatte. Er hat das Libretto veröffentlicht und zur Diskussion gestellt, da er annahm, dass die Musik, die sich neben der Tradition auch der Schönbergschen Zwölftonlehre bediente, größere Probleme mit den Mächtigen bringen würde. ›Suliko‹ war Stalins Lieblingslied, und ›Einig-Deutschland‹ lebte damals schon mit Goethes Faust im Nacken. Ulbrichts Bannbulle gegen alle Goethe-Schänder.

All diese Querelen trieben Eisler zurück in seine Liebe zum Underberg-Likör. Die Springer-Presse stürzte sich darauf, dass sich der Komponist der Ost-Hymne betrunken im Hinterzimmer einer Westberliner Kneipe beim Spiel verschuldete und kein Geld mehr in der Tasche hatte, um sein Taxi zurück in den Osten zu bezahlen, was zu einer Prügelei mit dem Taxifahrer und zu einer Nacht in einer Ausnüchterungszelle führte. War es Ulbricht oder die Bild-Zeitung oder die Faust des Taxifahrers? Wieder zu Hause nahm er die eiserne Reserve Schnaps und dann die Notenblätter der Oper und zerschnitt sie mit einer Nagelschere in tausend Stücke. Danach floh er aus dem Ostwest-Berlin nach Wien zu seiner Exfrau Lou, die mit ihrem neuen Freund, dem Philosophen und ›Faustus‹-Verehrer Ernst Fischer, zusammenlebte. Dort rettete ihn vor dem Ende im Suff seine spätere Frau Steffy. Ihr erzählte er alles; mit ihr wollte er zurück in die DDR in sein Haus. Doch dauerte es noch ein Jahr, bis ihm die Behörden die Wiedereinreise erlaubten. »Im Mai 1961, nachdem ich eine halbe Nacht mit Steffy durch Westberlins Kneipen, wieder auf der Suche nach ihm, streifte, erzählte sie mir die Geschichte von der Nagelschere. Hanns Eisler bleibt mein wichtigster Lehrer und mein größtes Pop-Idol.« Soweit Matthias Langhoff.

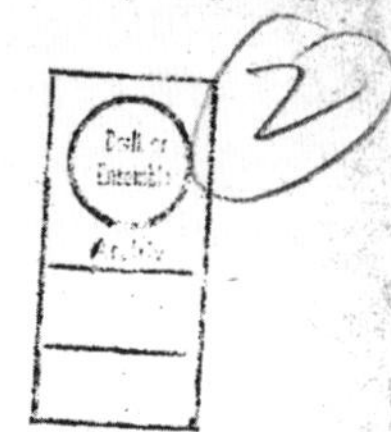

Herrn
Minister Klaus G y s i
Ministerium für Kultur
102 B e r l i n
Molkenmarkt 1 - 3

Berlin, den 26. September 1968 Eb.

Lieber Minister Gysi!

Es tut mir sehr leid, daß Sie scheint es keine Möglichkeit sahen, unseren Wunsch nach einem Gespräch mit Ihnen zu erfüllen.

Anbei die Resultate einer Beratung, die heute vormittag im Berliner Ensemble stattgefunden hat.

Mit besten Grüssen

Helene Weigel

Die Intendantin des Berliner Ensembles schreibt dem Minister.

Entwurf

Berlin, den 26. September 1968

Archiv

Beratung über die Weisung des Ministeriums für Kultur, die Lesung des Textes "Johann Faustus" von Eisler am 6. Oktober 1968 nicht stattfinden zu lassen.

3

Anwesend:
Helene Weigel
Jochen Tenschert
Helmut Rabe
Isot Kilian
Wolfram Handel
Manfred Karge
Matthias Langhoff
Ekkehard Schall
Hilmar Thate
Willi Schwabe
Peter Kalisch
Marting Flörchinger
Franz Viehmann
Annemone Haase
Christine Gloger
Hg. Voigt
Pieter Hein
Fritz Dietrich

Wolfram Handel, Ekkehard Schall und Hilmar Thate waren nicht mehr anwesend, als folgende Punkte formuliert wurden:

1. Die an dieser Beratung teilnehmenden Mitglieder des BE können die Argumente, die zur Untermauerung dieser Weisung gegeben worden sind, nicht verstehen und deshalb nicht billigen.
2. Die anwesenden Mitglieder des BE ~~missbilligen~~ sind befremdet, das vom Angebot der Intendantin, sofort in ein Gespräch mit dem BE einzutreten, seitens des Ministeriums für Kultur kein Gebrauch gemacht worden ist.

– 2 –

Protokoll einer Ensemble-Beratung

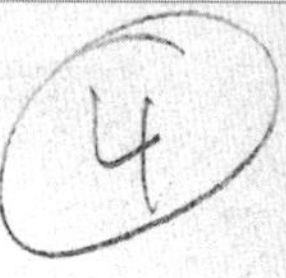

– 2 –

3. Wir [sehen uns gezwungen,] die Arbeit an Eislers "Johann Faustus" auf diese Weisung hin ~~zu~~ unterbrechen. Hoffen aber, daß unsere Argumente zur Aufhebung der Weisung führen und eine Weiterarbeit ermöglichen.

4. Da das Berliner Ensemble als öffentliche Institution sowohl seinem Publikum als auch allen Mitarbeitern des Theaters Aufklärung und Rechenschaft schuldig ist, ~~müssen~~ sollen die gewünschten gemeinsamen Gespräche raschest erfolgen. Ohne solche Diskussion sehen wir

5.) uns außerstande, unserem Publikum die Absetzung der Eisler- ~~Faustus~~ Ehrung zu begründen und müssten Sie dann bitten, damit die Pressestelle des Ministeriums für Kultur zu beauftragen. ([illegible])

Berlin, den 6.10.68

An den
Minister für Kultur Klaus Gysi

Heute, am 6.Oktober, sollte zu Ehren Hanns Eislers die szenische Lesung des Librettos "Johann Faustus" stattfinden, die ohne zureichende Erklärung vom Ministerium für Kultur verboten wurde.
Wir, die an der Arbeit beteiligten Künstler, protestieren
- gegen den geistigen Gehalt dieser Massnahme,
- gegen die Art und Weise ihrer Durchführung,
- gegen die Missachtung unserer Arbeit, die solch ein Verhalten erkennen lässt.

Das Ensemble der geplanten Faustus-Lesung schreibt einen Protestbrief, der dem Kulturminister Gysi überbracht wird.

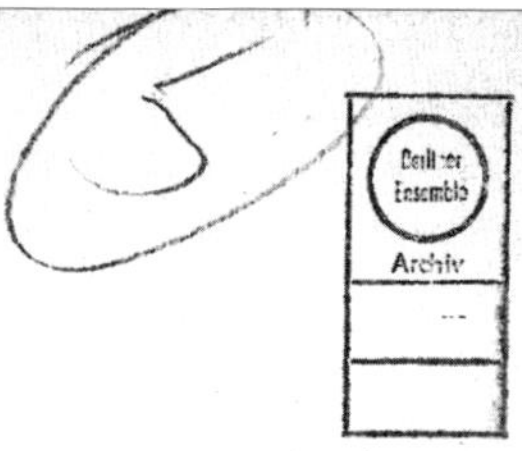

Liebe Frau Weigel! 10.10.1968

Die Parteileitung hat Kenntnis erhalten von dem Protestbrief der Mitglieder des Faustus-Ensembles an den Minister Gysi.
Wir sind der Meinung, daß der notwendige Klärungsprozeß über Fragen zum Faust-Projekt innerhalb des Ensembles dadurch sehr erschwert wird.
Aus diesem Grunde bitten wir Sie, mit den Unterzeichnern dieses Protestbriefes zu sprechen, um eine Basis für eine produktive Auseinandersetzung in unserem Hause zu schaffen.
~~Wir haben mit Matthias Langhoff eine ausführliche~~ Unterredung gehabt und werden in der Parteileitung selbstverständlich auch mit dem Genossen Christian sprechen.

Mit sozialistischem Gruß

Ruth Berghaus
Parteileitung

Die Parteileitung des Berliner Ensembles will mitreden.

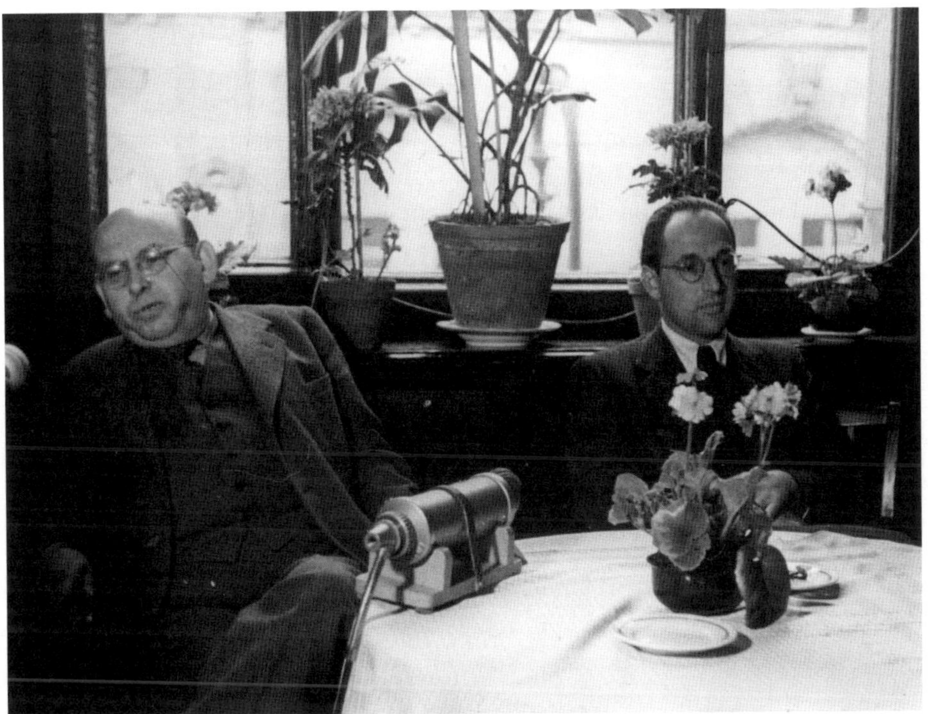

Hanns Eisler und Klaus Gysi bei einer Pressekonferenz im Clubhaus des Kulturbundes in Berlin am 25. Oktober 1948, auf der er Hinweise auf Pläne für sein künftiges Schaffen gab.

Auf Abwegen

Klaus Pierwoß, ehemaliger Intendant in Bremen und Köln und zuvor auch Dramaturg in Tübingen, über die Geschichte des »Johann Faustus« im Westen:

»Das Totschweigen der Stück-Uraufführung von Hanns Eislers ›Johann Faustus‹ am 11. April 1974 im Landestheater Tübingen findet auch zig Jahre nach dem Mauerfall die Fortsetzung einer unsäglichen Tradition, die zuvor schon für den Umgang in der ehemaligen DDR bezeichnend war.

Ich arbeitete von 1971–75 als Dramaturg am Landestheater Tübingen. Bei unseren Spielplanbemühungen um Stücke mit einer materialistischen Ästhetik waren wir auf den ›Faustus‹-Text von Hanns Eisler gestoßen. Mit zwei Telefonanrufen bei Stephanie und Georg Eisler und entsprechenden Bestätigungstelegrammen am nachfolgenden Morgen war die Uraufführung gesichert. Beide Eislers waren froh, dass dieses Projekt der vollkommenen Vergessenheit entrissen werden sollte. Wir hielten den Text auch ohne die nur fragmentarisch vorliegende Musik von Eisler für außerordentlich aufführungswert. Bertolt

Brecht: ›Obgleich das Werk zu seiner vollen Wirkung der Musik bedarf, ist es ein bedeutendes literarisches Werk, durch sein großes nationales Thema, durch die Verknüpfung der Faust-Figur mit dem Bauernkrieg, durch seine großartige Konzeption, durch seine Sprache, durch seinen Ideenreichtum.‹

Nach Bekanntwerden der geplanten Uraufführung im Westen wurden die offiziellen DDR-Instanzen aktiv und versuchten, uns die Uraufführung abspenstig zu machen. Eisler sei ein ›nationaler Gegenstand‹ und der ›Johann Faustus‹ könne nicht bei uns herauskommen. Der Staat, der durch Kampagnen das endgültige Entstehen des Werkes verunmöglicht hatte, reklamierte jetzt auf aberwitzige Weise das Recht der szenischen Uraufführung. Aber gegen die eindeutige Rechtslage (vom urheberrechtsversierten Intendanten Manfred Beilharz vorgetragen) konnten die DDR-Offiziellen nichts ausrichten. Auf dem Hanns-Eisler-Kolloquium 1973 in Berlin, an dem ich teilnahm, war der ›Faustus‹ kein Thema.

Am LTT (wie Landestheater Tübingen abgekürzt wird) inszenierte ein Team der Theatermanufaktur mit Regisseur Otto Zonschitz, seiner Mitarbeiterin Ilse Scheer und dem Musiker Rudolf Stodola das Eisler-Stück. Die Titelrolle spielte der spätere Burgtheater-Akteur Heinz Schubert, den Mephisto Sven-Christian Habich. Der Erfolg der Uraufführung verlängerte sich in eine heftig akklamierte Vorstellungsserie. Unter den Zuschauern der Tübinger Aufführung waren Stephanie Eisler, Lou Eisler-Fischer sowie Ernst und Karola Bloch.

Es gab einen umfangreichen Materialienband mit Texten von Albrecht Betz, Luca Lombardi, Karl Michael Balzer, Wolfgang Fritz Haug und Klaus Völker; eine mit hervorragenden Wissenschaftlern besetzte Podiumsdiskussion (u.a. dem ›Argument‹-Herausgeber Wolfgang Fritz Haug). Die Uraufführung löste vor und nach der Premiere in germanistischen Zirkeln der Universität Tübingen heftige Kontroversen aus. Die renommierte Fachzeitschrift ›Theater heute‹ hat den damals noch nicht zugänglichen Stücktext in der Mai-Ausgabe 1974 abgedruckt. Das ›Argument‹ löste eine sich über mehrere Hefte erstreckende ›Faustus‹-Debatte aus. Am 2. Juni 1976 wurde ›Johann Faustus‹ am Theater in Kiel gespielt. 2004 brachte das Staatstheater Kassel eine Opernversion des Komponisten Friedrich Schenker nach dem Eisler-Text heraus. Nachdem Aufführung und Lesung des Stücktextes noch 1968 in Rostock und am Berliner Ensemble verboten wurden, fand schließlich 1982 die DDR-Aufführung des Textes am Berliner Ensemble statt. Auch die Beschäftigung durch die Inszenierung von Manfred Wekwerth und die Publikationen von Werner Mittenzwei waren im Grunde Nachwirkungen der Tübinger Uraufführung, die trotzdem überall verschwiegen wurde. Damit sollte endgültig Schluss sein.«[45]

Manfred Beilharz, der damalige Intendant in Tübingen, ergänzt, dass das Büro für Urheberrechte der DDR die Uraufführung in der BRD mit der Begründung untersagen wollte, Eisler habe schließlich die DDR-Hymne komponiert und sei Staatspreisträger. Es begann eine typische Ost-West-Fingerhakelei. Man einigte sich schließlich, die Tübinger Inszenierung nicht Uraufführung zu nennen, obwohl »sie dies faktisch und rechtlich war«, wie Beilharz hervorhebt, sondern bezeichnete die Uraufführung als »die erste Aufführung dieses Werkes.« – Sozusagen eine »Uraufführung« in Gänsefüßchen.

> *»Unseren Kampf führen wir um die Pflege unseres großen Kulturerbes, indem wir nicht zulassen, dass eines der bedeutendsten Werkes unseres großen deutschen Dichters Goethe formalistisch verunstaltet wird, dass man die große Idee in Goethes Faust zu einer Karikatur macht, zum Beispiel in dem sogenannten Faustus von Eisler.«*[46]
>
> Walter Ulbricht

Hanns Eisler »Johann Faustus – ein Libretto« Geplante und verbotene Lesung am Berliner Ensemble 1968, Regie: Manfred Karge / Matthias Langhoff. Geplante und vom Kulturministerium verbotene Aufführung am Schauspiel Rostock 1968, Regie: Hans Bunge. Uraufführung Landestheater Tübingen 1974, Regie: Otto Zonschitz. DDR-Erstaufführung im Berliner Ensemble 1982, Regie: Manfred Wekwerth und Joachim Tenschert

Der betende Kommunist

Alfred Matusche
1909–1973

KAP DER UNRUHE

Alfred Matusche fehlte es nicht an Zuspruch und Unterstützung. Wolfgang Langhoff und Heinar Kipphardt, Heiner Müller und Peter Hacks setzten sich für ihn ein. Von Bertolt Brecht wird die Bemerkung überliefert, von Matusche »ist jede Zeile wahr, die er schreibt«. Dennoch hatten es seine Stücke schwer, denn: »Matusche wird mehr gelobt als gespielt.«[47] Seine Texte galten als zu kritisch, stießen auf Ablehnung seitens der Partei. Dennoch fanden sie immer wieder ihren Weg auf die Bühne, sei es auch abseits von Berlin. Wurden sie gespielt, verschwanden sie oftmals schnell wieder. Auch galt er selbst als schwierig. Der gelernte Schlosser und »betende Kommunist«, wie er sich bezeichnete, bestand auf einem selbstbestimmten Leben, das nicht in die Norm passte. In »Kap der Unruhe«, seinem vielleicht besten Stück, spiegeln sich die Probleme beim Aufbau der jungen DDR in den Individuen wider. Matusche thematisiert die Widersprüche zwischen technischer und individueller Entwicklung. Seine Darstellung der Widersprüche im Alltag gewinnt metaphorischen Charakter, pendelt zwischen Realistik und Poesie, bietet ein »Ab-Bild und ein Bild«[48] des Lebens und vom Leben in der DDR.

Erzene Männer, zurechtgebogen

Das Desaster beginnt mit einer guten Nachricht. Das Ministerium für Kultur teilt am 20. August 1965 dem Hans-Otto-Theater in Potsdam mit, dass Alfred Matusches »Kap der Unruhe« zur Uraufführung »frei« sei.[49] Im Theater macht man sich an die Arbeit. Ein Vierteljahr später, am 6. Dezember, schickt das Theater dem Ministerium die Textfassung, die man zu spielen beabsichtigt.

Worum geht es in dem Stück? Kap, ein Kranführer, zieht nicht wie seine Kollegen in die neuen Häuserblöcke ein, die sie gebaut haben. Er lässt sich auch nicht von Annerose, die sich ihm zuliebe scheiden lassen würde, zur Sesshaftigkeit verführen. Kap rebelliert gegen »ein bequemes Leben«. In der Nacht zum 1. Mai, der Walpurgisnacht sowie der Tag der Arbeit, bricht es aus ihm heraus, als seine Kumpel ihre neue Bürgerlichkeit mit viel Alkohol feiern. Kap der Kranführer ist ein Kap der Unruhe, einer Unruhe schöpferischer Unzufriedenheit, die gegen jedes Bescheiden aufbegehrt. »Rag aus Stein und Beton heraus« – das will er bedingungslos. Kap verlässt die Baustelle. Er zieht weiter.

Die Reaktion auf die Textfassung lässt nicht lange auf sich warten. Am 23. Dezember, knapp vierzehn Tage später, kommt die Antwort vom Ministerium: So nicht! Man hat politische Bedenken. Ohne Änderungen geht es nicht.

Ministerrat der Deutschen Demokratischen Republik, Ministerium für Kultur, Abteilung Theater:

> »An Intendant Gerhard Meyer, Hans-Otto-Theater Potsdam
> Sehr geehrter Genosse Meyer,
> [...] Ihr wollt das Stück zum zwanzigsten Jahrestag unserer Partei uraufführen. Die Lektüre hat uns außerordentlich besorgt gemacht. Uns erscheint die Geschichte fragwürdig und der Lebenswelt widersprechend [...] (Es handelt sich um Figuren, von) denen doch eigentlich nicht mehr und nicht weniger übrigbleibt, als ein moralisch fragwürdiger, saufender und durcheinanderhurender Haufen, der e b e n s o l e b t. DAS ALTE ZIEHT INS NEUE. Wo ist das Neue auf der Bühne? Nur eine Fassade neuer Häuser?!
> Wir wissen nicht, von wem Matusche beraten wurde, jedenfalls scheint uns, dass er nicht immer gut beraten war.
> Mit sozialistischem Gruß
> Karl-Heinz Hafranke
> Hauptreferent«[50]

Außerdem will man informiert werden, in welche Richtung am Stück weitergearbeitet wird. Die Bezirksleitung von Potsdam, vom Ministerium aufgefordert, schaltet sich ein und schließt sich der Meinung des Ministeriums an.

Ein Vierteljahr vergeht, bis der Autor über die Ablehnung informiert wird. In einer Sitzung mit der Theaterleitung erfährt er auch die Gründe für den negativen Bescheid, wie sie die Bezirksleitung inzwischen aufgelistet hat. Ein Protokoll hält fest:

»1. Kap, nachdem er weiterzieht, drückt sich vor der von ihm angeregten Auseinandersetzung.
2. Die Bindung Kap-Annerose ist ungenügend motiviert.
3. Alle in der Baracke Zusammengekommenen zeichnet eine Außenseiterkonstellation aus.
Zusammengefasst: Der gesellschaftliche Bezug ist zu gering. Die Lösungsangebote laufen mehr auf eine Beziehung der Menschen zur Natur hinaus als zur Gesellschaft ... Die Geschichte ist noch immer zu privat abgehandelt. Die Motive sind zu persönlich ... Es ist nicht gut, wenn das Gefühl bleibt: die Aktiven, Übersprudelnden gehen, die Bescheidenen bleiben.«
Der Autor versucht, sein Stück zu verteidigen: »Es müssen auch noch Bilder entstehen.«[51]

Aber ästhetische Argumente haben keine Chance. Man vereinbart, eine Neufassung bis Ende April zu erstellen. Dann will man über einen Vertragsabschluss mit dem Autor entscheiden.

Das Protokoll wird ans Ministerium geschickt, auch der Verlag will eine Durchschrift, »um von Seiten des Verlages [...] vor allem gegenüber dem Autor eine einheitliche Haltung einnehmen zu können.«[52]

Matusche schreibt eine neue Fassung. Versucht es vorübergehend auch mit einem neuen Titel: »Die erznen Männer«. Schreibt zähneknirschend zwei weitere Fassungen. Keine findet Gnade. Darüber vergeht ein weiteres halbes Jahr. Der Autor ist sauer, ist »verhärtet«, da die »Entscheidung des Theaters immer noch nicht gefallen ist« und weil er immer noch keinen Vertrag in Händen hat. Er beschwert sich ausgerechnet beim Ministerium, von dem die Ablehnung ausging. Endlich, im Dezember 1966, setzen sich Intendant, Schauspielleitung und eine Vertreterin des Verlages zusammen, um unter sich das Problem zu lösen: soll man das Stück spielen oder besser nicht. Der Autor ist nicht geladen.

»Unser Prinzip war: wir wollten Matusche auf die Füße helfen«, verteidigt die Vertreterin des Verlages die letzte Fassung. Der neue Intendant in Potsdam, Peter Kupke, hält dagegen. Er bemüht die nationale Politik und schwingt die große Keule: »Diskussionen über die Fassungen allein genügen nicht mehr. Vom 11. und 13. Plenum (der SED) sind bestimmte Forderungen und Maximen klar geworden. Was ist aufzuführen? Das muss einbezogen werden.« Deshalb ist das Stück »nicht identisch mit unserem Programm [...] Die Figur des Kap mit ihren individuellen Zügen [...] ist so etwas wie ein Sozial-Anarchist mit privater Aktivität. Die heutigen Forderungen werden durch das Stück nicht vertreten.«

»Das Gesagte sehen wir in gleicher Schärfe«, stimmt die Vertreterin des Verlages zu und versucht dann, das Stück doch noch zu retten. Ein Dramaturg, der vorsichtig darauf verweist, Matusche habe »mühselig und gutwillig an allen drei Fassungen gearbeitet«, wird abgeschmettert. Menschlichkeit helfe hier nicht weiter. Denn, so der Intendant, dem Stück »fehlt der Verbindungssteg zur gesellschaftlichen Funktionierung der individuellen Figuren«. Aber Matusche sei »schwer zu überlisten, wenn nicht ein gedanklicher Prozess sein literarisches Niveau ergänzt«. Schluss der Debatte. Der Intendant lehnt das Stück ab. Er will mit dem Autor reden. Der ist endgültig frustiert.[53]

> *»Das Naturalistische ist das Beste, was Matusche hat.«*[54]
>
> Benno Besson

Die Dramaturgin des Theaters, zugleich die fleißige Protokollantin, schreibt zwei Wochen später an das ZK der SED, Abt. Kultur, und bittet um Rat: »Wie soll es mit Matusche weitergehen?«.[55] In der Antwort, ein knappes Vierteljahr später, am 9. März 1967, zeigt sich die Kulturabteilung des ZK bereits informiert und will, obwohl sie »auch ernsthafte Einwände«[56] gegen das Stück habe, die letzte Fassung lesen. Das Ergebnis ist, Überraschung, die Forderung nach einer weiteren, neuen Spielfassung, die Alfred Matusche mit Hilfe des Schauspielers und Regisseurs Siegfried Höchst auch schreibt. Darüber vergehen mehrere Monate. Beide legen außerdem ein ausführliches Konzeptpapier vor, in dem sie unter anderem erklären:

»Das Stück hat verschiedene Lesarten provoziert, die nach unserer Ansicht immer wieder zu dem entscheidenden Missverständnis geführt haben, dass das Weitergehen Kaps eine individualistische oder sozialanarchistische Handlung sei [...] Kap, Kranführer, aktiver Erbauer vieler Städte, soll als verdienten Lohn eine neue Wohnung in der neuen Stadt erhalten, ebenso die Mitglieder seiner Brigade. Während die Brigade sozusagen Richtfest feiert, ist Kap mit Annerose Bobrinski, Frau des geschäftstüchtigen Gaststättenleiters, in der Baracke zusammen. Annerose ist bereit, die alte Ehe aufzugeben, wenn sie dafür eine neue mit Kap erhält. Der Städtebauer Kap fühlt sich, obwohl er Annerose wirklich liebt, von der Verführung des Wohlstands beunruhigt.

Dieser Trend zum Establishment scheint für Kap immer bedrohlicher zu

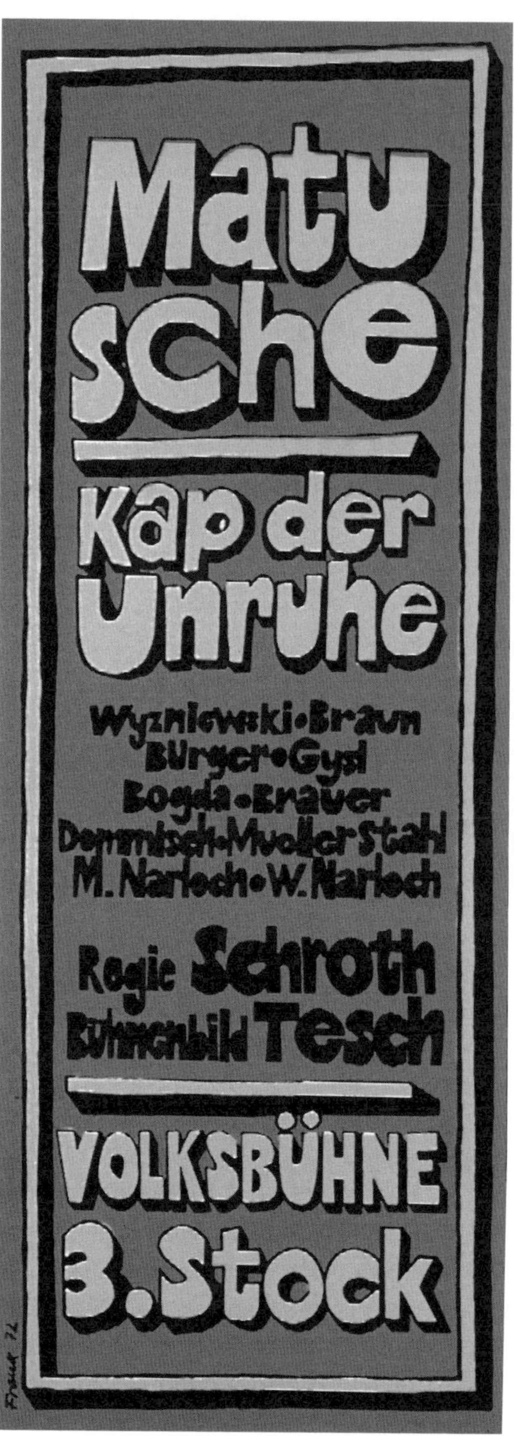

Plakat Volksbühne Berlin 1972
von Bernd Frank

werden, weil [...] seine Brigadekollegen sich ebenfalls mit dem Erreichten zufrieden geben [...] Wir glauben fest, dass die Geschichte der DDR nicht ohne Heldentaten und Romantik zu erklären ist. Alles Neue, alles Ungewöhnliche verlangt diese Eigenschaften.«[57]

Unterzeichnet ist das Konzeptpapier von Alfred Matusche und Siegfried Höchst. Im Archiv liegen mehrere Exemplare bzw. Durchschläge. Auf einem ist handschriftlich vermerkt, dass es von Siegfried Höchst stammt. Mag sein, dass er Matusche die Hand geführt hat oder dieser ihm gar freie Hand ließ. Denn zweifellos ist der Inhalt von taktischen Überlegungen diktiert. Davon zeugt die Art der Argumentation, die versucht, die Anwürfe zu unterlaufen. Dem Vorwurf, Kap sei ein Außenseiter, wird begegnet, indem man ihn zum Helden erklärt, wie ein sozialistisches Drama es doch erfordert.

Danach herrscht wieder Schweigen. Matusche wartet ein halbes Jahr, dann beschwert er sich wieder, diesmal beim Intendanten: »Von euch kommt nichts.«[58] Ein weiteres halbes Jahr später lehnt der Intendant im November 1969 das Stück erneut aus den altbekannten Gründen ab. Sie haben sich im Gegensatz zum Stück nie geändert. »Allerdings« ein neuer Regisseur, der jetzt in Potsdam arbeitet, »sprach sich für das Stück aus«, vermerkt ein Protokoll wie nebenbei.[59]

Denn dieser Rolf Winkelgrund setzt sich durch. Trotz aller Widerstände, auch im Ensemble: »Sie fragten sich, ob da wirkliche Probleme unserer Gegenwart erfasst seien«, will er die Inszenierung des Stückes in Angriff nehmen. »Jetzt ist grünes Licht«[60] schreibt die Dramaturgin dem Autor am 4.3.1970 – fünf Jahre nach dem ersten Aufleuchten.

> *»Matusche ist ein Unangepasster. Seine Stücke sind ›sozialistisch‹ und sie sind es dennoch nicht.«*[61]
>
> Henryk Bereska

Auch der Rat der Stadt Potsdam, Abt. Kultur, vom Ministerium längst eingeschaltet, gibt zwei Tage später offiziell sein Einverständnis. Endlich wird ein Aufführungsvertrag abgeschlossen, nachdem auch die Theaterleitung und die Besucherkonferenz zugestimmt haben. Die Uraufführung findet am 6.12.1970 unter der Regie von Rolf Winkelgrund statt.

Matusche scheint über das jahrelange Hin und Her gut informiert gewesen zu sein, denn theaterinterne Protokolle, Briefe des Ministeriums an den Intendanten usw. finden sich in seinen persönlichen Unterlagen im Nachlass.

Gutes Ende des Desasters? Nein, die Kritiker stoßen ins gleiche Horn wie die Staatsorgane. Im maßgeblichen Parteiorgan »Neues Deutschland« wird das Stück abgestraft. Der Kritiker Rainer Kerndl macht dem Autor Vorwürfe: »Sein oft polemisch vorgetragenes Anliegen, seine Neigung zu einseitigen Verabsolutierungen, zu einer vereinfachenden Ausschließlichkeit der Alternative.«[62] Auch das Fachblatt »Theater der Zeit« meldet neben Verständnis Bedenken an: »Die subjektive Sicht auf die Realität ist das Recht des Dichters, doch im objektivierenden Licht der Bühne wird aus berechtigter Subjektivität objektives Unrecht wenn der Außenseiter-Held den Maßstab gibt.«[63]

Stürmische Großwetterlage

Was für ein Umstand. Was für ein Aufwand. Was für ein Gewürge. Es überrascht immer wieder, wie ausführlich die staatlichen Instanzen sich einzelner Fälle annehmen. Sie liefern sogar Argumente, immerhin, auch wenn sie pauschal und unabänderlich bleiben. Natürlich dienen diese Auseinandersetzungen der Kontrolle. Sie dienen der Zensur, die man offiziell nicht ausübt. Sie existiert auch laut Verfassung nicht. Aber es gibt sie nur deshalb nicht, weil sie nicht so genannt wird. Als gälte es den Schein zu wahren, den jeder längst durchschaut hat. Und es fällt auf, wie hartnäckig dieser Schein aufrechterhalten wird.

> *In welcher Freiheit kann ich leben? Nur als Dichter [...] Gestalten schaffen mit der einfachsten Sprache. Die größte Einfachheit des Geschehens. Klarheit gegen Widersprüche.*[64]
>
> Alfred Matusche

Bemerkenswert auch eine Methode, der sich höchste Stellen der Partei gern bedienen, um Verbote durchzusetzen. Die Ablehnung erfolgt nicht direkt. Sie wird auf Anweisung von oben durch untergeordnete Stellen vermittelt. Diese werden beauftragt, den Autor von der Notwendigkeit der gefällten Entscheidung zu überzeugen. Die Partei bleibt außen vor, wäscht die Hände in Unschuld. Zum Beispiel wird dem Chefdramaturgen des Deutschen Theaters Kipphardt

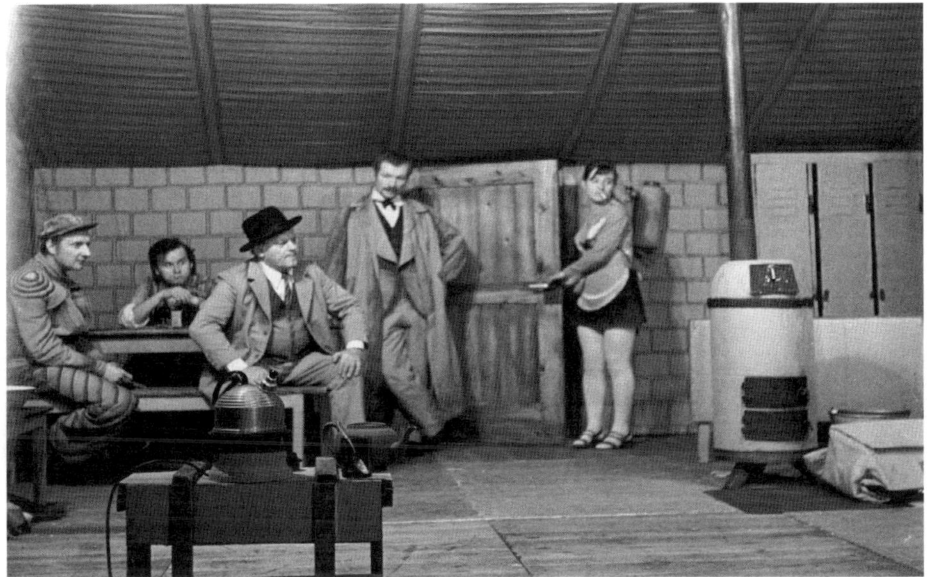

Kap der Unruhe, Volksbühne Berlin 1970, v.l.n.r.: Peter Dommisch, Eckhardt Bogda, Erich Brauer, Hermann Beyer, Gabriele Gysi

intern vorgeworfen, er habe ein politisch nicht mehr genehmes Stück, »Das Schwitzbad« von Majakowski, mit der Begründung abgesetzt, es geschähe auf Anweisung der Partei. Das sei ein Fehler. Er selbst hätte als Genosse für die Absetzung öffentlich gerade stehen müssen, auch wenn er dagegen gewesen sei, weil »die Absetzung nicht die Partei verfügen will«. Wer das nicht anerkennt, so das ZK der SED, dem »fehlt die Parteilichkeit, die nötig ist für den Kampf gegen Feinde«[65]. Ein solch direktes Bekenntnis zur Zensur als Versteckspiel findet sich selten und geschieht nur hinter verschlossenen Türen – wenn auch präzise protokolliert.

Es ist auch kein Zufall, dass »Kap der Unruhe« nicht in Berlin uraufgeführt wird. Matusche, der nicht irgendwer ist und den man nicht einfach übergehen kann, wird mit seinem neuesten Stück sozusagen abgeschoben. Denn in einem Bericht der Bezirksleitung Berlin an das ZK heißt es 1965 noch: »Der Schriftsteller Matusche bot der neuen Volksbühnenleitung ein Stück ›Kap der Unruhe‹ an. Grundthema dieses Stückes ist dieser Widerspruch (zwischen dem Einzelnen und der Gesellschaft), er geht davon aus, dass neue Häuser schneller wachsen als neue Menschen. [...] Das Stück ist wegen seiner politischen Fehler und Obszönitäten nicht spielbar und wurde von der neuen Leitung des The-

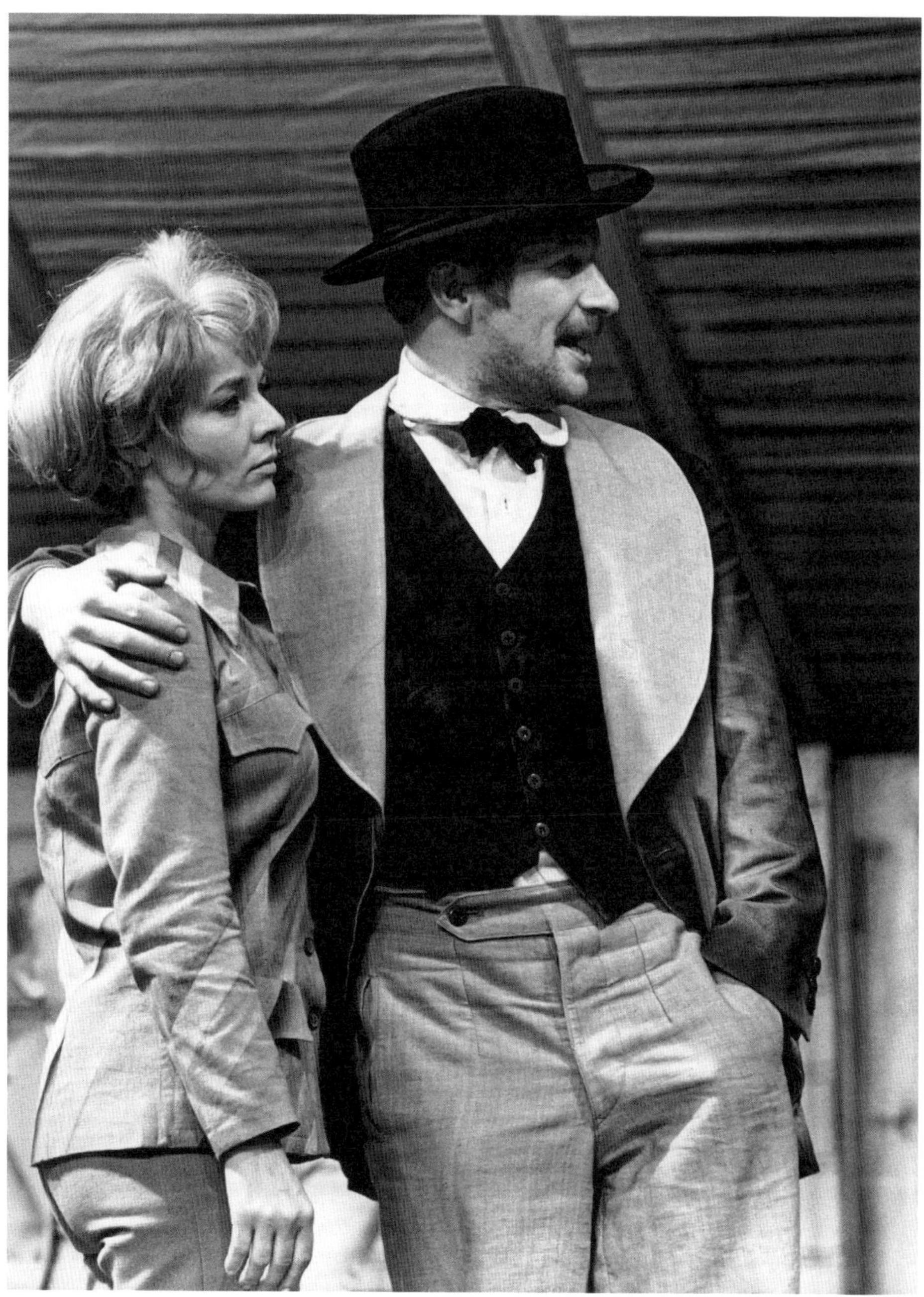

Kap der Unruhe, Volksbühne Berlin 1972. Annekathrin Bürger, Hermann Beyer

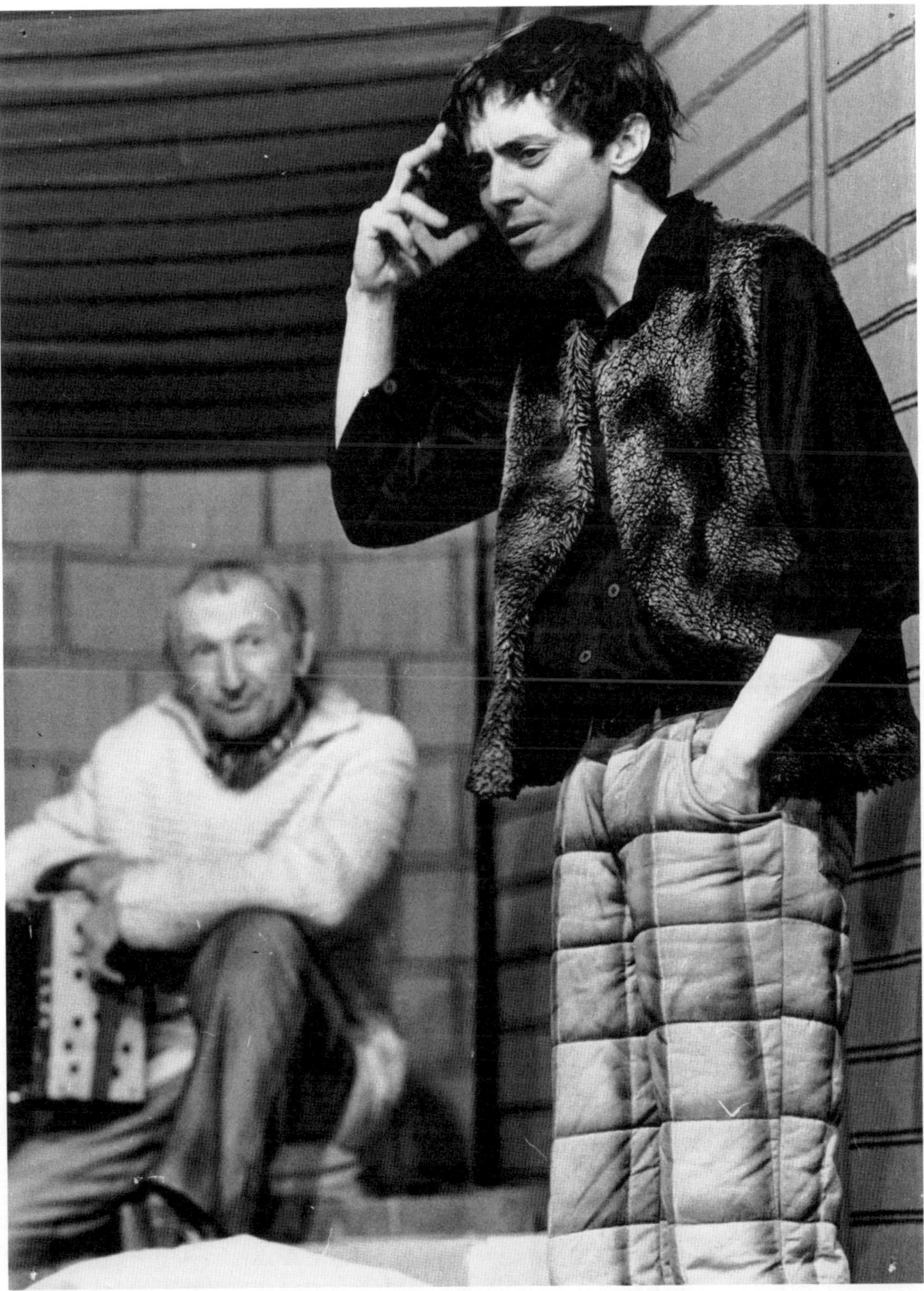

Kap der Unruhe, Volksbühne Berlin 1972. Willi Narloch, Arno Wyzniewsky aters zurückgewiesen.«[66] Was in der Hauptstadt nicht sein darf, kann in der Provinz – nach langwierigem Prozess – versucht werden.

Das bedeutet nicht, dass im Schatten dieser Haltung Freiräume entstehen sollen. Die Spielpläne müssen zentral genehmigt werden. Das Ministerium macht den Bezirksleitungen gleichzeitig unmissverständlich klar: »Die Bezirke sind verantwortlich für die in den Spielplänen enthaltenen Tendenzen.«[67]

Der politische Dichter

Ich gehe durch Wind und Feuer,
alles wird zum Flugblatt
selbst die reinste Zeile.
Der Sturm duldet kein Schweigen.
Schon im Kampf
Such ich die Dauer.
Steht das Wort für das Leben ein,
blüht es, wird Sprache zum Klang
glühendes Drama zum Ruf![68]

Alfred Matusche

Es sind viele verschiedene Gremien, Offizielle und Stimmen, die sich einschalten und mitmischen. Das zieht sich hin. Im Fall von »Kap der Unruhe« über fünf Jahre. Die Gründe leiten sich alle von der zentralen Forderung ab, die die Kunst im Sozialismus zu erfüllen habe: Sie muss gesellschaftlich relevant sein. Das ist allgemein formuliert und als Totschlagargument geeignet, vor allem, wenn es als absolutes Diktum gesetzt wird. Mit wirklichen Argumenten ist kaum dagegen anzukommen. Je kunstunverständiger oder je banausenhafter der jeweilige Vertreter der verantwortlichen Institution war, desto extremer wurde die Ablehnung vertreten, und desto deutlicher entlarvte sich die Argumentation als bloßer Vorwand. Das lässt sich auch im Fall von »Kap der Unruhe« beobachten. Wird zunächst am Stück die Darstellung eines Außenseiters bemängelt, so verschärft sich zunehmend die Sprache, wenn vorbildhafte Figuren verlangt werden. Aus Bedenken wurden Verdikte. Stets wird dasselbe Grundargument vom gesellschaftlichen Bezug benutzt, zuletzt allerdings abstrus verschraubt, wenn etwa gesagt wird, es fehle »der Verbindungssteg zur gesellschaftlichen

Funktionierung«. Wie will man einem solchen Satz begegnen? Schon gar nicht zu widersprechen ist dem Hinweis auf das 11. Plenum des ZK der SED im Jahr 1965, das einen rabiaten Schwenk zu einer rigiden, dogmatischen Kulturpolitik zur Folge hatte. Der Wechsel von Ulbricht zu Honecker, der sich auf dieser Tagung andeutet, der Wechsel in der Wirtschaftspolitik als Folge des Wechsels von Chruschtschow zu Breschnew, schlägt bis in die Spielpläne in der Provinz durch. Von wegen »erzene« sozialistische Prinzipien. Sie entlarven sich als wetterwendisch, weil von der jeweiligen politischen Großwetterlage unmittelbar abhängig.

Nächster Versuch

Obwohl die Parteigruppe der Volksbühne in Berlin »Kap der Unruhe« zu verhindern suchte, wurde das Stück dort 1972, zwei Jahre nach seiner Uraufführung, erneut inszeniert.

Zur Vorbereitung auf die Arbeit führt der Regisseur Christoph Schroth mit Matusche ein Gespräch, in dem dieser auch über seine Probleme beim Schreiben in der DDR spricht. Statt Wohnhäuser zu bauen, ließ er den unruhigen Bauarbeiter Kap lieber davon träumen, zwischen den Plattenbauten Außergewöhnliches empor wachsen zu lassen. Was Matusche nicht schreiben darf, hofft er, durchs Theaterspiel andeuten zu können.

> **Schroth:** Was ragt aus Stein und Beton?
> **Matusche:** D o m
> **Schroth:** ???
> **Matusche:** Ich meine schon eigentlich einen Dom. Man könnte es einen Dom des Humanismus nennen. Hier ist für mich als Autor ein wunder Punkt. Es ist nicht genügend ausgeführt. Ich kann aber nicht schreiben, was ich eigentlich will. So ein Dom ist doch völlig unzweckmäßig. Aber Menschen wollen hoch hinaus. Das ist eine schöne und kühne Sache der Menschheit. Was wir jetzt machen, ist zappenduster. Aber das kann ich doch nicht schreiben. Man müsste es aber im Gestus doch ausdrücken können.[69]

Alfred Matusche »Kap der Unruhe« Uraufführung 6.12.1970 Hans-Otto-Theater Potsdam, Regie: Rolf Winkelgrund. Mit Gunter Schubert, Willi Neuenhahn, Holger Mahlich, Michael Gerber, Günter Zschäckel, Joachim Entrich, Gertraud Kreißig, Manuela Marx, Alfred Steinbrenner, Wilfried Pucher, Ernst Ullrich, Hans-Jürgen Stark

»We like Berta«

Berta Waterstradt
1907–1990

EHESACHE LORENZ

Berta, hundertprozentig irdisch, kein metaphysisches Irisieren, nichts Wundersames, geschweige denn Wunderliches, kommt und erscheint zu manchen Zeiten als verkleinerte Ausgabe der längst verschwundenen Tyche.[70] Berolina, Berta, und Berlin erweisen sich als Synonyme: Nüchternheit und Lebenstüchtigkeit; der Wille, sich niemals unterkriegen zu lassen; eine gesunde Chuzpe, unverfrorener Witz, vereint mit Empfindungsfähigkeit, Tucholsky'sche Legierung von Schmerz und Schnauze: Typ der Berlinerin klassischer Provenienz, aus Katowice natürlich«.[71]

Diese Liebeserklärung Günter Kunerts an Berta Waterstradt mit dem Titel »We like Berta« spiegelt ihre allgemeine Beliebtheit wider. Sie muss eine unverfälschte Persönlichkeit gewesen sein, sonst hätte wohl der Lyriker Günter Kunert, ein scharfer Kritiker der DDR, nie und nimmer eine derartige Eloge auf die bekennende Kommunistin geschrieben. Seit 1925 in der KPD, Besuch der marxistischen Arbeiterschule, Mitglied des Bundes Proletarisch-Revolutionärer Schriftsteller. Während des Dritten Reiches leistete sie im Untergrund Widerstandsarbeit und saß für die Verteilung antifaschistischer Gedichte im Gefängnis. Gefördert vom Kulturminister Johannes R. Becher, arbeitete Waterstradt nach dem Krieg als Dramaturgin beim Berliner Rundfunk. Sie schrieb Hörspiele, Drehbücher (»Die Buntkarierten«), Kurzgeschichten, Reportagen und das Theaterstück: »Ehesache Lorenz«.

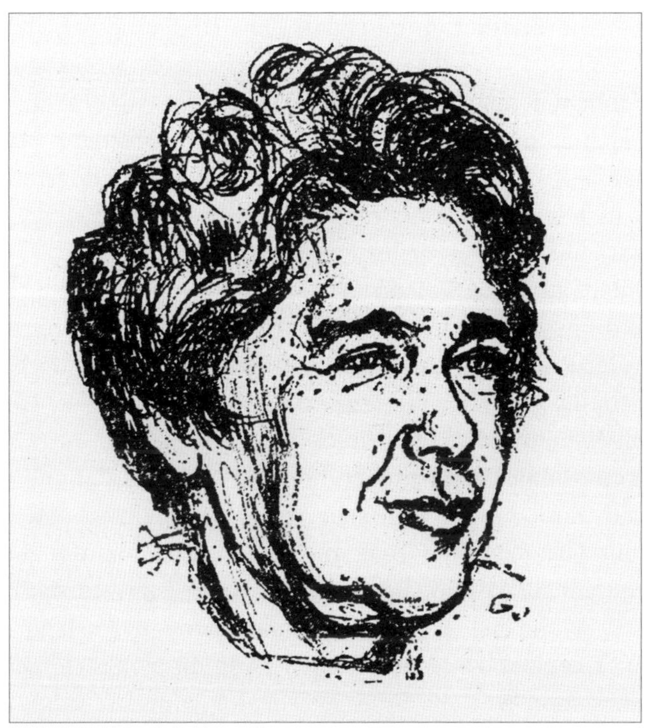

Berta Waterstradt, Zeichnung in der Berliner Zeitung 1967

Ausgerechnet eine Scheidungsrichterin gerät in eine Ehekrise, als ihr Mann, Funktionär in einem großen Industriebetrieb, sich auf eine Affäre mit seiner Sekretärin einlässt. Er will von beiden Frauen nicht lassen. Aber auf überraschende Weise lösen Ehefrau und Geliebte den Konflikt gemeinsam, mit freundlicher Unterstützung eines waschechten Proletariers, dem Fahrer des Kaders.

Ein Stück mit »lebensechten Dialogen«, »unmittelbar publikumswirksam«, schreibt die »Berliner Zeitung« am 2.9.1959 nach der Premiere in Staßfurt und zitiert eine der beteiligten Schauspielerinnen: »Die Worte flossen einem nur so aus dem Mund.« Der Kritiker weiß weiter zu berichten: »Was das Stück über solche Komödien alten Stils hinaushebt, ist die Tatsache, dass es in unserer sozialistischen Gesellschaftsordnung spielt.« Denn »die Helden der Handlung finden aus ihren Irrungen und Wirrungen nicht zufällig auf den rechten Weg zurück. Die Prinzipien der Moral, wie sie aus den neuen Beziehungen der Menschen in unserer sozialistischen Gesellschaft erwachsen, bestimmen diesen Weg.«

Das Stück ist nichts anderes als eine klassische Dreiecksgeschichte: Ehemann, Ehefrau, Sekretärin. Zweifellos gekonnt geschrieben, unterscheidet es sich kaum vom Üblichen eines bürgerlich-»dekadenten« Gebrauchsstückes. Der einzige Unterschied besteht darin, dass beim zu erwartenden Happy End ein Proletarier statt beispielsweise der Pfarrer oder irgendein Vertreter der bürgerlichen Wertemaßstäbe seine Finger im Spiel hat. Die Moral des 6. Gebotes bleibt die alte, ihr wird lediglich ein neues Etikett angeheftet.

Das Besondere an Berta Waterstradts »heiterem Spiel«, wie es im Untertitel heißt, ist allerdings, dass es von den Emanzipationsbestrebungen der Frauen in der jungen DDR Zeugnis ablegt. Wo gibt es schon feministische Schwänke? Auch das macht die »Ehesache Lorenz« zu etwas Besonderem. Und besonders ist, dass Berta Waterstradt dieses Stück geschrieben hat, »eine starke, unbequeme Frau mit (un)ausgesprochenen feministischen Ambitionen«.[72]

Als könnten diese Ambitionen schon zuviel des Guten gewesen zu sein, wagte sich kein Theater in der DDR an die Uraufführung des Frauenstückes, obwohl Waterstradt auch Nationalpreis-Trägerin war. Das Plädoyer für die weibliche Emanzipation fand erst an einer Art Landesbühne im Ausland eine bedingte Öffentlichkeit. Trotz der 70 Vorstellungen hätte dieses Stück wohl kaum aus diesem Abseits seinen Weg ans deutsche Theater gefunden, wenn nicht der Zufall mitgespielt hätte. Auf einer Reise in die CSSR sah ein Kritiker aus der DDR eine Vorstellung und war begeistert. Vorwurfsvoll berichtete er von der Unterlassungssünde der heimischen Theater.[73] Daraufhin fühlte sich ein Provinztheater herausgefordert und nahm das Stück an – wohl auch, um Aufmerksamkeit zu erregen und den großen Häusern mal zu zeigen, was eine Harke ist. Das Vorhaben gelang. Das Stück wurde ein Erfolg, weitete sich zum großen Erfolg, wurde nachgespielt, auch an großen Häusern, wurde verfilmt, mit wiederum großem Erfolg, und steigerte die Popularität der Autorin. Immer wieder erscheint ihr Porträt in Zeitschriften – ein Ausdruck ihrer wachsenden Beliebtheit.

Die Männer sind alle Verbrecher

Kommt der Tod auf leisen Sohlen,
mich zu holen, mich zu holen,
sag ich ihm, na schön, mein Lieber!
Und da bin ich schon hinüber.
Doch im Himmel, lichtumflossen,
seh' ich alle die Genossen,
die, wie soll ich's schonend sagen,
schon in ihren Erdentagen,
also ohne Engelsschwingen,
mir so auf die Nerven gingen.
Und so ruf ich unverhohlen:
Soll mich doch der Teufel holen!
Doch des Satans Kaderchef
Rezitiert aus dem Effeff,
eingehüllt in Schwefelwrasen,
unsre altbekannten Phrasen.
Drum bitt ich, sehr marode:
Nur kein Leben nach dem Tode!
Nicht in Schwarz, in Gold, in Rot.
Klappe zu und Berta tot.[74]

Berta Waterstradt

Berta Waterstradt »Ehesache Lorenz« Uraufführung 1958 Staatliches Dorftheater Prag/CSSR. DDR-Erstaufführung 4.1.1959 Salzland-Theater Staßfurt, Regie: Rolf Merten, mit Elisabeth Wachs, Gerd Müller–Förtsch, Scarlett Schech, Elfriede Hammer

Achtung! Verwechslungsgefahr!

Hans Lucke
1927–2017

SCHMIERENTHEATER ODER DER DOPPELTE OTTO

Ein doppeltes Spiel. Aber wer behält die Übersicht, wenn sich das Doppelspiel verdoppelt?

Berlin, um 1880. Otto von Bismarck, der Eiserne Kanzler, ist krank. Wer peitscht jetzt im Reichstag die Sozialistengesetze durch? Polizeipräsident Krüger weiß Rat. Er engagiert den arbeitslosen Provinzschauspieler Otto Einspender als Double. Er ist dem anderen Otto wie aus dem Gesicht geschnitten. Die Rede des Schmierenkomödianten zu den Sozialistengesetzen im Reichstag entfaltet eine derartige Überzeugungskraft, dass er auf sich selbst reinfällt. Von seinem Erfolg überwältigt, wirft er seine sozialistischen Überzeugungen über Bord. Perfekt spielt er seine neue Rolle. Er spielt sie weiter nach dem überraschenden Tod des Kanzlers, der verheimlicht wird. Jetzt spielt er Politik auf eigene Faust. Aber ist Otto wirklich gestorben? Gibt es plötzlich zwei Ottos? Wer ist der wahre? Ist Otto auch Otto oder Otto nur Otto? Aber auch der Polizeirat Krüger spielt – mindestens – ein doppeltes Spiel. Dient er der Sicherheit des Staates oder plant er einen Staatsstreich? Wer ist wer in diesem Spiegelkabinett? Allein die Tingel-Tangel-Soubrette Leni de la Motte behält die Übersicht. Sie weiß, was hier gespielt wird: Schmierentheater.

Kritiker in West-Berlin bescheinigen diesem raffinierten Verwechslungszinnober einen »übermütigen Umgang mit Geschichte«[75] und fragen, ob nicht die »deutsche Geschichte des 19. Jahrhunderts im tiefen Grund eine Schmierenkomödie« sei.[76] Die Kritik in Ostberlin schiebt den politischen Aspekt als zu leichtgewichtig beiseite: »Der doppelte Otto ist nicht mal ein halber Otto.«[77]

Hinter den historischen Verkleidungen, die Lucke mit preußischen Uniformen und dem Federboa-Chi-Chi der Bohème betreibt, verbirgt sich allerdings ein Thema, das nicht auf die Vergangenheit beschränkt ist. Im »Schmierent-

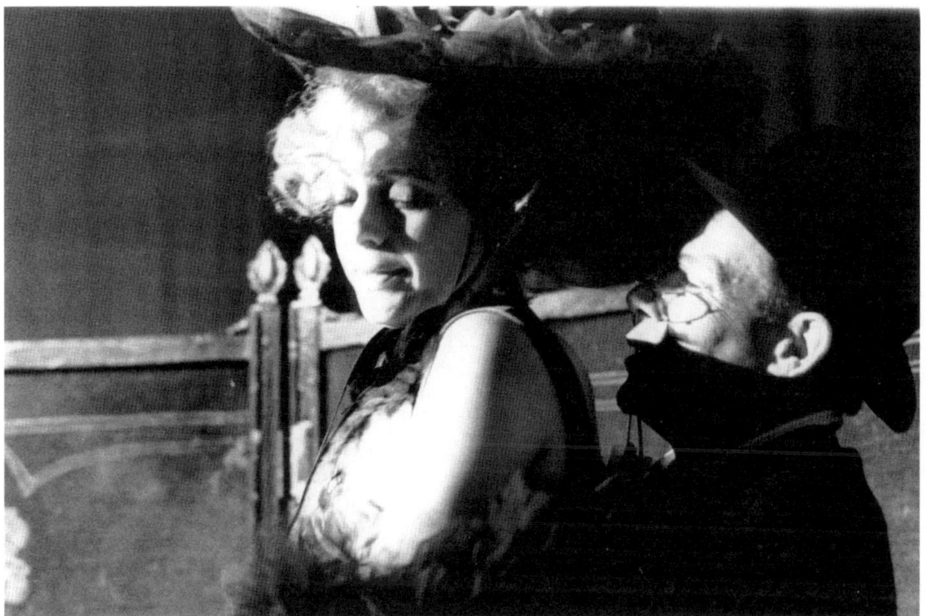

Uraufführung »Schmierentheater«, Deutsches Theater Berlin 1986, mit Katharina Tomaschewsky und Hans Teuscher[78]

heater« geht es um politischen Opportunismus. Die beiden Kontrahenten, der Staatsdiener und der Diener der Kunst, werden sich selbst untreu. Sie betreiben Camouflage, um als falsche Fuffziger ihre Karrieren zu befördern. Sie machen Politik auf eigene Rechnung und auf Kosten anderer.

Doppelpass

Hans Lucke war ein kenntnisreicher, versierter Theatermann. Als Schauspieler, Regisseur, Stückeschreiber und Drehbuchautor saß er in mehreren Sätteln und machte überall eine gute Figur. Und war offenbar ein beliebter Kollege obendrein. »Lucke hatte immer ein paar Witze auf Lager. Wir haben sehr oft zusammen in der Kantine gesessen. Er war ein wirklich angenehmer Gesprächspartner. Ja, der war in Ordnung«, berichtet Maik Hamburger, zu jener Zeit Dramaturg am Deutschen Theater in Berlin.[79]

Lucke hat am Theater noch eine weitere Aufgabe übernommen. Er fungiert als Sekretär der BPO, das ist die SED Betriebsparteiorganisation am Deutschen Theater. In dieser Funktion betreibt er Theaterpolitik. Als Sprecher der Parteigenossen schreibt er beispielsweise an Kurt Hager vom ZK der SED, die Inszenierung von Goethes »Faust« von Adolf Dresen sei »schädlich« gewesen.[80]

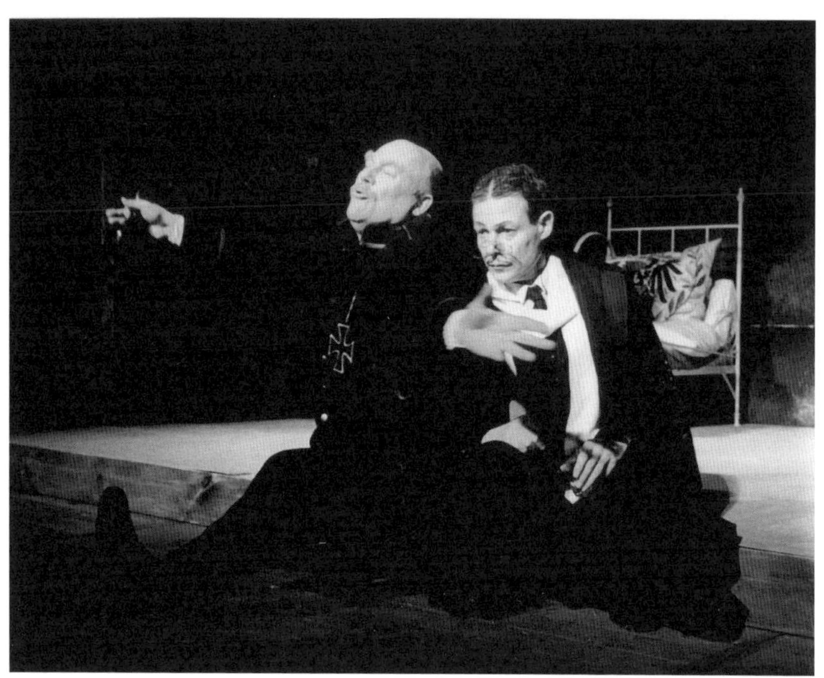

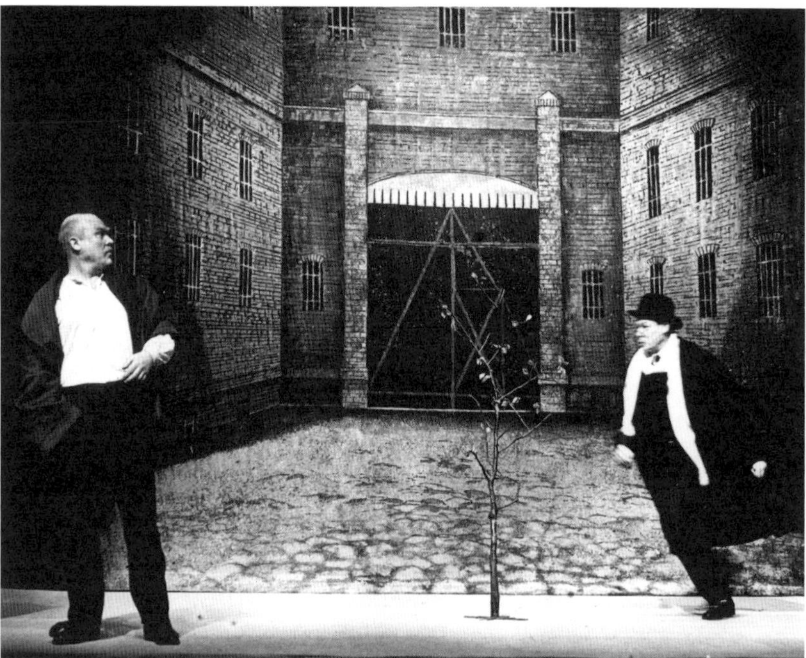

Uraufführung »Schmierentheater« Deutsches Theater Berlin 1986 mit Hans Teuscher und Klaus Piontek[82]

Oder er hält den Intendanten des Deutschen Theaters, den »Genossen Heinz«, für den »Anforderungen allein nicht mehr gewachsen [...] Deshalb sollte unserer Meinung nach Genosse Heinz [...] so schnell als möglich ein Partner an die Seite gegeben werden.«[81]

Maik Hamburger meint: »Parteisekretär im Deutschen Theater war er vielleicht, glaube ich, eher spielerisch. Einfach, damit er das auch mal ausprobiert und den Parteisekretär spielt. Er war bestimmt kein hundertprozentiger Kommunist.«

»Man kann jeden Text zur Sau machen.«

Hans Lucke, »Der doppelte Otto«

Kannte sich Hans Lucke im doppelten Spiel ebenso gut aus wie seine Theaterfiguren? Doppeltes Spiel wurde jedenfalls auch mit ihm selbst getrieben. Als Regisseur am Volkstheater Rostock tätig, berichtet ein Generalmajor Mittag vom Ministerium für Staatssicherheit am 18. 2. 1980 an die Bezirksverwaltung – »Streng vertraulich! Um Rückgabe wird gebeten!« – über »politisch-ideologische Probleme im Bezirksschriftstellerverband Rostock.« Er bemängelt, dass »einige politisch-schwankende und politisch-negative Kräfte an Einfluss« gewinnen. »Lucke, Hans (SED)« gehört zu diesen Personen: »Von Lucke wurde der Standpunkt vertreten, dass er in der Parteigrundorganisation nicht die Möglichkeit habe, offen auszusprechen, was ihn bewege. Aus diesem Grunde sehe er auch nicht ein, was er in der Partei solle.« Der Generalmajor berichtet auch über die Klagen zur schwierigen ökonomischen Situation in der DDR und informiert über eine »Zunahme von politisch-negativen Witzen: ›Nationalspeise der DDR-Bürger? – Gedämpfte Zunge‹«.[83]

Die Geschichte lebt – Ein historischer Spitzelbericht 1871

»Die Observation auf Bebel nahm ich am 7.d.M. vorm. ½ 8 Uhr auf und setzte ich dieselbe, trotzdem um diese Zeit sämtliche 3 Fenster der von Bebel innehabenden Wohnung völlig geöffnet waren, ununterbrochen bis Nachm. ½ 4 Uhr fort, ohne jedoch Bebel gesehen zu haben. Unter der Annahme, dass er vielleicht mit dem um 6 Uhr (Anhalter Bahnhof) abgehenden Zuge abgereist sei, beauftragte ich einen Dienstmann, sich bei der Wirtin nach Bebel zu erkundigen, unter dem Vorwande, persönlich etwas an ihn zu bestellen zu haben. [...]

MINISTERIUM FÜR STAATSSICHERHEIT

Bezirksverwaltung Rostock

BStU
000336

Streng vertraulich!
Um Rückgabe wird gebeten!

Rostock, den 18. 2. 80

4 Blatt

1. Exemplar

Nr. 12/80

Gen. Hartmann z.K. u. Rücksprache
Ü. 19.2.80

INFORMATION

über

politisch-ideologische Probleme im Bezirksschriftstellerverband Rostock

Trotz der überwiegend positiven Haltung der Mitglieder des Bezirksschriftstellerverbandes Rostock haben einige politisch-schwankende und politisch-negative Kräfte an Einfluß gewonnen.
Zu diesen Personen gehören u. a. L i e t z , Hans-Georg, stellvertretender Vorsitzender des Vorstandes des Bezirksschriftstellerverbandes, und L u c k e , Hans (SED).

In Vorbereitung auf die Verbandswahlen im Februar 1980 zeichnete sich in den letzten Wochen insbesondere bei einigen Schriftstellern eine negative Meinung zur Rolle der Partei im Schriftstellerverband ab.
Unter anderem wurde von L u c k e der Standpunkt vertreten, daß er in den Parteigrundorganisation nicht die Möglichkeit habe, offen das auszusprechen, was ihn bewege. Aus diesem Grunde sehe er auch nicht ein, was er in der Partei solle. Genosse L u c k e beabsichtigt, diesen Standpunkt auch in den Gesprächen aus Anlaß der Kontrolle der Mitgliedsbücher vorzutragen und "entsprechende Schlußfolgerungen" zu ziehen.

Bezeichnend ist, daß die Genannten die Ursachen von Schwierigkeiten und Problemen innerhalb des Verbandes auf die ökonomische Situation und Bedingungen in der DDR zurückführen wollen.
Bei L u c k e , Hans ist in diesem Zusammenhang eine Zunahme von politisch-negativen Äußerungen und politischen "Witzen" festzustellen. So brachte er unter anderem zum Ausdruck:

"Nationalspeise der DDR-Bürger? - Gedämpfte Zunge".

393 576 20 0

Stasi-Bericht unter anderem über Hans Lucke[85]

Bebel war, wie vermutet, nicht zugegen; vielmehr erklärte seine Wirtin, dass er heute nebst Familie ausnahmsweise vor 7 Uhr aufgebrochen wäre und voraussichtlich vor 10 resp. 11 Uhr abds. nicht zurückkehren würde. Mein mehrfaches Herumspähen nach Bebel blieb völlig erfolglos, und so erwartete ich ihn vor seiner Wohnung, wohin er p.p. kurz nach ¾ 12 Uhr abends zurückkehrte und gegen ¼ 1 Uhr Nachts zu Bett ging. Wo Bebel gewesen ist, konnte ich nicht in Erfahrung bringen. Ebrecht, Schutzmann 2814«.[84]

Hans Lucke »Schmierentheater oder Der doppelte Otto« Uraufführung 15.3.1986 Deutsches Theater, Berlin, Regie: Horst Drinda, mit Hans Teuscher, Klaus Piontek, Katharina Tomaschewsky, Uwe Hilbrecht

Der Funktionär am Strick

Kurt Bartsch
1937–2010

DER BAUCH / DER STRICK

Was für ein Spektakel! Was für ein Theater! Elf Inszenierungen, davon acht Uraufführungen auf einen Schlag, von morgens bis weit nach Mitternacht, dazu Lieder, Lesungen, Lustbarkeiten! In allen nur irgendwie fürs Theaterspielen geeigneten Räumen des Hauses feierten die Theaterleute und ihr Publikum »ein Festival der theatralischen Phantasie«.[86] Es war ein berauschendes Theaterfest, angerichtet von Matthias Langhoff und Manfred Karge, das die Volksbühne unter der Leitung von Benno Besson in der Spielzeit 1974/75 mit einem wie befreit mitgerissenen Publikum feierte. Ein Paukenschlag.

Besonders das Engagement für Zeitstücke erregte Aufsehen. Wann bringt eine normale Bühne schon acht Uraufführungen in einer Spielzeit heraus! Das Spektakel gab das Vorbild für weitere Aktionen und Großveranstaltungen ab. Auch die Theater in der BRD sprangen auf diesen Zug auf. Man verfolgte, was »drüben« geschah. Den Anfang machten die Bühnen der Stadt Frankfurt am Main. Unter dem Titel »Das Gesetz des Handelns« fand das Ost-Berliner Ereignis 1979 in einer westdeutschen Variante seine Fortsetzung.

Eine dieser Spektakel-Uraufführungen war »Der Bauch«, geschrieben von Kurt Bartsch, einem der Hausautoren der Volksbühne, inszeniert von Fritz Marquardt, einem der Hausregisseure.

»Das ist ein Frivolodrama, wenn die Wortschöpfung erlaubt ist, mit Pfiff und Jux und Tollerei, wobei die Frechheit des Einfalls genau und stimmig aufgehoben ist in den alles Überflüssige vermeidenden Texten, Liedern und Szenen wie auch in der Musik. Das Küchenmädchen Anna, ein sinnenfrohes kleines Lotterchen, gaunert da ein paar gewichtigen Kollegen ihrer Baustelle die üppigsten Zugeständnisse ab, indem sie mit ihrem dicken Bauch an deren nicht ganz

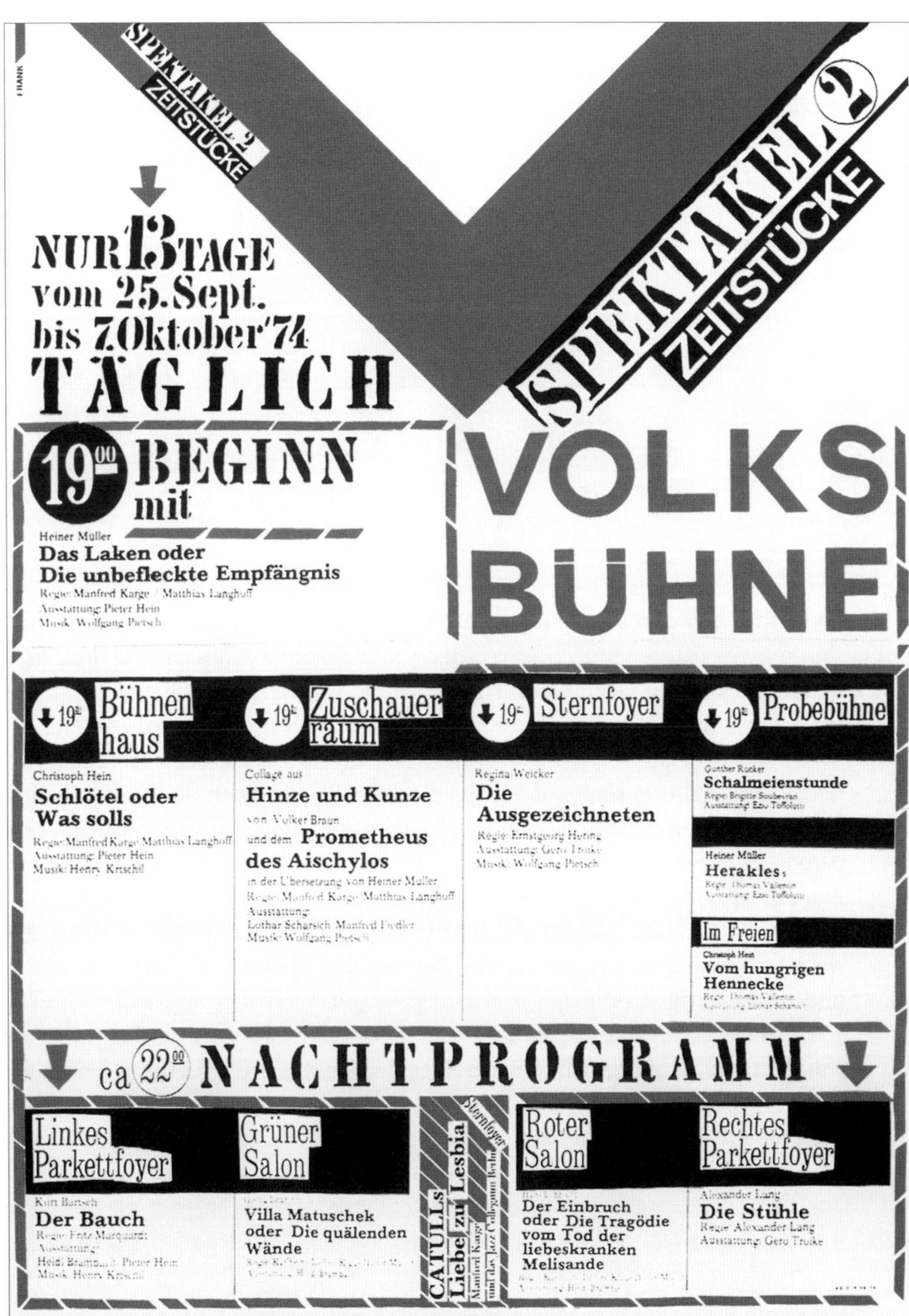

Volksbühne Berlin 1974, Spektakel 2. Plakat von Bernd Frank

unbelastetes Gewissen appelliert. Zwar fördert dann die spektakuläre Küchenzangengeburt nur ein Sofakissen und somit die freche List der Anna zutage, doch die Geprellten sind fein still: Ist da auch nichts gewesen, hätte doch was gewesen sein können. Katharina Thalbach ist hier der frivol auftrumpfende, augenverdrehende und Sinnlichkeit gegen Heuchelei setzende Star der Moritat«, beschreibt Rainer Kerndl im Neuen Deutschland die Frechheit.[87]

> *»Bartsch gibt keine Antworten. Er stellt aber die Fragen schärfer, als der Alltag dies tut. Bartsch hat nicht nur von Brecht gelernt. Er hat auch von Karl Valentin gelernt. Hier sind keine Rollen verkörpert, sondern Verhaltensmuster darzustellen.«*[88]
>
> Wolfgang Lange

Frechheit auch deshalb, weil Kurt Bartsch ungeniert und unverfroren Brechts Theaterwerkzeuge benutzt. Allerdings dreht er die Schrauben der Verfremdung, des sozialen Gestus des Schauspielers, des epischen Theaters und was sonst noch Brecht an Mitteln dem Theater mit auf den Weg gab, weiter, bis über den Anschlag hinaus. Er überdreht sie. Er lässt sie ins Verrückte, ins Irrationale, ins Absurde kippen. Und verliert dennoch nicht den Boden der Realität unter den Füßen. »Eine perfekte Brecht-Weill-Imitation, die so offen zitiert und parodiert, dass sie das Plagiat unterläuft«, stellt Helmut Ullrich in die »Neue Zeit« fest.[89]

Wie oft wurde die Stagnation im Erbe Brechts schon beklagt! Hier ist sie, die viel beschworene Weiterentwicklung Brechts und über ihn hinaus! Leichtfüßig und witzig kommt sie daher, fast tänzerisch und legt sich mit einer dialektischen Volte in die Quere, parallel zu Heiner Müllers schwergewichtigen Überwindungsanstrengungen in Sachen Brecht. Sein Text »Das Laken«, Keimzelle seiner Szenenfolge »Die Schlacht«, wurde bei dem Spektakel am selben Tag wie Bartschs »Bauch« uraufgeführt.

Immer glauben, nur nicht denken
Und das Mäntelchen im Wind.
Wozu noch den Kopf verrenken
Wenn wir für den Frieden sind?[90]

Kurt Bartsch

Kurt Bartschs Kindheit hätte für eine Szene in Müllers Stück den Stoff liefern können. Zum Kriegsende 1945 überlebt er nur mit Glück Bomben und Häuserkampf in seiner Geburtsstadt Berlin. Am Oranienburger Tor wird der Achtjährige unter den Trümmern eines einstürzenden Gebäudes verschüttet. Nur zufällig wird er gerettet, fast zu spät. Das prägt ihn.

Ansonsten weist sein holpriger Lebensweg viele typische Merkmale von unabhängigen Künstlern in der DDR auf. Schulabbruch, diverse abseitige Jobs am Rand der Gesellschaft, Schreibversuche, Assistent im Lektorat eines Verlags, Studium am Literatur-Institut in Leipzig, Rausschmiss, freier Schriftsteller, 1976 Biermann-Petition unterschrieben, 1978 Protestbrief an Honecker, Ausschluss aus dem Schriftstellerverband. 1980 Übersiedlung nach West-Berlin, dort erfolgreich zum Fernsehen abgewandert, für das er Drehbücher schreibt, für die er 1996 mit dem Deutschen Fernsehpreis ausgezeichnet wird. 2010 stirbt Kurt Bartsch.

»Um zu verhindern, dass Bartsch behaupten kann, dass gegen ihn Berufsverbot besteht, ist zu prüfen, welche Möglichkeiten es gibt, Stücke von ihm in Annaberg und Schwerin aufzuführen.«[91]

Aus einem »Operativplan« der Stasi vom 12.5.1980

Auf eigenen Wegen kommt Bartschs Funktionärs-Parodie »Der Strick« 1977 in Budapest zur Aufführung. Ist für Berlin die Sache zu ernst? Macht sich Bartsch über die Partei zu lustig? Es gehört schon eine Portion Frechheit dazu, die wohl nur ein langjähriger DDR-Bürger ermessen kann, einen Parteisekretär auf die Bühne zu bringen, der sich vor Publikum erhängt. Womöglich unter Beifall.

000094

Schriftstellerverband der DDR
V o r s t a n d
1o8 Berlin
Friedrichstr. 169

Kurt Bartsch
1195 Berlin
Scheiblerstr.█

Wie bekannt, wandte ich mich am 16. Mai 1979 mit sieben anderen DDR-Schriftstellern an den Vorsitzenden des Staatsrates Erich Honecker, um meiner "wachsenden Sorge über die Entwicklung unserer Kulturpolitik" Ausdruck zu geben. Die wachsende Sorge, von Hermann als verlogene Floskel abgetan (ND vom 31 Mai), bezieht sich, pro domo gesprochen, auf folgende Zensurmaßnahmen:
Den Theatern in Dessau (Bauhaus), Brandenburg sowie dem BERLINER ENSEMBLE wurde die Aufführung meiner Stücke STRICK/BAUCH/GOLDGRÄBER verboten (obwohl sie im Henschel- und Aufbau Verlag erschienen sind); dem Arbeitertheater NARVA wurde verboten, mit meinem Stück DIE GOLDGRÄBER an den Arbeiterfestspielen (1977) teilzunehmen (obwohl es den Ausscheid gewonnen hatte); dem Puppentheater Neubrandenburg wurde jede weitere Aufführung meiner o. g. Stücke untersagt. Dem Henschelverlag wurde im März 79 die Vervielfältigung und Verbreitung meiner Aritophanes-Bearbeitung DIE VÖGEL verboten, obwohl das Stück bereits im Dezember 1978 vertraglich angenommen war. Der Aufbau Verlag lehnte mein neues Buch KADERAKTE, Gedichte und Prosa, ab. Summa summarum betreffen die Verbote meine gesamten literarischen Arbeiten der letzten drei Jahre. Wenn Hermann Kant schreibt : "Der Ausdruck Zensur, Herrschaften, ist besetzt", möchte ich, in Abwandlung, erwidern: Die Zensur, Herrschaften, ist bei uns <u>überbesetzt</u>; sich gegen eine Vielzahl engstirniger Zensoren zur Wehr zu setzen, halte ich nach wie vor für die Pflicht (und das Recht) eines jeden Schriftstellers. Nun weiß man aber, daß Briefe, in denen man gegen Dummheit und Engstirnigkeit anschreibt, kaum noch beantwortet werden in diesem Land; es sei denn, man macht publik, daß man einen Brief abgeschickt hat. Da man bei uns, aus welchen dummen, engstirnigen Gründen auch immer, kaum etwas publik machen kann, wählt man, gezwungenermaßen, den Umweg über die westlichen Medien. Und siehe, es wird einem postwendend Antwort zuteil.

-2-

Kurt Bartsch schreibt an seine Berufsvertretung, den Schriftstellerverband der DDR.[92]

Vom "kaputten Typen" über den "Verleumder von Staat und Partei" bis zum Handlanger "antikommunistischer Hetze" reicht die Skala der Anwürfe und Verdächtigungen, die, wenn man sie beim Wort unserer Strafgesetzgebung nähme, zu einer mehrjährigen Gefängnisstrafe.ausreichte. Ich ziehe daraus den Schluß, daß meine wachsende Sorge, unsere Kulturpolitik betreffend, berechtigt war/ist; denn wer, frage ich, wird einem mit solcherart Attributen belegten Schriftsteller in Zukunft sein Geschriebenes abnehmen? Wer setzt sich hierzulande der Anschuldigung aus, Mittäter eines vermeintlichen Staatsfeindes zu sein? Als Stattsfeinde nämlich wurden wir, die ausgeschlossenen Schriftsteller, in den Medien unseres Landes benannt. Wer, frage ich, nimmt diese fragwürdige Benennung öffentlich zurück?

Wie berechtigt mein Protest gegen das Vokabular ist, das über unseren Ausschluß aus dem Schriftstellerverband befindet (siehe Tagespresse, Rundfunk und Fernsehen der DDR), soll ein kleines Beispiel aufzeigen:

Aus einer Ausstellung des Malers und Bühnenbildners ████ (Halle/Saale) mußte 1.) eine Grafik, die mir gwidmet war, entfernt werden, und 2.) ein Hinweisschild an einem Gemälde LEIHGABE KURT BARTSCH gegen ein anderes mit der Aufschrift PRIVATBESITZ BERLIN ausgetauscht werden.

Ich fordere daher die sofortige Zurücknahme des verleumderischen und diffamierenden Textes (Beschluß der Mitgliederversammlung des Bezirksverbandes Berlin des Schriftstellerverbandes der DDR vom 7. Juni 1979) mit dem mein Ausschluß aus dem Schriftstellerverband begründet wurde.

Kurt Bartsch

Kurt Bartsch
Berlin, 21. Juni 1979

Seine finale Demontage verdankt der Funktionär seiner rücksichtslosen Promiskuität und seinen Opfern, den Frauen. Singend drehen sie »den Spieß einfach um / Nun gehen die Männer geschwängert herum / Und kriegen die Kinder und sind ganz stumm / und wissen nicht mehr weiter«.

Aber wie singen, wenn die Melodie unbekannt ist? Bei der Lesung im Gartenhaus des Berliner Ensembles halfen sich die Schauspieler beherzt. Einfach improvisieren! Zum großen Vergnügen auch der Zuschauer schmetterte man phantasievoll Schlager. Sie offenbarten, was »Bauch« und »Strick« in Wahrheit sind. Die Stücke gehören zu der raren Spezies der Polit-Musicals.

Kurt Bartsch: Wintermärchen

»B. hat ein Manuskript geschickt, sagt der Lektor mit ängstlichem Blick auf den Verlagsleiter, der Verlagsleiter mit ängstlichem Blick auf den Minister, der Minister mit ängstlichem Blick auf die Bezirksleitung, die Bezirksleitung mit ängstlichem Blick aufs ZK, das ZK mit ängstlichem Blick auf das Politbüro, das Politbüro mit ängstlichen Blick auf den Kreml, der Kreml mit ängstlichem Blick zu Gott, worauf dieser den langen, kalten Winter 1979 beschloss.« Mitschrift einer Radiosendung des Hessischen Rundfunks durch die Stasi am 6.6.1979.[93]

Kurt Bartsch »Der Strick« Uraufführung 1977 Burgtheater Budapest – **»Der Bauch«** Uraufführung 25.9.1974 Volksbühne Berlin, Regie: Fritz Marquardt mit Katharina Thalbacht

Wirkliche Wirklichkeit

Regina Weicker
1945–2003

DIE AUSGEZEICHNETEN

Die Volksbühne Berlin plante 1974 ihr zweites »Spektakel«, jenes inzwischen legendäre Theaterfestival, und suchte Gegenwartsstücke. »Zufällig«, wie die Autorin meint, »war ein Mitarbeiter der Volksbühne im Henschel Verlag und zufällig lag dort auf dem Schreibtisch mein Manuskript«. Es wurde angenommen. Zu ihrer großen Überraschung. Außerdem mit einer erstklassigen Besetzung. Als die Proben begannen und sie nichts mehr vom Theater hörte, glaubte sie schon, das Stück sei abgesetzt. Der Regisseur musste ihr versichern, »dass alle Beteiligten mit Interesse und mit Spaß bei der Sache wären.«[94] Erst der Besuch einer Probe beruhigte sie. »Ursprünglich« so berichtet sie, hatte sie den Text »für ein Arbeitertheater geschrieben, es wurde aber von mehreren Arbeitertheatern abgelehnt als politisch und künstlerisch nicht geeignet.«[95]

Überrascht war auch die Kritik. Eine neue Autorin ist entdeckt! »Eine schreibende Arbeiterin«, freut sich die »Neue Zeit«.[96] Mit einem Stück aus der Arbeitswelt! »Alltagsmenschen stellen einen alltäglichen Vorgang in alltäglicher Sprache vor. [...] Mit Regina Weickers ›Die Ausgezeichneten‹ erhielt das ›Spektakel‹ ein Stück, das repertoiretauglich wirken kann. Zu wünschen wäre, dass die Volksbühne die Aufführung auf dem Spielplan hielte.«[97] Es sei ein Stück »von bedrängender Unmittelbarkeit und sehr genauer Kenntnis des Lebens. [...] Keines der Zeitstücke des Spektakels 2 geht den Zuschauern mehr unter die Haut, das bestätigen die Diskussionen nach den Aufführungen.«[98]

In einer dieser Publikumsdiskussionen antwortet Regina Weicker einem Zuschauer auf dessen Frage, warum sie das Stück geschrieben habe: »Damit Sie nicht weiter hinter vorgehaltener Hand Ihre Meinung sagen.«[99]

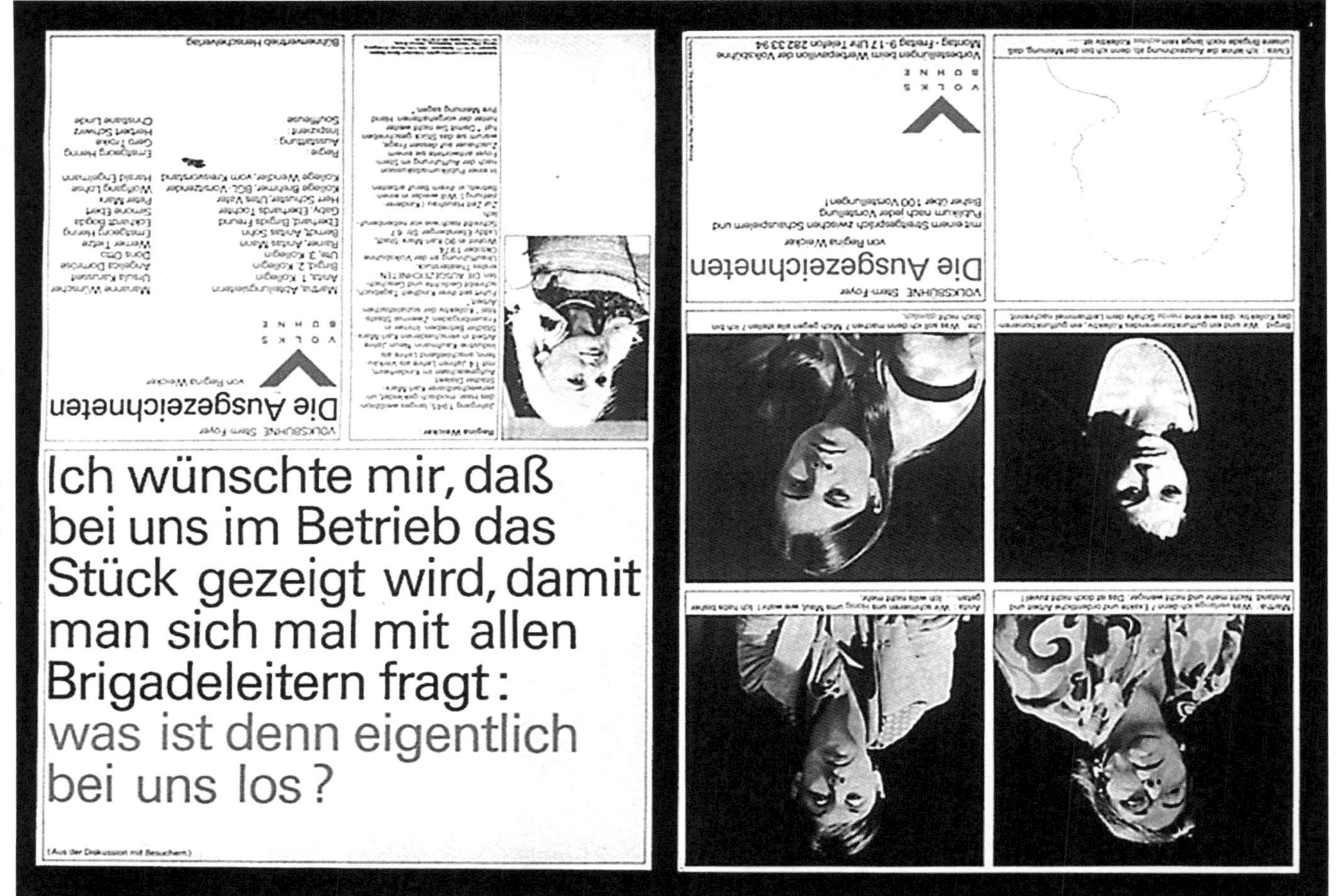

Plakat zur Uraufführung »Die Ausgezeichneten«, Volksbühne Berlin 1974.
Plakat von Helmut Brade

Regina Weickers Stück beruht auf eigenen Erfahrungen. Sie schrieb »nur« auf, was sie selbst erlebt habe, bescheiden und unbestechlich. Es ist ein authentischer, realistischer Blick auf die Arbeitswelt und ihre verdrängten Konflikte. Weicker ist keine ausgebildete Autorin, nicht darin geschult, ein Thema zu behandeln. Was sie schreibt, sei einfach »ehrlich empfunden«.[100]

Sie hat keine Erfahrung mit Literatur. Ursprünglich Verkäuferin, arbeitet sie in einem Industriebetrieb. In ihrer Freizeit besucht sie in Karl-Marx-Stadt eine Art Schreibkurs für Laien, die Arbeitsgruppe Epik beim Bezirkskabinett für Kulturarbeit. »Die Ausgezeichneten« ist ihr erstes Stück. Fast entschuldigt sie sich dafür. Schließlich habe »jeder Bürger unserer Republik, der im Arbeitsprozess steht [...] etwas mit Brigadebildung zu tun«.[101] Für sie geht es in ihrem Stück darum, darauf hinzuweisen, dass »Ehrlichkeit in den Kollektiven nicht immer geklärt« sei.[102] Im Grunde behandelt sie jedoch ein weiterreichendes Thema: den Widerspruch zwischen Berufsleben und privatem Leben, zwischen Kollektiv und Individuum, zwischen gesellschaftlicher und privater Haltung.

Das Stück wird vom Fernsehen adaptiert. Auf ihren ersten Erfolg folgen zwei weitere Theaterstücke sowie Hörspiele, Drehbücher für Fernsehen und Film. Sie wird Mitglied des Schriftstellerverbandes und ist ab 1975 freie Schriftstellerin, eine »schreibende Arbeiterin«[103] – eine literarische Karriere wie aus dem sozialistischen DDR-Bilderbuch.

Die Wirklichkeit der Frauenbrigade

Ihrem Stück schickt Regina Weicker ein ausführliches Vorwort voraus: »Im Mittelpunkt steht eine Frauenbrigade. Die Frauen haben um den Titel ›Kollektiv der sozialistischen Arbeit‹ gekämpft und sollen nun mit diesem Staatstitel ausgezeichnet werden.

Es ist eine Brigade, deren Arbeit geradezu vorbildlich ist und äußerlich völlig mit den Normen einer sozialistischen Brigade übereinstimmt. In Wirklichkeit sieht alles anders aus [...] Eine Stunde vor der Auszeichnung lehnt eine Kollegin ab [...]

Ist es eine Brigade, die vorspiegelt, was sie nicht ist?

Ja und nein [...] Nichts wissen sie voneinander, die fünf Frauen. Sie sind unterschiedlich im Alter, in ihrem Milieu, in ihrer Einstellung zur Umwelt, zu anderen und ihren Gefühlen. Jede hat Konflikte, Probleme, die ihre Haltungen geprägt haben. Doch keine kennt die Probleme der anderen, sie igeln sich voreinander ein. Die Ablehnung der Auszeichnung trifft jede einzelne, reißt sie aus ihrer Passivität, zwingt sie, zu ganz bestimmten Problemen Stellung zu nehmen. Die Schale platzt auf. Aber was zum Vorschein kommt, widerspricht vielem, was sie innerhalb der Arbeitszeit darstellen. Ihre Konflikte werden sichtbar.«

Die Wirklichkeit ein Witz?

Der Konflikt im Stück bleibt ungelöst. Er wird dem guten Willen überlassen. Und der Hoffnung auf die Zukunft. Mit einem herausgepressten »Weiter so« heftet der desinteressierte Funktionär am Ende des Stückes jeder der Ausgezeichneten eine Nadel an die Bluse und ist schnell verschwunden. Zurück bleiben die Ausgezeichneten. Ihr Schlusswort fasst das ganze Geschehen zusammen: »Ist das nicht ein Witz, Leute.«

»Spätestens bei der Konzipierung der letzten Szene wurde mir klar, dass ich mit diesem Thema ein heißes Eisen berühre, an dem man sich unter Umständen Brandblasen holen kann.«[104] Die Umstände, die Regine Weiker gemeint hat, traten auch ein. Sie betreffen die Rolle der Funktionäre. Weicker berichtet beispielsweise, dass nach einer Aufführung in Nordhausen in der anschließenden Diskussion Betriebsleiter und BGL-Vorsitzender »sehr heftig reagierten. Sie fühlten sich betroffen. Eine echte Diskussion um die Probleme in ihren Kollektiven kam [...] nicht zustande.« Erst im kleinen Kreis und an abgetrennten Tischen »waren Arbeiter und Angestellte zu diskutieren bereit. Sozusagen hinter vorgehaltener Hand sprachen sie über ähnliche Mißstände wie im Stück.«[105]

Ein anderes Beispiel: Im Arbeitertheater des Büromaschinenwerks VEB Sömmerda bestanden die Betriebsfunktionäre von vornherein darauf, vor allem den Schluss zu ändern. Er war ihnen »zu konstruiert und aggressiv«.[106] Nicht einmal Lob und Bild in »Neues Deutschland« half. Erst nach komplizierter Überzeugungsarbeit konnten sich Autorin und Regisseur durchsetzen. Letztlich überzeugte erst die Überraschung, dass die Aufführung bei den Arbeiterfestspielen 1976 eine Goldmedaille erhielt. Und Regina Weicker den Auftrag zu einem neuen Stück.

Der Kern des Stückes liegt nicht in der Kritik am desinteressierten Parteifunktionär. Auch wenn er als Autoritätsperson bloßgestellt wird, dient er für nicht viel mehr als für eine publikumswirksame Schlusspointe. Das eigentliche Problem der werktätigen Frauen liegt im unüberbrückbaren Gegensatz zwischen ihrem Arbeits- und ihrem Privatleben. Dies darzustellen macht den Erfolg des Stückes aus, bietet das Thema doch jede Menge an Möglichkeiten zur Identifikation jenseits widerstreitender Ideologien.

„Die Ausgezeichneten" im „Spektakel 2"

Mit großem Erfolg wird in diesen Tagen in der Berliner Volksbühne „Spektakel 2" gegeben – zwölf Stücke an einem Abend unter einem Dach: auf Bühnen, in Foyers und Erfrischungsräumen. Auf dem Bild rechts eine Szene des Stückes „Die Ausgezeichneten" mit Marianne Wünscher, Ursula Karusseit, Doris Otto und Angelica Domröse; Regie: Ernstgeorg Hering. Regina Weicker, eine Arbeiterin aus Karl-Marx-Stadt, hat das Stück geschrieben, in dem vier Frauen über sich und die Dinge um sie herum ehrlicher nachzudenken beginnen

Foto: ADN/ZB/Katschorowki

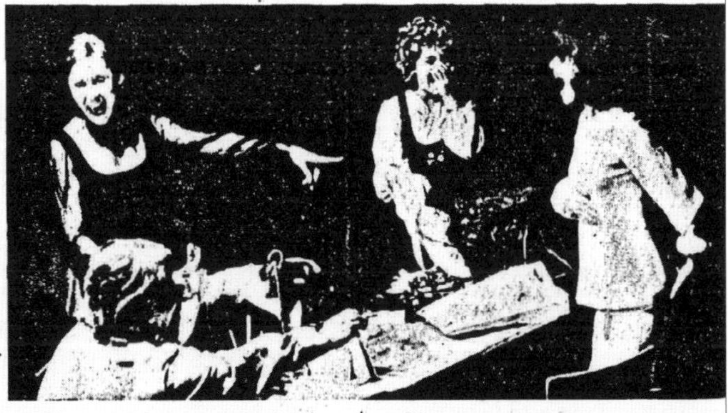

Ausschnitt aus »Neues Deutschland«, 29.9.1974

Auf der Probe zur Lesung im Oktober 2013 stolperten die Schauspieler des Berliner Ensembles immer wieder über Kürzel wie NAW, DFD, BGL, BPO, EOS, WBK, VP, PL oder Subbotnik und ähnliche Verrätselungen. Ältere Kollegen halfen bei der Aufklärung. Sie steigerten sich zunehmend begeistert in einen DDR-Abkürzungsaufzählungsrausch hinein.

(NAW = Nationales Aufbauwerk = freiwillige Stunden. DFB = Demokratischer Frauenbund Deutschlands. BGL = Betriebsgewerkschaftsleitung. BPO = Betriebsparteiorganisation. EOS = Erweiterte Oberschule. WBK = Wohnungsbaukombinat. VP = Volkspolizei, PL = Parteileitung.)

Regina Weicker »Die Ausgezeichneten« Uraufführung 25.9.1974 Volksbühne Berlin (Spektakel 2), Regie: Ernstgeorg Hering, Ausstattung: Gero Troike, mit Marianne Wünscher, Ursula Karusseit, Angelica Domröse, Doris Otto, Werner Tietze, Eckhardt Bogda, Peter Marx, Harald Engelmann, Wolfgang Lohse

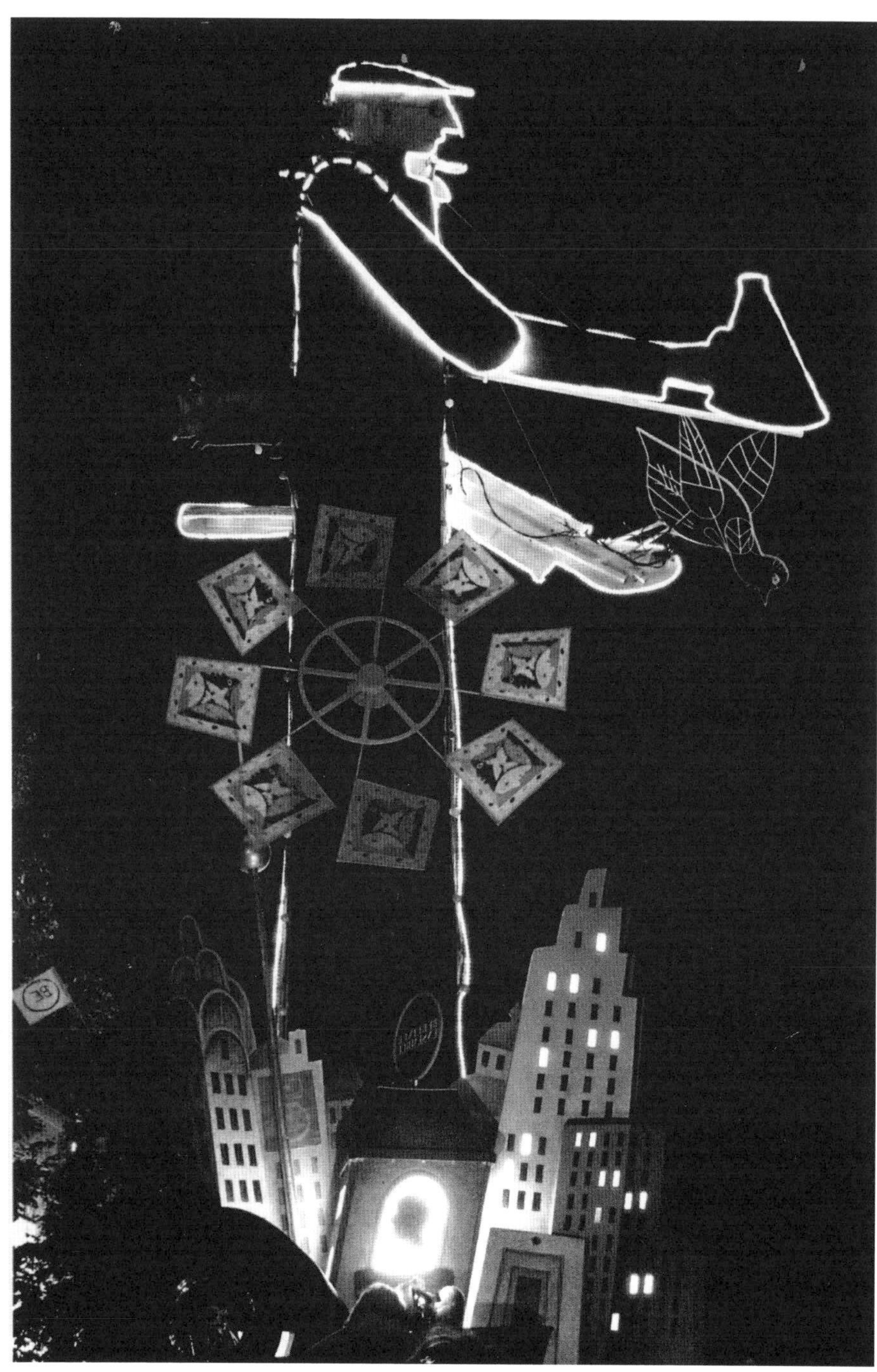

Brecht als Nachtgespenst auf dem Brecht-Fest 2006 im Berliner Ensemble. Von Franziska Poreski und Christo Libuda, Entwurf Karl-Ernst Herrmann

Ja, mach nur einen Plan

Bertolt Brecht
1898–1956

DIE TAGE DER COMMUNE

Endlich kann das sogenannte »Theaterprojekt B« in Angriff genommen werden! Im Februar 1949 – gut ein halbes Jahr vor der Gründung der DDR – entscheidet das Zentralkomitee der Sozialistischen Einheitspartei Deutschlands in der sowjetischen Besatzungszone, dass eine autonome Theatergruppe mit dem Namen »Berliner Ensemble« gegründet werden kann. Sie soll im Deutschen Theater Gastrecht genießen. Brechts Wunsch, ein eigenes Haus in die Hand zu bekommen, um »in Europa neues Theater (mit neuen Inhalten) zu machen«[107], bleibt trotz seiner heftigen Bemühungen unerfüllt. Er muss sich auf einen Kompromiss einlassen, der »viele Zugeständnisse an die Kulturpolitik in der SBZ macht«, ihm aber den Weg zum eigenen Theater, wie er hofft, ebnet.

Zwar sind viele Fragen ungeklärt, vor allem die Finanzierung. Auch Terminabsprachen mit dem Intendanten des Deutschen Theaters Wolfgang Langhoff bleiben allgemein. Trotzdem entwirft Brecht sofort einen genauen Proben- und Spielplan. Der sieht vor, vom 1. September bis 1. November 1949 »Die Tage der Commune« zu proben, um mit dieser Aufführung das neu gegründete Berliner Ensemble zu eröffnen. Anschließend soll die Inszenierung zwei Monate gespielt werden. Intensiv arbeitet Brecht an dem Stück, das den Aufstand der sogenannten Kommunarden 1871 in Paris zum Thema hat. Nach Frankreichs Niederlage im Krieg gegen Deutschland nutzt die Arbeiterschaft die unklare politische Situation zu einer spontanen Revolte, um sozialistische Ideen in die Tat umzusetzen. Weitgehend unorganisiert und verraten von Regierung und Bürgertum, werden die Kommunarden zusammengeschossen. Der Versuch, eine demokratische Räterepublik zu installieren, scheitert.

Brechts Mitarbeiterin Ruth Berlau erinnert sich an die Gespräche über eine aktuelle politische Bedeutung des Stückes: »Meine Mitarbeit bestand darin, [...]

mit ihm herauszufinden, welche Konsequenzen aus der Niederlage der Kommunarden gezogen werden müssen.«[108]

Im April 1949 bewilligt das ZK der SED endlich die Finanzierung. Helene Weigel wird als Intendantin dem neuen Theater die Struktur geben. Brecht berichtet ihr, er habe am »Commune-Stück herumgefeilt. [...] Ich bin natürlich streng der Wahrheit gefolgt, die manchem, wie bekannt, nicht gefällt.« Zur selben Zeit nimmt die Auseinandersetzung über seine Inszenierung der »Mutter Courage«, die seit Januar 1949 am Deutschen Theater Berlin auf dem Spielplan steht, Fahrt auf. (Die Inszenierung firmiert bis Juli 1951 als eine Aufführung des Deutschen Theaters und wechselt erst im September 1951 in das Repertoire des Berliner Ensembles.) Vor allem der Kritiker Fritz Erpenbeck, damals zugleich Hauptabteilungsleiter der Abteilung Darstellende Kunst im Kulturministerium, wittert in Brechts epischem Theater, trotz des »sensationellen Premierenerfolges«, formalistische Tendenzen. Brechts Weg führe in eine »volksfremde Dekadenz«[109]. In der »Täglichen Rundschau« kritisiert S. Altermann, ein Pseudonym für eine sowjetische Mitarbeiterin – ihre Staatsangehörigkeit gibt der Meinung Gewicht – zwei Monate später, die »Courage zeige das Drama der großen Kapitulation des Volkes [...] welches sich kampflos dem angeblich unerbittlichen historischen Schicksal unterworfen hat«.[110]

Die Diskussion gewinnt grundsätzliche Bedeutung. Sie setzt die Schlagworte – volksfremd, Dekadenz, Formalismus –, die in der DDR nach dem Vorbild der UdSSR bald entscheidende Rollen spielen und oft genug als Totschlagargumente benutzt werden. Brecht aber, scheinbar unbeeindruckt, berichtet im April: »Ich arbeite konstant. Mit ›Die Tage der Commune‹ bin ich im letzten Akt. Cas [Cas = Bühnenbildner Caspar Neher] hat schon Skizzen gemacht. Hanns Eisler soll die Musik komponieren.« Es sei »eine große Arbeit gewesen«, konstatiert er. Sie eigne sich für die zu gründende Theatergruppe besonders gut als »ein Schulstück für das Ensemble, viele können in kleinen, aber runden Rollen ausgebildet werden«[111]. Er stellt bereits Überlegungen für die Besetzung an. »Wir könnten Schauspieler vom Deutschen Theater hereinnehmen.« Der Plan nimmt Gestalt an.

Und mach dann noch ´nen zweiten Plan

Aber der Plan wird nicht verwirklicht. Die Begeisterung, mit der Brecht an der »Commune« arbeitet, versandet, je näher die Eröffnung des Berliner Ensembles rückt. Plötzlich hält Brecht es »jetzt doch für möglich, dass wir besser mit dem

›Puntila‹ anfangen, der weniger controvers ist.« Oder besser noch mit Büchners »Dantons Tod«? Tatsächlich eröffnet das Neue Berliner Ensemble, wie es zunächst genannt wird, am 12.11.1949 mit »Herr Puntila und sein Knecht Matti«. Damit ist Brecht auf der sicheren Seite. Nach dem immensen Erfolg der Uraufführung eineinhalb Jahre zuvor am Zürcher Schauspielhaus und schnell folgenden Inszenierungen an insgesamt 15 Theatern allein in Westdeutschland gilt das Stück als Renner. Mit Leonard Steckel und Erwin Geschonneck in den Hauptrollen kann auch in der DDR kaum etwas schief gehen. Brecht scheut sich, mit der »Commune« sein erstes, eigenes Ensemble vorzustellen, obgleich er es für diesen Zweck besonders geeignet hält. Er stellt es zugunsten des »Puntila« zurück, macht dann aber im April 1950 eine Bauprobe, verschiebt das Stück aber wiederum, mehrmals sogar, bietet vergeblich Leopold Lindtberg an, es zu inszenieren[112] wie zuvor schon Erwin Piscator, der es gleich zweimal inszenieren soll: »Ich könnte Dir zuerst eine Inszenierung am Zürcher Schauspielhaus verschaffen, sie könnte auch nach Deinem Berliner Gastspiel sein.«[113] Er lehnt dann aber eine Anfrage des Theaters in Leipzig mit der Begründung ab, das Stück müsse überarbeitet werden. Im August 1951 verlangt das Sekretariat des ZK, dem die Spielpläne vorgelegt werden müssen, eine »gründliche Überprüfung des Werkes«[114]. Im August 1953 übergibt Brecht schließlich das Stück dem Henschel-Verlag, der ein Gutachten für die Kulturabteilung des ZK erstellt. Es kommt zu dem Schluss, das Stück verursache eine »Depression [...] auf die der Autor bewusst hinziele«, denn die Kämpfer werden »abgeknallt wie Hasen«. Es vermittele sich, die Revolte »hat ja keinen Zweck gehabt«[115]. Brecht stellt das Stück erneut zurück, als es 1954 endlich um die Eröffnung des ersten eigenen Hauses geht, des Berliner Ensembles im Theater am Schiffbauerdamm. Zur Eröffnung wird »Der Kaukasische Kreidekreis« gespielt.

Warum gibt Bertolt Brecht seinen Plan auf? Scheint ihm das politische Risiko zu groß? Was macht das Stück so brisant? Weil es unzeitgemäß geworden war, wie Klaus Völker es beschreibt? Das Stück zeige »die Machtübernahme durch die Niederen [...] bei der die Partei keine führende Rolle spielte und bei der das Zerschlagen einer Ordnung verlangt wurde, die jetzt aber nötig war«. Für die junge, im Aufbau befindliche DDR, die darum ringt, sich zu stabilisieren, war die Geschichte von der Niederlage der Kommunarden ein »politisch viel zu brisantes Thema.«[116] Offenbar sieht Brecht auch seine eigene Theaterarbeit gefährdet, wenn er dieses Stück für ein hauptsächlich West-Berliner Publikum spielt. Denn die Zuschauer kommen durch die Besucherorganisation der Volksbühne in der Mehrzahl nicht aus dem östlichen Teil der Stadt. »Nur 0,3 % sind Arbei-

Lieber Bertolt Brecht!

Gerne bestätige ich Ihnen, daß Ihre Manuskripte und Bücher, die Sie in unserem Verlag herausgegeben haben oder späterhin noch veröffentlichen werden, weder einer behördlichen Zensur unterliegen, noch daß ihr Erscheinen von amtlich bestellten Gutachten abhängig ist. Über das, was im Aufbau-Verlag erscheint, entscheidet allein die Leitung des Verlages.

Die neben dem Schutzvermerk in der Regel auf Seite 4 angegebene Lizenznummer wird vom Amt für Literatur erteilt. Sie hat nichts mit Zensurvorgängen zu tun. Die Lizenznummer bestätigt, daß der Verlag die Anmeldung des in Druck gegebenen Titels vorgenommen hat. Eine solche Anmeldung ist notwendig, weil der Bezug von Druckpapier kontingentiert ist und jeweils mit dem zugesprochenen Papierkontingent abgerechnet werden muß.

Ich hoffe, Ihre Anfrage zur Genüge beantwortet zu haben, und verbleibe mit freundlichen Grüßen

Ihr

Berlin, den 23. September 1955
J/B

Herrn
Bertolt Brecht

B e r l i n N
Chausseestr. 125

Lieber Bertolt Brecht!

Nach unserer Unterhaltung am Dienstag vergangener Woche besprach ich mich mit dem Minister Dr.Johannes R. Becher. Der Minister bestätigte, dass die von Ihnen gestellte Frage in einer Aussprache mit ihm, an der auch Dr.Paul Wandel beteiligt war, völlig geklärt wurde und mithin ein Brief unseres Verlages nicht mehr erforderlich sei.

Mit freundlichen Grüssen
Ihr

Walter Janka

Briefe von Walter Janka vom Aufbau Verlag, Bertolt Brecht zu beruhigen[118]

ter«, klagt Brecht.[117] Von einem bürgerlichen Publikum könnte Beifall von der falschen Seite kommen, wenn ihm vorgeführt wird, wie einst ein sozialistischer Aufbruch scheiterte. Und für das Ost-Berliner Publikum könnte das Scheitern ein demoralisierendes Beispiel abgeben. Das Stück ist demnach, so muss man Brecht wohl verstehen, politisch wichtig, aber derzeit schädlich.

Andererseits lehrt der gescheiterte historische Aufstand, wie es das nächste Mal besser gemacht werden sollte. Wäre es nicht notwendig gewesen, so Brechts Frage in der »Commune«, mit konsequenter, revolutionärer Unbedingtheit den Sozialismus durchzusetzen? Dagegen droht die junge DDR mit Hilfe der UdSSR von Beginn an in bürokratische Kleingeisterei zu verfallen, wie Brecht am eigenen Leib erfahren muss.

> In der Not wird man listig.[119]
>
> Bertolt Brecht, 1953

Denn für dieses Leben

Brecht sieht sich immer wieder von Eingriffen, Behinderungen, Angriffen, Intrigen bedroht. Beispielsweise, um nur drei zu nennen, wenn er sich, wie im September 1955, Eingriffe seines Verlags in seine Werke oder gänzliche Verbote durch das Kulturministerium verbittet. Walter Janka, der Leiter des Aufbau Verlags, versichert ihm, »dass Ihre Manuskripte und Bücher, die Sie in unserem Verlag herausgegeben haben oder späterhin noch veröffentlichen werden, weder einer behördlichen Zensur unterliegen, noch, dass ihr Erscheinen von amtlich bestellten Gutachten abhängig ist«.[120] Allerdings legt Janka diesen Brief Alexander Abusch vor, dem stellvertretenden Minister für Kultur, »mit der Bitte, mich wissen zu lassen, ob Sie mit der von mir gewählten Formulierung übereinstimmen«. Offenbar missfallen Abusch nicht nur die Formulierungen. Der Brief mit den Zusagen an Brecht wird nie abgeschickt. Stattdessen schreibt Janka, dass alles mit dem Ministerium »völlig geklärt wurde«[121], und zwar mündlich. Damit hatte Brecht sich zufrieden zu geben.

Ebenso hilflos muss er beispielsweise akzeptieren, wenn etwa dem Theater in Eisenach am 20.5.1952 mitgeteilt wird: »Die Gewehre der Frau Carrar« sollen nicht gespielt werden, es liegt nach Ansicht der Berliner Kommission (Staat-

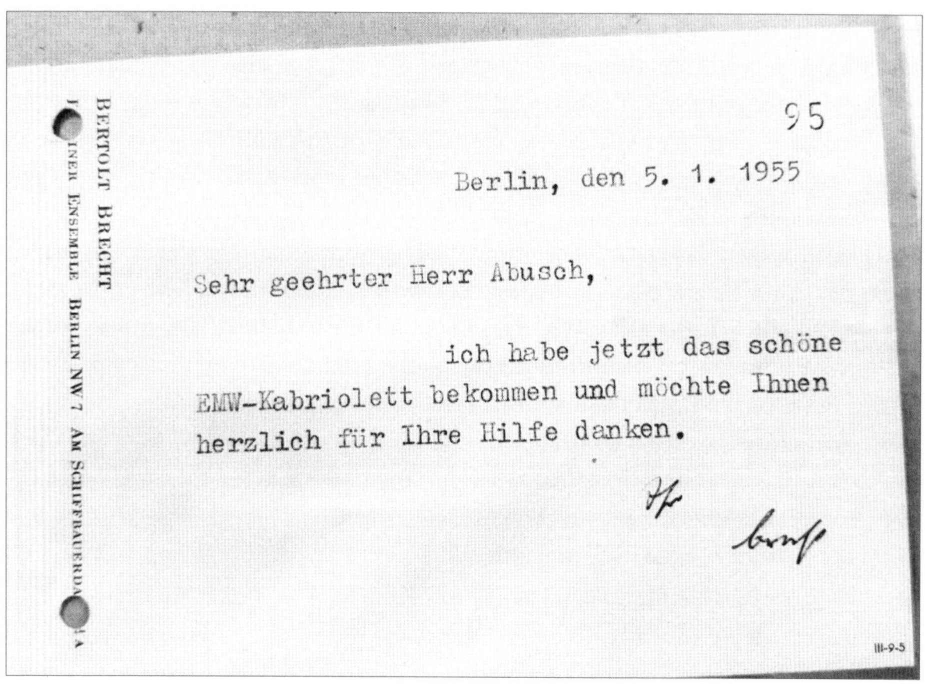

BERTOLT BRECHT
BERLINER ENSEMBLE BERLIN NW 7 AM SCHIFFBAUERDAMM 4A

95

Berlin, den 5. 1. 1955

Sehr geehrter Herr Abusch,

ich habe jetzt das schöne EMW-Kabriolett bekommen und möchte Ihnen herzlich für Ihre Hilfe danken.

Ihr
brecht

III-9-5

Bertolt Brecht schreibt an den stellvertretenden Minister für Kultur.[128]

liche Kommission für Kunstangelegenheiten, StaKoKu, eine »Verzeichnung des spanischen Bürgerkriegs vor«.[122]

Brecht nutzt die Sitzungen der Akademie der Künste immer wieder zu lautstarkem Protest. Hier findet er ein Forum, vor allem gegen die Kommission für Kunstangelegenheiten zu argumentieren. Auf der Plenarsitzung am 3. 6. 1953 verlangt er zum Beispiel, der Staat »soll sich nicht wie bisher einmischen, abdrosseln und unterdrücken. [...] Vier Werke von mir sind administrativ unterdrückt worden.« Die Mitglieder der Kunstkommission seien »zu veritablen Schreckgespenstern geworden«[123]. Oder er kritisiert den »Skandal«, dass »tatsächlich stilistische Zensuren von der Kunstkommission gegeben werden, die ... überhaupt keine Qualifizierung nachweisen kann, in solchen Fragen etwas zu urteilen. [...] Da kommen unglaubliche Sachen vor.«[124]

Das Amt für Literatur hat 1954 Brechts »Kriegsfibel« zur »Stellungnahme« an das ZK gegeben. Brecht ruft im Amt an und beschwert sich. Die Sekretärin notiert: »Brecht sei darüber sehr ungehalten, er ließe sich nicht in seine Angelegenheiten reinreden, sondern alles, was er schreibt, würde er politisch selbst verantworten und nicht das ZK. Er betrachte das Amt als Zensurstelle und habe es als weltbekannter Dichter nicht nötig, sich auch von hier bevormunden zu lassen.« Die Formulierung von Brecht sei, so merkt die Sekretärin an, »entschieden schärfer« gewesen, sie habe es »mit eigenen Worten wiedergegeben«.[125]

NICHT FESTSTELLBARE FEHLER DER KUNSTKOMMISSION
Geladen zu einer Sitzung der Akademie der Künste
Zollten die höchsten Beamten der Kunstkommission
Dem schönen Brauch, sich einiger Fehler zu zeihen
Ihren Tribut und murmelten, auch sie
Zeihten sich einiger Fehler. Befragt
Welche Fehler, freilich konnten sie sich
An bestimmte Fehler durchaus nicht erinnern. Alles, was
Ihnen das Gremium vorwarf, war
Gerade nicht ein Fehler gewesen, denn unterdrückt
Hatte die Kommission nur Wertloses, eigentlich auch
Dies nicht unterdrückt, sondern nur nicht gefördert.
Trotz eifrigen Nachdenkens
Konnten sie sich nicht bestimmter Fehler erinnern, jedoch
Bestanden sie heftig darauf
Fehler gemacht zu haben – wie es der Brauch ist.[126]
Bertolt Brecht

Brechts Verzicht auf die »Commune« folgt keinem Verbot von außen, er verbietet es sich selbst. Es ist eine Entscheidung, die den schwierigen Aufbau eines jungen Staates durch die Darstellung eines fehlgeschlagenen historischen Projekts ähnlicher Art nicht in Frage stellen will. Und er möchte sein mühsam erkämpftes Theaterprojekt nicht gefährden. Denn trotz einflussreicher Gegner ist es ihm gelungen, das Berliner Ensemble zu gründen, was ihm weder in der Schweiz, in Österreich noch in der Bundesrepublik gelungen wäre. »Keine andere Instanz hätte Brecht in Europa ein Theater an die Hand zu geben vermocht« als ausgerechnet das Politbüro der DDR, stellt Friedrich Dieckmann fest[127]. Allein der Erfolg wird Brecht das weitere Überleben sichern.

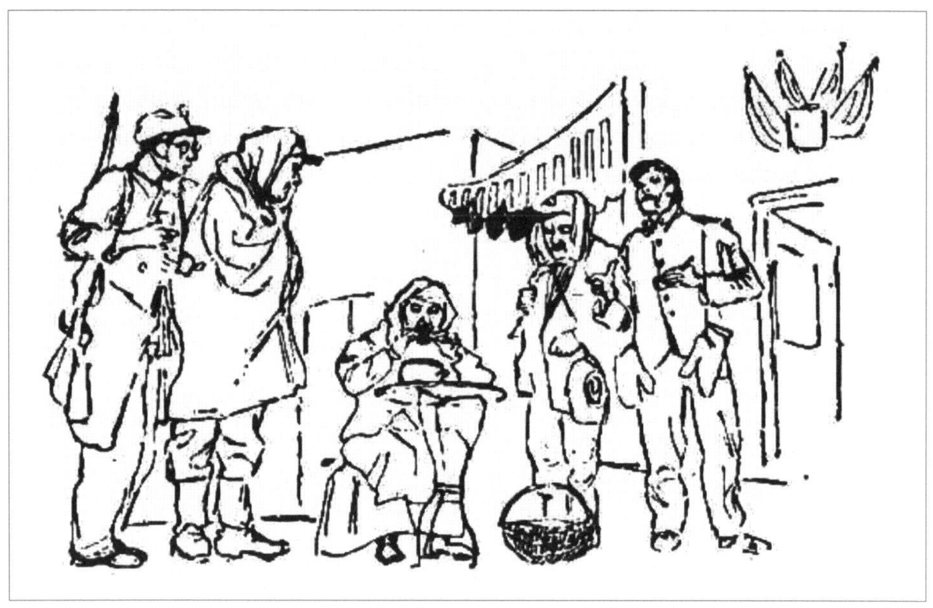

Zeichnungen in der Berliner Zeitung, 20.11.1956, von der Uraufführung der »Commune« in Karl-Marx-Stadt

40 Jahre später, nach dem Ende der DDR, beschreibt der Regisseur Adolf Dresen den Hang zur Selbstentmündigung: »Das ganze System funktionierte von selbst, und am schlimmsten war die Selbstzensur. Man machte überhaupt erst gar nicht etwas, von dem man schon vorher annahm, dass es sowieso nicht durchkommen würde oder dass es nicht richtig verstanden werden würde, [...] oder dass es Applaus ›von der falschen Seite‹ geben könnte. Eine Zeitlang war ich daher überhaupt für die Einführung der Zensur, damit wenigstens einmal klare Verhältnisse herrschten. Irgendwie kamen wir uns doch alle vor wie die Doppelagenten.«[129]

Brechts Proteste machen deutlich, in welchem Widerspruch er zu den Erwartungen und Vorstellungen steht, die die eben gegründete DDR an ihre Künstler stellt. Indem aber Brecht zweifelnd die »Commune« zurückhält, bewahrt er sie auch vor Missverständnissen. Er kann für sich in Anspruch nehmen, das Stück vor Unterstellungen, Fehlinterpretationen, vor den Dogmatikern des sozialistischen Realismus, dem Ungeist jener Zeit, zu schützen. Das Werk besteht ja schließlich weiter, auch wenn es nicht gespielt wird. Es kann auf günstigere Zeiten warten, um dann möglicherweise eine größere Wirkung zu erzielen.

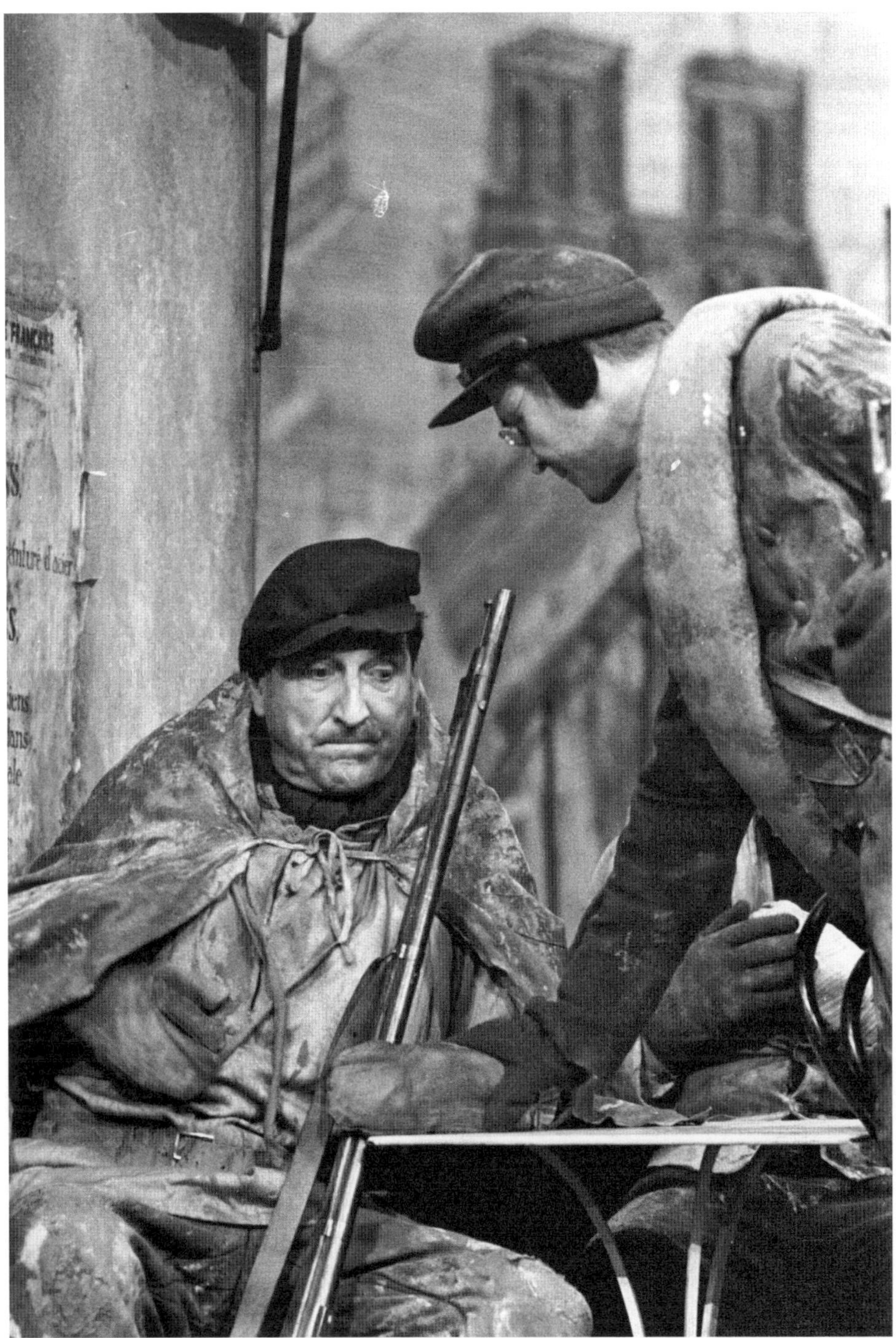

Berliner Ensemble 1962, »Die Tage der Commune« mit Wolf Kaiser und Peter Kalisch

Brecht nimmt sich die Freiheit, aus politischen Gründen sein Stück nicht zu spielen, auch wenn dies die Gefahr der Unfreiheit in sich trägt. Aber er behält die Kontrolle über das eigene Stück.

Ist der Mensch nicht schlau genug

In Brechts Todesjahr 1956, sieben Jahre nach der Gründung des Berliner Ensembles, werden »Die Tage der Commune« endlich uraufgeführt. Brecht gibt noch seinen Segen dazu, als die beiden Regisseure Benno Besson und Manfred Wekwerth gemeinsam – seltsame Kombination zweier unterschiedlicher Theatertemperamente – in Karl-Marx-Stadt ans Werk gehen. Die Premiere findet erst kurz nach Brechts Tod statt. Die Reaktionen hätten ihn vermutlich verblüfft, ja verärgert. Hat Brecht das Stück doch zu früh freigegeben?

Neben kleinkarierter Kritik wie »naturalistischer Unfug des Nuschelns ... Ich kenne Arbeiter, die sehr deutlich, sehr verständlich sprechen!« (Berliner Zeitung 20.11.1956), sind die Rezensenten gewillt, ganz im Sinne Brechts, dem Untergang der »Commune« aktuelle Bezüge abzugewinnen. Das Sprachrohr der Partei, das »Neue Deutschland«, schreibt am 27.11.1956 neben der Skizze einer Szene aus der Uraufführung: »Nicht die Kommune zu verklären ist Brechts Ziel, sondern aus ihren Erfahrungen (den guten mehr noch den bösen) Lehren zu gewinnen für den Kampf des Volkes.« Deshalb müssten »Aspekte aktueller Anwendbarkeit in den Vordergrund rücken«. Diese Aspekte allerdings sind bedrückend. Der Volksaufstand von 1871 wird in den Kritiken gegen den Volksaufstand der Ungarn 1956 in Stellung gebracht. Zwischen der gescheiterten Revolution von damals und der gescheiterten aktuellen Revolution, von der die Schauspieler während der Proben »erfahren«, werden Bezüge hergestellt, die die Aussage des Stücks – ein Loblied des Volksaufstandes – in ihr Gegenteil verdrehen und auf den Kopf stellen. »Aufstand ist nicht gleich Aufstand zu setzen«. Es gilt »vielmehr nach tragenden Kräften zu fragen« und »Pseudo-Analogien zu durchschauen«. Der Rezensent hofft, »in der Konfrontation mit dem Schicksal der Kommunarden werden ihnen (den Zuschauern) die heutigen Versuche einer konterrevolutionären Zurücknahme des geschichtlichen Fortschritts durchsichtiger denn je erscheinen«. Brecht wird für eine »klärende Wirkung« in Haft genommen, die nichts anderem dient, als das Niederschießen einer aktuellen Volksbewegung zu rechtfertigen.

Im Jahr 1962 schließlich erobert die »Commune« doch noch das Berliner Ensemble. Auch diese Aufführung steht in einem speziellen politischen Zusammenhang. Schon die Textfassung des Regie-Duos Wekwerth/Tenschert macht deutlich, dass »der Untergang [der Commune] als Folge wesentlicher

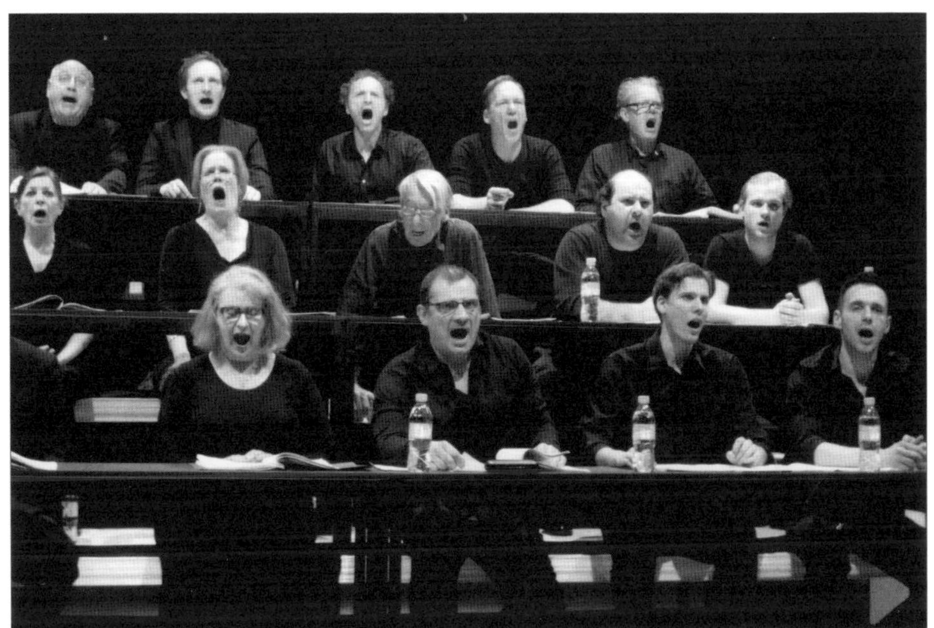

Szenische Lesung von Brechts »Tage der Commune« am 4.4.2016 im Berliner Ensemble

Unterlassungen begriffen wird« (Programmheft »Commune« Berliner Ensembe 7.10.1962). Ein Communarde übt nach der Niederlage Selbstkritik: »Wir waren noch nicht bereit [...] auf persönliche Freiheiten zu verzichten, bis die Freiheit aller erkämpft war.« Solche Unterlassungsfehler 90 Jahre später nicht zu wiederholen, wurde als Rechtfertigung für den Bau des »antifaschistischen Schutzwalls« zu verstehen gegeben. Die Mauer diente als Sinnbild letzter Konsequenz, die die Communarden noch vermissen ließen, um der feindlichen Reaktion zu begegnen, auch auf Kosten persönlicher Einschränkungen.

Brecht allerdings hält in der »Commune« eine Antwort bereit. Es ist eine Frage: »Wollen sie leugnen, dass die Anwendung von Gewalt auch den, der sie anwendet, erniedrigt?«

Bertolt Brecht »Die Tage der Commune« Uraufführung 17.11.1956 Theater Karl-Marx-Stadt, Regie: Manfred Wekwerth und Benno Besson, Musik: Hanns Eisler

Des Bauleiters Faust

Rainer Kirsch
1934–2015

HEINRICH SCHLAGHANDS HÖLLENFAHRT

Bauleiter Heinrichs Schlaghand schlägt zweimal zu. Der erste Faustschlag gilt der deutschen Klassik, der zweite Schlag zielt auf den neuen sozialistischen Helden. Heinrichs Höllenfahrt ist eine doppelte Parodie. Das literarische Vorbild geht zu Boden, auch den Helden der Arbeit haut es um. Ein weiterer unerwarteter dritter Schwinger trifft den Autor selbst. Zusammen mit seinem Stück geht er k.o. und wird aus dem Ring getragen.

Offenbar vollzieht sich der Aufbau des Sozialismus vornehmlich – glaubt man den zahlreichen sogenannten Aufbaustücken der DDR-Dramatik – auf dem Bau. Dort nimmt die Zukunft Gestalt an. Vor allem agiert dort der neue sozialistische Held, der Bauarbeiter. Aber Heinrich Schlaghand, ein von Kraft und Tatendrang strotzender Baustellenleiter, hadert mit dieser Rolle. Die öden Wohnsilos und Schlafquartiere, die er in die Landschaft betoniert, entsprechen nicht den Verheißungen vom menschenwürdigen Leben im Sozialismus. Er will andere, bessere Häuser und eine andere, bessere Stadt bauen, so wie der Kommunismus es doch verspricht! Die Visionen zerbrechen an der Wirklichkeit. Verlangt wird Mittelmäßigkeit. »Indem er tut, was die anderen […] von ihm verlangen, will er zugleich beweisen, dass es so nicht geht«, schreibt Kirsch über seinen Faustkämpfer, »seine Resignation ist zugleich Wunsch nach Veränderung aus großer Wut und Not«[130]. Die Glücksversprechen entlarven sich als vermessen und schamlos übertrieben. Enttäuscht wirft sich Heinrich Schlaghand, der Mann mit der starken Faust, einem Teufel namens Müller in die Arme, der ihn in die Hölle, respektive den Kapitalismus, entführt. Der erscheint ihm als strahlendes Paradies. Dessen Überfluss inspiriert ihn, den Utopisten, dazu, eine ideale Stadtlandschaft zu entwerfen. Doch fehlen ihm die Menschen dafür, sie mit dem Geist des Sozialismus zu beleben. Heinrich

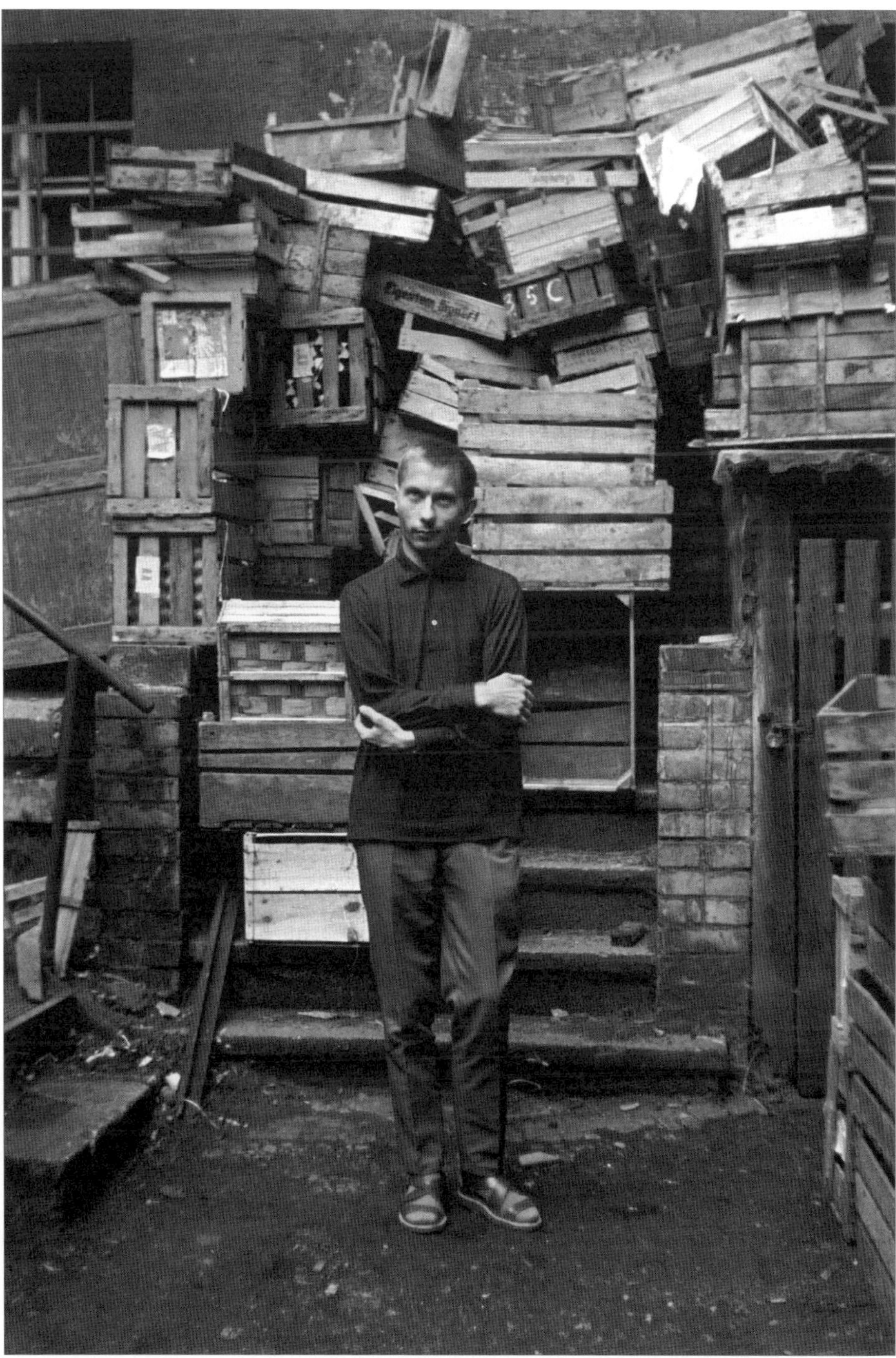

Rainer Kirsch auf dem Hof seines Wohnhauses in Halle 1966

Schlaghand kehrt dorthin zurück, wo er diese Menschen findet, aber sie leben dummerweise im »langweiligsten Land der Erde«.

> *»Das Bemühen um Realismus wird ja leicht mit Geschichtspessimismus verwechselt und für zersetzend gehalten.«*
> Rainer Kirsch

Ein Treffer

Die Städtischen Bühnen Magdeburg überlegen, ob sie das Stück aufführen sollen. Der Lyriker Heinz Czechowski, zwischen 1971 und 1973 Dramaturg am Theater in Magdeburg, wird vom Intendanten gebeten, das Werk zu begutachten:

»Kirsch verwendet die Faustsage neu, indem er in Heinrich Schlaghand eine Figur schafft, die sich total auf Produktivität beruft, die unsere Gesellschaft in sich trägt. Schlaghand, der das Leben als produktiven Genuss begreift, gelingt es jedoch nicht, seine Energie und Potenz mit den Möglichkeiten der Gesellschaft in Übereinstimmung zu bringen ... Es ist eine menschliche Grundsituation: immer in der Geschichte musste das Notwendige vor dem Eintreffen optimaler Bedingungen gemacht werden. Das ist der (philosophische) Grundwiderspruch, auf dem das Stück baut, und der treibende Widerspruch in Schlaghand. [...] Kirsch geht es nicht darum, dem Zuschauer zu suggerieren, was sich da vor ihm abspielt, sei eine ›Aufhebung‹ der Faust-Tragödie aus sozialistischer Sicht (was natürlich auch mitspielt!), sondern er traktiert das Tradierte, indem er die Geschichte als Komödie gibt.« Das ist eine vornehme Umschreibung für Kirschs Kritik, die DDR sei nicht soweit, wie sie sein könnte. Czechowski endet seine Expertise mit der Empfehlung: »Deren Realisierung wir auf dem Theater mit Spannung entgegensehen.«[131]

Ein Schlag ins Leere

Das Gutachten hat nicht geholfen. Das Theater verzichtet auf die Uraufführung. Es findet sich auch kein anderes Theater, das bereit wäre, das Stück zu spielen. Kirschs Faustparodie nimmt die Ziele der Partei zu ernst und führt sie dadurch ad absurdum. Das Stück unterminiert »den Aufbauwillen zum Sozialismus«, urteilt die Partei, sei »spätbürgerlich-revisionistisch«. Ein inoffizieller Mitarbeiter (IM) namens Kant berichtet seinem Auftraggeber laut »Treffbericht« vom 24.5.1973: »Im Stück kommt die Tendenz zum Ausdruck, dass der Sozialismus nicht in der Lage ist, menschliche Verhältnisse zu schaffen.«[132] Gleichzeitig war allerdings die »Höllenfahrt« in der Fachzeitschrift »Theater der Zeit« versehentlich abgedruckt worden. Vom Verband der Theaterschaffenden zur Rede gestellt, verteidigt der Herausgeber sich ziemlich mau und schiebt die Schuld auf einen Mitarbeiter, der unaufmerksam gehandelt habe. In der nächsten Ausgabe der Zeitschrift erscheint ein Artikel, der Kirschs »politisch-ideologisches« Fehlverhalten anprangert. Dieser versucht nun zu retten, was zu retten ist, und spricht in der Abteilung Kultur des ZK vor. Die Mitarbeiterin berichtet ihrem Chef: »Er werde das Verbot des Stückes akzeptieren, obwohl es nicht in seiner Absicht lag, in seinem Stück sich respektlos über den Sozialismus zu äußern. Er habe keine feindlichen Absichten. Im Gegenteil, er wolle mit der Partei in Harmonie leben.«[133]

> Auch lebende Künstler auf Linie zu bringen
> Bis diese höchst seltsam balancieren und singen
> Und sich die Kunst nicht mehr am Leben reibt:
> Die Kunst verschwindet, doch die Linie bleibt
>
> Rainer Kirsch

Ein Schlag in die Lehre

Zu Kirschs Gunsten interveniert der Chefdramaturg des Henschel-Verlags Jochen Ziller – vergebens, es kostet ihn sogar die Position[134]. Auch Kirschs Bemühen ist umsonst. Die Partei »exkommuniziert« ihn. Das ist bereits sein zweiter Rausschmiss. 1957, vierzehn Jahre zuvor, wurde er wegen »abweichender ideologischer Auffassung« vom Studium relegiert und – vorübergehend – aus der Partei geworfen. Seine Aktivitäten in der Jenaer Studentenschaft und seine »konterrevolutionären Kommentare« zum Ungarn-Aufstand von 1956 führen dazu, dass Kirsch zur »Bewährung in die Produktion« geschickt wird. Der Versuch der Staatssicherheit, Kirsch als IM anzuwerben, endet damit, dass er selbst ab 1962 zum Ziel »operativer Überwachung« wird. Sein zweiter Versuch zu studieren, diesmal am Literaturinstitut in Leipzig, endet damit, dass ihm 1965 das Abschlussdiplom verweigert wird. Die Partei verträgt keine Kritik, und sei sie noch so konstruktiv wie die von Kirsch: »Überwunden werden muss freilich die schädliche Identifizierung von Partei und Parteiapparat, die auf eine Verselbstständigung des Apparats hinausläuft. Es ist ja eine Mystifikation anzunehmen, irgendjemand werde durch seine Anstellung beim ZK so etwas wie die Stimme der Partei.«[135]

Kirschs Lebenslauf ist in gewisser Hinsicht typisch für den Werdegang vieler junger DDR-Autoren. Kritik an der Praxis des Sozialismus, missverstanden als grundsätzliche Kritik, ruft die Inquisition auf den Plan. Die Sanktionen sind demütigend und hart. Getarnt unter der Tünche der Pädagogik können sie existenzvernichtend wirken. Reue und Beichte können die Tortur mildern. Der Büßer, geht er gar gestählt aus ihr hervor, kann, wie Rainer Kirsch, zu einem vielgelesenen, erfolgreichen, von der Partei abgesegneten Schriftsteller avancieren. Seine Gedichtbände, Kinderbücher und Übersetzungen, vornehmlich aus dem Russischen, sind gefragt. Sein erster Gedichtband »Gespräche mit dem Saurier« von 1965 erlebte eine Rekordauflage von 18.000 Exemplaren.

> *»Von einer Ästhetik, die statt auf Genauigkeit auf Reizüberflutung setzt, halte ich so wenig: sie beruht auf Misstrauen, das zur Macht gehört.«*[136]
>
> Rainer Kirsch

Erfolg gewährt nicht unbedingt Schutz, Vorwürfe begleiten ihn. Kirschs Schreiben, sein Stil, seine Ästhetik geraten in den Wirbel des sogenannten Formalismus-Streits, der seit Gründung der DDR Argumente gegen vermeintlich bürgerliche Kunst liefert. Kirsch »hatte eine ganz besondere Art, sich mit den Gegebenheiten in der DDR auseinanderzusetzen. Er hat es immer gemacht in einem sozusagen hohen Ton. Er war bekannt als ein poeta doctus, der immer etwas zur Sprache brachte, aber nicht mit umgangssprachlichen Mitteln, sondern orientiert an den Höhen der klassischen Literatur. Da schwebte immer der Vorwurf der Dekadenz im Raum«, erläutert der Literaturwissenschaftler Michael Opitz 2014 zum 80. Geburtstag Kirschs, ein Jahr vor dessen Tod.[137]

Vorurteile verhindern, in »Heinrich Schlaghands Höllenfahrt« den »Urfaust« der DDR zu erkennen. Zu entdecken gäbe es eine abgründige Arbeiterkomödie und ironische »Faust«-Parodie, bestechend durch Formstrenge und auf Majakowskis und Brechts Schultern stehend, ein außergewöhnliches Werk.

> *»Ein gerechtes Staatswesen ist so etwas Unwahrscheinliches wie der liebe Gott. Es ist schon viel, wenn das Staatswesen einen leben lässt.«*[138]
>
> Rainer Kirsch

»Heinrich Schlaghands Höllenfahrt« ist bis heute nicht aufgeführt worden.

Zwei Clowns, zwei Dichter und zwei Rentner

Heinz Drewniok
1949–2011

SZENEN AUS DEM THÜRINGER WALD KARL UND KASIMIR / DIE JÄGER / UNTERM APFELBAUM

Es ist der »Thüringer Wald«, in dem sich sieben dramatische Szenen abspielen, die Heinz Drewniok unter diesem Titel zusammengefasst hat. Drei dieser Szenen bilden eine separate Trilogie, eine Bündelung gegenseitigen Belauerns und Bespitzelns – eine Szene als Lustspiel, eine als Farce und eine als Melodram.

Das Clownsspiel vom Stehgeiger und vom Pianisten

Für die beiden alternden Kaffeehausmusiker Karl und Kasimir schlägt die Stunde der Wahrheit: Müde Routine des musikalischen Wohlklangs, immerwährende Arbeit ohne Anerkennung vor ignorantem Publikum, ständige Wiederholung des immer gleichen Repertoires – das erzeugt gegenseitige Abneigung, Ablehnung und Abscheu. Die Partner lauern gierig auf Missgeschicke des anderen, um dessen Fehler genüsslich auszukosten, bis sich unterdrückter Hass wie ein Vulkan bahnbricht. Rücksichtslos schlagen sie sich gegenseitig ihre Gefühle um die Ohren. Durch ihre Routine aneinandergekettet, können die Musiker sich nicht entkommen.

Im Wald der Dichter und Denker

Zwei preisgekrönte Staatskünstler, eingeladen zur Staatsjagd, stehen sich auf der Pirsch im Staatsforst plötzlich gegenüber. »Die Jäger«, frisch ausstaffiert, Gewehr im Anschlag, aber abseits der wilden Jagdmeute, sind im Unterholz allein. Beide sind sich nicht grün. Sie geben an. Sie lügen sich etwas vor. Was will der andere von mir? Muss ich vorsichtig sein? Wie gefährlich ist er? Sie trauen sich nicht über den Weg. Welchen Weg? Sie wissen nicht, wo sie sind. Was denkt der andere politisch? Will er etwas von mir? Sie stehen im Wald, auf unsicherem Terrain, bereit, sich gegenseitig Knüppel zwischen die Beine zu werfen. Keiner der beiden will sich mit seiner kritischen Haltung übertrumpfen lassen. Die gefeierten Staatskünstler lügen sich nach und nach vom Opportunisten zum Dissidenten, die perfekten Wendehälse. Bis Schüsse fallen.

Der Garten Eden, reloaded

Ein Fremder schleicht um Haus und Garten, jeden Tag, immer wieder, argwöhnisch beäugt von der einsamen Besitzerin. Was will der Mann am Gartenzaun? Die wehrhafte Frau lauert ihm auf. Voller Misstrauen kommt es zu einer Begegnung, überraschenderweise sogar zu einer Annäherung zwischen den beiden. Die Haus- und Grundbesitzerin und der proletarische Habenichts erzählen sich ihre Lebensgeschichten, die gegensätzlicher nicht sein könnten. Das ungleiche Paar sitzt unter dem »Apfelbaum« wie im Garten Eden unter dem Baum der Erkenntnis, als ob der Sündenfall der Klassengegensätze rückgängig gemacht werden kann.

Auf die Dosierung kommt es an

Heinz Drewniok, Schauspieler und Regisseur, gehört zu den Stückeschreibern, die das wohltemperierte Klavier spielen. Handwerklich perfekt, mit tollen Rollen obendrein, ist der kritische Gehalt seiner Stücke ausgewogen proportioniert. Das bedeutet nicht, dass Drewniok ein Leisetreter ist. Im Untertext seiner Dialoge lässt sich seine Kritik an den realen Lebensbedingungen, die von Misstrauen und Argwohn durchsetzt sind, erkennen. Das »well-made play« ist Verkleidung. »Die Jäger« kann als bitterböse Satire auf den staatlich gelenkten Kulturbetrieb gespielt werden; die Kritik der Uraufführung verharmlost den Einakter zu einer »pfiffigen Abrechnung«[139] zwischen zwei Künstlern. »Karl und Kasimir« lässt sich als Studie einer unerbittlich wachsenden Verbitterung zwischen Genossen verstehen; die Kritik spricht verharmlosend von einer »anrührenden Szene zwischen Ironie und Ernst, Komik und Menschlichkeit«.[140] Die Versöhnung der Klassengegensätze unter dem paradiesischen »Apfelbaum« wartet noch auf ihre Uraufführung. Ist die Metaphorik der Szene zu religiös? Liest man sie heute, entpuppt sie sich als subtile Studie über die Annäherung zweier alter Menschen, die ihr gegenseitiges Misstrauen und ihre Einsamkeit überwinden. Sie erzählt von den Schmerzen der Gefühle im Alter und wie sie sich lindern lassen.

»Ich beharre auf Werten wie Liebe, wie Ehrfurcht, wie Vertrauen.« Es sind humanistisch geprägte Werte, mit denen Drewniok seine Stücke umhüllt und etwaige Kritik abtropfen lässt. Sein Humanismus macht ihn unangreifbar. »Wir könnten viel mehr mit unserem Leben anfangen, wenn wir uns wirklich einigen könnten, wenn uns wirklich menschliche Werte, Grundwerte, noch so frisch wären oder handhabbar und praktikabel.«[141] Das sind pastorale Glaubensbekenntnisse, die viele teilen können, aber, wenn man will, unterschwellig viel zulassen.

Literarisch andeutungsreich ist bereits der Gesamttitel »Szenen aus dem Thüringer Wald«, unter dem Drewniok sieben Szenen und Einakter zusammenfasst, zu denen ja die drei vorgestellten gehören. Bereits der Name Kasimir im ersten Titel weist auf Ödön von Horváth hin, einen Autor, der in der DDR erst gegen Ende der 70er-Jahre entdeckt wurde. In einem Essay beschreibt 1981 ein Kritiker Drewniok mit Sätzen, die auch auf Horváth zutreffen könnten: »Wie Leben heute zu gestalten und zu bewältigen sei, um diese Fragen zu beantworten, wählt Drewniok eine ganz bestimmte Optik, nämlich eine quasi analytische, indem er die Leute an gewissen Endpunkten oder Entscheidungspunkten ihrer Entwicklung aufsucht und dann Fazit zieht.«[142]

Heinz Drewniok »Karl und Kasimir« Uraufführung 19.3.1981 Staatsschauspiel Dresden, Regie: Karl Schönemann – **»Die Jäger«** Uraufführung 18.9.1983 Hans Otto Theater Potsdam – **»Unterm Apfelbaum«** bisher nicht aufgeführt

»Da oben ist irgendwas los«

Volker Braun
geb. 1939

HINZE UND KUNZE / KIPPER BAUL BAUCH / TRANSIT EUROPA
und andere Stücke

»Volker Brauns Stücke erlebten oft böse, frustrierende Konfliktgeschichten von Verkennung, Verzögerung und Verhinderungen in einer kulturpolitisch eng geführten DDR. Wer Theater zum Laboratorium sozialer Phantasie machen, die Bühne für gesellschaftliche Experimente okkupieren wollte, die im wirklichen Leben zu teuer oder zu gewagt waren, durfte seine Texte nicht sinnvoll ausprobieren, wenn sie auf der Tagesordnung standen.«[143]

Heinz Klunker, 2007

»Da jetzt ›alles darauf ankommt, den Sozialismus zu stärken‹, ist nur sein Lob gelitten. Aber wenn das, was ich schreibe, ›im Widerspruch zur Partei‹ steht, wie kann ich da Mitglied sein? Niemand fragt mich das, aber es ist unerträglich, diesen Widerspruch zu leben: eine bedeutende Kulturpolitik mitzutragen und ihr ein Ärgernis zu sein«.

Volker Braun, 1988

»Durch den Mitarbeiter der BRD-Vertretung in der DDR – [Name geschwärzt] – wird Braun als Solschenizyn der DDR gewertet. Er wird als gegenwärtig aktiver ›Biermann‹ bezeichnet«.[144]

IM-Bericht für die Stasi, 1981

URAUFFÜHRUNGSDRUMHERUM

Volker Braun im Gespräch mit Manfred Karge und Hermann Wündrich

Hans Faust

Wündrich: Dein Theaterstück »Hans Faust« wurde 1968 in Weimar uraufgeführt. Das war Dein erstes Stück auf der Bühne?

Braun: Und ein verfehlter Titel, Hans Faust, denn ich zeige eigentlich einen Untermenschen, einen abhängigen, gegängelten Mann. Der Titel wurde in Weimar gar nicht ironisch gelesen.

Die Arbeit mit Fritz Bennewitz, dem Regisseur, war eine Lust. Er war ein Dompteur, aber ein Dialektiker. Auch die Hauptdarsteller Manfred Heine und Dietrich Mechow zwei Könner. Aber die Premiere fand eine Woche nach dem Einmarsch in Prag statt. An Goethes Geburtstag –

Wündrich: am 28. August –

Braun: Eine Kommission reiste an, und die Probe wurde unterbrochen. In der Kantine sagte jemand zu mir: »Da oben ist irgendwas los.« Ich betrat das Intendantenzimmer, mit meiner Frau, die eben durch die Panzerkolonnen gefahren war. Wir sahen uns mit ernsten Mienen konfrontiert, die Bennewitz Eingriffe und Textstreichungen abverlangten. Annelie brach dann einfach in Tränen aus. Sie wurde hinausgeführt und ihre natürliche Reaktion änderte plötzlich die Atmosphäre. Es wurde auf einmal menschlich geredet (lacht). Bennewitz war so in der Arbeit, dass er die Willkür in Kauf nahm. Einige Schauspieler zogen mit der tschechischen Fahne durchs Haus. Sie redeten lauter Sätze aus dem Stück! Die Aufführung war mir nicht mehr wichtig.

Hinze und Kunze

Braun: Das war der bessere Titel. Die Fassung hat zuerst Piet Drescher in Karl-Marx-Stadt inszeniert.

Karge: Und 1974 haben wir »Hinze und Kunze« dann im »Spektakel 2« an der Volksbühne in Berlin gemacht. Die Hauptrolle spielte Dieter Montag, der Gegenspieler war Junghans und die Frau Walli Schmitt. Das war eine Collage mit »Prometheus« von Aeschylos, in der Fassung von Heiner Müller.

Braun: Bei solchen offenen Formen ist es immer möglich, Texte hineinzubauen, die das ankippen. Das sind sowieso alles Fragmente. Im Grunde ist das eine Fabel, wo einer prometheische Kräfte gewinnt, weil er sich zur Verfügung stellt. Wie der Häuer Hennecke, der 1948 dreihundert Prozent über die Norm fuhr. Der hat quasi eine Riesenschaufel, mit der er diesen Rekord stemmt. Da steht was hinter ihm, eine Macht, und er ist das Instrument dieser Macht. Bis er sich irgendwann fragt, was bin ich selbst in diesem Pakt? Ich bin nichts. Dann gehen die beiden, Hinze und Kunze, am Schluss auseinander, auf große Distanz, und müssen völlig neu anfangen.

»Die Aussage von Brauns ›Hinze und Kunze‹ ist zu werten als Konzept bürgerlicher Ideologie im Gewand sozialistischer Phraseologie, als ein höchst gefährliches, verwirrendes Konzept.«

Prof. Dr. Koch, Direktor des Instituts für marxistische Kunst-und Kulturwissenschaften der Akademie für Gesellschaftswissenschaften, beim ZK der SED am 3.10.1985

Wündrich: So weit hat man damals 1974 bereits gedacht – an einen Neuanfang? Diesen neuen Anfang, den es aber nie gab?

Braun: Es gab ihn 1968 in Prag! Die Kampagne in Böhmen, wie ich den Einmarsch nannte, war ein Einschnitt in die Biographie. Sie war auch ein Strich durch das Stück. Es waren Panzer, die den eigenen, freieren Weg eines demokratischen Sozialismus, niederwalzten. Wir hatten die niederschmetternde Dialektik von »Führenden und Geführten« erlebt. Und solange ich noch an dem Entwurf hing, bis 1977: Es blieb im Grunde nur eine Vorarbeit für den »Hinze-Kunze-Roman.« Der schrieb sich wenige Jahre später von selbst, im Gefühl, die Verhältnisse durchschaut zu haben – ihre innewohnende Komik, die der Fabel eine ganz andere Schärfe gab.

Kipper Paul Bauch

Wündrich: 1965 wollten am Berliner Ensemble Manfred Karge und Matthias Langhoff zusammen »Kipper Paul Bauch« inszenieren. Dazu ist es nicht gekommen. Warum?

Karge: Ich kann nur so viel dazu sagen: Das 11. Plenum[145] kam, aber es kam nicht irgendwie zu einem Verbot. Jedenfalls ist mir nichts bekannt. Vielleicht hat Helene Weigel, die Intendantin des Berliner Ensembles, uns das nicht erzählt. Es versandete so.

Braun: Ich bin 1965 ans Berliner Ensemble gekommen und habe das Haus September 1966 verlassen. Auf der Ensembleversammlung zur Spielzeiter-

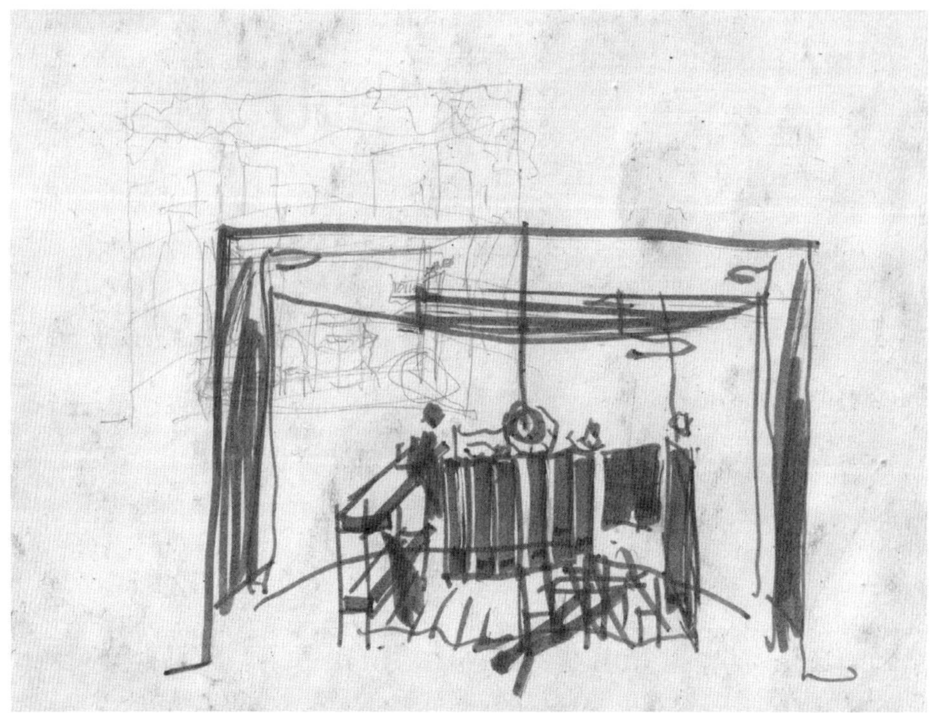

Bühnenbildskizze von Pieter Hein zur geplanten Uraufführung von »Kipper Paul Bauch« 1965 am Berliner Ensemble

öffnung erklärte Manfred Wekwerth als Oberspielleiter, dass die Proben verschoben sind. Mir war klar, dass das nicht die Wahrheit ist. Ich bin über die Weidendammer Brücke gegangen und wusste, dass es vorbei war.

Begonnen hatte ich die erste Fassung 1962 bei einem Kartoffeleinsatz bei Storkow. Auf dem ersten Blatt stand »Der totale Mensch«, und verrückt genug, schickte ich das Fragment ans BE. Eine Antwort des Chefdramaturgen Tenschert, und ich war zwei jungen Regisseuren zugewiesen. Das waren aber Karge/Langhoff.

Karge: Wir beide hatten gerade »Mahagonny« von Brecht gemacht. Dein Text war unsere zweite Arbeit.

Braun: Wir haben uns dann fast zwei Jahre getroffen, meist in den Ferien, und haben ein, zwei Fassungen und noch mehr Varianten hergestellt. Das war mein Einstieg ins Theater. Das war die Initiation. Mit den zwei jungen Windhunden war es ein Blutlecken (lacht). Es war die Zeit, von der ich sagen kann, dass ich Mitarbeiter hatte. Wekwerth, Tenschert, Werner Hecht, Karl Appen, Paul Dessau. Aber auch was bloß durchreiste, Heinar Kipphardt, Asja Lācis

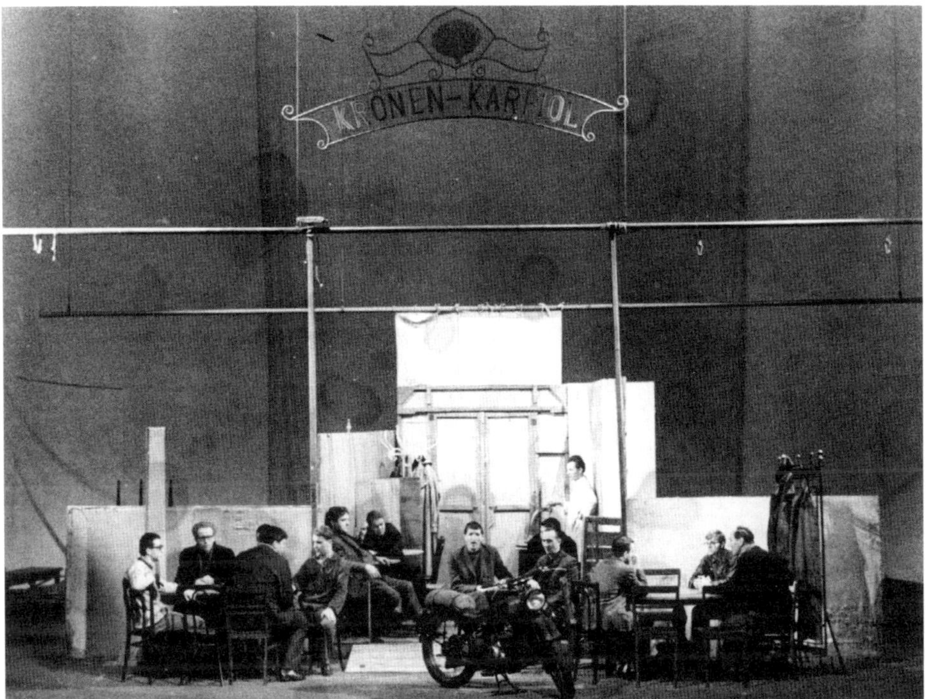

Probenfoto »Kipper Paul Bauch« 1965 am Berliner Ensemble. Auf dem Motorrad Hilmar Tate

und Bernhard Reich, wurde im BE um eine Expertise gebeten. Und natürlich saßen wir in der Wohnung von Elisabeth Hauptmann.

Karge: Wir haben mit den Proben angefangen. Es gab eine Besetzung: Hilmar Thate als Paul Bauch sowie Angelica Domröse, Felicitas Ritsch – das waren alles sehr gute Schauspieler. Wir haben täglich probiert, ich weiß nicht mehr wie lange. Ich habe noch ein paar Fotos gefunden, wie wir in der »Schwarzen Pumpe« waren. Das haben wir uns ein bisschen angeguckt und ich habe auch ein Foto gefunden von den Proben: der Moment, wo Hilmar Thate mit dem Motorrad in die Kneipe fährt. Ich muss gestehen, ich weiß nicht mehr, wie das Ganze dann endete.

Braun: Die Situation veränderte sich mit dem 11. Plenum. Im Fokus der Kritik stand der anarchische Held, wie Balla in »Spur der Steine«, ein Film, der verboten wurde. Paul Bauch fiel in diese Kategorie. Helene Weigel ist gewiss darauf hingewiesen worden. Man muss bedenken: Die eminente Schauspielerin und Prinzipalin hatte mehr zu verantworten als den Spielplan. Sie hatte einerseits den Stil des Hauses zu halten, andererseits die Werkausgabe

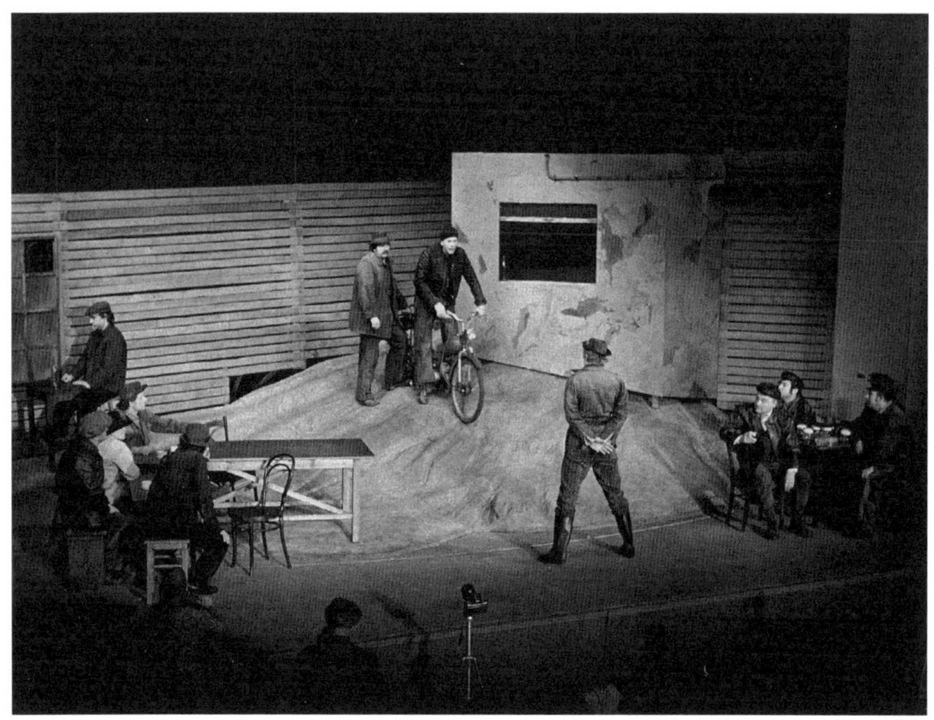

Probenfoto der selben Szene in »Die Kipper«, Deutsches Theater Berlin 1973

Brechts Band für Band durchzusetzen. Und die ganz stumme Last [...] die schönsten Rollen, die für sie geschrieben waren, nicht zu spielen, sondern zu vergeben.

Wündrich: Das Stück ist zehn Jahre später in Leipzig herausgekommen.

Braun: Ausgerechnet, ja, unter dem Generalintendanten Karl Kayser, der ZK-Mitglied war. Von dem mal im Hof des BE ein Artikel ausgehängt war: »Das Theater kann nicht auf die mystischen Wirkungen verzichten.« Ein nicht so selbstbewußter Großfürst mit Manschetten vor der Berliner Szene. Aber er hat das Stück zugelassen. Die Uraufführung fand 1972 statt mit dem hochmotivierten Wolfgang Pampel, der eigentlich zur See fahren wollte.

Dann versuchte Perten, mich nach Rostock zu holen. »Komm heraus aus den Berliner Edeltannen« (lacht). Er wollte »Die Kipper« machen, unter der Voraussetzung, dass ich den großen Sabotagefall hineinbringe: »Schau auf die Dächer, die Antennen!« (lacht). Sein Dramaturg war der Dichter Kuba, er hatte mich zuvor schon begrüßt: »Komm heraus aus den Berliner Edeltannen.« Er wohnte an der Strandpromenade.

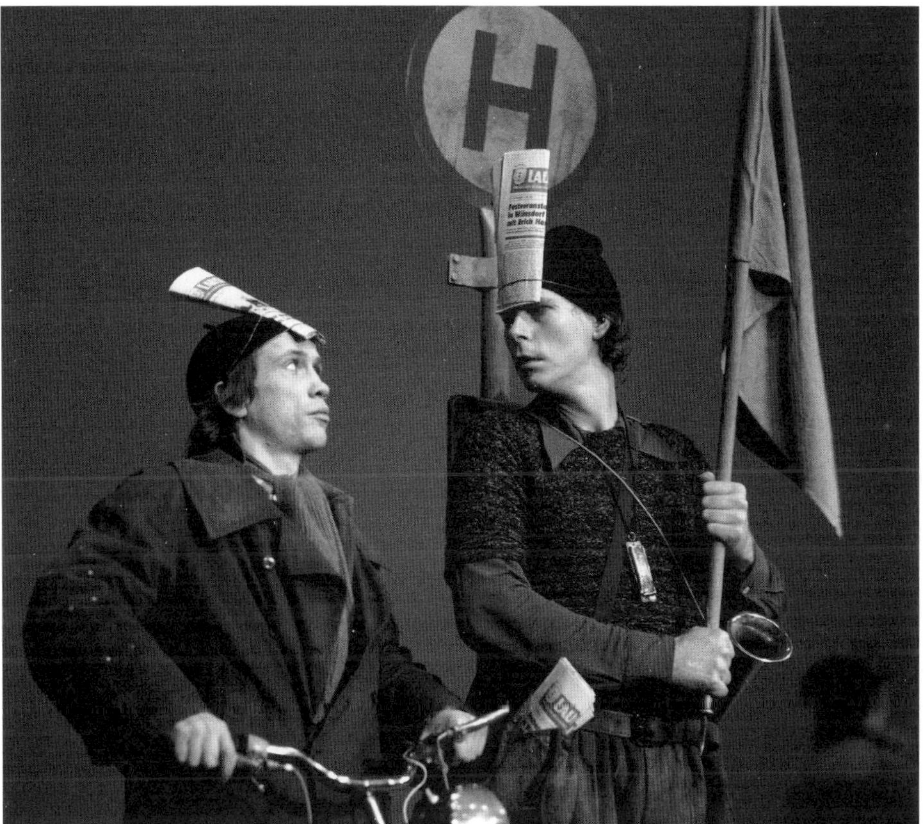

Szenenfoto »Die Kipper«, Deutsches Theater Berlin 1973 mit Christian Grashof und Alexander Lang

Wündrich: Wie kommt Kayser dazu, ein dogmatischer Funktionär, das Stück zu spielen, was Wekwerth nicht gemacht hat?

Braun: Unerklärlich. Manche Dinge ließen sich nur in den Bezirken realisieren. Ein guter Kultursekretär: Dietmar Keller. Er genehmigte auch »Schmitten« und »Guevara«.

Karge: Ja, das hat man zum Teil lanciert: »Nicht in Berlin! Könnt ihr das nicht in …?« Ich entsinne mich an Gespräche mit dem Kulturminister Hoffmann. »Könnt Ihr das nicht in Dings machen? Außerhalb?« Das war die eine Seite. Die andere Seite war, dass diese Leute wie Kayser oder Perten Berlin-Hasser waren: »Das haben die in Berlin nicht zustande gebracht, da machen wir einen druff« (lacht).

Braun: Rostock war kein schlechter Ort. Dort wurde Peter Weiss gespielt – bis auf sein Trotzki-Stück. Als Perten dann am Deutschen Theater Intendant war und ich dort angestellt, habe ich Anfang der Spielzeit 1970 um einen Monat Urlaub gebeten, um »Lenins Tod« zu schreiben. Er sagte mir: »Solange ich lebe, wird das nicht gespielt.« Das ist beim Schreiben vollkommen unwichtig.

T. / Lenins Tod

Wündrich: Welches Stück von dir ist überhaupt nicht gespielt worden?

Braun: Es gibt ein Stück, das ich nicht zeigen konnte: »T.« – also Trotzki, sonst wäre ich selbst zur Unperson geworden. Da wäre Abrassimow, der sowjetische Botschafter, eingeschritten. »Lenins Tod« kam immerhin nach 18 Jahren heraus, dem ging 1988 ein Anruf des Stellvertretenden Ministers Höpcke aus Moskau voraus. Ich hatte bestimmt zehn Jahre nicht mehr über das Stück gesprochen. Er habe hier in Moskau mit irgendwelchen Leuten verhandelt und man habe ihm gesagt: »Sie können in Ihrem Land machen, was Sie wollen.« Da begann die Wende.

Als ich 2001 beide Teile und den »Eisenwagen« zu einem Stück machte, war das nur wie ein Aufräumen, ich habe es nicht veröffentlicht. »T.«, um es zu annoncieren, ist mir lieb, weil es die aus dem Wagen Gekippten zeigt, noch körperlich lebend, aber politisch tot. Sie haben über Nacht weiße Haare bekommen, ihre Ideen sind abserviert und Stalin verzehrt die Reste.

Tinka

Braun: »Tinka« kam im Deutschen Theater auf eine unfaire Weise nicht zur Uraufführung. Das Ministerium sagte: »Wir geben keine Genehmigung, aber ihr könnt mit den Proben beginnen und dann wird entschieden.« Mit dieser Methode wurde es kalt abgesetzt. Ich habe protestiert, auch im Politbüro bei Kurt Hager. Daraufhin wurde es in Karl-Marx-Stadt inszeniert.

> *»Das Stück ›Tinka‹ von Volker Braun kann in der jetzt vorliegenden Fassung (Grundkonzeption, Zielrichtung der Fabel, Textpassagen) nicht aufgeführt werden. Die … begonnenen Proben können nur als theaterinternes Experiment betrachtet werden. Die Gewähr muss gegeben sein, dass dieser Versuch […] abgebrochen werden kann.«*[146]
>
> Notiz der Abteilung Kultur im Kulturministerium über ein Gespräch mit Gerhard Wolfram, Intendant des Deutschen Theaters, 17.1.1975

Großer Frieden, Dmitri, Die Übergangsgesellschaft

Wündrich: Wie kamst Du wieder zum Berliner Ensemble?

Braun: Ich wurde von Wekwerth aufgefordert, als am Deutschen Theater zwei Stücke hintereinander, »Guevara« und »Tinka«, nicht rauskamen. Wekwerth aber wollte »Großer Frieden« machen. Das nahm mich für den Mann ein. Er verfügte als egozentrischer Mensch über eine gewisse Kühnheit und brachte das Stück 1979 ohne Genehmigung heraus. Zur Generalprobe kam der stellvertretende Kulturminister Rackwitz, ging aber nicht hinein, sondern auf die Probebühne. Nach der Probe gab es das amtliche Gespräch, das Wekwerth so kolportierte: Er, Wekwerth: »Ja, ich verantworte das.« Und der Minister sagte: »Manfred, machst Du das? Ich danke Dir.« (lacht).

Wündrich: Aber so komfortabel ging es nicht weiter.

Braun: Bei »Dmitri« am ersten Probentag war die Ausrufung des Kriegsrechts in Polen. Wekwerth machte noch eine Fassung, in der es keine Polen und Russen mehr gab. Das nutzte natürlich nichts. Während der »Nibelungen« haute der Bühnenbildner Schlieker ab, das bot den Vorwand. Zur »Übergangsgesellschaft«, 1982 abgegeben, sagte mir der Verwaltungsdirektor des Berliner Ensemble, Stiska, den ich mochte, jedes Jahr im Hof: »Das spielt dir keiner«. Aber immer, wenn das einer machen wollte, Thomas Langhoff zum Beispiel, holte jemand das Stück zurück, weil es dem Haus gehört. Das ging auch Alexander Lang so mit »Dmitri« und euch, Manfred.

Karge: Das Engagement von Volker am Berliner Ensemble diente auch dazu, seine Stücke nicht zu spielen, obwohl er, wie er glauben musste, aus genau diesem Grund engagiert war.

Braun: Begriffen habe ich das in der ganzen Konsequenz erst aus den Akten.

Wündrich: Wie ging man mit der Situation um, auf eine zugesagte Uraufführung zu warten, bis sie sich ins Nichts verflüchtigte?

Braun: Man konnte es nicht persönlich nehmen. Als mich der Intendant Wolfram vom Deutschen Theater nach der Absetzung des »Guevara« entlassen musste, war ich zwei Tage später wieder eingestellt. Das ist der Hund im Amt. Das annulliert eine ganze Ensemblearbeit, Bühnenbild, Kostüme, Musik, Probenzeit. Es blieb ein kleiner Film, den Lang allein zu Ende spielte.

Transit Europa

Wündrich: Es gibt ein Stück von dir, das endlich genehmigt wurde, und das Du selbst abgesetzt hast: »Transit Europa«, 1988 am Deutschen Theater.

Braun: Das Ergebnis war nicht annehmbar. Beste Schauspieler, Grashof, der mir seine Lesart dargelegt hatte: Warum schrie er jetzt auf der Bühne wie ein Stint? Es gab ein Zerwürfnis, irgendwas zwischen Alexander Lang und Friedo Solter, dem Regisseur, das sich wie Blei auf die Arbeit legte. Die Zeitungen schrieben, das Stück sei Papier. Ein paar Monate später inszenierte es Piet Drescher in Bonn auf der Unterbühne. Das war eine wunderbar leichte, klare Aufführung, die die Sache rehabilitierte.

Ich gab das Manuskript Rolf Winkelgrund am Maxim Gorki Theater. Es ist natürlich gewagt, ein verrissenes Stück in derselben Stadt, in Berlin, in einem Jahr nochmal zu machen. Wir setzten uns hin, und er war verwundert, wie in jeder Szene komische Dinge passieren. In jeder Szene kriegt einer eine Ohrfeige, und immerfort ist was mit einem Bein. Er lebte richtig auf. In einer ernsten Geschichte – die abgründigste der Seghers – über die Liebe zu einem Toten, gegen die kein Lebender ankann. Das Ergebnis war dann wie Tag und Nacht. Am 20. Dezember 89 ein Ensembletriumph.

Wündrich: Man wundert sich, welchen Aufwand der Partei- und Staatsapparat trieb, um Autoren auf Linie zu bringen. Wie wichtig muss es gewesen sein, wenn im Übermaß Zeit, Geistes- und Arbeitskraft dafür verwendet wurde?

Braun: Das erzählt etwas über den Stellenwert der Kunst. Man erhoffte sich was von ihr und man fürchtete sie. Die DDR war eine Kunstrepublik, aber zu den ästhetischen Kategorien gehörte die Restriktion. Wie im Vatikan. Die Linie ist der Weg, der ins Nichts führt.

Karge: Weil man auch nicht offen Kritik aussprach. Man druckste rum. Unsere »Räuber«-Aufführung an der Volksbühne, gegen die man war, wurde nicht abgesetzt. Aber der Stadtschulrat hat verfügt, dass Schüler nicht offiziell und klassenweise in diese Aufführung gehen dürfen. Wir haben verlangt, dass man uns erklärt, warum. Was sie wirklich dagegen hatten, konnten sie nicht sagen, weil sie sich dann entlarvt hätten. Die Inszenierung stellte Bezüge her zu den Studentenunruhen von 1968. Aber diese Verbindung, die wir da reingebracht haben, ließ sich nur schwer beweisen. Sie sind auf Nebenwege ausgewichen: »Ja, aber dass der Karl Moor mit Stiefeln ins Bett geht, das ist doch wirklich kein Vorbild für unsere Jugendlichen.«

Wündrich: Die Leute, die Dir Schwierigkeiten gemacht haben bei Aufführungen: Hast Du jemals mit einem nach der Wende nochmal darüber gesprochen? Ich meine politische Schwierigkeiten, administrative Schwierigkeiten?

Braun: Nein, das war kein Wort mehr wert. Die Sphäre war verdampft. Ich fand aber in den Akten – was ich nicht zu vermuten wagte – eine Expertise über »T.«. Sie war ganz sachlich: »Das Stück handelt vom Tod der Ideen Lenins«. Das wurde nicht weiter verurteilt. Unterschrieben von IM St. Just.

Das musste einer der vier oder fünf sein, denen ich den Text zu lesen gege-

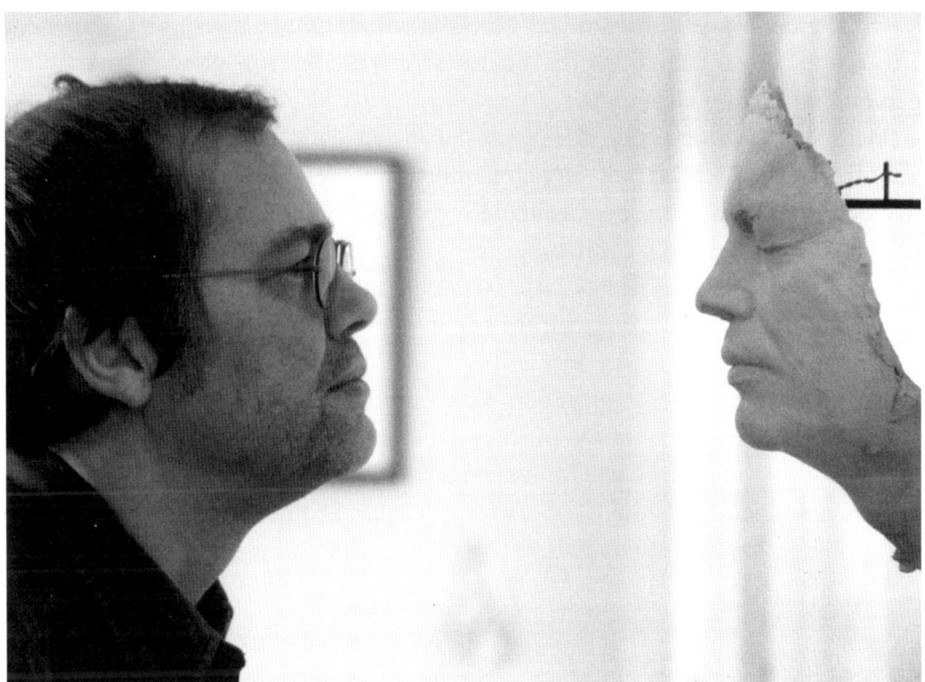

Volker Braun beim Betrachten seiner eigenen Gipsmaske, Berlin, 1990

ben hatte. Ein vertrautester Freund, ich wußte sofort wer. Er hatte in Magdeburg »Dantons Tod« aufgeführt und »Die Kipper« in einer tollen, artistischen Inszenierung mit Henry Hübchen, Gerd Preusche, Berndt Stübner. In den neunziger Jahren war ich zum Geburtstag des Dramaturgen Hainer Maaß in die »Letzte Instanz« eingeladen. Ich ahnte schon was, ich stieg die Treppe hoch und sah dort Meves sitzen. Er erhob sich vom Stuhl, wir gehen aufeinander zu, umarmen uns kurz und sprechen kein Wort. Im Gewebe war noch die alte Freundschaft, aber unmöglich, auch nur einen Satz zu sagen.

Zugabe: Feuer für Tinka

»Das Schauspielhaus ist heute Nacht abgebrannt!« Regisseur Hartwig Albiro berichtet von der Reaktion Volker Brauns auf den Telefonanruf aus Karl-Marx-Stadt am Morgen des 5. Mai 1976, der ihn informiert, dass die Uraufführung seines umstrittenen Theaterstückes »Tinka« ausfallen muss. Braun: »War denn so viel Aufwand zur Verhinderung des Stückes nötig?«

Am selben Tag versucht eine Lautsprecherdurchsage auf dem Berliner Ostbahnhof Reisende, die die Uraufführung besuchen wollen, davon abzuhalten:

»Wer zu einer Veranstaltung nach Karl-Marx-Stadt fahren will, bitte aussteigen. Die Veranstaltung fällt aus.« Da nicht gesagt wird, was für eine Veranstaltung gemeint ist, fahren viele hin.

»Die Westmedien titeln: Die Staatssicherheit der DDR verhindert Theateraufführung durch Brandstiftung«, erinnert sich Albiro, »Die Indizien verdichten sich und damit auch die Gerüchte um eine gezielte Verhinderung der Aufführung. Von wem auch immer.«

Knapp vier Wochen später improvisiert man die Premiere in der eilig hergerichteten Stadthalle. »Die Aufführung hat an Brisanz und Schärfe verloren«, klagt der Regisseur.

Nach der Wende findet er in den Akten der Stasi und der SED »viele Widersprüche und Klärendes, aber keine beweisfähigen Belege.« Im Hintergrund vermutet Albiro einen Streit im ZK über das Stück und einen übereifrigen Handlanger. Aber sicher ist nichts. »So wird es wohl ein Rätsel bleiben, was hinter den Kulissen der Macht geschah.«[147]

Volker Braun »Hinze und Kunze« Uraufführung 4.5.1973 Sächsisches Theater Karl-Marx-Stadt, Regie: Piet Drescher mit Holger Mahlich und Jörg Gudzuhn – **Volker Braun »Kipper Paul Bauch«** Uraufführung 5.3.1972 Städtisches Theater Leipzig, Regie: Gotthard Müller, mit Wolfgang Pampel. – **Volker Braun »Transit Europa«** Uraufführung 30.1.1988 Deutsches Theater Berlin, Regie: Friedo Solter, mit Christian Grashof, Katrin Klein, Katja Paryla, Volkmar Kleinert, Rudolf Ludwig

»Wie tief hinab reicht das Erinnern?«

Franz Fühmann
1922–1984

DER STURZ DES ENGELS

Der Erzähler, Essayist, Lyriker und Kinderbuchautor Franz Fühmann war in seiner Jugend glühender Nationalsozialist, trat der SA bei, kam als junger Soldat an die Ostfront und schließlich im Kaukasus in sowjetische Kriegsgefangenschaft. Dort mauserte er sich in einem Umerziehungslager, einer Antifa-Schule, zum glühenden Sozialisten. Nach seiner Entlassung 1949 ging er in die DDR, schrieb für verschiedene Zeitungen, war als kulturpolitischer Angestellter im Parteiapparat tätig und entschloss sich schließlich, als freier Schriftsteller zu arbeiten. Seine Haltung zu den politischen Verhältnissen in der DDR wurde mit der Zeit jedoch immer kritischer und verzweifelter, und führte in seinen letzten Lebensjahren zu einer ständig größer werdenden Verbitterung. In seinem Testament, ein Jahr vor seinem Tod im Jahre 1984, schrieb er: »Ich habe grausame Schmerzen. Der bitterste Schmerz ist der, gescheitert zu sein: In der Literatur und in der Hoffnung auf eine Gesellschaft, wie wir sie alle einmal erträumten.«

Trotzdem arbeitete Fühmann unermüdlich bis zu seinem Tode. In einer umfunktionierten Garage auf einem kleinen Waldgrundstück in Märkisch-Buchholz bei Berlin hatte er sich ein Refugium geschaffen, in dem er schrieb. Zu seinen jeweiligen Arbeiten fertigte er aus Fotos, Ausrissen aus Zeitungen und anderen Materialien große Collagen an, die den Raum füllten.

Der großartige Erzähler Franz Fühmann hat leider kein Theaterstück geschrieben, während einige seiner Erzählungen verfilmt wurden, aber im Jahre 1988 brachte das Wiener Burgtheater seinen trefflichen Trakl-Essay »Der Sturz des Engels« auf die Bühne.

Aus dem Essay, der Fühmanns große Zuwendung zur Lyrik Georg Trakls beschreibt, kann man auch die Biografie des Autors herauslesen. Fühmann offenbart da seine politischen Irrungen und Wirrungen so schonungslos, mit solcher Selbstentäußerung, dass es manchmal geradezu grotesk wirkt. Er geht, um der Wahrheit willen, unerbittlich mit sich selbst um.

> *»Der Krieg war verloren; kein Engel erschienen; der Weg zur Elbe von einem Sieger versperrt, dessen Brunnen wir zugeschüttet, dessen Apfelbäume wir umgehauen, dessen Erzgruben wir ersäuft und dessen Städte wir niedergebrannt hatten ... Sollte es mir noch einmal gegeben sein, über mich frei verfügen zu können, würde ich im Bauch der Erde hausen, in irgendeinem Ruinenloch dieser Thebais Deutschland, bettelnd und mich von Abfällen nährend, um der Welt nichts zu schulden und nichts mehr zu verschulden: kein Urteil fällen, keinen Rat geben, nicht Partei ergreifen, mich keiner Sache verdingen, niemanden an mich binden, auch kein Kind zeugen [...]«*
>
> Franz Fühmann

Als in Österreich Kurt Waldheim 1986 zum Bundespräsidenten gewählt worden war, und sowohl die nationale wie auch die internationale Diskussion über seine NS-Vergangenheit nicht abriss, war es vor allem auch dies unverfrorene Sich-nicht-erinnern-Können und Sich-nicht-erinnern-Wollen des Herrn Waldheim, das immer wieder auf Unverständnis stieß und für Empörung sorgte. Der Mann stellte sich seiner Vergangenheit nicht, sondern übte sich in Vergessen.

Dagegen diese schonungslose Offenheit, mit der Fühmann seine Irrwege und Wandlungen beschreibt. Und zudem eine großartige Dichtung von hoher sprachlicher Schönheit. Da bot sich dem Theater die Möglichkeit, eine Art »Gegenentwurf« zu der feigen Verlogenheit eines Politikers auf die Bühne zu bringen, um sich mit ihm in die Diskussion um die dunkle NS-Vergangenheit des Bundespräsidenten, der sich an nichts erinnern konnte, einzureihen.

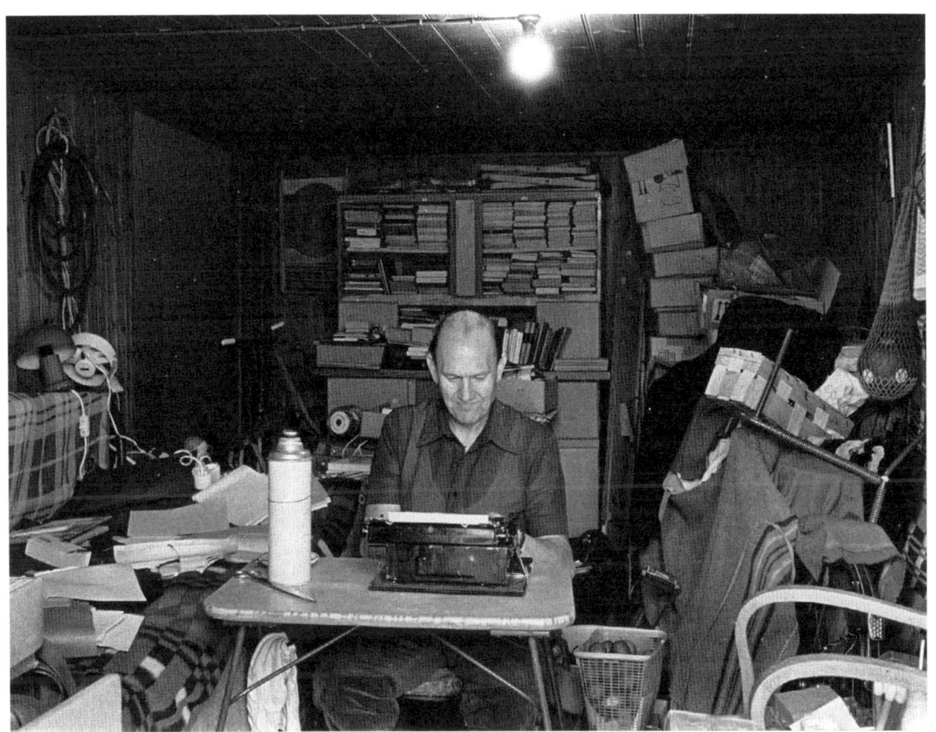

Franz Fühmann in seiner Garage, die ihm als Arbeitsraum diente, in Märkisch-Buchholz 1976

Aber das Leben ist teuer,
wir ersetzen es nie.
Klar und ungeheuer
zwingt uns die Schuld in die Knie.

Franz Fühmann, 1950

Franz Fühmann »Der Sturz des Engels« Uraufführung 1988 Burgtheater Wien, Regie: Manfred Karge, Bühne und Kostüme: Heidi Brambach, mit Manfred Karge als Franz F.

Im revolutionären Gefängnis zur befleckten Empfängnis

Christoph Hein
geb. 1944

DIE WAHRE GESCHICHTE DES AH Q

»Ein missratener Theaterabend ... Das Stück bietet kaum eine Geschichte und Wahrheit noch weniger.« Rolf-Dieter Eichler, »National Zeitung«.

»Sinnwidriger Gebrauch der Bühne.« Günter Bellmann, »Berliner Zeitung am Abend«. Beide Kritiken vom 28.12.1983.

Im Programmheft der Uraufführung stellt das Deutsche Theater das Stück vor: »›Die wahre Geschichte des Ah Q‹ geht auf die gleichnamige Novelle des chinesischen Dichters Lu Xun, den Begründer der modernen chinesischen Literatur, zurück. Diese Novelle, geschrieben 1921, erzählt das Schicksal des Dorfknechts Ah Q während der ersten antifeudalen Revolution in China im Jahr 1911. Christoph Hein benutzt die Geschichte, um sie in seinem Sinne zu erzählen.

In einem halbverfallenen Tempel haben Ah Q und Wang ihr Asyl gefunden. Für diese beiden Außenseiter ist der Tempel Zufluchtsort und Ort ihrer Träume von Revolution und Freiheit.

Der Tempelwächter, der Dorfpolizist Maske und die Nonne, die ihnen jeden Donnerstag die Suppe bringt, sind die einzigen Menschen, die in ihren Lebensraum eindringen. In ihrer zurückgezogenen, streitbaren – manchmal schweigsam zärtlichen – Gemeinschaft wollen Ah Q und Wang die Zeit überdauern. Sie warten auf die Revolution ...«[148]

»Eine freche und gelungene Clownerie über das Prinzip Hoffnung.« Michael Stone im West-Berliner »Tagesspiegel«, 28.12.1983.

»Virtuose Sprachspielereien«. Wolfgang Gersch in »Tribüne« in Ost-Berlin, 2.1.1984.

»Was da gesagt wird über den Zustand der Welt, kommt aus der Clownsperspektive. Es ist blitzgescheit und schneidig provokativ. Kindlich unerfahren und naiv romantisch, glanzvoll logisch und umständlich verquer, immer aber verspielt, trickreich, geil auf dialektische Kunststücke.« Christoph Funke im Ost-Berliner »Der Morgen«, 28.12.1983.

Christoph Hein hat seinem Stück ein chinesisches Gedicht voran gestellt:

Zaudernd umher

Schweigen im Garten der neuen Sprache,
Ruhe auch über den alten Schlachtfeldern.
Dazwischen einer, so unverhofft wieder allein,
Den Speer an der Schulter, streift er zaudernd umher

Lu Xun

Die Revolution als Geisterschiff

Worum geht es eigentlich? Die Revolution macht Station im Dorf und die beiden Revolutionäre verpassen sie. Die Revolution ändert alles, aber alles bleibt so, wie es ist. Bis auf die Haarmode. Die Dorfbewohner laufen plötzlich mit anderen Frisuren herum. Doch die Reichen bleiben reich, sie sind sogar die Gewinnler der Revolution, und die Armen bleiben so, wie sie schon waren. War da was? Jedenfalls nicht die Veränderung, von der Ah Q träumte. Euphorie verwandelt sich in Katzenjammer. Ah Q ist misstrauisch. Wie sich jetzt verhalten?

Zusammen mit dem Mitgefangenen Wang, dem Philosophen großer Utopien und resignierter Aussteiger, der nur noch in Ruhe »überwintern« will, berauscht er sich nachts an anarchistisch-phantastischen Gesellschaftsprojekten. Tagsüber sind sie unfähig, ihr kaputtes Dach zu reparieren. Wenn es regnet, werden sie nass. Begeistert nennen die beiden Außenseiter ihr Verhalten Anarchismus: »Ein schönes Wort. Scharf und kräftig.«

Eine Parabel, rätselhaft, anspielungsreich und mehrdeutig; ein Text zwischen den Zeilen zu lesen. Gibt es eine versteckte Botschaft? Worauf beziehen sich Analogien? Und diese Metaphern! Ein Stück zwischen Brecht und Beckett, und ein intelligentes, sarkastisches Schelmenstück obendrein.

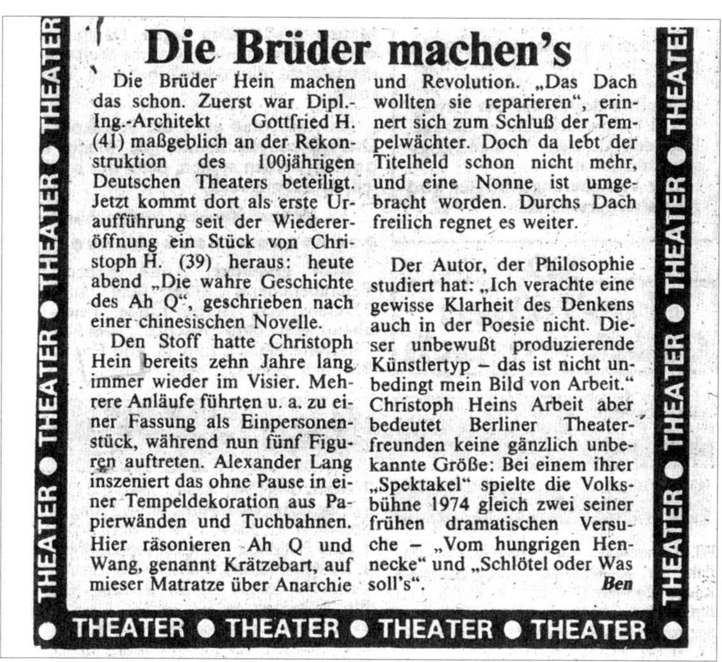

Die Brüder machen's

Die Brüder Hein machen das schon. Zuerst war Dipl.-Ing.-Architekt Gottfried H. (41) maßgeblich an der Rekonstruktion des 100jährigen Deutschen Theaters beteiligt. Jetzt kommt dort als erste Uraufführung seit der Wiedereröffnung ein Stück von Christoph H. (39) heraus: heute abend „Die wahre Geschichte des Ah Q", geschrieben nach einer chinesischen Novelle.

Den Stoff hatte Christoph Hein bereits zehn Jahre lang immer wieder im Visier. Mehrere Anläufe führten u. a. zu einer Fassung als Einpersonenstück, während nun fünf Figuren auftreten. Alexander Lang inszeniert das ohne Pause in einer Tempeldekoration aus Papierwänden und Tuchbahnen. Hier räsonieren Ah Q und Wang, genannt Krätzebart, auf mieser Matratze über Anarchie und Revolution. „Das Dach wollten sie reparieren", erinnert sich zum Schluß der Tempelwächter. Doch da lebt der Titelheld schon nicht mehr, und eine Nonne ist umgebracht worden. Durchs Dach freilich regnet es weiter.

Der Autor, der Philosophie studiert hat: „Ich verachte eine gewisse Klarheit des Denkens auch in der Poesie nicht. Dieser unbewußt produzierende Künstlertyp – das ist nicht unbedingt mein Bild von Arbeit." Christoph Heins Arbeit aber bedeutet Berliner Theaterfreunden keine gänzlich unbekannte Größe: Bei einem ihrer „Spektakel" spielte die Volksbühne 1974 gleich zwei seiner frühen dramatischen Versuche – „Vom hungrigen Hennecke" und „Schlötel oder Was soll's". **Ben**

THEATER • THEATER • THEATER • THEATER

Berliner Zeitung am Abend, 22.2.1983

Die unterschiedlichen und widersprüchlichen Kritiken kennzeichnen die Ratlosigkeit Neuem gegenüber. Die »Neue Zeit« fragt »Was eigentlich gemeint sei, eine Rechtfertigung oder eine Kritik des Anarchismus?« Sie kommt zu dem Ergebnis, das Stück habe »eine problematische Ambivalenz«. Der Kritiker kann nicht anders, als sich scheinbar humorig der Sache zu nähern: »Unerkennbar bleibt, was der Autor nun meint. – Was will uns der Dichter damit sagen? – Nichts Genaues weiß man nicht. – Alles höchst beeindruckend. – Ich weiß nicht, was soll es bedeuten.« schreibt Helmut Ullrich in »Neue Zeit« am 21.12.1983.

Sehr ernst dagegen nimmt das Stück die »Berliner Zeitung«, die zuvor die Uraufführung noch launisch annonciert hatte. Ernst Schumacher: »Heins Parabel ... beschränkt sich viel zu sehr auf die Nabelschau falschen Bewusstseins, verbleibt existentialistischer Befund statt Auffindigmachung sinnvoller Existenz. Die Auskunft ›keine Botschaft‹ zu haben, [...] vermag den Eindruck nicht zu überspielen, dass der Autor selbst keine reale Alternative sieht. [...] Nicht konkret auf die Kämpfe der heutigen Welt beziehbar.« Der Marxist hält das Stück für politisch unbrauchbar und überflüssig, den Autor für fehlgeleitet und ohne weltanschauliche Perspektive. Und: »In den heutigen Klassenauseinandersetzungen [ist] die Haltung der Verweigerung, des aktiven oder passiven Anarchismus auch für Verweigerer tödlich.«[149]

Im »Westen«, also in der BRD, steht die Kritik im Widerspruch zu den wichtigsten Kritiken in der DDR – und bestätigt sie damit paradoxerweise. Die Ablehnung dort speist sich aus demselben Befund wie die Zustimmung da. Hier wie dort entdecken die ideologiegewappneten Späher im Stück dieselbe politische Botschaft – für die einen ein Gräuel, für die andern eine Offenbarung.

»Die politische Haltung, die das Stück auffächert und (ideologisch-)kritisch aufdeckt, weist auf eine große Lähmung, auf eine große Leere: die Ideale sind aufgezehrt, die Botschaften zerschlissen, das Leben, unser Leben, ist ein falsches, sinn- und auswegloses, nur Vorbereitung auf den Tod. Das ist der gesellschaftliche Befund«, urteilt Andreas Rossmann in der »Stuttgarter Zeitung« am 4.1.1984.

> *»Die Reaktion in Westdeutschland ist, dass man solche Texte immer auf ›Mut‹ abklopft. Mut ist aber keine literarische Kategorie. Ich weiß nicht, ob Proust feige oder mutig war, das ist völlig belanglos.«*[150]
>
> Christoph Hein

Da war doch was

Christoph Hein im Gespräch mit Manfred Karge und Hermann Wündrich über einen Kritiker, den Striche begeistern, über Zensoren, die übers Eck reden und Polizisten, die laut lachen.

Wündrich: Wie kam Ihr Stück »Ah Q«, wie es gern verkürzend genannt wird, zur Uraufführung ans Deutsche Theater?

Hein: Der »Ah Q« kam am Deutschen Theater raus, weil der Regisseur Alexander Lang sich heftig dafür eingesetzt hatte. »Der fremde Freund« war gerade erschienen, und die Zensoren waren ein bisschen geweckt. Der Roman hatte ziemlich Furore gemacht in der DDR, auch in Westdeutschland. Bald folgten Übersetzungen. Das ärgerte sie halt sehr, denn irgendwas rochen sie. Aber

Alexander Lang war vehement entschlossen, das Stück zu machen. Er hatte schnell seine Besetzung zusammen – ob das Stück rauskommen würde, wusste er natürlich nicht.

Anders war es mit Thomas Langhoff, der »Die Ritter der Tafelrunde« Anfang 1989 im Maxim-Gorki-Theater machen wollte. Ich sollte ihm garantieren, dass das Stück auch rauskommt. Was sollte ich dazu sagen? »Das wissen Sie genau, dass ich eine solche Garantie nicht abgeben kann. Das ist ja Unsinn!« Langhoff hat die Proben von sich aus abgebrochen, bevor überhaupt ein Verbot kam.

Da war Alexander Lang anders. Es gab da nur eine äußerst fatale Situation: Aus irgendeinem Grund wurde das Stück in der Akademie der Künste vorgestellt. Das war ungewöhnlich. Warum sich vor der Uraufführung rechtfertigen? Das war eine rammelvolle Vorstellung –

Wündrich: War es eine Lesung?

Hein: Noch nicht mal eine Lesung. Es gab eine Diskussion mit Alexander Lang und mir. Den Hauptpart, die Führung des Gesprächs, hatte Professor Schumacher. Schumacher fand das Stück widerlich. Er schoss die ganze Zeit dagegen. Ich versuchte, damit wir nicht durch diese blöde Akademie-Veranstaltung das Verbot erzwingen, ihm Recht zu gegeben, bevor ich meine Gegenargumente vorbrachte. Ich habe unheimlich rumgeeiert. Auch Peter Hacks kam mit so einem Stück gar nicht zurecht. Auch ihm war das Stück zuwider. Er schrieb mir einen bösen Brief, »Ah Q« sei das gefährlichste Stück überhaupt. Ähnlich wie Schumacher, der von seiner Ästhetik her im Grunde die alte Brecht-Dramaturgie sehen wollte. Er war auch politisch gegen das Stück. Das war eigentlich das Allergefährlichste.

Dann kam die Premiere. Sie lief sehr gut. Die Leute waren atemlos dabei. Es fanden keine großen Provokationen statt. Das Stück lief überhaupt gut.

Einmal an einem Abend – ich war zufällig im Theater – kamen mehrere Autobusse mit Polizisten, die in die Aufführung gingen. Nun zieht das Stück ziemlich scharf über Polizisten her. Ich befürchtete, hoffentlich gibt es jetzt nicht Unruhe und Protest. Ich bin mit in die Vorstellung gegangen. Aber gerade bei den schlimmsten Witzen über die Bullen haben sie schallend gelacht (lacht) – das war sehr beruhigend. Ja, insofern hat es mit dem Stück am Deutschen Theater keinen Ärger gegeben. Das ging gut.

Wündrich: Warum fand diese Diskussionsveranstaltung überhaupt statt? Was war der Grund?

Hein: Ich weiß nicht, warum die Einladung von der Akademie an das Deutsche Theater erging, also an uns. Es abzulehnen, haben wir entschieden, wäre für

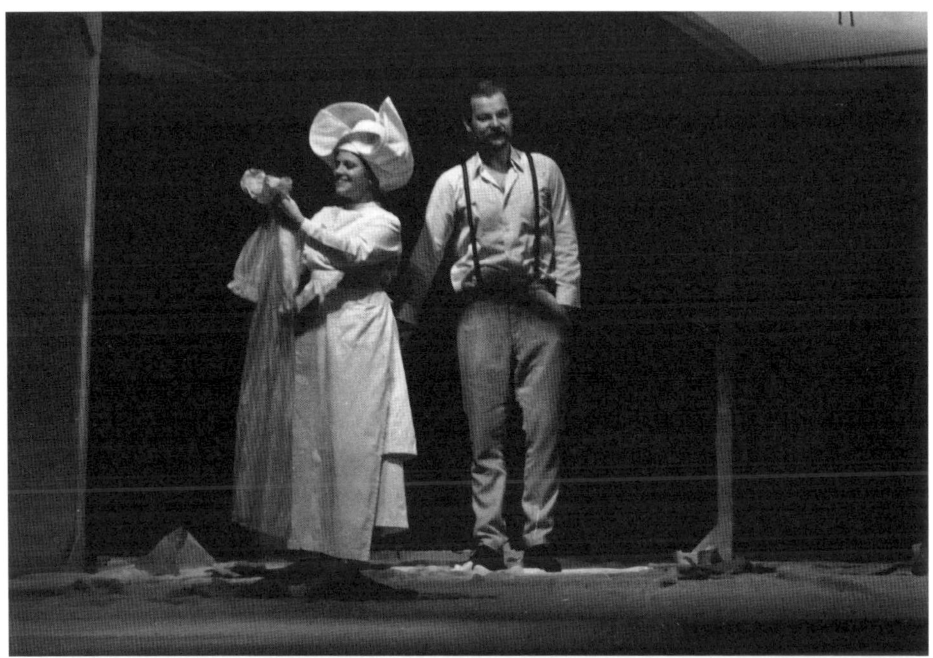

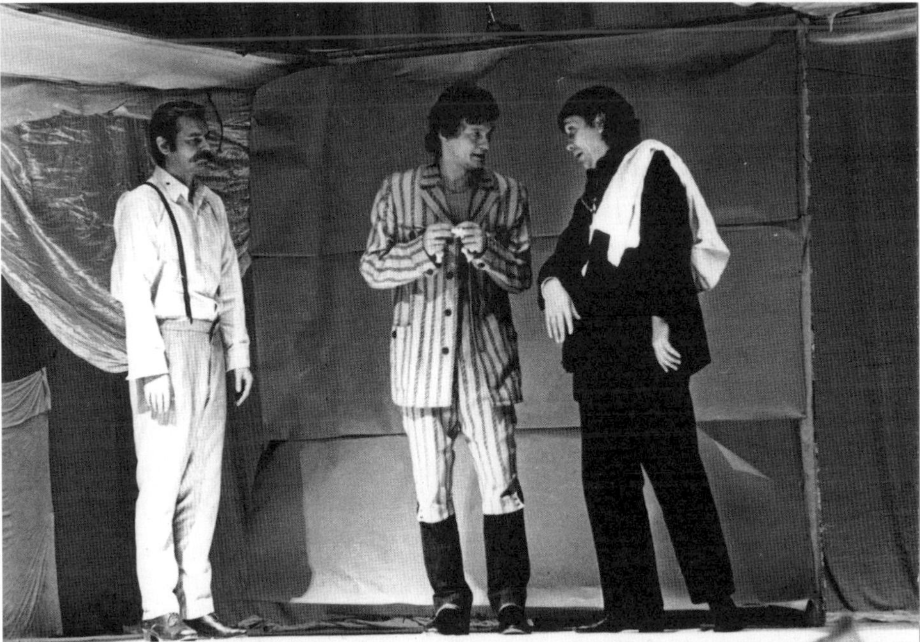

Uraufführung »Die wahre Geschichte des Ah Q«, Deutsches Theater Berlin, 1983, mit (oben) Gudrun Ritter und Dieter Montag sowie (unten) Dieter Montag, Roman Kaminski und Christian Grashof die Sache nicht fruchtbar. Das hätte zu dem Eingeständnis geführt, dass wir was Schlimmes vorhaben. Also haben wir zugestimmt. Und, wie gesagt, ich hatte während der Diskussion mit Professor Schumacher immer versucht, die schlimmsten Pfeile abzufangen, indem ich ihm scheinbar Recht gebe. Am nächsten Morgen rief mich der Chef vom Bühnenvertrieb an und sagte: »Lieber Herr Hein, um mal den Satz zu zitieren, den Sie gestern am häufigsten gesagt haben: Ich gebe Ihnen völlig Recht.« Ansonsten gab es erstaunlich wenige Schwierigkeiten. Möglicherweise hing das mit dem »Fremden Freund« zusammen. Das Buch lieferte keinen richtigen Angriffspunkt. Es wurde nichts gegen die DDR gesagt, nichts gegen den Sozialismus. Es gab eben nicht die ein, zwei empörenden Sätze. Es lag mehr an der Atmosphäre, die aus dem Roman spricht. Aber wie will man Atmosphäre streichen? Man kann nur den ganzen Roman streichen.

Wündrich: Karl-Heinz Klunker, der Kritiker, hat erzählt, dass Dieter Mann, der damals neue Intendant des Deutschen Theaters, aufgefordert worden wäre, das Stück auslaufen zu lassen. Er sei dem mit dem Argument begegnet: Aber die Schauspieler spielen das doch so gerne.

Hein: Das wusste ich nicht. Ja, dieses Auslaufenlassen, diese ganzen kleinen Techniken und infantilen Geschichten. Besonders wenn es ums Ausland ging. Wenn zum Beispiel ein Buch von mir in Frankreich erschien, erreichten mich die Einladungen hinzufahren nicht. Den Franzosen wurde mitgeteilt, ich sei krank oder Herr Hein habe kein Interesse, nach Paris zu kommen. Irgendwann rief der Botschafter an und ich sage, natürlich würde ich gerne kommen. Die hatten immer so kleine, ganz dämliche Tricks.

Wündrich: Gab es eigentlich bei der Uraufführung von »Schlötel oder Was solls« an der Volksbühne 1974 Probleme?

Hein: Es gab Szenen, die wurden gestrichen. Zu einer Endprobe war ein befreundeter Kritiker eingeladen, ich glaube von der »BZ am Abend«, der hat das vollständige Stück gesehen. Auch die Szenen, wo Besoffene durch Leipzig ziehen und mit den roten Fahnen vom 1. Mai einen Suffabend machen. Der Regisseur hat den Kritiker gefragt: »Herr Bellmann, können wir die Szenen drin lassen?« Und Bellmann voller Begeisterung: »Natürlich nicht! Natürlich nicht!« Aber mit Begeisterung! Er freute sich, dass er's gesehen hatte, aber natürlich müssen sie raus. Die Szenen würden die Zensur nicht überleben. Da wurden diese Szenen rausgenommen. Eigentlich waren sie sehr komisch. Dieser Bellmann war jedenfalls hocherfreut, diese Szenen gesehen zu haben. Aber natürlich können sie den blöden Leuten nicht gezeigt werden. Das war auch so 'ne Kritikerhaltung …

Wündrich: Wer hat die Striche gemacht? Hat Benno Besson, der Intendant, das angeordnet?

Hein: Ich wurde zu den Gesprächen mit der Zensur nie dazu geladen. Bei »Schlötel« hat Benno drauf gedrungen, dass ich dabei bin. Die waren stinksauer darüber. Die haben sich dann so gesetzt: Benno saß auf der einen Seite des Tisches, die anderen beiden rechts und links, ich auf der gegenüberliegenden – so dass sie mir den Rücken zukehrten. Auch die Fragen, die nur ich beantworten konnte, haben sie Benno gestellt. Er hat lächelnd auf mich verwiesen und ich habe geantwortet. Selbst während meiner Antworten haben sie sich nicht umgedreht. Die waren derart empört, dass ein Autor dabei ist. Die waren empört, dass der Edeluntergebene Besson die Frechheit hat, ihnen eine solche Laus aufzudrücken.

Wündrich: Wer waren »die«?

Hein: Das war Ministerium und Magistrat. Die haben sich mir auch nicht vorgestellt. Ich weiß nicht, wer dann die Striche gemacht hat. Vielleicht gab es ein Übereinkommen. Man nimmt die Szene raus, sonst kippt das ganze Stück.

> *»Die Tatsache, dass ›Die wahre Geschichte des Ah Q‹ in der DDR aufgeführt werden durfte, belegt nicht etwa, wie liberal dieser Staat war, sondern lediglich, dass der Text um einiges dialektischer ist als die Siegelbewahrer der Dialektik – man kann es deuten, und man kann ihn sich notfalls als bloße Anarchisten-Satire zurechtdeuten. Wahrscheinlich wären Ah Q und Wang in dieser Lesart linke Intellektuelle aus der Bundesrepublik Deutschland.«*[152]
>
> Martin Krumbholz

Da gab's überhaupt Dinge. Erst 1989 zur Uraufführung von »Ritter der Tafelrunde« in Dresden war ich wieder bei einem solchen Gespräch dabei. Intendant Wolfram hat drauf bestanden. Da haben die Herren mich bereits angeguckt und mit mir gesprochen. Wolfram hatte für das Stück – wie alle anderen Theater, die es spielen wollten – keine Genehmigung bekommen. Er bat um eine Probengenehmigung und bekam sie. Was heller Wahnsinn war. Denn als es dann soweit war, ging's darum, ob er die Aufführungsgenehmigung bekommt. Schlussendlich hat er sie nicht bekommen. Aber es gab auch kein ausdrückliches Verbot. Wolfram ließ die Inszenierung als Voraufführung laufen und hat irgendwann die sechste, siebte oder achte Voraufführung zur Premiere erklärt. Das war dann so. Im Gespräch mit den Herren wurde mir vorgehalten, mit der greisen Tafelrunde das Politbüro zu meinen. Ich antwortete etwas keck und kühn: »Wenn Sie das meinen, dann würde ich ja mit König Artus den Erich Honecker meinen – und soo ein Märchenkönig ist doch Honecker nicht.« Da zuckten sie etwas zusammen und haben den Punkt fallen gelassen. »Also der Artus ist doch in meinem Stück ein ganz Liebevoller, Kluger und so weiter, nicht wahr?« Das wiederum fanden sie, meinte ich, das wär' doch Schönfärberei.

P.S. I

Am 6.2.1984 wird Dieter Mann zum neuen Intendanten des Deutschen Theaters bestellt. Laut einer Hausmitteilung der Abteilung Kultur im ZK vom 27.2.1984, mit der Kurt Hager über die Gespräche informiert wird, in denen mit Dieter Mann über Vorstellungen und Pläne der zukünftigen Leitung gesprochen wurde, betont dieser: »unmissverständlich, dass Positionen wie im Stück ›Ah Qu‹ (sic) bei ihm keinen Boden bekommen werden.«[153]

P.S. II

Liebe Genossin Ragwitz !

Was das Stück "Die wahre Geschichte des Ag Q" angeht, so schlage ich vor;

1. Verlegung aus dem Deutschen Theater in die Kammerspiele;

2. Reduzierung der Aufführungen, so daß es in kurzer Zeit vom Spielplan abgesetzt werden kann.

Anlage

Kurt Hager

Anweisung am 3.2.1984 vom Chef-Ideologen des ZK der SED[154]

P.S. III

Heinz Klunker, Redakteur des Deutschlandfunks in Köln berichtet: »Ich war Mitglied der Jury für den Mülheimer Theaterpreis 1984. Als solcher fuhr ich nach Berlin, um mir ›Ah Q‹ anzusehen. Die Mülheimer Theatertage hatten mir eine Karte bestellt, weil wir das Stück womöglich gern einladen wollten. Ich war schon einen Abend vor der Aufführung in Ost-Berlin. Da suchte mich überraschend Christoph Heins Frau Christiane auf, um mir zu sagen, dass die Aufführung am nächsten Tag ausfällt, wegen Krankheit, in Wahrheit aber abgesetzt sei, weil ich in die Aufführung gehen wollte. Eine Einladung in den Westen sollte unbedingt verhindert werden.«

Christoph Hein »Die wahre Geschichte des Ah Q« nach Lu Xun, Uraufführung 22.12.1983 Deutsches Theater Berlin, Regie: Alexander Lang, mit Gudrun Ritter, Christian Grashof, Roman Kaminski, Dieter Montag, Friedo Solter

Heiter und/oder kritisch

Rainer Kerndl
1928–2018

ICH BIN EINEM MÄDCHEN BEGEGNET

Rainer Kerndls Theaterstück »Der Georgsberg« zielte auf ein Reizthema: die Institution der Intershops: Ein altes Restaurant in Thüringen wird zu einem luxuriösen Interhotel für Valuta-Gäste aufgemöbelt. Ein Westkonzern investiert. Dubiose Devisengeschäfte mit der D-Mark werfen dunkle Schatten auf die Partei. Nach drei Vorstellungen 1984 im Gorki-Theater wurde das Stück wegen »parteischädigenden Verhaltens« abgesetzt. »Die Tätigkeit des Außenhandels der DDR ist nicht Thema der Gegenwartsdramatik.«[155] Offensichtlich versteckte sich zu viel Dramatik in der Gegenwart.

Das Verbot überraschte den Autor. Er war anderes gewohnt.

»Niveau und internationale Geltung des Theaterschaffens machen die DDR zu einem der führenden Theaterländer der Welt.« Mit dieser stolzen Einschätzung beginnt 1973 der jährliche Theaterbericht für das Politbüro. Er trägt den Titel »Die Theatersituation nach dem VIII. Parteitag.« Verfasst wird er routinemäßig vom Ministerium für Kultur und ist diesmal 38 Seiten lang. Erfreut konstatiert man für das vergangene Jahr 12 Millionen Zuschauer, eine »günstige Relation zwischen Einwohnerzahl und Theaterbesuch.« Etwaige Schwierigkeiten, die es gibt, sind einzig »Kaderfragen«. Damit ist das persönliche Versagen Einzelner oder »unfähiger und ideologisch unzuverlässiger Leitungen« gemeint, die abgelöst werden müssen. Auch inhaltlich wird insgesamt ein positives Resümee gezogen. »Gewachsen« sei »die Zahl der Stücke, die Alltagsprobleme unseres Lebens, insbesondere den Kampf gegenüber überholter Denk- und Verhaltensweisen, kritisch-heiter gestalten.« Als positives Beispiel wird »Ich bin einem Mädchen begegnet« von Rainer Kerndl hervorgehoben.[156]

Aber Kerndl war nicht nur Bühnenautor, er war gleichzeitig – selten genug – auch Theaterkritiker: »Nicht irgendwo – im Zentralorgan. Er stand im Dienst

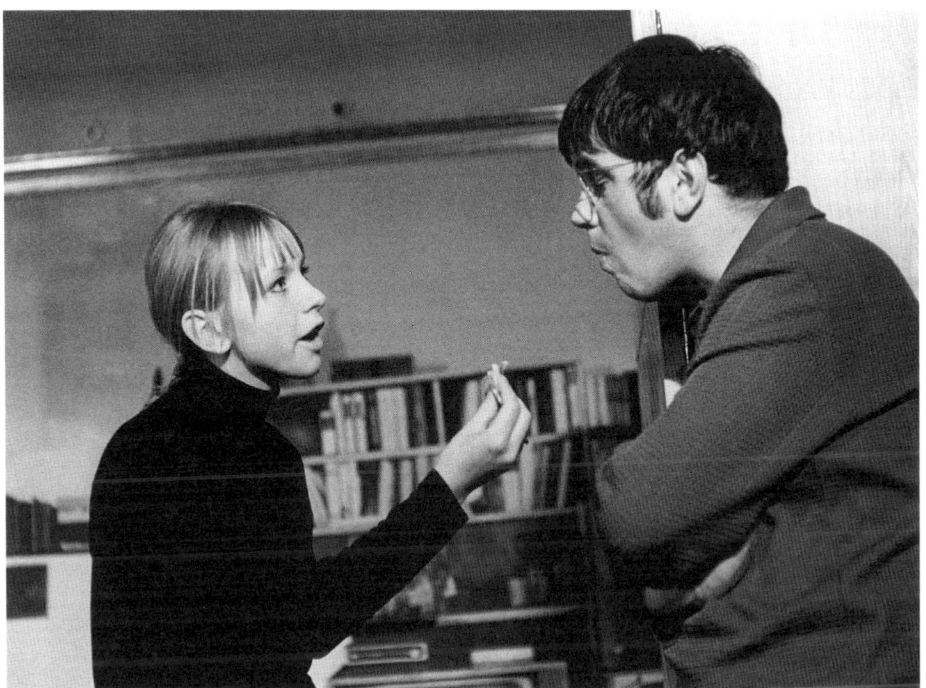

»Ich bin einem Mädchen begegnet«, Maxim-Gorki-Theater Berlin, mit Jenny Gröllmann und Reinhard Michalke

der Sache, die im ›Neuen Deutschland‹ täglich zur Sprache kam.«[157] Die Zeitung gab den Ton an, spiegelte die staatliche Meinung wider und betätigte sich immer wieder als eine Art Theaterpolizei. Hacks, Müller (Kerndl: »Marxistische Geschichtsauffassung ist seine Sache nicht«)[158], Braun, Hein und viele andere bekamen das zu spüren. Es traf sogar Kollegen wie Ernst Schumacher, den Theaterkritiker der »Berliner Zeitung«. »Mein Kollege Kerndl denunzierte mich in seiner eigenen Kritik im ›Neuen Deutschland‹. Noch viele Jahre später beklagte sich der kritisierte Kritiker, der seinerseits als solcher nicht zimperlich war, über den anderen Kritiker, weil ihm aus dem Vorfall berufliche Querelen erwachsen waren.[159]

Kerndls erfolgreichstes Theaterstück war »Ich bin einem Mädchen begegnet«, lief jahrelang am Gorki-Theater in Berlin, und machte Jenny Gröllmann zu einer der beliebtesten Schauspielerinnen der DDR.

Boy meets girl

Zwei Personen als Besetzung und eine Dekoration machen das Stück theaterpraktisch. Es ist konventionell, die Dramaturgie ist simpel. Eine Frau trifft einen Mann. Die beiden finden sich interessant. Sie reden miteinander, diskutieren, streiten, missverstehen sich, entdecken gemeinsame Interessen, finden einen Draht zueinander. Sie bricht bei ihm, dem Schriftsteller, ein und setzt voraus, dass ›Er‹ so ist, wie sie ihn bei einer Dichterlesung erlebt hat und wie er in seinen Büchern schreibt. Die Korrektur dieser Eindrücke vollzieht sich im Gespräch zwischen beiden. Die Spielhandlung lebt aus den Dialogen und weckt Erwartungen – die aber enttäuscht werden. Gleichzeitig aber übertrifft das Stück die Erwartungen.

Dieses paradoxe Kunststück gelingt, weil die Geschichte, die nach einem durchschaubaren Muster angelegt ist, mit eben diesem Muster ein unerwartetes Spiel treibt. Der Autor bedient sich eines dramaturgischen Kniffs, den er überraschend zur Geltung bringt.

Die Spannung, die das Stück aufbaut, entsteht wie im Boulevardtheater: Wann endlich fallen die beiden sich um den Hals? Wann endlich kommt es zum ersten Kuss? Brechen sie auf ins gemeinsame Glück? Happy End? Stückschluss? Aber nichts dergleichen geschieht – bis zu dem Moment, an dem der Zuschauer die Geduld verliert, weil nicht passiert, was passieren müsste. An diesem heiklen Punkt, dem vermeintlichen Höhepunkt, gehen beide, Mann und Frau, ihrer Wege. Sie trennen sich, aber nicht, weil sie sich nicht mögen. Im Gegenteil. Nach der Unterhaltung, die beide eineinhalb Stunden miteinander geführt haben, gehen sie auseinander als klügere, bewusstere Menschen. Sie haben mit gegenseitiger Empathie und auf Augenhöhe eine Auseinandersetzung geführt, die für beide einen Gewinn brachte. Mann und Frau verstehen sich in gegenseitigem Respekt voreinander, ohne dass daraus eine Affäre entstünde. Eine Liebesgeschichte ist es dennoch – eine der Gleichberechtigung von Mann und Frau, der gegenseitigen Akzeptanz, quasi eine Emanzipations-Love-Story. Fraglos ein idealistischer, vielleicht utopischer Schluss, den Kerndl anbietet. Man könnte ihn auch sozialistisch nennen.

Direkt ausgesprochen wird die Botschaft nicht. Liebe ohne Beziehungskiste wird den Zuschauern indirekt zugemutet. Alles ergibt sich beiläufig und lässt sich erst aus dem Verlauf des Gesprächs herausfiltern. Weil Kerndl – das ist seine Leistung – das Gesetz des Genres untergräbt, schreibt er eine Liebesgeschichte, die eine und doch keine ist.

Nach sozialistischem Theaterverstand ist »Ich bin einem Mädchen begegnet« in seiner Machart ein konservatives Konversationsstück, eigentlich ein »Produkt bürgerlicher Endzeit«[160], ein Relikt aus einem längst überwunden geglaubten Theaterverständnis. Kerndl bedient althergebrachte Sehgewohnheiten. Andererseits, gewollt oder nicht, unterminiert er eine eingeübte Theaterkonvention. Abwegen ansonsten abgeneigt, vollbringt er ein kleines Kunststück, das seinen Text überhaupt erst interessant macht. Ob der Autor diese subkutane Verfremdung beabsichtigte, scheint fraglich. Jedenfalls ist es passiert.

Denn eigentlich hat er eine Botschaft zu versenden. Das ungleiche Liebespaar steckt in einem Konflikt, der DDR-Bürgern aus ihrer Lebenswirklichkeit bekannt war. Gibt es eine Lösung für den Widerspruch zwischen Ideologie und Erfahrung? Idee und Tat, Traum und Alltag? Eine junge Arbeiterin nimmt die schönen Versprechungen des Sozialismus beim Wort, die er, der intellektuelle Schriftsteller, sprachmächtig im Mund führt. Er glaubt an die Macht der Idee, sie kennt die Praxis. Beide entzaubern sich gegenseitig, sie »dekonstruieren« sich – wenn dieses Wort damals schon gebräuchlich gewesen wäre. Doch am Ende haben beide voneinander gelernt. Sie gehen geläutert auseinander.

Fraglos idealisiert Kerndl seinen Versuch, Theorie und Praxis ins Gleichgewicht zu bringen – ganz ohne platten Beigeschmack, wie es eigentlich die Regeln des Boulevardtheaters verlangen.

Einem On-dit zufolge war Kerndl über das Verbot seines Stückes »Georgsberg« gar nicht so unglücklich. Galt er doch in der Theaterszene als Möchtegern Praeceptor Germaniae. Diesen Ruf glaubte er mit dem Verbot korrigieren zu können.

Rainer Kerndl »Ich bin einem Mädchen begegnet«, Zweipersonenstück, Uraufführung 20.11.1969 Staatsschauspiel Dresden, Regie: Fritz Westphal

»Die Idiotie der Ideologien«

Georg Seidel
1945–1990

KÖNIGSKINDER

Kurz nach Kriegsende geboren, gestorben kurz vor der Wiedervereinigung, entsprach Seidel eigentlich dem Ideal eines sozialistischen Autors der DDR, wie einem Bilderbuch entsprungen: Arbeiter und Schriftsteller zugleich. Aber nichts wäre so falsch wie dies. Seine Literatur entsprach nicht den offiziellen Erwartungen. »Georg Seidel hat einen grundsätzlich anderen Blick«, schreibt seine Kollegin Irina Liebmann, »Seidel war Dichter, aber er hat kein Künstlerdasein geführt«[161]. Seine kritische Haltung zur DDR begann schon, als er den Wehrdienst an der Waffe verweigerte. Folglich wurde der gelernte Werkzeugmacher nicht nur vom Ingenieur-Studium ausgeschlossen, auch seine Bewerbung am Literaturinstitut in Leipzig war vergeblich. Zitat aus der Ablehnung: »Ihrer Berufsbildung nach sind Sie Arbeiter. Wenn heute ein Arbeiter die literarische Aussage versucht, dann verlangt die Gemeinschaft allerdings, dass er dabei die Position der herrschenden Arbeiterklasse einnimmt.«

Den größten Teil seines Berufslebens verbrachte er als Bühnenarbeiter, zunächst in Dessau, dann am Deutschen Theater in Berlin.

> *»Ich habe eine Vorstellung von Theater, weiß, dass ich mit dem Theater etwas will. [...] Mir schwebt ein Theater vor, wo der Zuschauer den berechtigten Eindruck hat, hier wird meins verhandelt, hier solidarisiert sich das Theater mit mir in der Gewissheit, etwas verändern zu können.«*[162]
>
> *Georg Seidel*

Wir haben uns für die Lesung im März 2014 für sein Stück »Königskinder« entschieden, ein Lustspiel geistreicher Wortspiele und Paradoxien, ironisch pointiert, elegant und hintersinnig.

Über eine Brücke musst du gehen

»Schauplatz ist die Brücke über die Schlucht, die das Hochdrobenland vom Hochobenland trennt. [...] Das besondere an der Schlucht: Es ist eine Schlucht auf ebener Erde, eine eingebildete, behauptete Schlucht.«[163]. Die schwerbewachte Grenzbrücke trennt zwei Königreiche und zwei sich liebende Königskinder. Sie können zusammen nicht kommen, der Nicht-Graben ist viel zu tief. Die feindlichen Staaten gleichen sich wie Spiegelbilder. Als es wider Erwarten zu einer hoffnungsvollen Hochzeit inklusive allgemeiner Versöhnung kommt, geht das trefflich schief. Nach der verkorksten Vereinigung bespritzt man sich mit so viel Gift, dass am Ende mehr Leichen auf der Bühne liegen als in einem Königsdrama Shakespeares.

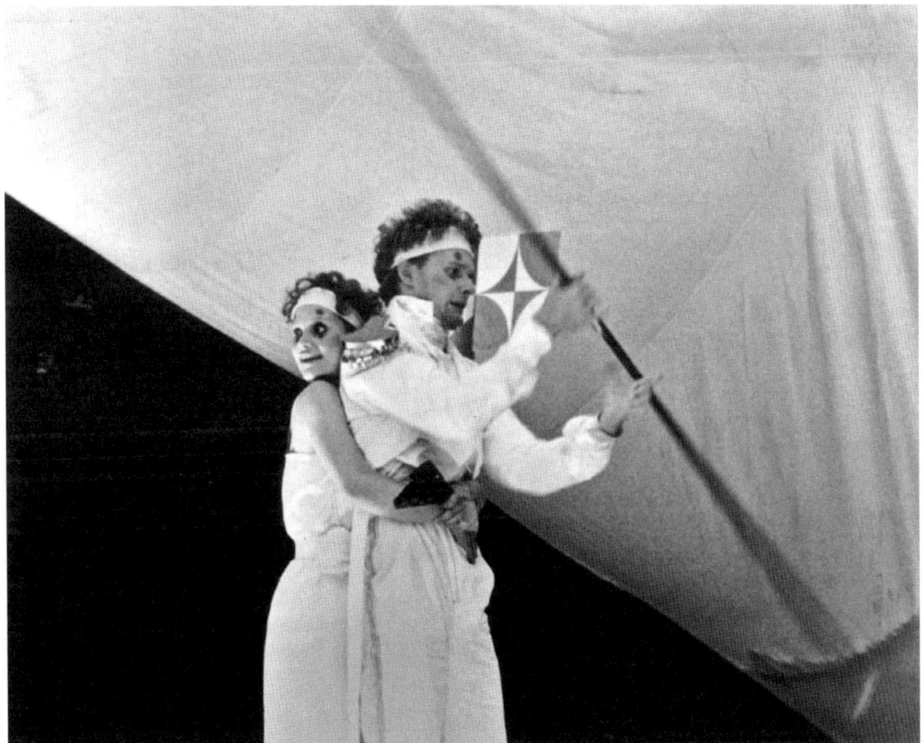

Uraufführung »Königskinder«, Theater der Stadt Schwedt 1988[164]

Es waren zwei Königskinder – Georg Seidel erzählt das Märchen einer hoffnungslosen Liebe und einer misslungenen Wiedervereinigung zweier verfeindeter Königsreiche, geschrieben vor der Wende. Ein Märchen, das zu wahr wurde.

»Eigentlich sollte das ganze Stück KÖNIGSKINDER ein Witz sein, er ist es auch geworden. In Schwedt an der Oder, wo das Stück uraufgeführt wurde, also kurz vor Polen, da macht es den Leuten Spaß. Lachend ein Thema abarbeiten und den Bierernst in der Kneipe lassen. Divide et impera, so habe ich das Stück mal genannt, aber ich will nicht über die deutsche Teilung reden, die heute auf den Aphorismus DER SOZIALISMUS IST HART. DIE WESTMARK IST HÄRTER hinausläuft«, so Georg Seidel in seinem Entwurf der Dankesrede zur Verleihung des Preises der Frankfurter Autorenstiftung 1988.[165]

Das Stück, nach Jahren wiedergelesen, ist mehr als eine Parabel auf deutsch-deutsche Zustände vor der Wende. Es ist auch mehr als eine Satire auf zwei konkurrierende Machtblöcke. Das politische Märchen weist über die historische Anbindung hinaus. Es spielt damals, heute, morgen. Es erzählt nicht nur, wie vernunftwidrig und hirnrissig Grenzen sind. »Die Brücke, die über die Schlucht führt, ist der Beweis, dass es die Schlucht gibt.« Seidel schildert vielmehr, wie Vorurteile, Ressentiments und Feindbilder entstehen und den Verstand vernebeln. »Drüben« ist man »rückständig, belanglos, unmenschlich, Wüste«, weiß der eine machtbesoffene König vom anderen. Nach der szenischen Lesung im Berliner Ensemble meinte ein Zuschauer: »Das ist eine Parabel über die Idiotie von Ideologien.«

Ach, die vielen Verben
Werden noch die Welt verderben
Immer diese Tätigkeit
Wann hat man da zum Spielen Zeit
Spielen ist das einzig' Verb
Ohne allen Spielverderb

Georg Seidel[166]

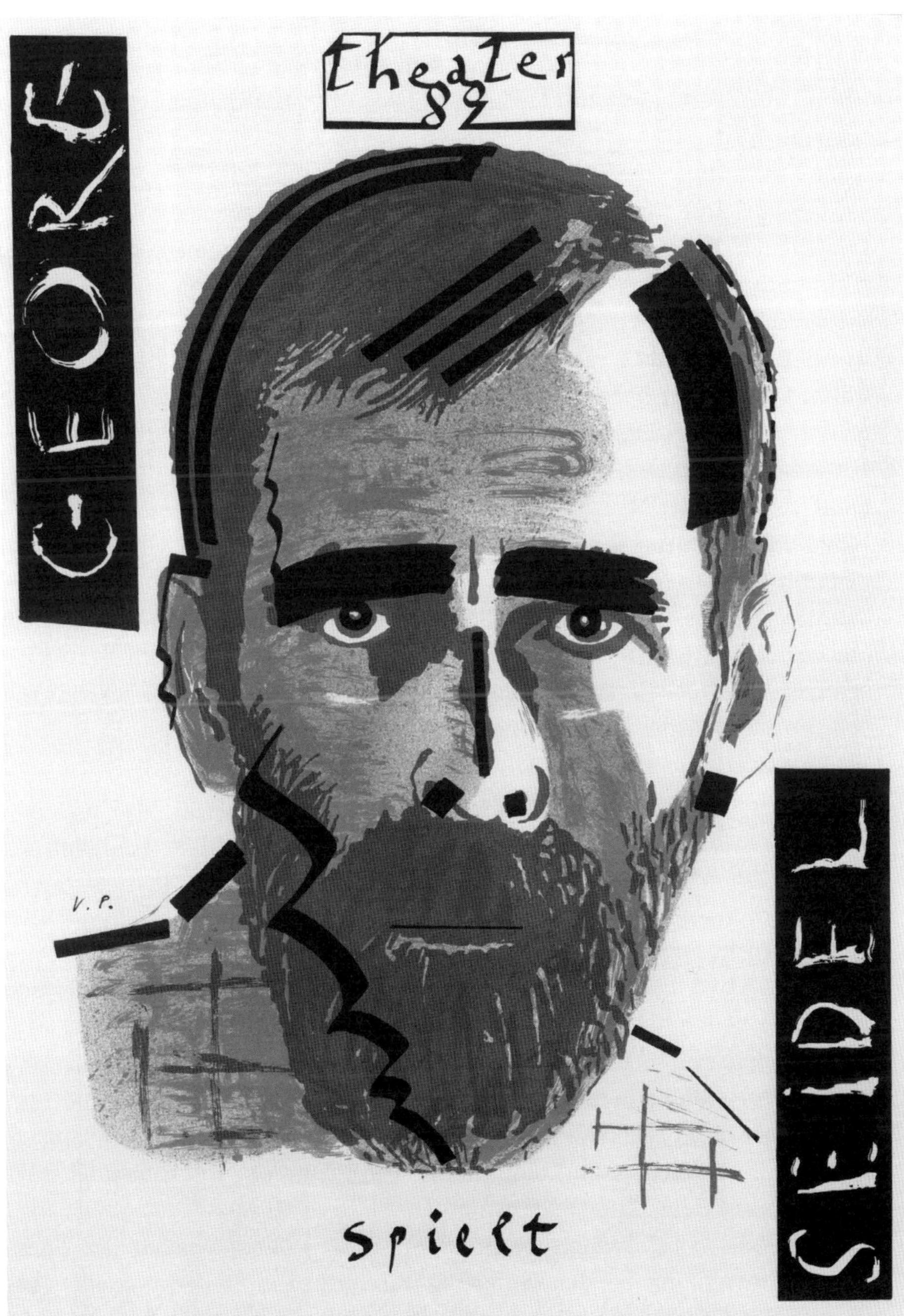

Porträt von Georg Seidel, Plakat von Volker Pfüller

Kein nettes Theater

Gespräch mit Maik Hamburger, Shakespeare-Übersetzer und 30 Jahre lang, von 1966 bis 1996, Dramaturg am Deutschen Theater in Berlin, über Georg Seidel, Oktober 2019.

Frage: Georg Seidel war zunächst Bühnenarbeiter am Deutschen Theater. Wie seid ihr am Deutschen Theater auf ihn aufmerksam geworden, sodass er zum dramaturgischen Mitarbeiter aufrückte?

Hamburger: Das ist ein typisches Beispiel für diese unterschwelligen Netzwerke in der DDR, die ein Wessi nicht versteht und die darum auch nirgends erwähnt werden. Sie haben aber eine ganz wichtige Rolle gespielt. Wir hatten gehört, dass es in Dessau einen Bühnenarbeiter gibt – Georg Seidel – der schreibt interessante Stücke, wird dort aber diskriminiert. Er gilt als Klassenfeind und kommt überhaupt nicht zu Potte.

Wir, die Dramaturgie des Deutschen Theaters, sind dann zur Leitung gegangen und haben gesagt: der Mann ist interessant, holen Sie den doch. Seidel hat zunächst als Beleuchter gearbeitet, hat weiter geschrieben, Sachen, die uns wirklich interessiert haben, und irgendwann ist er dann zum Dramaturgen gemacht worden. Das war so eine Art Sinekure. Er sollte Stücke schreiben. Er hat aber die Dramaturgie-Arbeit sehr ernst genommen. Er kam zu allen Dramaturgie-Sitzungen, brachte sich als Dramaturg ein.

Ich habe Georg Seidel in den Freitagskreis eingeladen, einen unabhängigen Diskussionsklub, unter anderem von Jens Reich und Guntolf Herzberg gegründet, um sein Stück »Kondensmilchpanorama« vorzustellen. Er hat es selbst gelesen. Natürlich waren die Leute sehr angetan. Es gab eine hochinteressante Diskussion.

Frage: Seidel ist vom Deutschen Theater unterstützt und gefördert, wohl auch von vielen persönlich sehr geschätzt worden. Die Uraufführung seiner Stücke »Kondensmilchpanorama« und »Carmen Kittel« fanden 1980 und 1987 in Schwerin statt, von »Jochen Schanotta« und »Villa Jugend« 1985 und 1991 am Berliner Ensemble, »Königskinder« 1988 in Schwedt und »Friedensfeier« 1992 in Graz. Warum fand nie eine Uraufführung am Deutschen Theater statt? Gab es Widerstände oder war es Zufall?

Hamburger: Das war ein generelles Problem am Deutschen Theater. Die Theorie des Theaterkonzepts der Regierung waren die drei Säulen: Klassiker, sozialistisches Gegenwartstheater und kritischer Realismus wie Ibsen und so weiter. Zwei Säulen wurden gut bedient, weil das Stücke waren, mit denen man Lorbeeren ernten konnte. Die Gegenwartsstücke wurden nicht gespielt, weil die Regisseure sich gescheut haben, sich mit ihnen zu befassen. Der Erfolg war nicht garantiert. Es bestand auch die große Wahrscheinlichkeit, dass ein solches Stück irgendwann verboten wird, dass die Zensur eingreift, dass es nach ein paar Vorstellungen wieder verschwindet. Die Erfahrungen, die man gemacht hatte, zum Beispiel mit Volker Brauns »Tinka« und zwei, drei anderen Fällen, haben Regisseure scheu gemacht. Das galt als ein zu großes Risiko, was mich sehr geärgert hat. Auf Dutzenden von Dramaturgie- und Leitungssitzungen ging es immer wieder darum, dass solche Stücke wie von Seidel gespielt werden müssten. Aber es hat sich kein Regisseur gefunden.

Frage: Es gab keine anderen Gründe?

Hamburger: Das Deutsche Theater war nicht ein so nettes Theater. Unter den Regisseuren herrschte eine ziemliche Konkurrenz. Keiner wollte hinter dem anderen zurückstehen. Keiner wollte ein zu großes Risiko eingehen. Die Regisseure haben gemäkelt: Hab keine Beziehung zu dem Stück! Oder: Ob das wirklich rauskommen kann? In dieser Konkurrenzsituation konnte sich keiner eine Niederlage leisten. Damit hängt das auch zusammen.

Frage: Also eine gewisse Feigheit?

Hamburger: Ja, absolut.

Abendglanz der Ewigkeit

»Wir alle haben uns zwangsläufig immer mehr in die Metapher oder, ich würde sagen, in eine gehobene Sklavensprache hineingearbeitet, um überhaupt noch etwas schreiben zu können.

Die Hermetik unserer Literatur hat natürlich damit zu tun, dass wir in einem Staat gelebt haben, der diktatorisch war, sich absolut setzte und ständig mit Ewigkeitsbegriffen arbeitete. Deshalb haben die Schriftsteller hier auch stärker als im Westen nach einer absoluten Literatur gesucht. Wir haben vermutlich ein bisschen zu sehr für die Ewigkeit geschrieben.« (Georg Seidel)[167]

»Was haben die Menschen geleistet in diesem Land? Beschäftigt mit dem Weltfrieden, vertröstet auf die Zukunft, die eine zu Beton versteinerte Gegenwart wurde, aus der man Kasernen, Mauern und Menschenkäfige machte [...] Trauer.«

(Georg Seidel, aus dem Manuskript der Dankesrede zur Verleihung des Schiller Förderpreises. Das letzte Wort ist gestrichen.)[168]

»Was es an Zeugnissen über die Innenansichten des Lebens in der DDR gibt und vielleicht noch geben wird, ist von Leuten geschrieben worden, die sich nicht schützen konnten oder nicht mehr schützen wollten, die verzweifelt gesehen haben, wer sie sind und wo sie sich befinden. Diese Autoren haben einen hohen Preis gezahlt. Eingeengt, abgeschnitten, eigenbrödlerisch oder verstummt. Viele von ihnen haben schließlich das Land verlassen. Georg Seidel ist gestorben.« (Irina Liebmann)

Georg Seidel
MINIDRAMA

Erster Akt
Frühling, Vogelgezwitscher dringt durch die Wand
ARCHITEKT zu seiner technischen Zeichnerin:
Das ist ein Raum, ein Raum ist die Form, die Form ist die Handlung, die Handlung ist nichts. Das Nichts ist das Größte, das Kleinste, auf dieser Nadelspitze werden wir tanzen: Freiheit, Freiheit!
FRAU DES ARCHITEKTEN Bis Blut spritzt.
Vorhang

Georg Seidel »Königskinder«, Lustspiel, Uraufführung 17.6.1988 Theater der Stadt Schwedt, Regie: Tatjana Rese

Die Baubude als Bühne

Jürgen Groß
geb. 1946

MATCH

Es war die Baubude, glaubt man den frühen sogenannten »Aufbau«-Stücken, aus denen heraus die DDR Kraft und Wille zum Sozialismus sog. Es war die Baubude, wo die entscheidenden Auseinandersetzungen zwischen Aufbauwilligen, Aufbauzaudernden und Aufbauverweigerern ihren Ort fanden. In der Baubude wurde geliebt, wurden Kinder gezeugt, Ehen gestiftet oder geschieden, wurde gefeiert und gesoffen. Auch die Partei spielte mit. Die Baubude als Keimzelle der DDR war zu einem leuchtenden Sinnbild, zu einem Mythos gereift und beflügelte eine ganze Serie von Theaterstücken. Wenn die Bauarbeiter die Baubude verließen, war entschieden, wie es weiterging. Die einen folgten dem vorbildlichen Helden zur Arbeit auf die Baustelle, die andern fielen in die Baugrube.

Jürgen Groß hatte bereits 15 Theaterstücke geschrieben, bis sein erstes uraufgeführt wurde: »Match« – es wurde ein langjähriger Erfolg und von zahlreichen Theatern in Ost und West nachgespielt.

»Match« spielt in einer Baubude. Es ist eine verlassene, windschiefe Baracke auf einem einsamen, verlassenen Baugelände. Das Emblem für Fortschritt und Zukunft ist im Laufe der Jahre zu einem Bretterverschlag geschrumpft, in dem fünf Jugendliche festsitzen.

Es ist ein verängstigtes Häuflein, das sich dort versteckt. Sie sind 16 bis 22 Jahre alt, ein Bauarbeiter, ein Stahlschmelzer, eine Schülerin, ein Abiturient, eine Gärtnerin. Sie kennen sich nicht. Eine Flucht hat sie zusammengeführt. Sie verstecken sich vor der Polizei. Die Polizei sucht einen Mörder.

Im Sportstadion nebenan kam es nach einem Fußballmatch, das die fünf besucht hatten, zu Ausschreitungen. Ein Mann wurde ermordet. Jeder in der Bude könnte es gewesen sein, denn jeder verbirgt etwas.

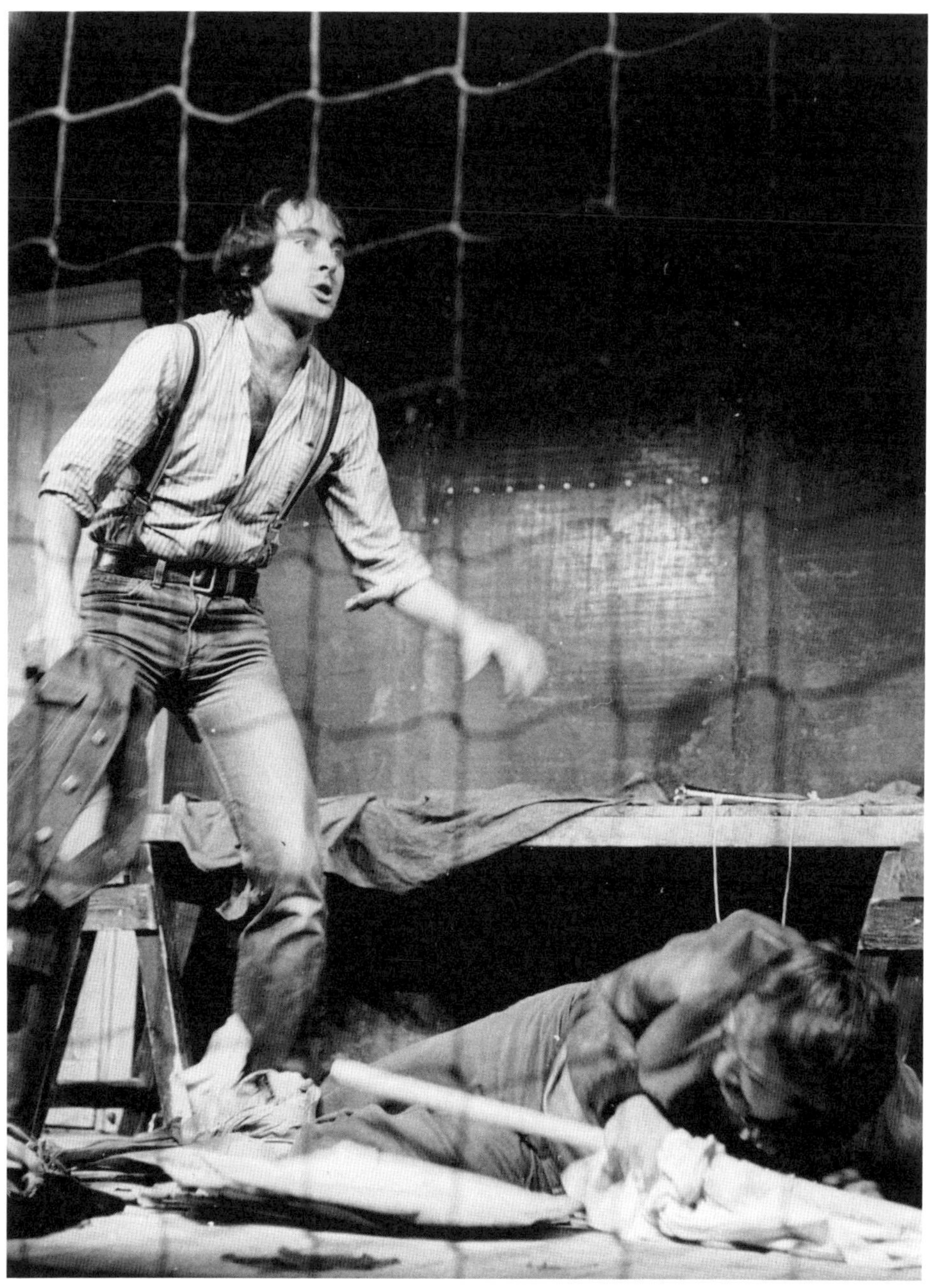

Uraufführung »Match« am Maxim-Gorki-Theater, Berlin 1978, mit Uwe Kockisch

Der Bauarbeiter, Bomber sein Spitzname, aggressiv bis zum Zuschlagen, ist stocksauer. Ihm ist die Jeansjacke, angeschafft gegen »Westzaster«, zerrissen worden. Er motzt gegen seine Vorgesetzten, die ihn antreiben: »Bomber, spann die Muskeln an, Bomber, mach alles neu.« Der Abiturient, Sohn eines Bonzen, präsentiert sich als Zyniker mit Durchblick. Er meckert über den Intershop-Sozialismus: »Zwei Währungen gehen um von Haus zu Haus«, spöttelt über seinen »Folterstuhl am Lügentisch der Familie«, über seine »doppelgesichtigen Pauker«, über seinen »Sonnenlanderklärer«, der ihn zum »erfolgreichen Schnabelhalter« erziehe. Er glaubt an nichts mehr. Die Schülerin klopft aufsässige Sprüche, bangt nun um ihren Studienplatz als Kindergärtnerin. Der Stahlkocher verzehrt sich in Selbstmitleid. Seine Frau hat ihn mit seiner kompletten Brigade betrogen, während er bei der Armee war. Die Gärtnerin barmt und hofft auf ein bisschen privates Glück: »Wir haben Mühe. Aber wir wollen leben. Glücklich.« – Einer muss der Mörder sein.

Was von der Baubude übrig bleibt

Groß gehört nicht mehr zu der Generation von Autoren, die den Aufbau des Sozialismus beschreibend begleiten. Nach den kritischen oder das Kollektiv verherrlichenden Brigadestücken steht jetzt der private Anspruch auf Selbstverwirklichung im Mittelpunkt. »Der Einzelne nimmt die Welt, seine Welt, auf«, schreibt Groß zur Uraufführung ins Programmheft. Was vorher als subjektiv verpönt war, wird Thema: Individualität und Fragen nach der eigenen Identität. Die verdrängten Ansprüche der Jugend, die persönlichen Schattenseiten des sozialistischen Alltags drängen ans Licht. Jugendliche Unruhe gärt und brodelt. Groß gibt dem auf der Bühne einen Raum. Das mutet fast an wie eine intensive »Familienaufstellung« der DDR-Jugend.

Mit »Interesse an der realen Lage des Einzelnen« begründet die Kritik in der Fachzeitschrift »Theater der Zeit« das Thema des Stückes, merkt aber sofort an, die Sache nicht wörtlich zu nehmen: »Es liegt nahe, dass Groß mit seinen Entwürfen die sozialistische Wirklichkeit entstellt, verzerrt, was aus ideologischen und künstlerischen Gründen nicht zu akzeptieren wäre.«[169] Die »Neue Zeit« findet, »die Jugend hat einen Knacks weg«, sei »ziellos zornig [...] kaputte Typen« eben.[170] Die »Berliner Zeitung« hält die »Textverworrenheiten« für »allzu dramatisch.« Die »konstruktiven Elemente sind verschenkt«.[171]

Der andere Blick auf eine neue Generation schlägt sich bei Groß auch in der Sprache nieder. Knappe, ungebundene Sätze, Sprachfetzen oder Kürzel, nicht selten sich selbst widersprechende Figuren, als seien sie auf der Suche nach sich selbst. Beherrscht von Gefühlen der Unsicherheit und Fragwürdigkeit führen die Akteure eine Sprache im Munde, die vor Überheblichkeit und Aggressivität strotzt.

Als hätte man alle Hoffnung fahren lassen oder traue den Idealen nicht mehr, sei desillusioniert, entsteht ein neues Lebensgefühl. War die DDR in den Anfangsjahren im Aufbau des Sozialismus eine Baustelle, ist sie das 30 Jahre nach der Staatsgründung immer noch – eine Baustelle sozialer Probleme. Die Baubude: eng, behelfsmäßig, mal kalt, mal überhitzt, und draußen lauern Gefahren.

Wie das »Match«-Personal scheinen auch die Schauspieler des Stückes von den Problemen der Gegenwart die Nase voll zu haben. Was heißt, dass ihnen die Gegenwartsstücke zum Problem werden. In einer Umfrage äußert sich der Schauspieler Uwe Kockisch, der in der Uraufführung von »Match« die Rolle des Bomber spielt: »Ich fürchte, bei uns werden oft nur kleinkarierte Probleme in Gegenwartsstücken abgehandelt. Tagesaktuelles. Ob in fünf oder zehn Jahren überhaupt noch jemand zu entdecken vermag, was an kritischer Substanz in diesem oder jenem DDR-Gegenwartsstück von damals steckte«, frage er sich.[172]

Was also bleibt von einem unmittelbar auf die Gegenwart der DDR in den 80er-Jahren des 20. Jahrhunderts bezogenen Theaterstücks für die Ewigkeit übrig? Ein historisches Sittenbild, das darüber hinaus einen wesentlichen und konzentrierten Blick auf eine Jugend wirft, die sich an der Gesellschaft, in die sie hineingeboren wurde, abarbeitet – ewiges Thema einer jeden neuen Generation.

Das Match um »Match«

Jürgen Groß erzählt, wie sein Stück entstand und den Weg auf die Theaterbühne fand. Während er erzählt, nimmt er sein Notizbuch zu Hilfe, in das er in jener Zeit alle Vorkommnisse aufschrieb:

»Die Notizen begann ich am 17. Mai 1978. Zuvor, im Oktober/November 1977, hatte ich die erste Fassung des Stückes geschrieben. Damals gab es am Maxim-Gorki-Theater einen Chefdramaturgen, Dr. Fritz Rödel. Der war auf mich aufmerksam geworden und gab mir einen sogenannten Fördervertrag, also quasi einen Stückauftrag. Das Thema durfte ich selbst bestimmen. Dann habe ich was anderes gemacht, als mit ihm verabredet. Während der Recherche für dieses Förderprojekt tat sich für mich ein ganz anderer Weg auf. Ich habe etwas geschrieben, wovon er nicht mal im Entferntesten eine Ahnung haben konnte, als ich ihm die erste Fassung dieses Stückes, das ich »Match« nannte, auf den Tisch legte. Drei Tage später rief er mich an und sagte: »Wir nehmen das in unseren Spielplan. Wir spielen das am Gorki-Theater.« Mit den Erfahrungen, die ich gemacht hatte, hielt ich das fast für hochstaplerisch, als er sagte: »Ich hab's jetzt gelesen und wir machen das.« Wo nahm der Mann die Freiheiten her in dem bürokratisierten Kunstbetrieb in der DDR für eine solche Entscheidung? Ich fand es wunderbar. Die Annahme ans Gorki-Theater war mir damit erklärt.

Im November '77 lud mich eine Arbeiterbrigade junger Stahlwerker ein, mit denen ich mich für das ursprüngliche Projekt beschäftigt hatte, mit ihnen in die Sowjetunion zu fahren. Die Reise hatten sie als eine Auszeichnung erhalten. Ich nahm den Text mit auf die Reise und habe die erste Lesung des Stückes in Brest und Minsk vor den Stahlschmelzer-Jugendbrigadisten veranstaltet. Während der langen Bahnfahrt hatten wir lebhafte Diskussionen, die im Suff endeten.

Die Arbeit an meinem Stück mit dem Regieteam am Gorki-Theater begann im Februar '78. Wolfram Krempel, der Regisseur, zog mich in den Arbeitsprozess ein, was für mich als Theatermann, als der ich mich zuallererst verstand, eigentlich selbstverständlich war. Aber mein Gesprächspartner am Gorki-Theater, der Chefdramaturg, verschwand. Er wurde der Nachfolger von Benno Besson an der Berliner Volksbühne. Ehre wem Ehre gebührt, er hat den ersten Schritt für mich getan.

Dann die Besetzung! Ich hatte wenig Erfahrung mit dem Gorki-Theater. Spielplan, Spielweise und Spielstil hielt ich für problematisch (müsste man im Detail besprechen). Ich war also sehr gespannt. Ich habe mir Schauspieler angesehen – meine Wunschbesetzung wurde erfüllt. Wir brauchten noch zwei Schauspielstudenten für die komplette Besetzung. Der damalige Direktor der Schauspielschule Berlin, Hans-Peter Minetti, verbot den Studenten, bei diesem Projekt mitzumachen: »Das ist ein stinkreaktionäres Stück, da werden meine Studenten nicht präsent sein.« Der Intendant des Theaters, Albert Hetterle, hielt zu meinem Erstaunen dagegen und die gewünschte Besetzung kam zustande.

Zur Konzeptionsprobe wurde dann ein Theaterwissenschaftler namens Ernst Kautz eingeladen, vom Institut für Theaterwissenschaft, der über das Stück publiziert hatte. Ich zitiere einen kurzen Auszug: »Das jüngste Stück ›Match‹ von Jürgen Groß bemüht eine besondere Konstruktion, um die spezifische Handlungsstruktur zu ermöglichen. Der gewaltsame Tod eines Zuschauers in einem Fußballstadion veranlasst fünf junge Leute, sich in einer nahegelegenen Baubude vor der Polizei zu verstecken.

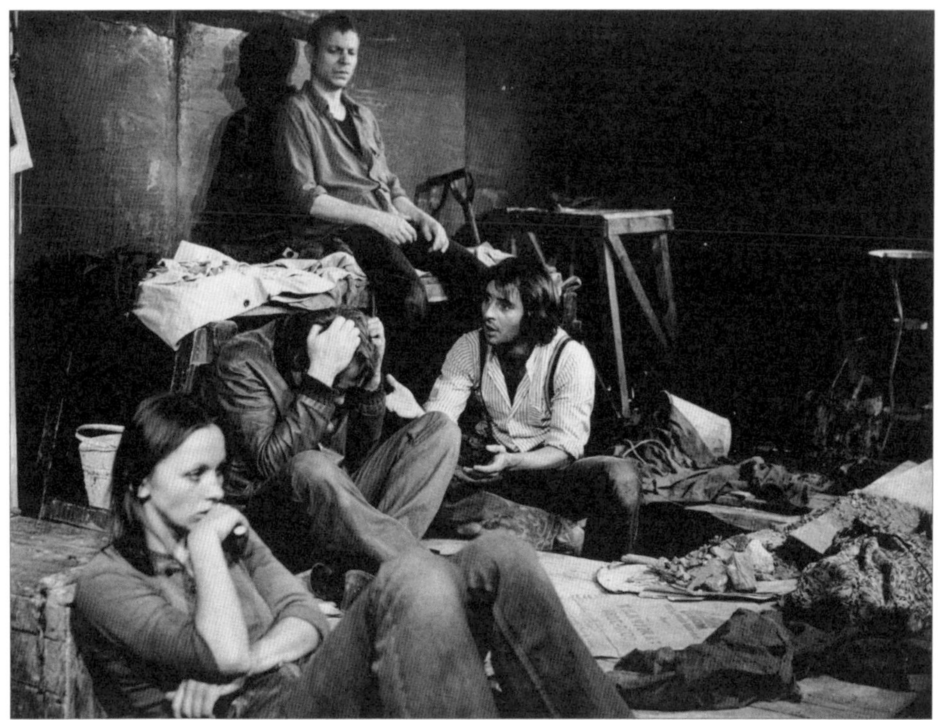

Das Ensemble der Uraufführung von Match, Maxim-Gorki-Theater Berlin 1978

Damit sind sie herausgesondert aus einer massenhaften Zahl von Menschen. So sitzen sie in der Baubude wie in einer Isolierstation und sind unausweichlich miteinander konfrontiert. Der Tod im Stadion sollte nur dieses Zusammentreffen ermöglichen, deshalb kommt er in der Handlung selbst gar nicht vor. Dass es Mord war und jeder der fünf an diesem Verbrechen beteiligt gewesen sein konnte, macht die Bretterbude zu einer Art Druckkammer. Das Tötungsdelikt ist der ganz künstlich geschaffene Katalysator, der den Eingeschlossenen ein Match aufzwingt, dessen Resultat unter anderem die Offenlegung ihrer zum Teil fatalen Biografien ist.«

Die Proben begannen.

Im Theater hielt sich zu der Zeit ein sowjetischer Theaterkritiker/Theaterwissenschaftler auf. Nachdem der eine Probe gesehen hatte, teilte er der Leitung mit, dass er ein aufregend interessantes Theaterstück kennengelernt habe, für das er dieses Theater beglückwünscht. Woraufhin es der Leitung dieses Theaters sehr leicht fiel, sich geschlossen hinter das Stück und die Inszenierung zu stellen. Ein seltener Vorgang am Gorki-Theater!

Denn die Loebinger, die alte, bekannte, hervorragende und im Leben erfahrene Schauspielerin, hatte mir nach dem Durchlauf noch hinterher gerufen: »Groß, jetzt geht's also zum Wursthacken. Lasst euch mal tüchtig zerrupfen!« Was nun nicht eintrat.

Am 22. September fand die erste Voraufführung statt. Es erschienen die Abgesandten der Bezirksleitung der SED Berlin, Vertreter des Magistrats von Berlin, Vertreter des Ministeriums für Kultur und der Direktor der Schauspielschule, Prof. Minetti. Ihr anschließender Befund: Die Gestaltungsweise der Figuren und die Geschichte ist ein Ausdruck für etwas, was wir so nicht akzeptieren können, denn, und nun wörtlich: »So sind unsere Kinder aber nicht!«

Die Sekretärin des Intendanten bekam einen Nervenzusammenbruch. Die Aufführung hatte sie erschüttert. Sie fühlte sich betroffen und gleichzeitig besudelt, bekam Angst: »Wohin soll ich mit meiner Betroffenheit?

Die Offiziellen versuchten relativ geschickt, einen Spalt zwischen Stück und Inszenierung zu diskutieren. Der Intendant war wieder sehr tapfer an meiner Seite. Albert Hetterle – wir haben ihn auch anders kennengelernt – hielt dagegen. Er stand zu dem Ergebnis der Arbeit.

Für die Schauspieler war diese Atmosphäre belastend, daran waren sie aber auch aufgrund ihrer Berufspraxis gewöhnt. Sie mussten immer noch die Absetzung des Stückes befürchten. »Die Leistung, die Argumente sind bei uns«, sagten die Schauspieler, »aber die Macht ist bei den anderen. Wir können noch so gut probieren, wir können noch so klar werden mit unserem Anliegen, aber ob das benötigt werden darf, entscheiden andere.« Ich problematisierte, polemisierte dagegen, sich dem Schicksal quasi in vorauseilendem Gehorsam zu fügen, ohne dass der Gehorsam konkret erzwungen wurde. Ein leidiges Thema für Theaterleitungen. Sie treffen Entscheidungen für andere, denen sie vorgesetzt sind, die diese vielleicht nie so getroffen hätten. In der Kantine wurden schon Sensationsmeldungen gehandelt.

Dazu kam das Interesse von außerhalb des Theaters, ohne dass viel Werbung gemacht worden wäre. Man spürte besondere Neugier und Nervosität. Die Voraufführung war ausverkauft. Leute mussten wieder nach Hause geschickt werden. Dazu der spezielle deutsche Ton: Also würden Sie bitte das Theater verlassen, ja?

Es gab dann eine zweite Voraufführung, wieder ausverkauft. Die Vorstellung lief ohne große Pannen, insgesamt wurden alle Schauspieler breiter und allgemeiner, stets in der Gefahr, dass sie wieder in den allgemeinen Darstellungsstil des Gorki-Theaters zurückfallen. Das sind Beobachtungen gewesen, die mich sehr bedrückten. Sie brachten sich freiwillig um ihre Leistung.

Erschwerend bei der ganzen Arbeit an »Match« – das muss ich erwähnen – war die Parallelproduktion einer Uraufführung von Rudi Strahl, dem erfolgreichen Komödiendichter. Sein Text »Flüsterparty«, ein kritisches Gegenwartsstück diesmal, wurde ständig gegen »Match« ausgespielt. Die Schauspieler probierten in dem Bewusstsein, dass ihre Arbeit für die Katz sein könnte, weil sie verboten wird. Am 26. September gab es dann Telefonate zwischen Regisseur und Intendant, und der Intendant erklärte, dass er die »Flüsterparty« absetzen wollte. Er äußerte sich nicht zu »Match«. Das bedeutete aber nicht das Freizeichen für »Match«. Die neue Dramaturgin Frau Mehlis schlug mir, ganz privat, drei Seiten Striche vor. Ich lehnte alle drei Seiten Striche ab. Das wären Zensurstriche gewesen.

Am Tag vor der Premiere die Generalprobe. Angesichts der Verunsicherung des Ensembles, die bis zu einem gewissen Schicksals-Phlegmatismus führte, so möchte ich das nennen (vielleicht werden wir doch nicht spielen dürfen, was hier steht und da steht und da steht), habe ich versucht, Einfluss auf die Schauspieler wie auf den Regisseur zu nehmen.

Es kam wirklich zu einigen Klarstellungen, weil man endlich Tacheles miteinander redete. Offenbar, so war meine Beobachtung, mobilisierte das im Ensemble alte und neue Kräfte.

Der Intendant und diese vom Kulturministerium engagierte neue Chefdramaturgin verlangten von mir einen Strich. In einer Episode im zweiten Bild sagt der Mann: »Trotz HJ vertraute mir ein alter Kommunist. Wieso?« Die Frau sagt: »Er hatte keine andere Wahl.« Der Mann sagt: »Wir erst recht nicht.« Und ich muss sagen, ich bin auf diesen mich schockierenden Strichvorschlag eingegangen. Das war der einzige Strich. Es beschäftigt mich bis heute. Dass eine solch lakonische Bemerkung eine so angsteinflößende Bedeutung hat für Verantwortliche wie einen Intendanten oder eine Chefdramaturgin. Weil sie dabei an die Öffentlichkeit denken und die Biografien von Schulze, Müller, Meier, die ja mindestens in der HJ waren und sich vielleicht bis zum Rest ihres Lebens damit nicht auseinandersetzen wollten/konnten. Diesen Konflikt unter den Teppich zu kehren, war eigentlich gängige gesellschaftliche Praxis. Und daran ist diese Gesellschaft mit zugrunde gegangen, sich diesem Grundkonflikt beim Aufbau einer sozialistischen Gesellschaft nicht gestellt zu haben. Die Märchengeschichten von den Nazis, die alle im Westen säßen, kulminiert in diesem kleinen Dialog. Den Strich, den sollte ich akzeptieren. Denn er kam von der Bezirksleitung der SED: »Das hat er zu machen.« Ja, muss ich zu meiner Schande gestehen.

Aus dem Notizbuch von Jürgen Groß, in dem er 1978 seine Probenerfahrungen festhielt

Am 29.9.1978, 20 Uhr, fand die Uraufführung statt. Ich notierte: »Vor dem Theater schon viele Leute, im Theater volles Haus, hinter der Bühne Garderobenumarmungen, Toi! Toi! Toi! Brief von Hetterle an der Wand: ›Danke allen Beteiligten für die gute Arbeit!‹ Ich begebe mich mit dem Regisseur auf unsere Plätze.« Rudi Strahl, dessen Stück drei Tage vorher verboten wurde, stürzte auf mich zu und grüßte solidarisch. »Vorstellung läuft ohne nennenswerte Pannen, alle Schauspieler ein Zahn weniger als in den besten Durchläufen. Viel Klatschen, Applaus zum Schluss. Bin still und bewegt.« Ja, es stellte sich dann auch Freude ein.

Am nächsten Morgen spricht die RIAS-Kritik über diese Arbeit mit vorsichtigem Verstehenwollen. Was leisten die sich da eigentlich jetzt an Selbstauseinandersetzung? Die Bedeutung dieser Uraufführung wurde erst im Nachhinein deutlich. Tore wurden aufgestoßen. Erstmals setzte man sich mit dem Thema Gewalt in der DDR-Gesellschaft öffentlich auseinander. Christoph Funke, Theaterkritiker, sagt im Berliner Rundfunk: »›Match‹ – das ist das beste Stück der letzten Jahre in der DDR.« Es folgen Rezensionen in allen Tageszeitungen mit Zustimmung, Zurückhaltung oder dümmlich-provokantem Missverstehen.

Alle Vorstellungen sind ausverkauft. Das Stück wurde über hundertmal im Gorki-Theater gespielt.

Das Präsidium des Theaterverbandes stellt sich aufgrund des Erfolgs hinter das Stück. Wolfgang Heinz warnt vor zuviel Lob: »Was denkt ihr, wenn der dann durchknallt.« Der Verlag der Autoren in Frankfurt am Main erwirbt beim Henschel Verlag in Berlin (Ost) die Subvertriebsrechte. Das Stück wird in der Zeitschrift »Theater der Zeit« veröffentlicht.

Die Bezirksleitung der SED Berlin, daran möchte ich abschließend erinnern, erteilte allen Betriebszeitungen der Stadt, circa 55 Betrieben, das Verbot, über »Match« zu berichten oder gar Werbung dafür zu machen. Intendant Hetterle als Mitglied der SED-Bezirksleitung Berlin wurde gar nicht informiert. Die Betriebszeitungen, die vor dem Verbot schon raus waren, bekamen politische Dresche. Das Stück ging aber mit oder ohne Dresche seine Wege. Es wird heute noch gespielt.

Jürgen Groß »Match« Uraufführung 8.10.1978 Maxim Gorki Theater, Berlin, Regie: Wolfgang Krempel, mit Jenny Gröllmann, Marina Krogull, Eberhard Prüter, Jürgen Kluckert, Uwe Kockisch, Sylvester Groth

Sex am Alex

Rudi Strahl
1931–2001

FLÜSTERPARTY

Er war der erfolgreichste Dramatiker der DDR. Allein die Anzahl seiner Aufführungen übertraf die aller anderen, vermutlich auch in der Höhe der Tantiemen. Das Erfolgsrezept des allseits geschätzten und verwöhnten Autors bestand aus einem freundlichen Blick auf die Widersprüche des DDR-Alltags. Er schrieb Boulevardtheater mit sozialistischem Anspruch. Er fand »mit sicherem Instinkt Stoffe, die dem Leben und dem Lebensgefühl des DDR-Bürgers adäquat waren, und goss diese mit sicherem Stilgefühl in handwerklich geschickt gebaute Formen.«[173]

Dennoch stieß auch Rudi Strahl an Grenzen.

»Am vorletzten Wochenende«, schreibt »Der Spiegel« am 23.11.1978, »hätte es im Ostberliner Maxim-Gorki-Theater Uraufführung haben sollen. Doch die ›Flüsterparty‹ wurde kurzfristig abgeblasen ›aus innerbetrieblichen Gründen‹. In Wahrheit passt das Stück nicht in den inneren Betrieb der DDR. Denn Strahl rührt an zwei neuralgischen Punkten des Arbeiter-und-Bauern-Staates: Prostitution in Interhotels und die Jagd nach Westmark. Noch Ende September hatte das Theater die ›Flüsterparty‹ als Stück angekündigt, das ›schonungslos und hart‹ zeige, ›in welcher Weise sich bestimmte gesellschaftliche Realitäten auf junge Menschen auswirken können‹; alle Strahl-Anhänger würden ›sehr überrascht‹ sein. Überraschung gelungen.«

Während die Westpresse das Aus für das Stück als einen weiteren Beweis für staatliche Zensur und Willkür in der DDR verbucht, zeigt ein Blick hinter die Kulissen ein etwas differenzierteres Bild. Denn sogar die Stasi plädiert für das Stück. »Nach übereinstimmender Meinung aller Einschätzungen wurden in dem Stück Zeitprobleme kritisch, aber mit eindeutiger parteilicher Grundhaltung abgehandelt. Im Rahmen der übrigen Gegenwartsstücke des Maxim-Gor-

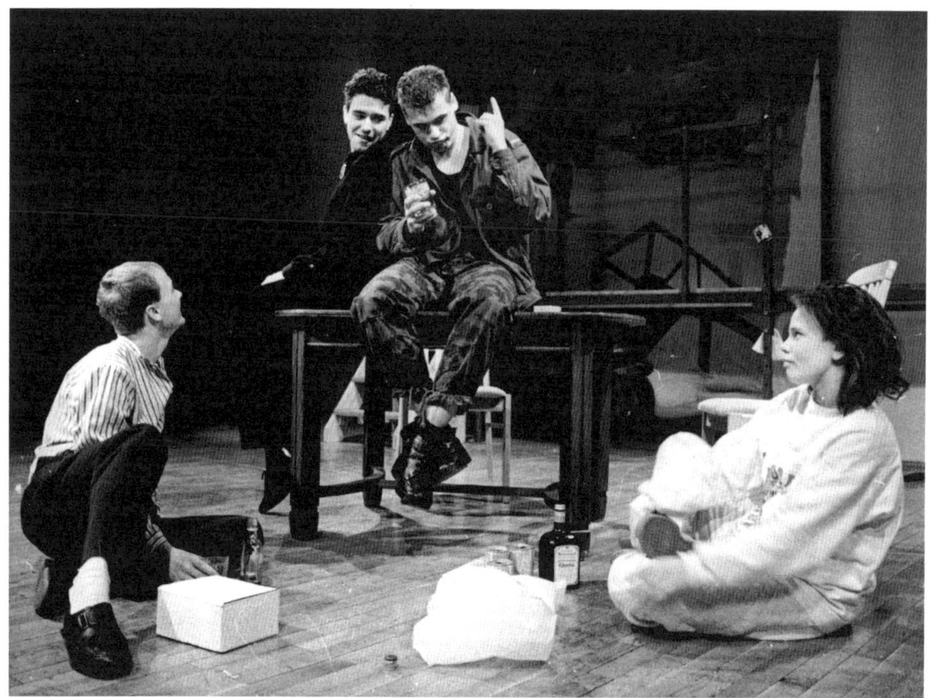

»Flüsterparty«. Uraufführung im Ateliertheater des Volkstheaters Rostock 1988 mit Jean Masser, Raik Singer, Ulf Manhenke und Vera Feldmann, Schauspielstudenten der Hochschule für Schauspielkunst »Ernst Busch«

ki-Theaters hätte es einen wichtigen Beitrag bedeutet«, urteilt ein Oberleutnant Girod in einer internen Information der Bezirksverwaltung für Staatssicherheit Berlin.[174] Eine Meinung, mit der sich der Stasi-Offizier bedauerlicherweise nicht durchsetzen konnte.

Denn erst ein Zeitungsartikel im »Neuen Deutschland«, der am 8.8.1978 unter dem Titel »Für harte D-Mark: Heißer Sex am Alex« erscheint, ändert die Einstellung und führt zu einer ängstlichen, hysterischen Überreaktion. Nach einer erneuten Überprüfung des Textes wird »versucht, den Autor Rudi Strahl dazu zu bewegen, dass er die Passage des Stückes ändern soll, wo ein junges Mädchen sich einen ›Westonkel‹ suchen soll, um über diesen an ›Devisen für Intershopeinkäufe‹ zu kommen. Dazu war der Autor nicht bereit.«[175]

Daraufhin schickt die Bezirksleitung der SED Berlin einen Genossen Dr. Oswald los. »In einer längeren Diskussion«, wie er in seinem Bericht schreibt, schlägt er Strahl vor, »dass als beste Lösung er selbst sein Stück zurückzieht, ohne dass darüber weiter diskutiert wird«.[176] Strahl ist nicht einverstanden. Der

Probenbesuch einer Kommission soll die offene Frage klären. Vorab aber wird schon mal »dem Intendanten, Gen. Albert Hetterle, empfohlen zu überprüfen, ob die Realisierung dieses Stückes zum gegenwärtigen Zeitpunkt richtig sei«.[177] In der Tat wird kurz vor der Premiere nach einem Probenbesuch von der Leitung des Theaters entschieden, die Inszenierung des Stückes abzubrechen. »Dem Autor, Genosse Rudi Strahl, wurde diese Entscheidung mitgeteilt. Er brachte zum Ausdruck, dass er die Begründung nicht akzeptiere, aber keine weiteren Schritte unternehme, da er sich als Mitglied der SED der Parteidisziplin unterwerfe.« Damit schließt der Stasi-Bericht und fügt noch die Bemerkung an: »Da vor wenigen Tagen das Stück ›Match‹ von Jürgen Groß mit großem Erfolg Uraufführung hatte, und in diesem Stück ebenfalls Gegenwartsprobleme der Jugend abgehandelt werden, besteht nicht der Eindruck, dass es, wie die Westpresse behauptet, eine Verhärtung der Kulturpolitik der DDR gebe.«

Norbert, ein Oberschüler, schickt seine Freundin anschaffen: »Also, poppst du dich an wie die Miezen da. Richtig sexy: mit blauem Lidschatten und langen Wimpern. Möglichst noch Perücke. Du gehst rein, setzt dich an die Bar und wartest, bis so'n Typ dich anquatscht. Landet garantiert einer bei dir.« Prostitution in Interhotels konnte erst in der Endphase der DDR auf der Bühne thematisiert werden. Die Uraufführung von »Flüsterparty« fand zehn Jahre später 1988 am Volkstheater Rostock statt.

> *Strahl wurde 1956 erstmals »operativ« bearbeitet, weil er als Angehöriger der Nationalen Volksarmee und Mitarbeiter des Verlages des Ministeriums für Nationale Verteidigung eine Streichholzschachtel hatte liegen lassen, auf der eine Westtelefonnummer notiert war.*
>
> Joachim Walter[178]

Rudi Strahl »Flüsterparty« Uraufführung 17.12.1988 Volkstheater Rostock, Regie: Joachim Lemke, mit Vera Feldmann, Ulf Manhenke, Jean Masser, Raik Singer

Ein Zwitter wird gezeugt

Peter Hacks
1928–2003

BARBY
nach Rudi Strahl

Prolog

Wir bitten Sie nun nicht zu uns herein,
Um zu erleben, was Sie draußen auch
Erleben können. Was Sie bei uns sehn,
Sehn Sie nicht in der Tramway, und Sie lesens
Nicht im Journal. Nämlich wir haben hier
Die allbekannte Wirklichkeit verändert
Durch Beimischung von Schönem, Wunderbarem
Und Unwirklichem, dergestalt, dass sie
Erhöhten Wert und Wichtigkeit gewinnt
Und mächtig wieder Empfindung anzieht.
Das Bild der Welt, durch Abstumpfung entleert,
Erscheint bei uns aufs neu begehrenswert.

Peter Hacks

Im Programmheft der Uraufführung in Halle versucht der Dramaturg, die Geburt eines seltsamen Unikums zu erklären. »Hierzulande sind Lustspiele nicht sehr häufig, außer von Rudi Strahl. Aber nötig sind sie zweifellos. Unsere Zeit braucht das Lachen, es befreit von den Zwängen des Alltags. Und hilft, schwierige Situationen zu bestehen, weil es eine gewisse Gelassenheit mit sich bringt. Gelassenheit ist produktiv.

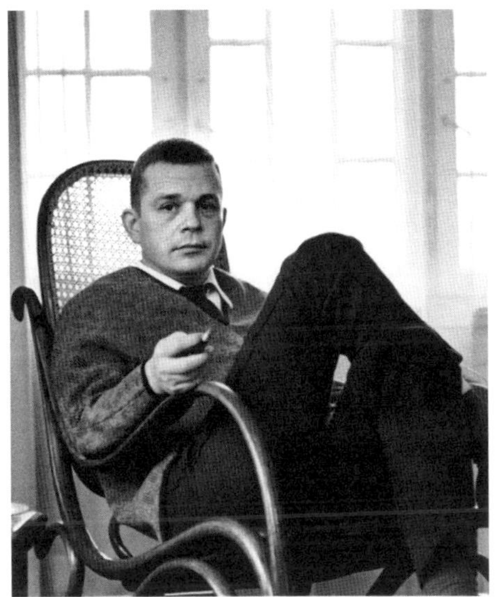

Peter Hacks

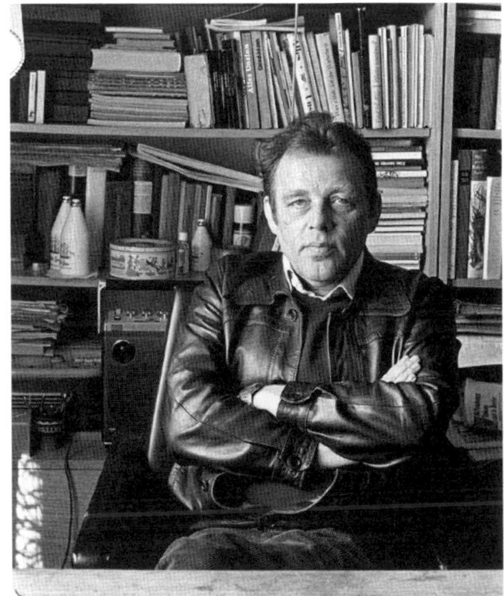

Rudi Strahl

Barby ist eine Koproduktion [...] Das ist ein Novum, weil man gemeinhin Strahl für einen Stückeschreiber und Hacks für einen Dichter hielt. Die Welt hat sich geirrt, es gibt Gemeinsamkeiten, wie ›Barby‹ beweist. Völlig zu Recht steht man vor der unlösbaren Frage, wer lustiger ist, Peter Hacks oder Rudi Strahl.«[179]

Ein wahrhaft seltener Vorgang: da schreibt ein namhafter Autor ein Theaterstück mit dem Titel »Er ist wieder da«. Es wird 1980 am Gorki-Theater in Berlin uraufgeführt. Die Resonanz ist nicht gerade überwältigend, ein Flop ist es aber auch nicht, immerhin.

Daraufhin fragt ein weiterer namhafter Autor den anderen namhaften, ob er dessen Stück bearbeiten darf. Was dann selbstredend ein anderes Stück ergäbe. Der Gefragte, oh Wunder, stimmt zu.

Peter Hacks macht sich an die Änderungsarbeit. Er kürzt den Text und verknappt ihn. Soweit ist das Dramaturgenarbeit. »Striche machen« nennt man das. Eine oft geübte Praxis am Theater. »Was gestrichen ist, kann nicht durchfallen«, heißt ein Spruch aus der Theaterkantine. Anschließend aber füllt Hacks das Stück wieder auf, reichert es an. Verpasst dem geschrumpften Text eine reichhaltige Menge an Wortspielen, grotesken Elementen, Sarkasmus, Spott und überraschenden Wendungen. Er verändert Figuren, verschiebt die Fabel und verwandelt den Inhalt. Hacks schreibt das Stück um, mehr noch, er schreibt es neu. Er schreibt »Barby«.

Was hat Hacks sich da erlaubt? Er hämmert mit der Abrissbirne einen Neubau zu Klump. Dann klaubt er aus den Trümmern der Ruine die Brocken, die er für seinen eigenen Neubau noch gebrauchen kann. Nimmt neue Materialien dazu, statt Ziegel jetzt Beton, statt Holz nun Stahl, statt netter Scherze nun bissigen Witz, statt Freundlichkeit Frechheit und baut daraus ein neues Haus. An diese Abbau- und Aufbauarbeit knüpft er sodann eine längere Abhandlung über das Lustspiel, respektive den Schwank. Seine kecke Tat rechtfertigt Hacks mit der Bemerkung, er habe »nichts gegen Gewerkschaftsstücke, aber die Kunst darf sich nicht mit dem Ändern begnügen«.[180] Hacks will mehr.

Wer ist Edmund Barby, um den sich alles dreht? Geheimnisvoll schweigend sitzt er unbeweglich im Rollstuhl, liebevoll umsorgt von einer jungen Krankenschwester. Um den Greis herum wabert, wuselt und wurschtelt der DDR-Alltag.

Gibt die Hauptfigur – ein »Greis unglaublichen Alters« und Inkarnation des Urkommunismus – bei Strahl den Genossen noch gute Ratschläge, wie diverse Deformationen der sozialistischen DDR-Praxis korrigiert werden können, ist dieselbe Figur bei Hacks längst »bewussten Daseins entrückt«. Es scheint ein totes Monument zu sein, eine Art versteinerte Altlast, bis der Greis zu neuem alten Leben erwacht und als wiederauferstandenes Ideal die auf den Hund gekommene Praxis erbleichen lässt.

»Barby, der mumienhafte und hochbetagte Veteran der Arbeiterklasse, wird mit Alltagsproblemen des real existierenden Sozialismus konfrontiert: das war eine glänzende Lustspielidee. Aber Rudi Strahl hat aus dem Einfall zu wenig gemacht, die Gegenstände, an denen sich Barby reiben konnte, waren zu klein. [...] Da sprang Dramatikerkollege Peter Hacks in die Bresche, ein wohl seltener Vorgang. Er übernahm Überarbeitung, Raffung, Zuspitzung, fügte eine ironische Literaturdebatte ein (›Peter Hacks ist lustiger als Rudi Strahl‹) und veränderte die Funktion der Titelfigur: Barby greift nicht mehr in die Handlung ein, wirkt am Ende als deus ex machina: während er lebendig wird, fallen die anderen um.«[181]

Was aber sagt der Baumeister des ursprünglichen Stückes zu einem derart ungewöhnlichen Vorgang? Rudi Strahl zeigt sich bescheiden und souverän: »Peter Hacks äußerte bei einer gelegentlichen Tasse Tee die Lust, ›Er ist wieder da‹ zu bearbeiten. Ich stimmte gern zu. Er schrieb ›Barby‹ und schickte ihn mir mit dem Vermerk: ›Da ist er wieder.‹ Ich las das Manuskript mit Vergnügen (wie das meiste von Hacks), fand das Seinige sehr originell, das Meinige wohltuend respektiert und freute mich über seine Feststellung: ›Das Stück ist auf eine hübsche Weise ganz von Strahl und ganz von Hacks.‹«[182]

Kritiken im Laufe der Zeit

1983

Das Stück ist »entlarvend zwar, aber nicht vollends bösartig. [...] Die Novität kann betroffen machen. Ein bitteres Lustspiel.« Es übt »keine Kritik am Sozialismus sondern im Sozialismus« und »es ist keine Systemkritik beabsichtigt, aber ein System, dessen Verwirklichung derart kritisiert wird, schlägt auf dieses selbst zurück.«

Georg Antosch[183]

1983

»Nur kein Risiko! Beschwört der Ingenieur. Nur kein Engagement! Postuliert der junge Chirurg. Nur keinen Ärger um der lieben Prämie willen! Flehen die Arbeitskollegen. [...] Ein mutiges Stück, das diskutierenswert ist.«

Theo M. Lies[184]

1990

»Die Zeit ist wohl endgültig über das Stück hinweggegangen.«

Hans-Rainer John[185]

2009

»Brecht will die alten Verhältnisse aufbrechen. Hacks will neue Verhältnisse begründet sehen und stellt das Neue auf den gemeinsamen Boden der alten Geschichte. Da ist Hegel am Werk, der ohne Geschichte gar nicht auskommt. [...] Beerbt wird allein, was Schönheit und Größe zeigt, die aufgehoben werden kann und muss, in neuer Schönheit und ganz neuer Größe.«

Dieter Kraft[186]

Peter Hacks »Barby«, Lustspiel in drei Akten nach Rudi Strahl, Uraufführung 1.10.1983 Landestheater Halle, Regie: Peter Sodann, mit Katrin Saß, Thomas Barding, Jürgen Mai, Reinhard Straube

B. B. macht ein Geschenk

Peter Hacks
1928–2003

DER MÜLLER VON SANSSOUCI

Dem Alten Fritz fällt die Mühle des Müllers von Sanssouci zur Last. Sie soll weg. Sie klappert zu laut und stört ihn in seinem Lustschloss. Der Müller wehrt sich, zieht vor das königliche Kammergericht und bekommt tatsächlich Recht. Von der Zivilcourage des Untertan (»Es gibt noch Richter in Berlin!«) beeindruckt, verzichtet der absolutistische Herrscher auf sein Vorhaben. So erzählt es die Lesebuch-Legende. Peter Hacks dreht die Aussage der Anekdote um und stellt sie auf den Kopf. Nun beweist sie nicht mehr, dass Preußen ein Rechtstaat sei, sondern ein heimtückischer Unrechtsstaat. Der Despot, um vor seinem Volk den Eindruck eines liberalen Königs zu erwecken, schlägt den devoten Untertan so lange mit der Knute, bis er ihm »Es gibt noch Richter in Berlin!« abzwingt. Äußerlich erstrahlt die Rechtstaatlichkeit des preußischen Unrechtstaates in hellem Glanz. Die Mühle bringt der Feudalherr gleichwohl zum Schweigen. Er zieht des Müllers Knecht, ohne dessen Hilfe kein Mehl gemahlt werden kann, zum Militär ein.

Ein historisches Lehrstück in Sachen Propaganda, Fake News, tradierten Lügen und verdrehten Wahrheiten der Geschichte. Friedrich der Große: »Das Volk bescheißen, das ist schon der halbe Parlamentarismus.«[187]

Die Idee, die gängige Anekdote zu verdrehen, stammt von Bertolt Brecht. Statt das Stück selbst zu schreiben, überlässt er das Sujet großherzig Peter Hacks, der es mit Vergnügen aufgreift.

Klärende Worte Nummer Eins

Zwei Wochen vor der Uraufführung erklärt Peter Hacks der Öffentlichkeit sein neues Stück. Er veröffentlicht in der »Berliner Zeitung« vom 28. 2. 1958 ein Vorwort zum »Müller von Sanssouci«:

»Bei Behandlung einer literarischen Vorlage hatte der Stückeschreiber jeden Spielraum, da sie unhistorisch ist: es hat einen Müller von Sanssouci nie gegeben. Der Charakter Friedrichs erhebt Anspruch auf Authentizität. Der des Müllers auch.

Friedrichs Idee, anhand einer Müller-Komödie die Rechtsstaatlichkeit Preußens zu beweisen, stammt natürlich nicht von Friedrich. Sie stammt von Brecht. Immerhin wurde die Anekdote zu keinem anderen Zweck unter Friedrichs Nachfolgern verbreitet.

Das Stück zeigt keine positiven Haltungen, der Stückeschreiber erwartet sie vom Zuschauer. Es ist ein altes Theatervergnügen, mehr zu wissen als die auftretenden Personen. Der Stückeschreiber schmeichelt sich, kein geringeres Vergnügen zu erzeugen, wenn er sein Publikum klüger sein lässt als die auftretenden Personen. Solcher Art wird die formale Überlegenheit zur materialen. Die ausschließliche Anwendung dieser Technik, welche sonst eine Technik neben anderen ist, resultiert in diesem Stück aus der völligen Negativität des Gegenstandes.

Gegenstand ist die Kleinheit eines Menschen. Die Kleinheit wird ursächlich zurückgeführt auf den Skeptizismus und der Skeptizismus auf eine bestimmte ökonomische Situation.

Die Miserabilität der ganzen Welt des absolutistischen Deutschlands: Mißstände der Warenwirtschaft türmen sich auf Missstände eines durchaus verrotteten Feudalsystems. Repräsentativ für diese Welt ist einmal Preußen. Friedrich ist ein preußischer Aufklärer, der Müller ein preußischer Aufrührer.«

Klärende Worte Nummer Zwei

Eine Woche nach der Uraufführung erklärt das »Neue Deutschland« in einer Aufführungskritik, wie das Stück zu verstehen sei.

»Die Geschichte vom Müller von Sanssouci ist längst als unhistorisch bewiesen. Trotzdem wurde sie Generationen hindurch in allen deutschen Schullesebüchern kolportiert. Sie ist Bestandteil eines ganzen Legendenkranzes, den sich die Hohenzollerndynastie von ihren hauseigenen Annalenverfassern winden ließ. Diese Mythen, teils heroisch-prahlerisch, teils rührselig-verklärend, immer aber in der Wirkung chauvinistischen Inhalts, wurden von der Bourgeoisie der Weimarer Zeit pfleglich wachgehalten und vom Nazifaschismus mit dem bekannten Ergebnis neu belebt. Ihre zeitgemäße Entsprechung finden sie gegenwärtig in Adenauers Bundesrepublik. Was Leibjournalisten und Pressechefs über den leutseligen Rosenzüchter aus Rhöndorf verbreiten, diese nach amerikanischen Public Relations Methoden betriebene Popularitätshascherei, diese

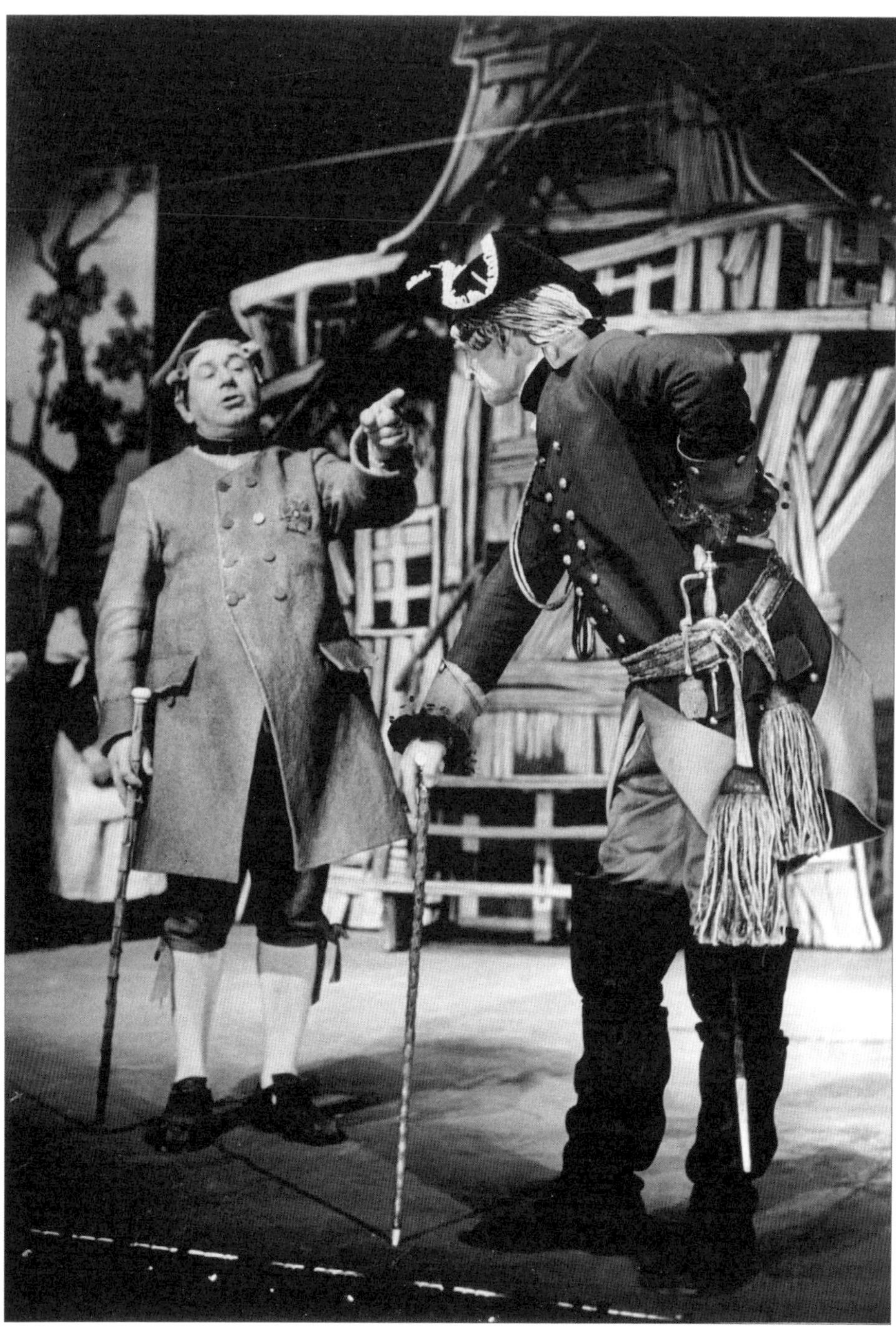

Uraufführung »Der Müller von Sanssouci«, Deutsches Theater, Berlin, 1958, mit Paul R. Henker als Müller und Herwart Grosse als Alter Fritz[188]

Verkleidung der Monopolistenherrschaft als Rechtsstaat, dieser Rauchvorhang aus freundlichen Legenden, hinter dem Eroberungskriege vorbereitet werden – der ganze moderne Volksbetrug knüpft an die vaterländisch-monarchistische Legendenbildung früherer Zeiten an.

Von daher erhält Peter Hacks neue Version der Geschichte vom Müller von Sanssouci, obwohl im Thema abseitig, grundsätzliche Berechtigung.«[189]

Abgeschoben

Diese Sichtweise hat Methode: Um das Stück nicht auf sich und auf seine eigenen Zustände beziehen zu müssen, hält man es sich vom Leib, indem man es als Historienstück abtut. Dann hat man damit nichts mehr zu tun. Es betrifft die Vergangenheit oder es betrifft andere, zum Beispiel »die da drüben.« Die hinken der Zeit hinterher. Da gehört es hin.

»Das Publikum lacht, aber es lacht leider zu oft an den falschen Stellen, und es lacht auch so, als wäre es zum Nachdenken gerade nicht besonders aufgelegt. [...] Was so komisch ist – sollte es wirklich eine so ernste Sache sein?«, schreibt ein H. U. in »Neue Zeitung« am 8.3.1958.

Die Missverständnisse, die Hacks provoziert, haben laut Fritz Erpenbeck, Kritiker, Autor und Funktionär, einen einzigen Grund: »Hacks hat am Marxismus genascht, ihn aber noch nicht verdaut, hält sich jedoch – subjektiv irrend – für einen Marxisten, ja, einen Lehrer des Marxismus auf dem Theater.«[190]

Wir malen mit den grauen Tinten ...

Nach Historienstücken erwartet der Kritiker von Hacks endlich ein Gegenwartsstück, an dem er, »wie man hört, arbeitet«. Bald liegt es vor. 1962 entspricht das Deutsche Theater den Erwartungen mit der Uraufführung von »Die Sorgen und die Macht« und macht alles noch viel schlimmer. Das Stück erntet heftigen Widerspruch und Ablehnung. »Ideologische Schwäche ... Mangel an Einsicht ... Verzerrung der Wirklichkeit«, schreibt die »Berliner Zeitung«[191]. Auch die Parteiversammlung des Deutschen Theaters verlangt von ihrer Theaterleitung, das Stück sofort abzusetzen[192]. »Man möge mir klar sagen, dass man zu verhindern wünscht, dass ich in der DDR meinen Beruf ausübe.« So beschwert sich Peter Hacks in einem Brief an Alfred Kurella, Leiter der Kommission für Fragen der Kultur beim Politbüro, über die »Rufmordkampagne«, die man gegen ihn entfesselt hat.[193]

Das letzte Wort in diesem – organisierten – Skandal, in dem sich Kritiker, Partei, Schriftstellerverband, Gutachter und Zuschauer ereifern, in dem aber ausgerechnet die große alte Dame der Literatur, Anna Seghers, öffentlich gegen die SED und für das Stück Partei ergreift, spricht der Vorsitzende der ideologischen Kommission des ZK der SED und Politbüro-Mitglied Kurt Hager. In seiner Rede »Parteilichkeit und Volksverbundenheit unserer Literatur und Kunst« am 25. März 1963 vor Schriftstellern und Künstlern urteilt er abschließend: »Hacks ist in der sozialistischen Gegenwartsdramatik angekommen. Das ist zweifellos als positiv einzuschätzen. Aber er ist noch nicht mit unserem Kampf wirklich verwachsen. [...] Hacks legt in seiner Gestaltung der Arbeiter die Betonung auf die menschlichen Unzulänglichkeiten, und die Rolle der Partei als der führenden und lenkenden Kraft unserer Gesellschaft verzerrt er völlig.«[194]

»Ich glaube, die Ursache der Fehler meiner schlechten Kritiker ist: Mangelnde Naivität; eine unscharfe Seelenoptik, verunreinigt durch Vor-Urteile und Vor-Gefühle.«[195]

Peter Hacks in einem Brief an Anna Seghers am 26.12.1962

... der Gegenwart der Zukunft buntes Bild

Das Stück zeigt das Bild einer Gesellschaft, die, des ökonomischen Fortschritts willen, an der Überwindung ihrer verbliebenen Widersprüche arbeitet. Die Konkurrenz zweier volkseigener Betriebe um die Qualität ihrer Produkte verquickt Hacks mit den persönlichen Querelen eines Liebespaares. Erst deren Einigkeit macht alle stark, wenn auch nicht jeden.

Nehmt so viel Freuden, wie ihr Sorgen kennt,
Nehmt so viel Überfluß wie Mangel jetzt
Und malt euch also mit den grauen Tinten
Der Gegenwart der Zukunft buntes Bild.

Holdefleiß, Parteisekretärin in »Der Müller von Sanssouci«

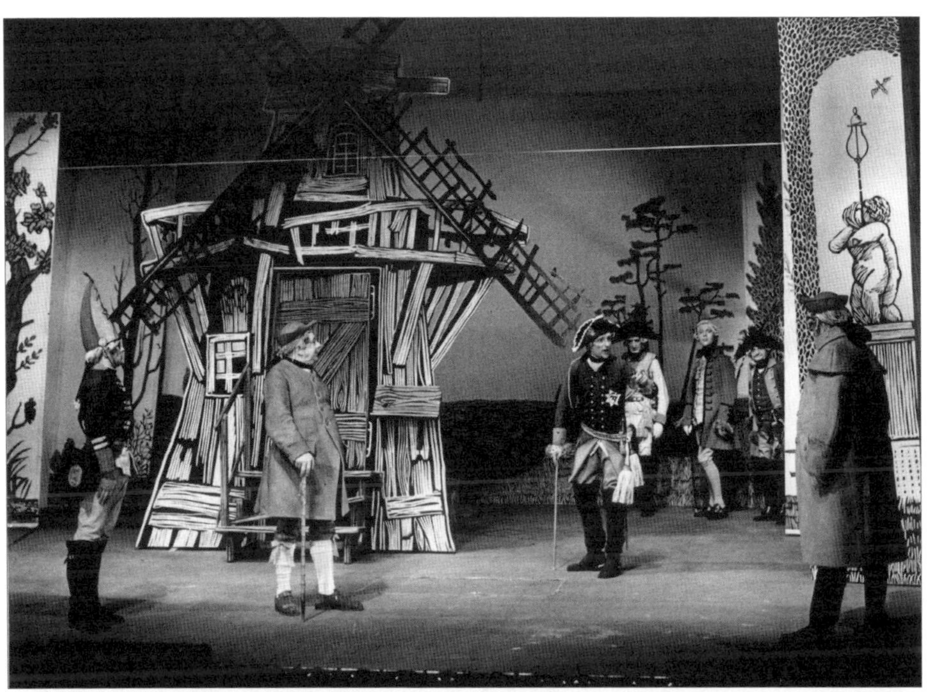

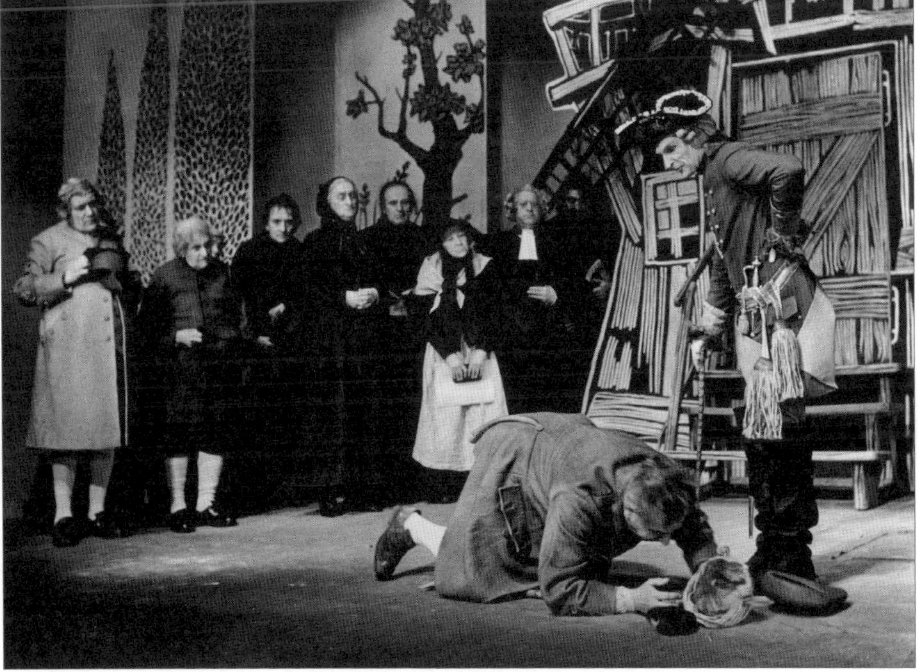

»Der Müller von Sanssouci«, Uraufführung Deutsches Theater, Berlin 1958[196]

Nach heftigen Protesten von Seiten höchster Parteistellen wurde das Stück 1963 vom Spielplan abgesetzt, nachdem Wolfgang Langhoff, der Intendant des Deutschen Theaters, seine Stellung geräumt hatte. Er hatte sich bis zuletzt ohne Wenn und Aber schützend vor Hacks, dessen Stück und seine eigene Inszenierung gestellt, aber der Kampf ging verloren. Die Gegner saßen am längeren Hebel, waren zu übermächtig. Gedemütigt mußte er Selbstkritik üben.[197]

»Wie Langhoff sich in Kipphardt verloren hat, verliert er sich jetzt in Hacks.«[198]

Schmidt, Parteisekretär des Deutschen Theaters, 3.1.1963

Peter Hacks »Der Müller von Sanssouci« Uraufführung 15.3.1958 Deutsches Theater Berlin, Inszenierung: Wolfgang Langhoff, mit Ernst Kahler, Herwart Grosse, Josef van Santen, Hans Stetter, Friedrich Lobe, Werner Segtrop, Arthur Malkowsky, Harry Berber, A. P. Hoffmann, Paul R. Henker, Ulrich Thein, Karla Runkehl, Werner Pledath, Gert Andreae, Fritz Links, Hans Eckert, Jean Brahn, Hildegard Küthe

BStU
000087

Hauptabteilung XX/7

Berlin, 17. 8. 1987
scheu-he

gefertigt: 5 Exemplare
3. Exemplar

I n f o r m a t i o n

über Reaktionen und Meinungsäußerungen des Schriftstellers Dr. Peter HACKS - Mitglied der Akademie der Künste der DDR - zu den Aktivitäten zur Gründung eines sogenannten "Unabhängigen Theaters der Autoren"

Durch eine zuverlässige inoffizielle Quelle wurde nachfolgend genannter Standpunkt sowie Meinungsäußerungen des Peter Hacks bezogen auf die Aktivitäten der operativ bekannten ███ bekannt.

Hacks Meinung zufolge sind die Aktivitäten der ███ und der anderen Dramatiker eine Folgeerscheinung der mangelnden politischen und kulturpolitischen Arbeit des MfK. Augenscheinlich sei, daß auf diesem Gebiet völlig konzeptionslos gearbeitet und die Kulturpolitik unserer Partei nicht verwirklicht wird.

Die Entwicklung auf dem Gebiet der Dramatik wurde dem Selbstlauf überlassen, was zur Folge hat, daß eine Reihe von Theaterautoren, Regisseuren, Dramatikern und Dramaturgen die Dingenach eigenen Gutdünken regeln möchten. Dadurch kommen solche Aktivitäten, wie sie von der ███ ███ entwickelt wurden, zustande und finden in diesen Kreisen Anklang.

Angeregt durch diese Aktivitäten der ███ sei es zu einer Verständigung der DDR-Dramatiker gekommen, selbst die Initiativezu ergreifen. In welcher Form diese Verständigung erfolgt ist, ging aus den Meinungsäußerungen des Hacks nicht hervor.

Hacks äußerte in diesem Zusammenhang, daß, wenn es um eine tatsächliche Interessenvertretung der Dramatiker gehe, sogar die Dissidenten aus dem Untergrund ans Licht kämen.

Bericht eines Stasi-Offiziers über Peter Hacks' Einschätzung der Theatersituation in der DDR 1987[199]

2

Auf die Frage, ob Hacks sich nicht scheue, sich für Autoren einzusetzen, die er ja selbst als "Dissidenten" bezeichne, antwortete Hacks, er setze sich ja für kein einziges Theaterstück direkt ein, dies könne er schon deshalb nicht, weil er die Stücke nicht kenne. Er setze sich aber dafür ein, daß, wenn ein Staat sich nun mal "den Luxus einer dramatischen Kultur" leiste, hätten die Theater dieses Staates auch die Verpflichtung, diesen dramatischen Werken durch wenigstens e i n e Aufführung zur Öffentlichkeit zu verhelfen, und eben dies sei nicht der Fall.

Eine Aufführung werde dann schon zeigen, ob ein Drama etwas tauge oder nicht, man könne dem Publikum vertrauen, daß es die sicherlich in großer Zahl vorhandenen ungespielten s c h l e c h t e n Stücke von den wenigen guten unterscheide, und ein Mißerfolg eines Stückes bei der Uraufführung gehöre ebenso zum Theaterleben wie der mögliche Erfolg. Jedenfalls müsse man das Publikum über den "Unfug" gewiß zahlreicher Stücke ebenso entscheiden lassen, wie über den (z. B.) ideologischen "Störfall"-Unfug einer Christa Wolf, der man ja auch in der DDR-Öffentlichkeit, und zwar in hoher Auflage, zubillige.

Die "Verständigung" der DDR-Dramatiker habe dazu geführt, daß man eine Art "Ausschuß" aus ganz wenigen Personen gebildet und beauftragt habe, eine Art "Eingabe" ans Ministerium für Kultur (MfK) zu verfassen. Hacks nannte die personelle Zusammensetzung dieses "Ausschusses" nicht, aus seinen Worten ging aber nahezu eindeutig hervor, daß er diesem "Ausschuß" angehört. Die Eingabe sei bereits verfaßt worden und werde gegenwärtig allen Dramatikern zugestellt.

Hacks sagte nicht, auf welchem Wege diese Zustellung erfolge. Er sagte auch nicht d i r e k t ,ob er selbst der Verfasser dieser Eingabe sei, dies läßt sich jedoch mit hoher Wahrscheinlichkeit aus seinen Worten schließen. Für die Urheberschaft des Dr. Hacks sprechen zwei Äußerungen seinerseits: Der Frau Ragwitz im ZK sei die Eingabe natürlich schon bekannt, und sie unternehme nichts, den Dramatikern zu ihrem Recht auf Aufführung zu verhelfen, sondern sie schimpfe nur "auf die Intrigen des P. H." sowie der nahezu paradox anmutende und zugleich raffinierte Inhalt der Eingabe, der für Hacks Denkungsart recht typisch ist. Hacks erklärte nämlich: Man setze sich in der Eingabe durchaus nicht fordernd für die Aufführung gewisser oder aller ungespielten Stücke ein, denn man wisse ja nicht, ob nicht manches Drama aus dem "Untergrund" tatsächlich DDR-feindlichen Inhalts sei , und für solche Stücke wolle er, H., sich keinesfalls engagieren.

3

Der Inhalt der Eingabe sei vielmehr etwa folgender:

Nach dem Wortlaut der DDR-Verfassung finde in der DDR keine Zensur statt. Dies führe dazu, daß im MfK a n o n y m entschieden werde, ob ein Stück gespielt oder nicht gespielt wird. In der Eingabe werde nun ausdrücklich "d i e E i n r i c h t u n g e i n e r o f f i z i e l l e n Z e n s u r " vorgeschlagen, und zwar müsse diese Zensur dergestalt beschaffen sein, daß ein namentlich bekannter und genannter "Zensor" jeweils über die Aufführung oder Nicht-Aufführung eines Stückes entscheide. Dieser Zensor müsse dem Autor eine Begründung geben, warum ein Stück von einem DDR-Theater nicht gespielt werden könne, und der Zensor müsse mit seinem Namen für diese Begründung einstehen.

Falls der Autor mit der Begründung nicht einverstanden sei, müsse ihm ein Beschwerderecht beim Minister für Kultur zustehen, undder Minister, gewissermaßen als "Berufungsinstanz", müsse das ablehnende Urteil des Zensors entweder gutheißen, dann werde man sich fügen, oder er müsse eine neuerliche Prüfung durch einen ganderen "Zensor" veranlassen.

Das Wesentliche an dieser Eingabe sei, aus der unmöglichen Situation herauszukommen, daß ein Autor nie erfahre, warum sein Stück nicht uraufgeführt werde. Es gehe nicht darum, eine Aufführung gegen den Willen des Staates zu erzwingen, sondern es gehe um das Recht des Autors, durch das namentlich und verantwortlich abgezeichnete Urteil eines "Zensors" zu erfahren, warum man meine, ein Stück solle in der DDR besser nicht aufgeführt werden.

Auf die Frage, wie weit die Angelegenheit denn nun fortgeschritten sei, erklärte Hacks, die Eingabe sei allen DDR-Dramatikern "zugestellt" worden mit der Bitte, den "Ausschuß" zur Absendung der Eingabe entweder zu legitimieren oder nicht. Komme eine Mehrheit f ü r die Einreichung der Eingabe zustande, werde man sie ans MfK geben, evtl. an den Generalsekretär direkt, komme k e i n e Mehrheit für die Eingabe zustande, werde man sie in den Ofen stecken. Auf die Frage, ob es auf die "Zustellung" des Entwurfs schon Reaktionen gebe, erklärte Hacks ausweichend, gegenwärtig sei "Saure-Gurken-Zeit", die meisten Schriftsteller seien auf ihren Datschen nicht erreichbar oder im Urlaub, die Zustimmung oder Ablehnung der Eingabe sei also schwerlich vor September oder Oktober zu erwarten. Hacks wisse nur von einer Reaktion: Rudi Strahl habe erwartungsgemäß diese Eingabe abgelehnt, dies entspreche aber Strahls Charakter, sich persönlich ganz besonders über etwas aufzuregen, wenn es Ernst werde jedoch sogleich "kalte Füße" zu bekommen.

BStU
000010

4

Auf die Frage, ob Hacks nicht politisch dadurch irritiert sei, daß Genn. Ragwitz nach seinen eigenen Worten die Sache als "Intrige" auffasse, meinte Hacks, Frau Ragwitz sei "wie üblich" wenig weitsichtig. Denn sie übersehe, daß die Initiative der Dramatiker ein Versuch sei, ein brennendes Problem, daß sich mehr und mehr zuspitze und weder durch die Künstlerverbände noch durchs MfK eine Lösung finde, o h n e Ö f f e n t l i c h k e i t sozusagen als internintimen Konflikt auszutragen.

Frau Ragwitz übersehe: Komme es nicht zu dieser Initiative, weil sich evtl. keine mehrheitliche Zustimmung der Dramatiker finde, werde das Problem mit hoher Wahrscheinlichkeit ö f f e n t l i c h auf dem bevorstehenden Schriftstellerkongreß zur Sprache kommen. Hacks wisse, daß einige (mit Sicherheit delegierte) Schriftsteller (Namen nannte er nicht) die Diskussion dieses Themas auf dem Kongreß e r t r o t z e n würden, und dann könne leicht eine Art "Schneeball-Effekt" zustande kommen, das Dramatiker-Problem also zur Lawine werden, denn die Stimmung sehr vieler Schriftsteller sei gereizt und unzufrieden, weil sich im Hinblick auf Gorbatschows "Glasnost" in der DDR nichts rühre... Hacks steht dem Thema "Glasnost" seinerseits mit wachsender, immer ironischer gefärbter Skepsis gegenüber: Er meint etwa, das offensichtliche Chaos, das in der UdSSR auf ziemlich allen Lebensgebieten geherrscht habe und das Gorbatschow nun mit "Dubzek-Methoden" ordnen wolle, solle man in der DDR - weder in der Wirtschaft, noch in der Kultur - nicht dadurch erst herstellen, indem man Glasnost-Methoden in die DDR importiere.

Hacks drückte ganz besonders deutlich seine Ablehnung aus, daß man in der UdSSR offenbar im Begriff sei, eine neuerliche destruktive Anti-Stalin-Diskussion zu eröffnen. Die Initiative der DDR-Dramatiker, betonte Hacks, wolle ein DDR-internes Problem o h n e A u f s e h e n lösen, und eben dies scheine Frau Ragwitz oder das ZK nicht zu verstehen.

Strengster Quellenschutz ist zu gewährleisten!

Quelle: "Romanze"

<u>Verteiler</u>

1. Ex. HA XX, Leiter
2. Ex. HA XX/AKG
3./5. Ex. HA XX/7

Major Pönig

Tanzende Gedanken

Irina Liebmann
(geb. 1943)

BERLINER KINDL

Wer oder was ist ein Quatschfresser? Was oder wen frisst der Quatschfresser? Ganz einfach: der Quatschfresser frisst, was Quatsch ist, was er doof findet, Blödsinn eben. Davon gibt es schließlich mehr als genug auf der Welt. Der Tisch ist reichlich gedeckt. Zum Glück ist das Biest unersättlich. Dieses Fabelwesen, eine Ausgeburt der Phantasie Irina Liebmanns, tummelt sich bei den Lieblingshelden der sozialistischen Dramatik, den Bauarbeitern. Allerdings sind sie in diesem Fall von etwas anderer Art. Gewöhnlich mit dem Aufbau der Zukunft beschäftigt, wühlen die Arbeiter diesmal im Abfall der Vergangenheit. Im Keller eines Berliner Mietshauses fördern sie beim Entrümpeln längst Vergessenes zu Tage, die Reste dessen, was im Lauf der Jahre auf der Strecke blieb.

Paul ist einer dieser Dreckwegschaufler. Als er in einem ausgebuddelten Reklameblech vom »Berliner Kindl« sein eigenes Kinderbild zu entdecken glaubt, schwankt ihm der Boden unter den Füßen. Die Vergangenheit rumort in ihm, während er in der Gegenwart auf Trümmern steht. Von der Arbeit überfordert, mit seiner Frau entzweit, mit der Geliebten im Clinch, mit seinem punkigen Sohn zerstritten, kotzt der verstörte Paul seinen Frust heraus und würgt damit ein seltsames Lebewesen auf die Welt: den Quatschfresser.

Das Biest verschlingt, was Paul nicht mag. Das Ungeheuer putzt weg, was stört. »Dreck frisst er nicht, wichtig muss es sein.« Das Vieh vertilgt ratternde Telefone oder schmerzende Bauarbeiterhelme, zerkaut Westgeld, beißt nervende Zeigefinger ab, reißt eine Mauer nieder. Die Fundamente beginnen zu wackeln. Stürzt der gesamte Bau ein?

Zuletzt frisst der Balg, das Alter ego Pauls, den Paul selbst. »Friss die ganze Welt auf«, hat ihm zuvor das Opfer noch geraten.

Theater braucht Zauber

»Berliner Kindl« ist ein Berliner Kiezmärchen von der Anklamer Straße, mit den Füßen auf dem Boden, mit dem Kopf im Himmel der Fantasie. »Die Stärke des Theaters ist, das Seltsame unserer Realität, die absurde Mikrowelt, die wir durchleben, in Szene zu setzen«, sagt Irina Liebmann. Für die Bauarbeiter, um die es im Stück geht, scheint der Glaube an den Aufbau des Sozialismus verloren gegangen zu sein, genauso der Glaube ans private Glück.

»Ihre Theaterfiguren sind lädierte Gestalten in tragikomischen Beziehungen zueinander. Alltagsmonster, die sich nach Liebe sehnen und sich dabei gegenseitig verletzen. In diesem Stück gibt es keine Moral. Punks, Bullen, Arbeiter, Verkäuferinnen und Geliebte vollführen einen wahnwitzigen Reigen durch verschiedene Zeiten hindurch.« So steht es 1991 in »Theater heute«.[200]

> *»Das Schöne am Schreiben fürs Theater ist doch, dass man ganz viel Freiheit hat.«*[201]
>
> Irina Liebmann

Liebmann sehnt sich nach einem »Theater als magisches Erlebnis, einem Theater der Poesie, der Schönheit und des Klangs und der Farben«. Den Schauspielern der Uraufführung und dem Regie-Duo offenbarte sich ein solches Erlebnis offenbar nicht. Der Schauspieler Axel Werner, der in der Uraufführung mitspielte, berichtet, er sei, daran gewöhnt, realistische Stücke zu spielen, mit der Rolle »nicht klar gekommen. Mir hat die Fantasie dazu gefehlt. Es sind keine realen Figuren, es sind Fantasiefiguren. Den Kollegen ging es ähnlich. Auch die Regie konnte nicht helfen. Auch ihr fehlte der richtige Zugriff und gab auf. Ob das an uns Schauspielern lag oder ebenso an den beiden Regisseuren, kann ich nicht sagen. Jedenfalls übernahm vor der Premiere der Intendant Christoph Schroth mit bewährter Hand die Regie und hat die Inszenierung zusammengebaut. Wie ich mich erinnere, war die Uraufführung ein Reinfall. Ich glaube, Irina Liebmann hat es auch nicht gefallen.«[202]

Irina Liebmanns Vorstellung einer idealen Aufführung ihres Stückes ist klar: »Einfach, berlinisch, mit Tempo, mehr braucht man nicht. Aber wenn man daraus Kunst machen will, dann ist das so schrecklich. Das Stück bedeutet nicht mehr, als was da steht. Ende. Ich will nicht mehr! Das bedeutet nichts anderes.«[203]

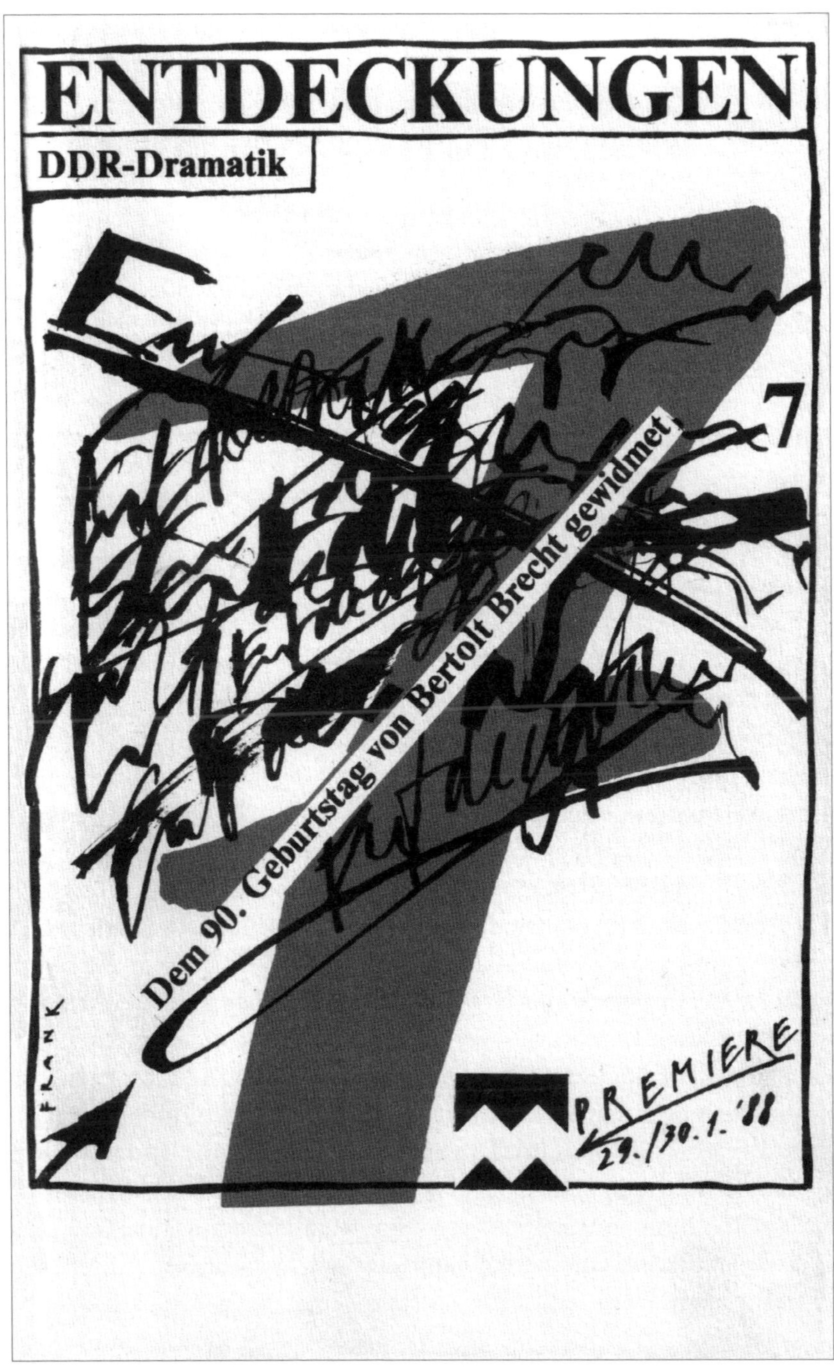

Plakat von Bernd Frank zu »Entdeckungen 7«, Staatstheater Schwerin 1988. Im Rahmen dieses Festivals fand die Uraufführung von Irina Liebmanns »Berliner Kindl« statt.

Ein Kritiker, Martin Linzer, erkennt trotz seiner Vorbehalte die Qualitäten des leichtfüßigen Textes, der kunstvollen Umgangssprache, der musikalischen Form: »Die Poesie ist in der Naivität der Erzählhaltung verborgen. Wenn am Ende der Quatschfresser durch die Mauer bricht, der Sur-Realismus durchkommt, ist ein Ansatz zu sehen, wie es sein könnte. Oder bei Axel Werners Max, Pauls Freund und sein Nachfolger bei Hilde, da ist nichts verzappelt, da ist Lakonismus der Brüche als Qualität behauptet.« Und »Irina Liebmann schreibt Jazz, Bebop, alles Überflüssige wird beiseitegelassen«. Mit einer gewissen Überraschung konstatiert der Kritiker: »Im Publikumsgespräch nach der Vorstellung: viel Gespür für den Untertext.«[204]

Der Traum vom Theater der Autoren

Auf Initiative von Irina Liebmann veröffentlichte im März 1987 eine kleine Gruppe junger Schriftsteller einen »Diskussionsvorschlag zur Gründung eines Theaters der Autoren.« Unterschrieben war das Papier außer von ihr selbst von den Autoren Peter Brasch, Werner Buhss, Uwe Saeger, Georg Seidel, Holger Teschke, Albert Wendt sowie Gregor Edelmann, Dramaturg des Henschel-Theaterverlages. Sie entwarfen einen Plan für ein Theater, das »vorrangig die Interessen der Autoren vertreten« soll. Auf das übliche Genehmigungsverfahren müsse verzichtet werden. Ein »Rat von Dramatikern« solle über den Spielplan entscheiden. Man wolle »die Möglichkeit der Selbstverständigung und ständiger Kritik bieten« und ein »öffentliches Zentrum der DDR-Dramatik werden«. Es wird ein Theater sein, »das nicht mehr nur administrativ geleitet wird«.

Das Papier mit der Beschreibung eines selbstbestimmten Theaters richtete sich an den Schriftstellerverband, den Verband der Theaterschaffenden und an das Kulturministerium. Die beiden Verbände lehnen sofort ab, das Ministerium hält die Gruppe hin. Peter Hacks meldet sich, bietet die Unterstützung der Akademie der Künste an, warnt aber gleichzeitig davor, einen »Sektentempel« gründen zu wollen, statt »um die bestehenden Häuser zu kämpfen«. Das Ministerium schlägt vor, statt eines Theaters einen Beirat zu gründen, dem Ministerium angegliedert, in dem mit Dramaturgen, Intendanten und unter Vorsitz eines Ministerialen über Uraufführungen beraten werden kann. Ein Teil der Gruppe wollte es mit dem Beirat versuchen. Irina Liebmann und Georg Seidel sahen ihren Traum von einem unabhängigen, selbstverwalteten Autorentheater zwischen Bürokratie und Eigeninteressen zerrieben.[205] Die Grabesrede hielt der Chef-Ideologe Kurt Hager.

»Ausführungen des Genossen Hager auf der Beratung mit den Sekretären der Bezirksleitungen am 4.1.1988: Dem Vorschlag von Irina Liebmann, ein

Theater der Autoren zu etablieren, den sie auf dem X. Schriftstellerkongress entwickelt hatte, erteilt Hager eine deutliche Absage: »Dieses Projekt kann nicht verwirklicht werden.« Denn »die Autoren wollen unabhängig vom Staat Theater machen.« Und: »Wenn ein Stück freigegeben worden ist, das heißt im Bühnenvertrieb erschienen ist, dann ist das eine Republiksentscheidung, die ernst zu nehmen ist.«

Über Bauarbeiter, Autorentheater und Gerüchte der Stasi
Ein Gespräch mit Irina Liebmann

Berlin ist das Leitmotiv, das Irina Liebmanns Werk bestimmt. Berlin ist der zentrale Spielort ihres Schreibens. In Berlin vermischen sich deutsche Geschichte und Gegenwart und durchdringen sich in ihren Texten. Berlin ist eigener Lebensort und Schauplatz ihrer Familiengeschichte. Das spiegelt sich in der Biografie, die sie über ihren Vater, den Kommunisten Rudolf Herrnstadt, geschrieben hat; ist unverkennbar in den dokumentarischen Erzählungen »Berliner Mietshaus« (1982) und in ihrem Roman »In Berlin« (1994) oder in ihren zahlreichen Berlin-Reportagen; zeigt sich in ihren Erzählungen, Gedichten, Essays und Theaterstücken, zuletzt in ihrem politischen Poem »Das Lied vom Hackeschen Markt« (2013) – in all diesen poetischen und eigenwilligen Arbeiten stecken Porträts von Berlin. Und damit auch von Deutschland.

Wündrich: Frau Liebmann, wie entstand ihr »Berliner Kindl«?

Liebmann: Angefangen zu schreiben habe ich mit Reportagen. Ich bin in Betriebe gegangen, nur in große Betriebe, und habe für die Berliner »Wochenpost« Reportagen geschrieben. Ich hatte immer das Gefühl, ich weiß nichts vom Leben, wollte aber schreiben. Ich wollte von Anfang an Literatur schreiben, auch als Reportage.

In der DDR lag das Zentrum des Interesses auf der Arbeiterklasse. Ich bin dadurch Menschen begegnet, die hart arbeiteten. Das war toll. Es war für mich einfach eine große Chance. Ich lernte die verschiedenen Arbeitsplätze kennen, die Situation in den Fabriken und die DDR überhaupt. Es war großartig. Schlechter war, dass man das, was man im Betrieb an Problemen vorgefunden hatte, möglichst nicht schreiben sollte, weil sich darin ja irgendwelche Schwierigkeiten spiegelten. Man musste noch was anderes finden. Damals waren wir empört. Aber heute muss ich sagen: Wer kann heute bei laufender Produktion rein in eine Fabrik? Die sind privat und keiner darf rein. Wir durften rein. Ich wurde nicht kontrolliert. Auch die Arbeiter würden uns

heute den Vogel zeigen. Die ganze Gemächlichkeit der DDR zeigt sich auch darin, dass das ging.
Damals habe ich gesagt, dann gehe ich nicht mehr in Betriebe. Die Leute, die in den Betrieben arbeiten, haben doch irgendwo eine Wohnung. Dann gehe ich mal in ein Haus. Da gibt's keine Presseabteilung, der ich was vorlegen muss. Ich lege das bloß den Leuten vor und schreibe Porträts aus einem Haus. So entstanden die Erzählungen »Berliner Mietshaus«. Jede Erzählung wurde auf einer Feuilletonseite in der »Wochenpost« sehr schön aufgemacht. Aber dann: Irgendwann kaufte ich mir Mittwoch die Zeitung am Stand und schlage die Seite auf, weil es immer schön ist, wenn man sich frisch gedruckt sieht, und da stand was anderes. Ich war wirklich platt. Ich bin hingegangen: Ja, das mussten wir rausnehmen. Die Serie wird beendet. Das war dann der Grund, warum ich damit aufgehört habe.
Jahrelang hatte ich mit Leuten gesprochen und gemerkt, dass ich ein sehr gutes Gedächtnis habe für Redewendungen. Dialoge kann ich so runterschreiben. Ich muss natürlich wissen wofür, aber ich kann das einfach. Ich habe so viel im Kopf, das war irgendwie verrückt. Und dann kam mir die Idee, ich könnte ja auch mal, ohne zu recherchieren, was akustisch schreiben, und ich habe Hörspiele geschrieben. Ein paar. Trotzdem sind die immer in der Realität verwurzelt gewesen. Die wurden auch gesendet. Und dann, wie es so ist, denkt man an Theater.
Ein, zwei Hörspiele wollte der Henschel Verlag auch in den Westen verkaufen. So habe ich die Leute bei Henschel kennengelernt, unter anderem Gregor Edelmann, einen Dramaturgen des Verlages. Dem habe ich erzählt, dass ich gerne Theaterstücke schreiben würde. Edelmann hat gesagt: »Na, mach das doch!« und »Wir können das unterstützen!« Er hat mir einen Auftrag zur Stückentwicklung mit einem Honorar verschafft.
Ich habe Gregor Edelmann immer wieder gewisse Szenen gezeigt. Ich war ja völlig unsicher, und ja, er fand sie gut. Weil dem Verlag das Stück gefiel, wurde es in einer Lesung vorgestellt. Vor Publikum. Ich sollte vorlesen und vorn saß Heiner Müller. Er hat mich gelobt. Ich war ganz entzückt. Das Theater in Schwerin suchte Gegenwartsstücke, der Verlag hat die Verbindung hergestellt.
In der Reihe »Entdeckungen«, so nannte es das Schweriner Theater, lief »Berliner Kindl« zusammen mit Stücken von Heiner Müller, Lothar Trolle und Thomas Brasch. Das war eine große Ehre für mich. Mein Stück hat zu tun mit meinen Reportagen, mit meinem Interesse für Arbeiter und für einfache Leute und mit meinem Interesse für Berlin. Und natürlich für die At-

mosphäre der Zeit: da kommt aus der Tiefe eine Kraft, die alles zerstört – das war ja spürbar. Das war die eigentliche Idee.

Ich erinnere mich nach der Premiere an heftige Angriffe im »Neuen Deutschland«, weil ich gewagt hatte – völlig naiv – einen Arbeiter auf die Bühne zu stellen, der verzweifelt ist. Die Figur des Arbeiters, das war ja in der DDR ein Sakrileg. Der hatte eine »positive« Gestalt zu sein. Der verzweifelte Bauarbeiter fragt, wo bin ich hier? Was mache ich eigentlich? Er will nur noch nach Hause, weg vom dämlichen Berlin und heim nach Anklam. Eine solche Figur passte nicht ins ideale Bild, war aber aus dem Leben gegriffen.

Wündrich: Wenn man »Berliner Kindl« liest, denkt man unwillkürlich an französische Autoren des absurden Theaters wie Boris Vian, Alfred Jarry oder Roger Vitrac. Waren das für Sie Vorbilder?

Liebmann: Nein. Die kannte ich gar nicht, aber ich denke so. Ich bin eher den Russen sehr nah, obwohl ich diese tollen russischen Stücke erst viel später gelesen habe. Der Humor der russischen Autoren nach der Revolution – wie leicht sie die Ebenen wechseln! Das verstehe ich total. Ich denke, das muss doch jeder verstehen.

Karge: Inwieweit haben denn deine Theatererfahrungen mit dem »Berliner Kindl« bei Ihrer Forderung nach einem eigenen, autonomen Autorentheater eine Rolle gespielt? Hat dich das befeuert?

Liebmann: Ich war im Schriftstellerverband Kandidat. Ab und zu, zur Betreuung, wurden die Kandidaten eingeladen und gefragt, ob man Schwierigkeiten oder Probleme hat. Da bin ich aufgestanden und habe gesagt: »Ja, ich finde, dass die Stücke junger Autoren nicht gespielt werden.« Mein Gedanke war der: Man lernt doch eigentlich nur, wenn was inszeniert wird; genau wie ein Komponist im Grunde mal hören muss, was er eigentlich geschrieben hat. Diese Lernmöglichkeit haben wir nicht. Wie wäre es, wenn der Schriftstellerverband ein Theater der Autoren gründet? Von allen Kollegen kam, wie das so ist: Gute Idee und so weiter. Der Funktionär vom Schriftstellerverband, das war vermutlich ein Stasi-Mann, wollte sich dann mit mir nochmal treffen. Wie ich mir das vorstelle und ob ich das nicht mal ausarbeiten könnte.

1987/88 war ja schon eine Zeit in der DDR, wo auch die Genossen wussten, es muss irgendwas geschehen. Sie wollten die DDR retten und was verändern zum Guten. Es war sicherlich ambivalent, ob er mich aushorchen wollte oder ob er selber was mit in Gang setzen wollte. Jedenfalls hat er mich ermutigt, das mal aufzuschreiben. Das Teuflische bei der Stasi war: Sie hat Gerüchte in die Welt gesetzt, immer in einer niederträchtigen Weise. Auf mich kam später ein Gerücht zu, das hieß: Dieses Autorentheater ist doch eine Stasi-Gründung. War es aber nicht. Also, soweit es mich betraf. Ich dachte, es müsste eine gute Idee sein und der Verband hat ausreichend Geld, um sowas anzufangen.

Karge: Du hast dann ein Programm für das Autorentheater geschrieben?

Liebmann: Nein, überhaupt nicht.

Karge: Aber du hast doch irgendwas geschrieben, oder?

Liebmann: Ich bin ja nicht doof. Der Mann war erstmal sowieso Genosse, dann kommt er auf mich zu, wenn ich so eine Idee habe und sagt: »Mach da ruhig mal weiter. Wir unterstützen das vom Verband.« Das habe ich Edelmann erzählt und Edelmann war hell begeistert und sagte: »Wenn Du wüsstest, wie viele ungespielte Stücke es gibt! Und wir müssen« – das war seine Idee – »die alle zusammenstellen. Ich sage Dir auch, wer von den jungen Autoren vielleicht mitmachen würde.« Ich kannte sie alle gar nicht.

Das hat Edelmann gemacht. Das war eine ganz lange Liste. Und dann saß ich in meiner Wohnung in der Wolfshagener Straße in Pankow und lernte erstmal Leute kennen, die ich zu mir eingeladen hatte.

Der Kern war nicht groß, wir waren vielleicht fünf. Dazu natürlich Georg Seidel und ich. Ich war die einzige Frau. Und wir haben abgemacht, dass wir diese ungespielten Autoren fragen, ob sie mitmachen würden. Die Aufgabe, diese Briefe zu schreiben, hatte wieder ich. Wenn die DDR hätte aggressiver sein wollen, wäre das bereits ein Grund gewesen, mich zu verhaften. Es gab einen Paragraphen, der es unter Strafe stellte, wenn man solche Listen vorbereitet und ein Bündnis initiiert. Wir haben also jedem – die Adressen hatte Gregor Edelmann besorgt – die Liste der ungespielten Stücke geschickt und gefragt, ob sie mitmachen. Der Brief war ganz kurz. Den hatte ich so formuliert, dass praktisch die, die sich an dem Theater beteiligen, auch mitbestimmen dürfen, was gespielt wird. Unheimlich viele Autoren haben geantwortet, dass sie das für eine gute Idee halten. Das Kulturministerium bekam von uns die Liste mit der Bitte, uns zu unterstützen: Wir Autoren wollen uns selber eine Spielmöglichkeit schaffen. Vom Schriftstellerverband war ich schnell enttäuscht. Der zog sich plötzlich zurück.

Jedenfalls endete die Sache im Grunde typisch und das war eine riesengroße Lehre für mich: Wenn alle dasselbe sagen, heißt das nicht, dass sie dasselbe wollen *(lacht)*. Jeder stellt sich was ganz anderes vor. Fakt war, das Kulturministerium verhielt sich konstruktiv. Wir sollten uns festlegen, wie viel Geld wir brauchen, wie groß die Bühne sein soll, wie

viel Beleuchter wir wollen und so weiter. Da gab's schon die ersten Differenzen zwischen Peter Brasch, Georg Seidel und Werner Buhss.
Plötzlich intervenierte Peter Hacks. Er lud mich zu sich nach Hause ein und meinte, die Akademie der Künste könnte das auch unterstützen. Das war mir schon einen Tick zu viel. Wir waren total irritiert. Die Sache erhielt eine Eigenbewegung. So wollten wir das nicht.
Der Einzige, mit dem ich immer einer Meinung war, war Georg Seidel. Wir haben uns getroffen, haben das alles nochmal bewertet. Meine Haupterfahrung war: Egal, was der Staat sagt und die Instanzen – die haben wir immer kritisch gesehen, wir waren auf alles gefasst: Innerhalb der Gruppe gibt es egoistische Interessen, aber es gibt auch Leute, denen es um die Sache geht. Das teilte sich. Georg Seidel und ich haben überlegt, wie wir so ein Theater für alle attraktiv machen könnten. Wir sind ja nur die Dichter. Wie kann man das schrittweise interessant machen, auch für das Publikum? Den anderen ging es nur darum, überhaupt was zu spielen. Dann hat Georg Seidel einen super Vorschlag gemacht, den fand ich herrlich. Er hat gesagt, da wir vielleicht vierzig Leute sind, können wir doch drei Abende machen mit Kurzstücken von jeweils zehn Minuten, damit könnte sich jeder vorstellen. Ich fand das wunderbar. Die anderen: »Was soll das denn sein?«

Karge: Die Gruppe war dann bald uneins?

Liebmann: Daran hat man schon gesehen, wie sich das spaltet. Dann kam ein Vorschlag vom Kulturministerium. Dort hat man sehr klug agiert. Die haben uns gebauchpinselt und haben uns vom Autorentheater – es waren nicht viele – eingeladen zu einer außerordentlichen Sitzung der Intendanten oder sowas. Alle wirklich wichtigen Theaterleute aus der DDR erschienen. Zum Schluss, zu spät und peinlich berührt, kam Heiner Müller herein und wurde von den Ministeriumsleuten als »unser Heiner« sofort umarmt. Diese Szene werde ich nie vergessen. Sie war ihm sehr unangenehm. Wir saßen an einem riesenlangen Tisch. Uns wurde ein Vorschlag unterbreitet: Wie wäre es denn, wenn eine Kommission zum Spielen ungespielter Stücke gebildet würde, in der wir alle Mitglied wären und wir dort mit den Intendanten zusammenarbeiteten. Wir waren erstmal baff und sollten darüber nachdenken.
Georg und ich, wir sind erst mal spazieren gegangen und haben uns gesagt, das dürfen wir auf keinen Fall annehmen. Wir müssen auf Autonomie bestehen. Das war das Ende dieser Gruppe. Zu dem Termin, an dem wir uns treffen wollten, um darüber zu sprechen, wie wir dazu stehen, saßen in meiner Wohnung nur Georg Seidel und ich. Am Ende kam Peter Brasch besoffen dazu.

Edelmann habe ich danach nie wieder gesehen. Heute weiß ich, dass die anderen, also vor allem Buhss, Edelmann und Brasch, sich schon vorher getroffen und beschlossen hatten, Georg Seidel und ich, wir wären Linksradikale, die immer das Unerreichbare wollen.
So ist es immer, wenn man etwas Neues machen will. Die einen sagen, das Machbare machen, die anderen sagen, wir bleiben bei unserer Linie. Die wollten das Machbare und wollten die Teilnahme in der Kommission haben. Das habe ich erst zwanzig Jahre später erfahren, dass sie die auch angenommen hatten – für das restliche Jahr der DDR.

Irina Liebmann »Berliner Kindl« Uraufführung 29.1.1988 Mecklenburgisches Staatstheater Schwerin im Rahmen von ENTDECKUNGEN 7 – DDR-Dramatik, Regie: Klaus Erforth / Dietrich Kunze, mit Axel Werner

Zeigt her eure Füße

Joachim Knauth
1931–2019

DIE KAMPAGNE

Es war einmal ein Werkleiter einer Schuhfabrik, die hieß »Hans Sachs« und die war aus dem Tritt. Die Planerfüllung lahmte. Nichts lief mehr. Da kam ein junger Schuh-Modelleur daher gelaufen und entwarf einen eleganten, modernen Damenpumps, der alle so verzückte, dass sie ihn freudig erregt »Amor« tauften. Aber bei der Fachkommission für Handel kam das Modell nicht an. Es zeige Überreste bürgerlicher Erotik und sei Ausdruck ideologischer Zurückgebliebenheit.

Da stand der Genosse Werkleiter dumm da. Auf die Sprünge halfen ihm die langen Beinen seiner Sekretärin. Ihre erregende Wirkung wird nicht zuletzt durch die neuen Pumps an ihren Füßen beflügelt. Des Werkleiters Einfall: Zur Rettung des Modells »Amor« und zur Tilgung der ideologischen Rückständigkeit seines Kombinats tritt er eine Kampagne in Gang zum beschleunigten Abschluss sozialistischer Ehen in der Schuhfabrik. Keine Hochzeit mehr ohne »Amor«! Der Betrieb rotiert. Das Kalkül geht nicht auf. Chaos bricht sich Bahn. Niemand will sich nach Plan verheiraten lassen. »Eine Kinderkrankheit, das Kampagnenfieber, auch Dekretiersucht, eine Art Gefallsucht [...] Vorspiegelung von Erfolgen und Bewusstsein«, erkennt der Parteisekretär und nimmt die Sache in die Hand. Ausgang ungewiss – die Handels-Kommission steht wieder vor der Tür!

»Die Kampagne« bietet einen ungeschönten Blick in den Alltag des realen Sozialismus, erzählt von den Kämpfen und Krämpfen in der sozialistischen Planwirtschaft, entdeckt die Komik in der Mangelwirtschaft, spottet über den Witz und den Wahn des Beschaffungs- und Tauschhandels, trauert über die Pleiten schlechter Pläne.

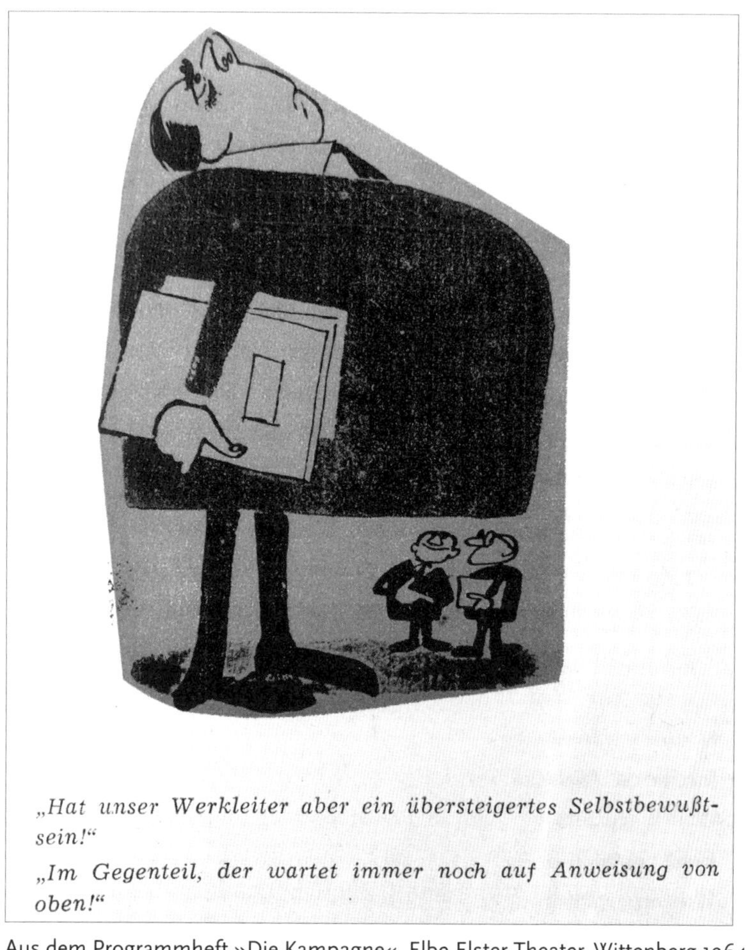

„Hat unser Werkleiter aber ein übersteigertes Selbstbewußtsein!“

„Im Gegenteil, der wartet immer noch auf Anweisung von oben!“

Aus dem Programmheft »Die Kampagne«, Elbe-Elster-Theater, Wittenberg 1964, Zeichnung von Karl Schrader

Der Autor stellt sein Stück vor

»Die Satire hat mancherlei Gestalt, hier die Typenkomödie mit kabarettistischen Zügen. Manchen schreckt vielleicht Kabarettistisches in einem Bühnenstück, besonders wenn er glaubt, hohe Begriffe von Fabelführung und Rollenpsychologie zu haben. Das Kabarettistische ist jedoch vorteilhaft für die Aussage, auf die es ankommt, denn es ermöglicht bedeutend mehr Angriffe auf Missliches, als sonst eine Handlung nach dem dramaturgischen Knigge ermöglichen kann. Grabbe und Majakowski zeigen das, wenn schon Ahnen bemüht werden müssen.«

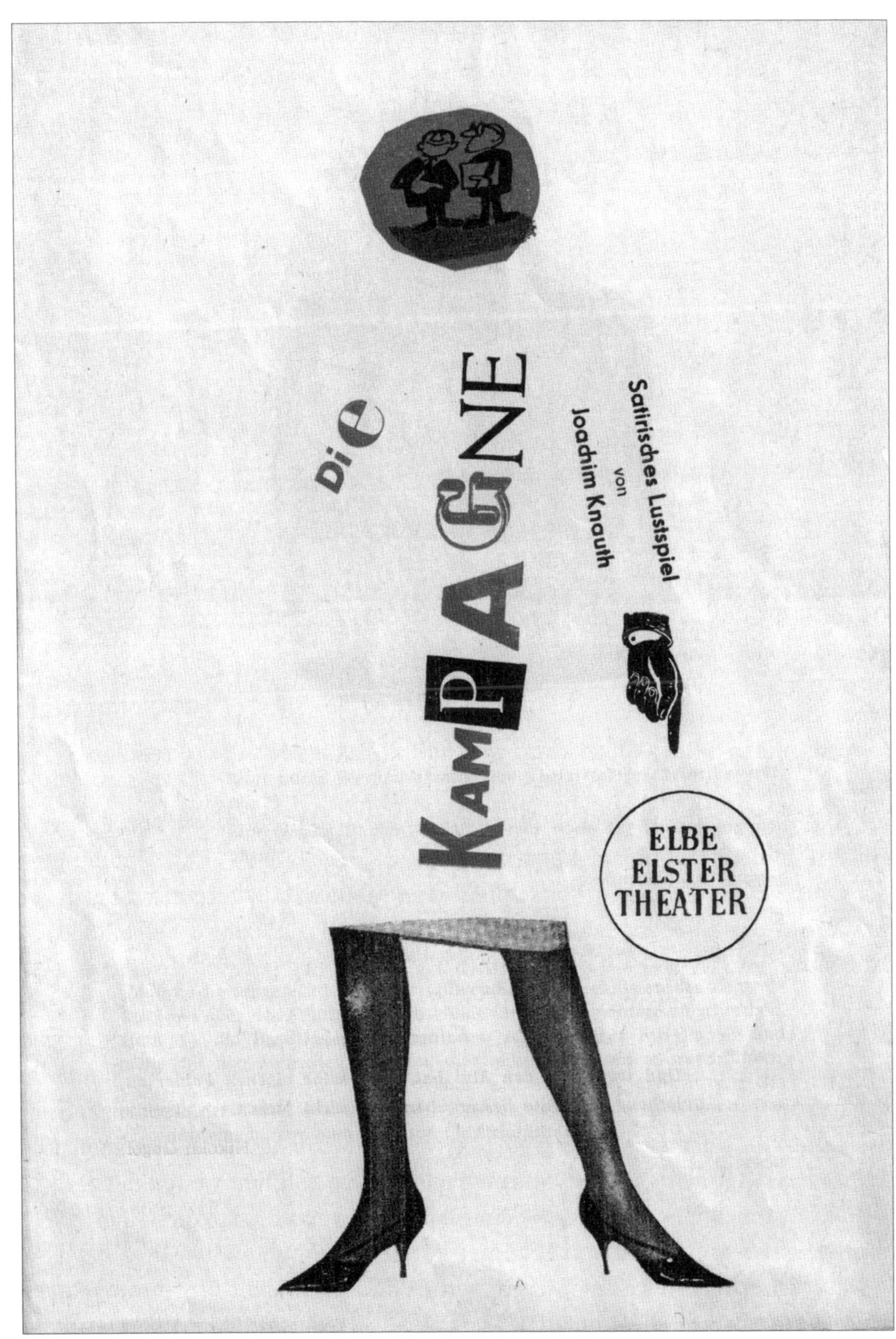

Plakatentwurf von Karl Schrader für »Die Kampagne« 1964

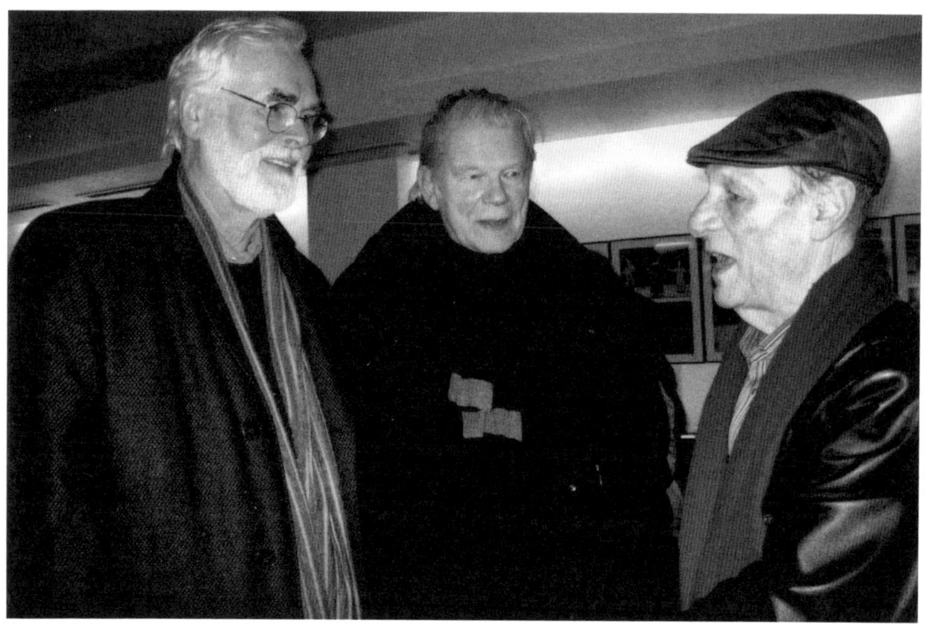

Joachim Knauth (rechts) nach der Lesung seines Stückes im Berliner Ensemble am 18.2.2016 mit Hermann Wündrich (links) und Manfred Karge (Mitte)

Mit seinem Stück »Die Kampagne« folgt Joachim Knauth, der seine Stoffe sonst lieber in der Historie sucht, erstmals der dringlichen Forderung der Partei, die Schriftsteller mögen, bitte sehr, Gegenwartsstücke schreiben. Er erhält ein Werkstipendium und sieht zu, wie in der Schuhfabrik »VEB Goldpunkt« auf der Greifswalder Straße in Berlin die neuen Modelle entworfen und fabriziert werden. Er schreibt das gewünschte Stück »aus der Produktion«. Seine Kollegen am Deutschen Theater, an dem Knauth als Dramaturg tätig ist, sind begeistert. Zu aller Überraschung plädiert auch Peter Hacks, dessen Abneigung gegenüber Stücken aus der Arbeitswelt notorisch ist, vehement dafür, das Stück in den Spielplan aufzunehmen. Allein der Intendant Wolfgang Langhoff ist skeptisch. Ihm sei die Satire zu frech gewesen, vermutet Knauths Witwe. Jedenfalls nimmt das Deutsche Theater von dem Projekt Abstand. Knauth kündigt seinen Job. Er hat nie wieder ein Gegenwartsstück geschrieben. Einen weiteren Versuch, wiederum mit Stipendium, in einem Halbleiterwerk in Frankfurt/Oder bricht er ab. Die Belegschaft reagiert beleidigt, berichtet Knauths Witwe.

»Die Kampagne« lässt sich einreihen in die Riege jener Gegenwartsstücke aus der Arbeitswelt, die vom DDR-Staat stets gefordert und gefördert wurden. Es sind Geschichten aus der Produktion, wie auch Heiner Müller seine frühen

Stücke nennt. Sie fragen nach den Widersprüchen, wie sie beim Aufbau des Sozialismus auftreten. Was bei Müller die Dimension von Geschichtsdramen annimmt, kommt in der »Kampagne« als satirische Gesellschaftskomödie daher. Das bedeutet nicht, dass Sprengkraft verloren ginge, nur weil diese Art von Theater näher an die Zuschauer rückt. Die Identifikation mit den handelnden Personen fällt leicht, Zwietracht zwischen ihnen schmerzt, ihre Konflikte machen zu schaffen. Das gilt besonders für dieses Stück. Es spielt nicht im Milieu der Arbeiter und Bauern sondern in einer sozialen Schicht, die sonst nicht im Zentrum steht: im Mittelstand. Das ist die Welt der gehobenen Funktionäre in ihrem verpönten bürgerlichen Milieu. »Die Kampagne« erweitert den Blick in den Alltag des realen Sozialismus. Ihr politisches Potential war eine Herausforderung, das sie von üblichen Gegenwartsstücken abhebt und es gleichzeitig zu einem präzisen Zeitdokument macht.

Als Uraufführung gilt offiziell die Inszenierung in Gera. Aber zuvor spielte das Arbeitertheater in Bad Muskau das Stück. Das »Neue Deutschland« veröffentlicht eine Notiz, die von der so überaus erfolgreichen Uraufführung berichtet – im »Theater in Moskau«.

»In dem Stück werden u. a. Schwierigkeiten in unserem Handel behandelt: da es im Bezirk diese Schwierigkeiten gibt, ist das Stück ungeeignet.«

Ablehnungsbrief eines Theaters, Nachlaß Joachim Knauth

Joachim Knauth »Die Kampagne« Uraufführung 14.6.1963 Bühnen der Stadt Gera, Regie: Hannes Matz

Missbrauch der Bühne

Heiner Müller
1929–1995

DIE UMSIEDLERIN ODER DAS LEBEN AUF DEM LANDE

Ich habe erkannt, dass ich mit meiner Beteiligung an diesem Machwerk reaktionärer Kräfte unseren Staat geschädigt habe, dass ich den Feinden unserer Republik und des Friedens in die Hände gearbeitet habe. Ich habe das Ansehen der Hochschule für Ökonomie geschädigt und mich eines Studenten der Hochschule unwürdig gezeigt. Mein Versagen besteht darin, dass ich das Stück vom politischen Standpunkt aus nicht beurteilt habe. Ich ließ mich zu sehr von dem Gedanken beeinflussen, dass Müller und Tragelehn anerkannte Künstler seien und so jede Kritik von vornherein unterdrückten. Nach langen Überlegungen und auch Diskussionen habe ich erkannt, dass ich zwar zwei Jahre lang den Marxismus-Leninismus studiert habe, aber ihn in der Praxis nicht anwenden konnte. Dieser Vorfall war mir eine Lehre, und in Zukunft werde ich alle Vorkommnisse mit größerer politischer Wachsamkeit beurteilen und den Standpunkt der Arbeiterklasse immer vertreten. Ich habe immer geglaubt, fest hinter Partei und Regierung zu stehen und alle Maßnahmen zu begreifen. Jetzt muss ich erkennen, dass es nicht so ist. Ich werde mich bemühen zu beweisen, dass ich fest zu unserem Staat stehe, und seine Maßnahmen zu verstehen und in allen ihren Folgen zu begreifen. Der Vorfall mit der ›Umsiedlerin‹ wird mir dabei eine Hilfe sein.«

»In dem Stück ›Die Umsiedlerin‹ habe ich mitgeholfen, unseren Arbeiter-und-Bauern-Staat zu diffamieren und zu verleumden. Ich habe mitgeholfen an einem Stück, das die Beziehung zur Sowjetunion verleumdet und diffamiert. Ich habe weiterhin zugelassen, dass in einer Situation, in der der westdeutsche Imperialismus und Militarismus immer heimtückischer, hinterhältiger und brutaler wird, von innen heraus dem Klassenfeind entgegengearbeitet wird.

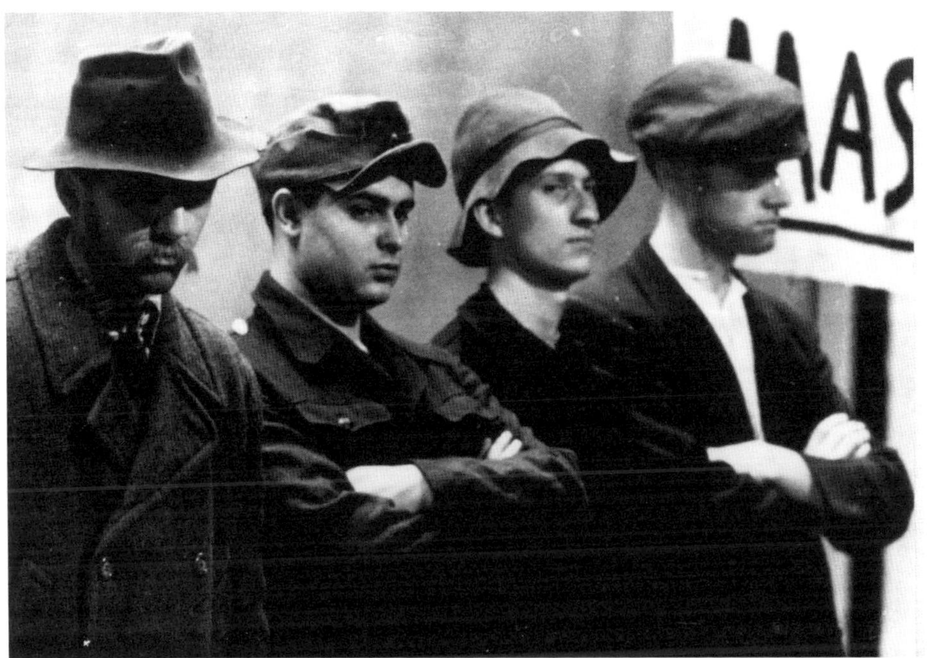

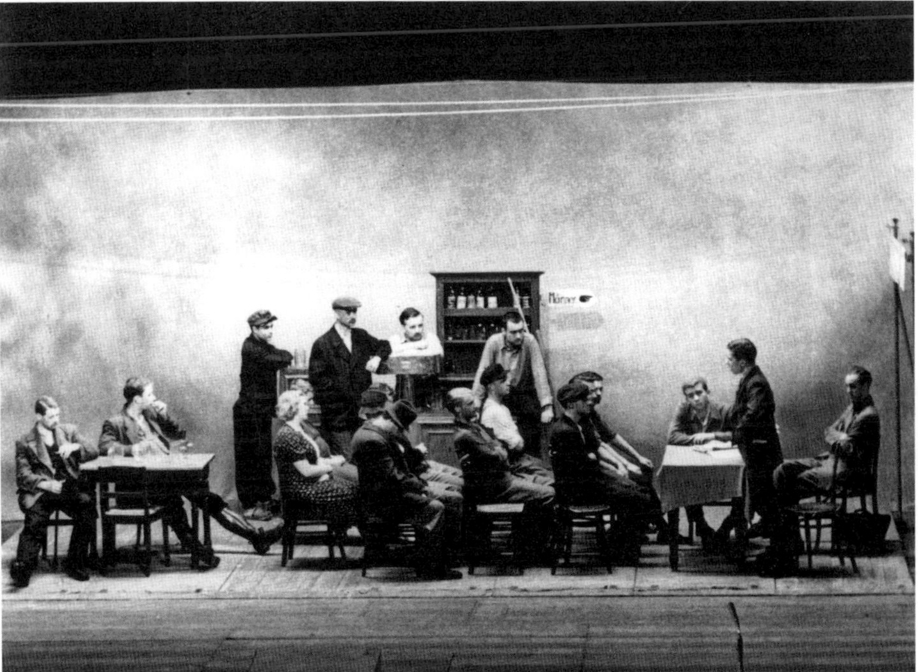

Szenenfotos aus der Uraufführung »Die Umsiedlerin« mit Studenten der Hochschule für Ökonomie, Berlin 1961

Ich bin mir bewusst, dass ich damit das Vertrauen der Arbeiterklasse, die mich zum Studium delegiert hat, das Vertrauen der Angestellten der Hochschule, die mich in meiner Arbeit als Laienkünstler unterstützt haben, das Vertrauen der Genossen, die mich in die Reihen der SED als Kandidat aufgenommen haben, aufs Gröblichste verletzt habe. Es gilt jetzt für mich, mich von diesen bürgerlichen und schädlichen Resterscheinungen zu befreien, wobei ich weiß, dass ich in diesem Klärungsprozess auf die Hilfe und Unterstützung alter und erfahrener Parteigenossen rechnen kann, und ich bitte darum, mir in diesem Ringen um ideologische Klarheit zu helfen.«

Zwei Beispiele von Selbstkritik, zu der die Studenten der Hochschule für Ökonomie in Berlin-Karlshorst genötigt wurden. Wer dem nicht nachkam, wurde relegiert. Ihr Vergehen: Sie hatten im FDJ-Studententheater der Hochschule in der Uraufführung von Heiner Müllers »Die Umsiedlerin« mitgewirkt. Die Inszenierung war ein Beitrag des Deutschen Theaters Berlin für die Weltfestspiele der Jugend und Studenten, die im Herbst 1961 stattfanden. Erst sechs Wochen zuvor, am 13. August 1961, hatte sich die DDR mit dem Bau der Mauer vom Westen abgeschottet. Am Checkpoint Charlie standen sich amerikanische und sowjetische Panzer gegenüber.[206]

Der Tag nach der Uraufführung

»Die Premiere war am Samstagabend. Sonntag war ich zu Hause und hatte mich ausgeschlafen, und am Montag wollte ich eine Vorstellung von ›Leonce und Lena‹ ansehen, das war ja eine Studententheaterwoche innerhalb der Berliner Festtage. In der Straßenbahn hatte ich Frau Nahke getroffen, eine Literaturwissenschaftlerin, die mir was erklärt hat über die Aristophanes-Rezeption in der ›Umsiedlerin‹. Wir waren also ins Gespräch vertieft, als wir die Auffahrt hochgingen. Da habe ich nur aus dem Augenwinkel bemerkt, das ist mir erst hinterher bewusst geworden, sie hatten vorn am Eingang einen hingestellt, den Darsteller von Otto Sieber Eierschieber, der stand da in klassischer Spitzelhaltung mit dem Blick über die Schulter. Der hat dann Bescheid gesagt: Jetzt kommt er. Und wie ich zu der Treppe an den Eingang kam, hatte sich eine Gruppe der Darsteller aufgebaut, in der Mitte der Darsteller des karrieristischen Bürgermeisters Beutler, völlig in der Haltung Beutlers mit eingestemmten Armen, überwacht vom 2. Sekretär der Parteiorganisation, der an seiner Seite stand, und die verweigerten mir den Zutritt. Und als ich widersprach, griff der Sekretär sofort ein, und es gab damals, auf der Treppe am Montagabend, schon die Sprachregelung: ›konterrevolutionär, antikommunistisch und antihumanistisch‹. Also, ich hab

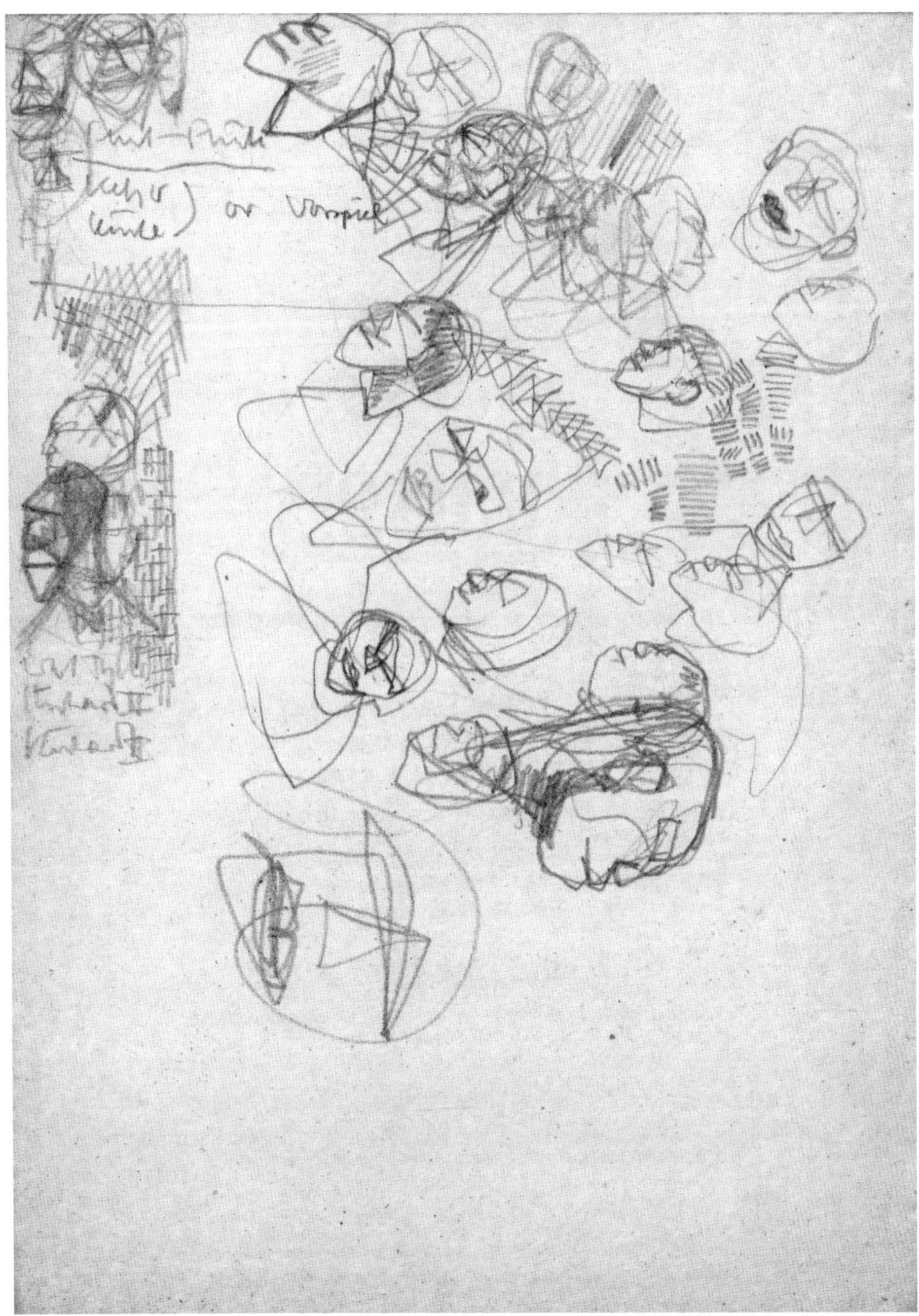

Zeichnungen Heiner Müllers, entstanden während der Proben zu »Die Umsiedlerin« 1961[207]

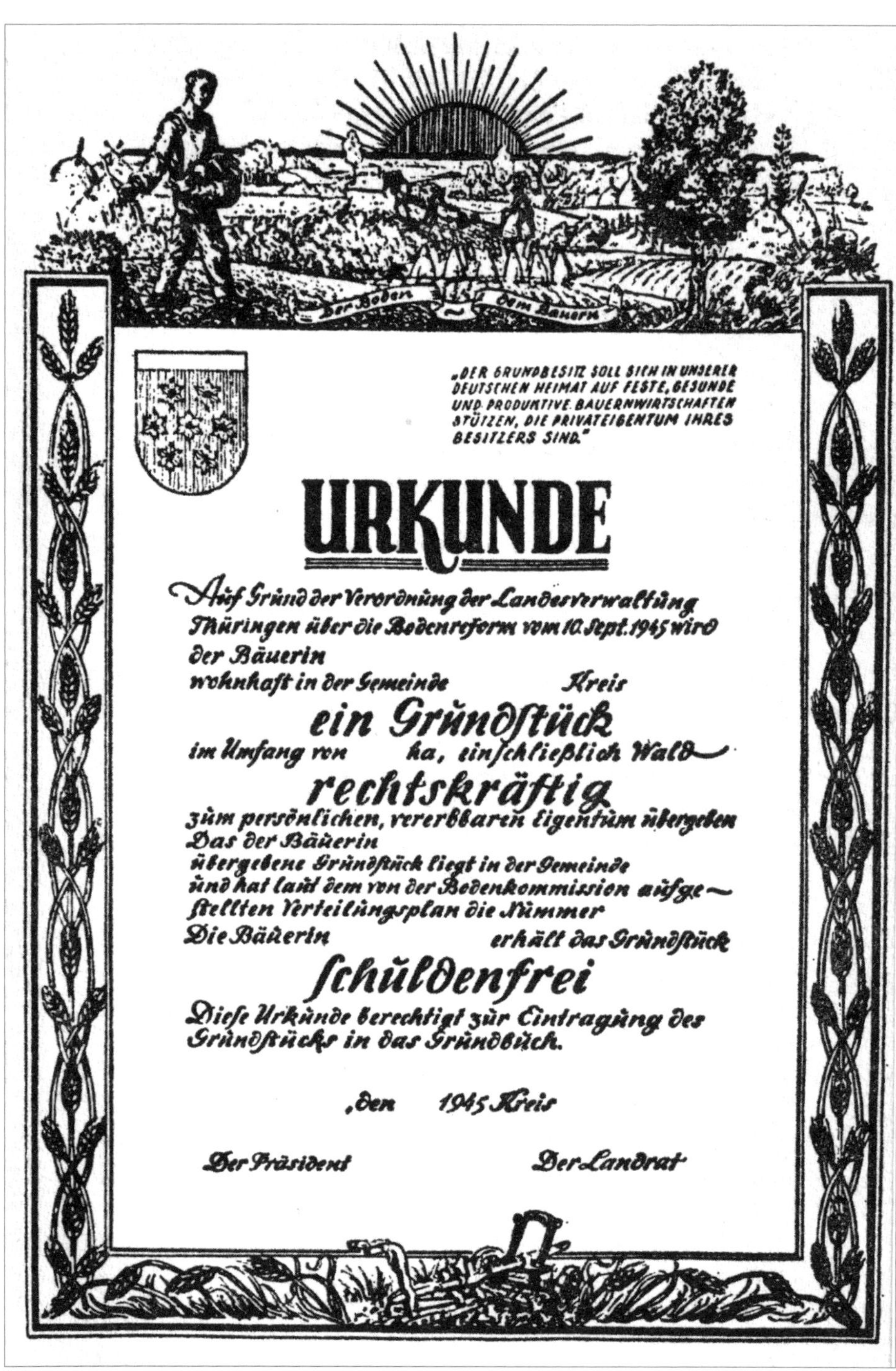

Der Boden dem Bauern

„DER GRUNDBESITZ SOLL SICH IN UNSERER DEUTSCHEN HEIMAT AUF FESTE, GESUNDE UND PRODUKTIVE BAUERNWIRTSCHAFTEN STÜTZEN, DIE PRIVATEIGENTUM IHRES BESITZERS SIND."

URKUNDE

Auf Grund der Verordnung der Landesverwaltung Thüringen über die Bodenreform vom 10. Sept. 1945 wird
der Bäuerin
wohnhaft in der Gemeinde Kreis

ein Grundstück

im Umfang von ha, einschließlich Wald

rechtskräftig

zum persönlichen, vererbbaren Eigentum übergeben
Das der Bäuerin
übergebene Grundstück liegt in der Gemeinde
und hat laut dem von der Bodenkommission aufgestellten Verteilungsplan die Nummer
Die Bäuerin erhält das Grundstück

schuldenfrei

Diese Urkunde berechtigt zur Eintragung des Grundstücks in das Grundbuch.

, den 1945 Kreis

Der Präsident Der Landrat

Urkunde zur Landverteilung, Bodenreform 1945

da kehrt gemacht. Ich musste weg. Ich hatte kein Geld für eine Taxe, ich bin gerannt. Dann bremste plötzlich ein Auto neben mir, der Leiter der Bühne stieg aus und verlangte von mir: Die Schlüssel. [...] Ich bin dann nach Pankow mit der S-Bahn und hab auf dem Kissingenplatz im Gebüsch gestanden, weil Heiner und Inge [Müller] nicht zu Hause waren. Und als sie kamen, nach einer halben Stunde, bin ich dramatisch aus dem Gebüsch gestürzt, die Hosen voll sozusagen, und habe die Geschichte berichtet.«[208]

»Damals stand man da wie Gott im Hemd allein.«[209]

B. K. Tragelehn

Was B. K. Tragelehn, der Regisseur der Inszenierung, berichtet, markiert den Beginn einer langen Geschichte, in der sich Aufführungsverbot, Verhöre, Gutachten, Versammlungen, Stellungnahmen, Parteiausschlussverfahren, Rausschmiss aus dem Schriftstellerverband, Rechtfertigungen, Selbstkritik, Widerrufe, Ergebenheitsadressen sowie Kündigungen aneinander reihen und überbieten. Sie führen Tragelehn und Müller an den Rand ihrer Existenz, das heißt: zu Berufsverboten, Tragelehn zusätzlich zur »Bewährung« in den Braunkohle-Tageabbau. Beteiligt an dieser Aufwallung von Verfolgungswahn und Machtdemonstration, an diesem stalinistischen Kreuzzug, sind die Hochschule für Ökonomie in Karlshorst, der Zentralrat der FDJ, das Deutsche Theater, das Berliner Ensemble, der Schriftstellerverband, die Akademie der Künste, das Kulturministerium, der Staatssicherheitsdienst, die Bezirksleitung Berlin und das Zentralkomitee der SED – alle kurz nach dem Mauerbau wie hysterisch damit beschäftigt, Schuldige und Mitschuldige an dem konterrevolutionären Attentat dingfest zu machen.

Heute gehört die Affäre um Heiner Müllers Komödie »Die Umsiedlerin oder Das Leben auf dem Lande« zu den bekanntesten Fällen staatlicher Zensur in der DDR und ist einer der am besten dokumentierten Fälle.[210]

ÜBER DIE AUFFÜHRUNG EINER GEWISSEN
KOMÖDIE IN DER INSZENIERUNG DES
REGISSEURS B K T IN BERLIN 1961

Und zwischen ABC und Einmaleins
Wir pißten pfeifend an die Schulhauswand.
Die Lehrer (hinter vorgehaltener Hand):
HABT IHR KEIN SCHAMGEFÜHL? Wir hatten keins.

April 62 H u. I

Vers von Heiner (H) und Inge (I) Müller für B. K. Tragelehn[211]

Walter Ulbricht wird von der Abteilung Kultur des ZK informiert: »Die Vorfälle beweisen, dass die feindliche Position von Kipphardt, der das Mittel der Satire als Waffe gegen Partei und Staat benutzen wollte, noch nicht restlos überwunden ist.« Die Staatssicherheit geht gegen Müller und Tragelehn vor »mit dem Ziel, beide festzunehmen«. Auch Heiner Müller muss eine Selbstkritik abliefern. Er zeigt sie zuvor Helene Weigel. Sie hält den Schrieb für unzureichend. Er soll sich im Berliner Ensemble ins »Brecht-Zimmer« setzen, Brechts ehemaliges Büro, und dort einen neuen Text verfassen. Müller schreibt neu, wenn auch mit versteckter Ironie: »Ich habe versucht, klüger zu sein als die Partei.«

Warum überhaupt dieser ganze unglaublich aufgeregte Aufwand? Was steckt dahinter?

Worum ging es überhaupt?

Die Uraufführung

Am 5. Juli 1957 erhält Müller einen Werkauftrag über »Die Umsiedlerin« vom Ministerium für Kultur. Darin wird die Zusammenarbeit mit dem Deutschen Theater festgelegt. Heiner Kipphardt, Chefdramaturg des Deutschen Theaters, bedauert schon 1959, als er seinen Posten räumen musste, dass Heiner Müllers »Umsiedlerin« nicht fertig geworden ist. Kipphardt wollte das Stück unbedingt spielen.[212] Zwei weitere Jahre später, drei Tage, nachdem die kriminalisierte Uraufführung am 3. Oktober 1961 stattgefunden hatte, wird der Vertrag mit Müller gekündigt. Er soll die erhaltene 1. Rate zurückzahlen, da er ja nichts abgeliefert habe.[213]

Das nicht vorhandene, aber offenbar doch allen bekannte Stück »richtet sich satirisch gegen die Landwirtschaftspolitik der Partei und der Regierung«, weiß die Abteilung Agitation und Propaganda am ZK in der vertraulichen Verschlußsache XVI 028/61 zu berichten.[214] In der Tat geht es um ein die Gesellschaft umwälzendes Projekt, das seit Kriegsende 1945 Thema war und ein Fundament der DDR bildet.

»Das Stück sei ›aus dem Geist der ungarischen Konterrevolution geboren‹.«

Aus einem Bericht der SED Bezirksleitung Berlin, 21.10.1961[215]

Zieh, Traktor, zieh! Wir sagen nicht mehr Hüh!

Gegenstand des Stückes ist die Geschichte eines kleinen mecklenburgischen Dorfes von der Bodenreform 1945 bis zum Ende der Kollektivierung 1960.

Für die Bauern stehen lediglich zwei Traktoren zur Verfügung. Ihre kollektive Nutzung entfacht grundlegenden Streit. Alte Verhaltensweisen und Gewohnheiten müssen über den Haufen geworfen werden und die neuen Anforderungen lassen Widersprüchlichkeiten zu Tage treten.

Bereits ein Vierteljahr nach Kriegsende wurden in der russischen Besatzungszone die ersten Verordnungen zur Bodenreform erlassen. Auf Betreiben der sowjetischen Militärverwaltung wird Großgrundbesitz von Kriegsverbrechern und aktiven NSDAP-Mitgliedern ohne Entschädigung enteignet. Es traf zunächst mehr als 7000 Landbesitzer.[216] Das Land wurde an Landarbeiter, Kleinbauern und Umsiedler verteilt. Auf Betreiben der Sowjets wurden Flüchtlinge zu Umsiedlern erklärt. Wer die Sprachregelung nicht mitmachte, galt als »Staatsfeind«.[217] In den Dörfern überwachten gewählte Kommissionen die Landverteilung. Um der Bevölkerung die Versorgung mit Lebensmitteln zu garantieren, wurden die Bauern verpflichtet, eine gewisse Menge der Ernte zu festgesetzten Preisen abzugeben. Was fehlte, waren Landmaschinen. Dann beschloss 1952 die SED die Kollektivierung der Bauern, die Verstaatlichung der Landwirtschaft. Die Neubauern verloren ihren soeben errungenen Besitz wieder. Wie gewonnen, so zerronnen. Die Altbauern sahen sich gezwungen, sich in die neue LPG, in die landwirtschaftliche Produktionsgenossenschaft, einzubringen. Die einzelnen Felder wurden zusammengelegt, Land und Maschinen zum Volkseigentum erklärt. Es war ein langwieriger, schwieriger Prozess, der sich bis 1960 hinzog und der bereits ein Jahr später seinen Widerhall auf dem Theater fand. Die 15 Jahre andauernde Entwicklung mit ihren Hoffnungen, Erfolgen, Ungereimtheiten, Widersprüchen, komischen und grotesken Momenten bot Müller den Stoff für eine Art Geschichtsunterricht über die jüngste Vergangenheit vom Aufbau des Sozialismus auf dem Lande. »Die Umsiedlerin oder Ein Leben auf dem Lande« ist eine komprimierte Chronik der Boden- und Landwirtschaftsreformen in der DDR.

Doch das Stück weist über die Darstellungen dieser Auseinandersetzungen hinaus. Müller sieht in der widerspruchsvollen Geschichte ein Sinnbild für die DDR überhaupt. Ein Satz im Programmheft der Uraufführung liefert den Hinweis: »Das Leben auf dem Lande steht für das Leben im Lande.«

Von dem Sturm, den die Uraufführung am Abend des 30. September 1961 in der Aula der Hochschule in Karlshorst entfachte, war während der Vorstellung nichts zu merken. Zuschauer berichten von einer erfolgreichen Premiere mit langem Applaus. Es wurde viel gelacht. Ein Mitglied der Studentenbühne merkt in seinem Bericht für die Stasi an: »Sehr laut gelacht hat Manfred Krug. [Karl] Mickel bezeichnete es [das Stück] als einen Höhepunkt.« Danach gab es wenige, die das Stück verteidigten. Eine Verlautbarung der Abteilung Kultur des ZK der SED, verfasst von ihrem Leiter Siegfried Wagner, setzte ein unmissverständliches Signal zur Sprachregelung, den Auftakt zur Staatsjagd: »Die Fakten lassen den Schluss zu, dass die Aufführung der ›Umsiedlerin‹ Teil und Höhepunkt einer staatsfeindlichen Aktion ist, die das Ziel verfolgt, auf einer besonderen Plattform oppositionelle Intellektuelle zum Angriff auf den Staat zu sammeln.«[218]

Form und Sinn – die alte Debatte neu

Was überrascht, ist eine vehemente und grundsätzliche Verteidigung Heiner Müllers durch Peter Hacks. Was weniger überrascht, sind, wie von Hacks nicht anders zu erwarten, seine in sich schlüssigen wie eigenwilligen Argumente. »Über den Vers in Müllers Umsiedlerin-Fragment« veröffentlicht er in der Fachzeitschrift »Theater der Zeit«[219]. Die Redaktion gibt dem Artikel ein Vorwort mit auf den Weg gibt, weil Hacks sich lediglich auf eine Szene bezieht: »Die Redaktion, vom Wert der Szene nicht überzeugt, hält es trotzdem für positiv, dass ein Dramatiker öffentlich zum Werk eines Kollegen Stellung nimmt.« Der Kommentar enthält drei Vorwürfe. 1. Nur eine Szene dient als Grundlage. 2. Die Szene ist auch schlecht. 3. Eine Krähe hackt der anderen kein Auge aus.

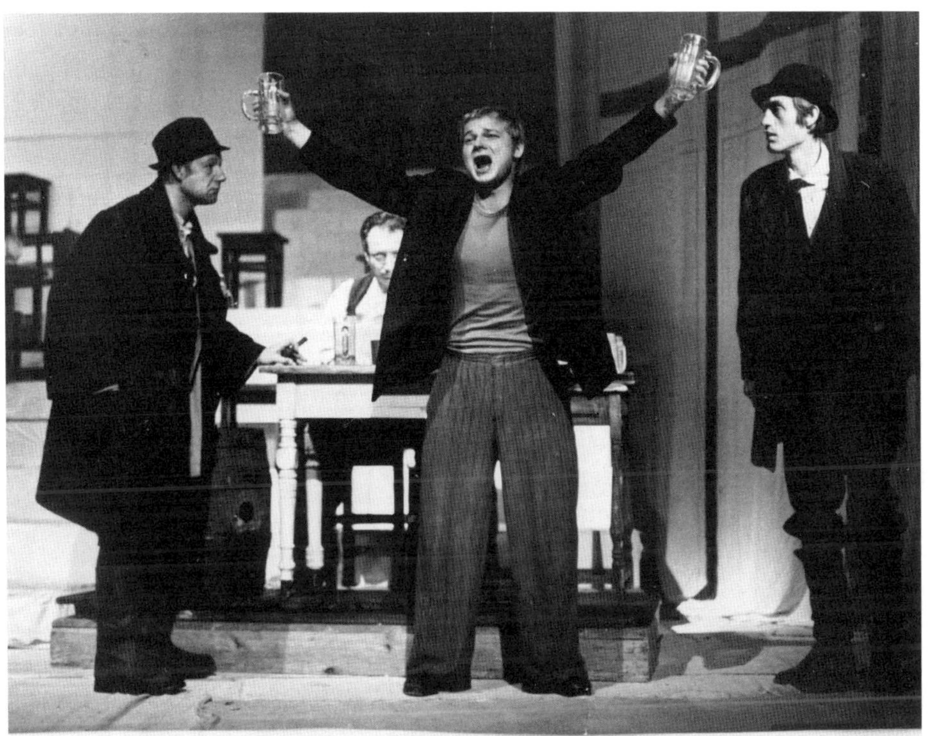

Volksbühne Berlin 1976, »Die Umsiedlerin«, nun unter dem Titel »Die Bauern« mit (v. l.) Hermann Beyer, Dieter Montag, Winfried Glatzeder

Dieser Verharmlosung entgegnet Peter Hacks mit der ultimativen Behauptung: »Müllers Blankvers ist ein literaturhistorisch wichtiges Vorkommnis und der Betrachtung lohnend.« Es folgt ein einleuchtender Essay über den Zusammenhang von Vers und Inhalt. Auszüge:

»Wert, Schönheit und Leben eines Verses beruhen nicht auf der Identität von Metrum und Rhythmus, sondern auf ihrem Widerspruch. [...] Das Metrum setzt ein Erwartungsschema, und in dem Wechsel von Erfüllung und Nichterfüllung der Erwartung liegt der ästhetische Reiz. Weit entfernt davon, Fehler zu sein, gehören Abweichungen vom Metrum gerade zum Wesen der gebundenen Sprache: sie machen die formale Schönheit und sie sind das einzige Mittel, inhaltliche Akzente umzusetzen: Sie ermöglichen Betonungen.« Hacks zählt nun vier von vielen Möglichkeiten der Abweichung vom Blankvers-Schema auf. Dazu dient die »Umsiedlerin« als Beispiel. Hacks analysiert detailliert die Verszitate und kommt zu dem Ergebnis: »Als Regel für den möglichen Grad rhythmischer Freiheit kann gelten: Jede Abweichung vom Schema ist erlaubt, solange das Schema im Ohr des Hörers nicht verloren geht.« Müller meistere genau diese Herausforderung bravourös. »Müller scheut sich offenbar nicht, das Metrum wiederholt in Vergessenheit geraten zu lassen, ja, er baut künstlerische Sperren, fällt gar von Zeit zu Zeit in Prosa. Nach jeder Prosastelle muss er, und der Hörer, den Jambus neu erobern ... Wie der Umsiedler-Jambus immer wieder neu produziert werden muss, muss der Sozialismus immer wieder neu produziert werden; beide sind nicht selbstverständlich. Die Prosa verfremdet den Vers, die Konfrontation mit dem Kapitalismus verfremdet den Sozialismus. Beider Schönheit wird durch Verfremdung deutlich. [...] Ich bin sicher, hier, an einem neuen Beispiel, das Wesen der Kunst zu beobachten: die formale Widerspiegelung von Produktionsverhältnissen.« Das ist wahrlich eine kühne, starke Behauptung. In der Dekonstruktion – er nennt es Verfremdung – gleichmäßig fließender Jamben findet Hacks die formale Entsprechung für den Widerspruch zwischen Kapitalismus und Sozialismus. Der Essay schließt mit dem Satz: »Müllers Arbeit [...] ist wichtig und von Dauer.«

> *»Im Berliner Ensemble in der Kantine, schon ziemlich besoffen, hat mir Konrad Naumann, Politbüromitglied und Bezirkssekretär – der hatte von Ruth Berghaus den Fall Tragelehn dargestellt gekriegt – sich schwer über mich gelehnt und gesagt: ›Was wir jetzt brauchen ist Parteidisziplin, sonst haut uns die internationale Großbourgeoisie in die Pfanne.‹ Das ist ein absolut charakteristischer Satz.«*
>
> B. K. Tragelehn[220]

Böse Buben

Die Proben liefen zunächst relativ unkontrolliert ab. Das lag daran, dass viele Teilnehmer der Internationalen Studententheaterwoche wegen des Mauerbaus aus Protest abgesagt hatten, man aber unbedingt den Anschein von Normalität wahren wollte.

Während der Proben notierte der Regisseur seine positiven Erfahrungen mit den Laiendarstellern, deren Vorteile ihn überzeugten: »Das sind reiche Beobachtungsreservoire und lebendige Stellungnahme. Sie sind eben nicht bloß Schauspieler, sondern Schauspieler nur unter anderem auch. [...] Für Arbeiterschauspieler hat es die Schranken zwischen Kunst und Leben nie gegeben, die dem bürgerlichen Schauspieler immer noch oft den Blick auf die Wirklichkeit verstellt.«[221]

Heiner Müller berichtet: »Ich schrieb mit dem Gefühl der absoluten Freiheit im Umgang mit dem Material, auch das Politische war nur mehr Material. Es war wie auf einer Insel, es gab keine Kontrolle, keine Diskussion über den Text. Wir haben einfach probiert und ich habe geschrieben. Der Spaß bestand auch darin, dass wir böse Buben waren, die dem Lehrer ins Pult scheißen.«[222]

Anschließend lebt Müller zwei Jahre lang am Existenzminimum, überbrückt die Zeit mit Hilfe eines befreundeten Redakteurs bis zu seiner »Rehabilitierung« durch anonymes Schreiben für den Rundfunk. Er und Tragelehn werden fortan von der Stasi überwacht.

Die Härte und Brutalität, mit denen der Staatsapparat vorging, erklärt sich in gewisser Weise durch den Bau der Mauer, die gerade erst im Sommer errichtet worden war. Die Partei und Staatsführung verstand ihr Vorgehen als einen »Klärungsprozess«, der dazu diente, »konterrevolutionäres Machwerk« zu eliminieren, das den Staat bedroht, der gerade versucht, sich mit dem Mauerbau zu stabilisieren. Hatte doch die Mauer bei Künstlern und Intellektuellen die Hoffnung geweckt, freier agieren zu können. Abgeschottet von westlichen Einflüssen, hoffte man auf Freiräume.

> *»In der ganzen Geschichte der DDR-Kulturpolitik gab es nie konkrete Argumente. Immer nur Unbehagen. Ein dumpfes Unbehagen. […] Die eigentlichen Punkte wurden nie benannt, es waren allgemeine Vorwürfe, ich kann mich nicht erinnern an ein einziges konkretes Argument.«*
>
> Heiner Müller

Über das Stück breitet sich absolutes Schweigen aus, das 15 Jahre dauern sollte. Die kurze kulturpolitische »Tauwetterperiode« Mitte der 70er-Jahre machte den Weg frei, den Text – Müller nennt das Stück jetzt »Die Bauern« – endlich 1975 zu publizieren. Im September desselben Jahres wird Müller mit dem Lessing-Preis für seine dramatischen Dichtungen geehrt, »die zu den bedeutenden Leistungen der sozialistisch-realistischen Bühnendramatik unserer Republik gehören«.

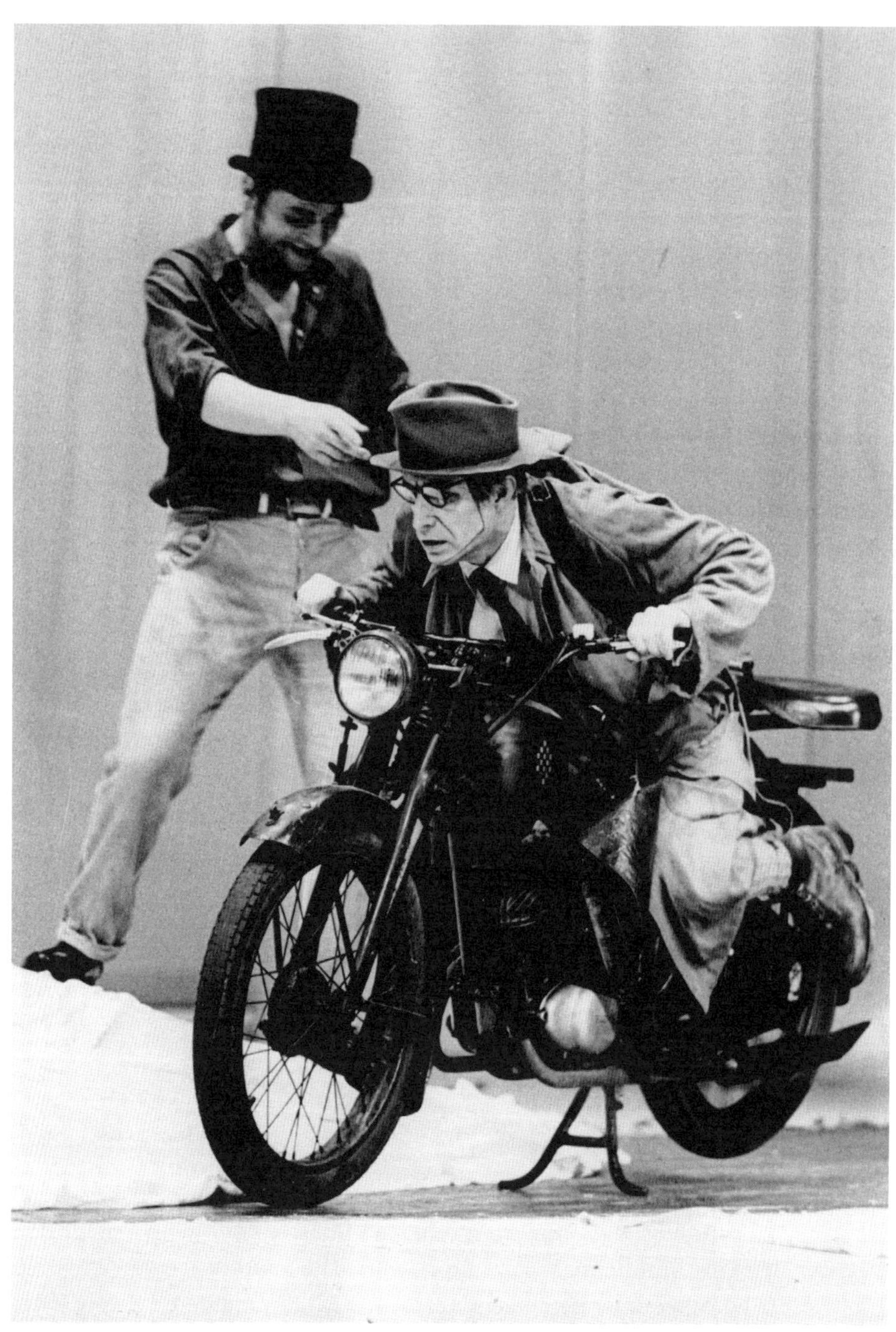

Volksbühne Berlin 1976, »Die Umsiedlerin«, unter dem Titel »Die Bauern« mit (v. l.) Dieter Montag und Winfried Wagner

Am 30. Mai 1976 folgt die längst überfällige Wieder-Uraufführung an der Berliner Volksbühne. Christoph Hein berichtet: »Am Tag der Uraufführung von den ›Bauern‹ stand ich mit ihm vor der Volksbühne. Einige Premierengäste kamen auf Müller zu, begrüßten ihn und wünschten ihm Glück. Plötzlich brach es aus ihm heraus. ›Diese Ratten‹, sagte er leise. Auf meinen erstaunten Blick hin bemerkte er verbittert: ›Das sind dieselben, die mir das Stück vor 15 Jahren verboten haben.‹ Dann näherte sich die nächste Ratte und wünschte Müller Glück, und Müller lächelte dankend, die Lippen schmal, den Mund spöttisch verzogen, die Augen halb geschlossen, die Freundlichkeit in Person, alles verstehend, alles verzeihend und angeekelt. Zuletzt wollte er gehen.«[223]

Die Kritik verstand es, das Stück gleichzeitig zu loben und sich vom Leibe zu halten. Es liefere ein »Geschichtspanorama«, das heißt, es berichtet »Vorgänge in einem Dorf zwischen Herbst 1946 – Bodenrefom – und Frühling 1960 – Abschluss der Vergenossenschaftlichung«. Man schob es 1976 bereits in vergangene Zeiten. Es »ist ehrlich, randvoll mit Wahrheiten aus jenen Jahren des schweren Anfangs.« Es half allenfalls, eine »sozialistische Grundhaltung lebendig zu halten, zu kultivieren«. Auch der »kantig-poetische Text« fand Beifall wie Ablehnung. »Da wird ein Widerspruch nach dem anderen angepackt, bis in höchste Höhen hinaufgesteigert, in seinen tragischen, komischen, auch banalen Aufgipfelungen herausgestellt – und dann in allzu vielen Fällen interesselos aufgegeben zugunsten eines weiteren Widerspruchs. Das macht es schwer«, stöhnte Manfred Nössing in »Theater der Zeit« 8/1976.

Hans Mayer: »Er hat viel durchmachen müssen. Körperschmerz und Seelenschmerz, menschliche Gemeinheit und gesellschaftliche Ächtung. Zum Schluss focht ihn gar nichts mehr an. Nicht einmal der späte Weltruhm, dem er misstraute.«[224]

Heiner Müller »Die Umsiedlerin oder Ein Leben auf dem Lande«, Komödie, Uraufführung 30.9.1961 Studentenbühne der Hochschule für Ökonomie Berlin-Karlshorst, Regie: B. K. Tragelehn – Lesung: Der »Umsiedlerin« galt die letzte Veranstaltung – die Nr. 44 – der Lesereihe im Berliner Ensemble im Mai 2017. Das Stück wurde in Auszügen gelesen, in der Hauptsache ging es in der Veranstaltung darum, anhand von Dokumenten den »Fall Müller« darzustellen.

Ein Hintern ohne Ausweis

Heiner Müller
1929–1995

WEIBERKOMÖDIE

Heiner Müller schrieb seine Stücke, als gelte es, sie für die Ewigkeit in Stein zu meißeln. Sie kommen schwergewichtig und geschichtsträchtig daher wie klassische Tragödien. Das meinte zumindest sein Kollege Thomas Brasch. Aber Müller konnte auch anders. Seine »Weiberkomödie«, geschrieben 1969, kommt komödiantisch daher. Es ist ein Schwank, kess und sexy, deftig, witzig und ironisch: Die attraktive Brigadierin badet nackt im Baggerteich und alle Genossen schauen heimlich zu. Das gibt Ärger im Betrieb, in der Familie und in der Partei. Im allgemeinen Ärger wächst das Selbstbewusstsein der Frauen im Bau-Kombinat, der Kampf um die Produktion wird als Geschlechterkampf geführt.

Heiner Müller und seine Frau Inge Müller recherchierten 1957 für das geplante Stück »Korrektur« zwei Wochen lang im Braunkohlenkombinat »Schwarze Pumpe«, dem größten Industrieprojekt der DDR. Das Ergebnis des Aufenthalts in Spremberg war Inge Müllers Hörspiel »Die Weiberbrigade«, das 1960 gesendet wurde. Auf der Grundlage des Hörspiels entstand 1969, drei Jahre nach Inge Müllers Freitod, die »Weiberkomödie«. Die Uraufführung sollte an der Volksbühne stattfinden. Heiner Müller: »Es gab immer zwei Möglichkeiten, Empfehlung oder Weisung, das heißt Verbot. Bei der Empfehlung, das nicht zu spielen, lag es dann in der Verantwortung des Intendanten. Bei den meisten Intendanten genügte die Empfehlung. Auf Empfehlung hat zum Beispiel Benno Besson, der Intendant der Volksbühne, nie reagiert. Bei ›Schlacht‹ 1975, bei ›Bauern‹ 1978 gab es die Empfehlung, das nicht herauszubringen, und er hat die Verantwortung übernommen. [...] Diese Empfehlung gab es eigentlich fast immer, die einzige Weisung in der Ära Besson an der Volksbühne bezog sich auf die ›Weiberkomödie‹, ein absolut harmloses Stück.«[225]

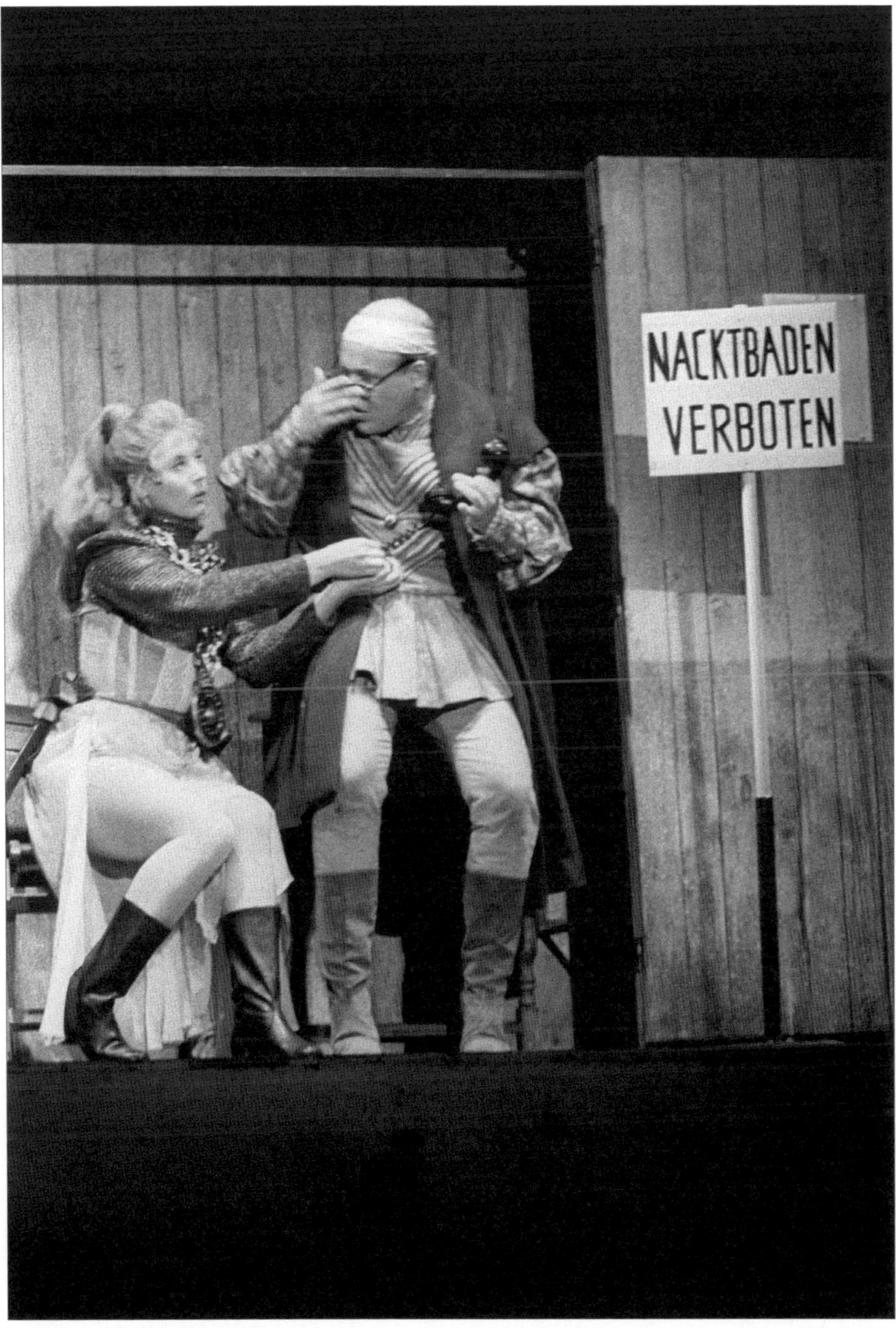

Szenenfoto »Weiberkomödie« von Heiner Müller an der Volksbühne Berlin 1971 mit Ursula Karusseit und Hans Teuscher

Das Aufführungsverbot verdankt die »Weiberkomödie« der Prüderie der Partei. »Die heitere Lektion in Sachen Gleichberechtigung« spielt mit der Sexualität, mit Erotik, bietet sich offenherzig dar. Wie kann das harmlos sein! Da nützt es nichts, dass Heiner Müller selbst die Bedeutung des Stückes verharmlost: »Dass die ökonomischen Grenzen der Emanzipation in ›Weiberkomödie‹ nur Theater und nicht ... reflektiert sind, hält den Text auf dem Niveau einer Art (sozialistischer) Bierzeitung. [...] Solange Arbeit mehr Notwendigkeit als Bedürfnis ist, braucht das Theater, wenn es den Hintern zeigt, keinen Ausweis.«[226]

Was in Berlin nicht möglich war, findet ein halbes Jahr später in Magdeburg statt. Das Arbeiter-Theater des größten Industrie-Kombinats Magdeburgs und das Theater der Stadt, zusammen eine gemischte Laien- und Profi-Truppe, wollen das Stück spielen. Dringend. Denn »nachdem das Theater seine Konzeption im Betrieb vorgetragen und verteidigt hat«, beschließt der Betrieb, »seinen Jahresplan erst dann als erfüllt anzusehen [...] wenn die ›Weiberkomödie‹ uraufgeführt ist«.[227] Der Parteisekretär des Betriebes gibt der Theateraufführung des Stückes ein Gewicht, das offenbar Berlin nicht zuzumuten war: »Wir brauchen das Theater für unser Werk als ideologische Waffe.« In seinem Abschlussbericht stellt er fest: »Die Aufführung kam gut an.« Was zur Folge hatte, dass der Betrieb die Zusammenarbeit mit dem Magdeburger Theater fortsetzen möchte.

Heute mit Abstand wieder gelesen ist die Wirkung ganz anders. Da scheint der Text ein Satyrspiel auf »Die Umsiedlerin« beziehungsweise »Die Bauern« zu sein. Es wirkt wie ein heiteres und groteskes Nachspiel über die Selbstbefreiung aus Männerfantasien und konterkariert das Drama einer Flüchtlingsfrau während der Kollektivierung der Landwirtschaft.

Heiner Müller »Weiberkomödie« nach dem Hörspiel »Die Weiberbrigade« von Inge Müller, Uraufführung 18.12.1970 VEB Werkzeugmaschinenfabrik Magdeburg, zusammen mit den Bühnen der Stadt Magdeburg, Regie: Konrad Zschiedrich, mit Bernd Renne, Gisbert-Peter Terhorst, Hella Müller, Eberhard Prüter, Evelyn Cron, Ingeborg Schmitz, Willi Nocke, Ilse Voigt, Monika Pietsch, Klaus-Rudolf Weber, Peter Beske, Karl-Jürgen Rost, Wolfgang Anton, Gerd Preusche, Klaus Ziller, Henry Hübchen, Armin Winkler, Heinrich Banet, Klaus-Peter Pleßow, Ann Köther, Heinrich Maaß, Hans-Joachim Langer, Gerhard Schmidt

Hitler kaputt! Jetzt Frieden!

Heiner Müller
1929–1995

DIE SCHLACHT / TRAKTOR

Die Literatur- und Kulturzeitschrift »Sinn und Form« veröffentlichte 1966 den Text eines kurzen Dramas von Heiner Müller mit dem Titel »Das Laken oder Die unbefleckte Empfängnis.«

In einem Luftschutzkeller in Berlin erwarten mehrere Personen das allerletzte Ende des Zweiten Weltkriegs. Erst knapp zehn Jahre später wird der beeindruckende Text auf die Bühne gebracht. Es eröffnete als eine Art Prolog das legendäre »Spektakel«, mit dem die Volksbühne anlässlich des 25. Jahrestages der DDR elf Uraufführungen von zeitgenössischen Stücken vorstellte. Heiner Müller ist von der Inszenierung seines kurzen Einakters so angetan, dass er sich entschließt, eine ganze Szenenfolge, die er seit längerem konzipiert hatte, niederzuschreiben. »Ich hatte lange angezweifelt, dass das Theater die ästhetischen Mittel mobilisieren kann, so etwas auf die Beine zu stellen. Da habe ich die Ausarbeitung immer wieder hinaus geschoben.«

Müller beschreibt in fünf kurzen Szenen, und dies in atemberaubender sprachlicher Knappheit und Präzision, wie der Nationalsozialismus in den überwiegenden Teil der deutschen Bevölkerung Einzug gehalten hatte.

Die Nacht der langen Messer

In der Nacht des Reichstagsbrands. Zwei Brüder. Der eine ist ein klassenbewusster Arbeiter und Gegner der Nazis, der andere ist von Nazis gefoltert worden, um seine Genossen zu verraten. Er hat zwar niemanden ans Messer geliefert, ist aber, um seine Haut zu retten, der SA beigetreten. Nun meiden ihn die ehemaligen Genossen. Da er nicht mehr ertragen kann, dass sie ihn für einen Verräter halten, bittet er seinen Bruder, ihn zu erschießen, und der tut es.

Und als die Unsern in den Kellern schrien
Die langen Messer schnitten durch Berlin
Hab ich getötet den Verräter, meinen Bruder, ihn.

Ich hatt einen Kameraden

Vier Soldaten im Schneetreiben an der Ostfront. Der Hunger ist groß, und so beschließen sie, einen von ihnen zu töten und zu essen. Die Wahl fällt auf den Schwächsten.

Er war
Unser schwächstes Glied und eine Gefahr
Für den Endsieg. Jetzt aus Kameradschaft
Verstärkt er unsre Feuerkraft.

Die Kleinbürgerhochzeit

Kurz vor dem Einmarsch der Roten Armee. Ein fanatischer Nazi fordert seine Frau und seine Tochter zum gemeinsamen Selbstmord auf. Als sie sich widersetzen, erschießt er sie. Als er sich jedoch selbst töten will, zögert er. Da tritt der Führer aus einem Bild an der Wand und droht ihm. Doch der Mann weiß einen Ausweg. Er dreht das Bild kurzerhand um und macht sich aus dem Staub.

Wo ein Ende war wird ein Anfang sein. Der
Starke ist am mächtigsten allein.

Fleischer und Frau

Kurz vor Kriegsende. Ein Fleischer ist der SA beigetreten, weil er sich davon Vorteile für sein Geschäft verspricht. Es gelingt ihm auch, sich vor dem Kriegsdienst zu drücken. Als in der Nähe des Ortes ein amerikanisches Flugzeug abgeschossen wird, verlangen seine Kameraden von ihm, den abgestürzten Piloten zu töten.

Das schlägt in dein Fach, Sabest, du bist Fleischer.

Als die Front immer näher rückt, will sich der Mann aus Angst, zur Rechenschaft gezogen zu werden, im nahen Teich ertränken. Seine Frau folgt ihm, ist jedoch unschlüssig, ob sie ihn retten soll oder nicht. Als sie schließlich ins Wasser springt, kommt es zu einem Kampf, da sich der Mann an sie klammert. Da sie selbst zu ertrinken droht, bringt sie ihren Mann um.

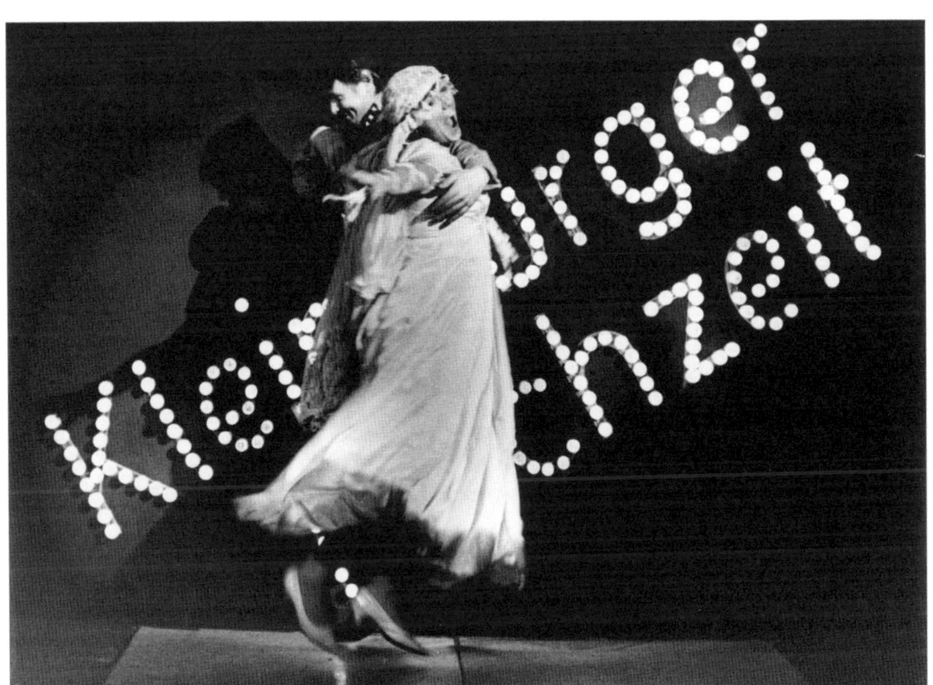

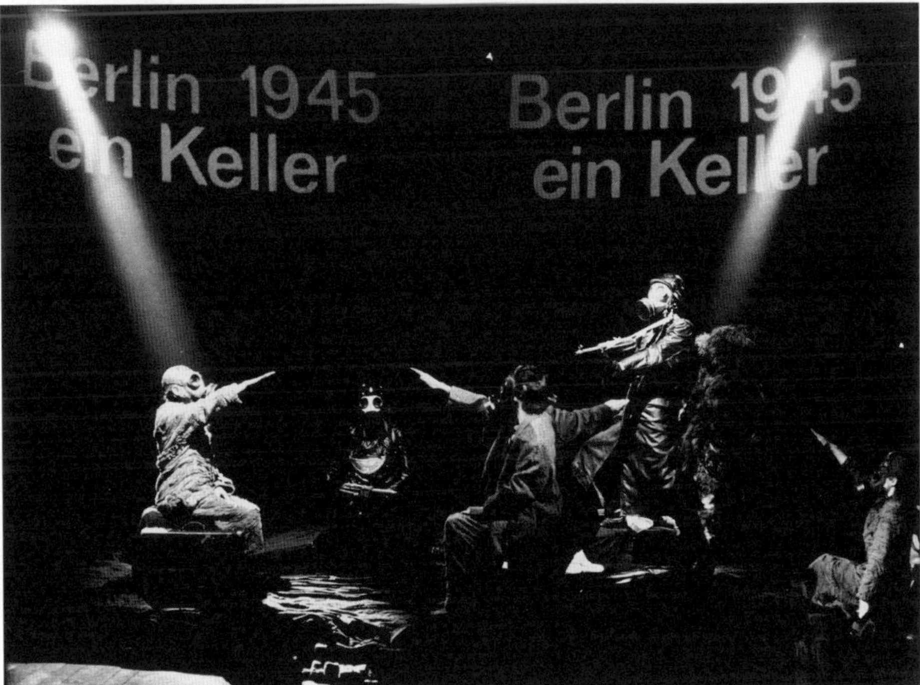

Uraufführung »Die Schlacht«, Volksbühne, Berlin 1975

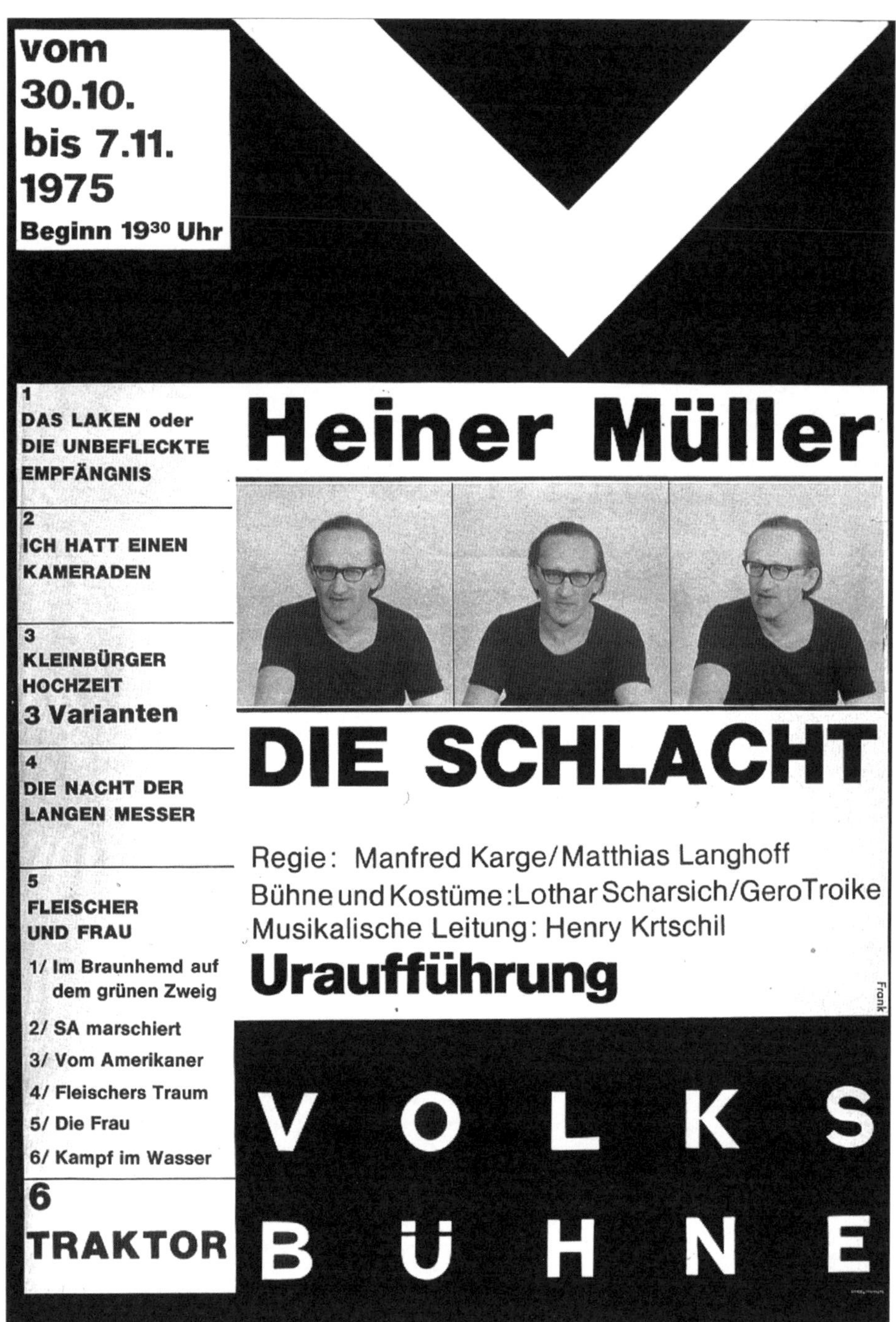

Plakat von Bernd Frank zur Uraufführung »Die Schlacht«, Volksbühne, Berlin 1975

Ich hab ihn umgebracht. Er oder ich.
Das Wasser wärs gewesen ohne mich auch.

Das Laken oder die unbefleckte Empfängnis
Berlin 1945. In einem Luftschutzkeller. Ein Mann und zwei Frauen bringen einen jungen Soldaten, der desertiert ist, dazu, zum Zeichen der Kapitulation ein weißes Laken vor dem Keller zu hissen.

Kamerad, du hast die Tapferkeit gelernt.
Zeig, dass du was gelernt hast.

Als zwei SS-Männer mit dem Laken in den Keller kommen, um den »Hochverräter« ausfindig zu machen, wird der junge Soldat von den anderen verraten.

Was steht auf Hochverrat?
Der Strick.
Ihr Herren, uns lasst aus. Der ists gewesen.

Russische Soldaten kommen mit dem Toten in den Keller. Eine der Frauen behauptet, er sei ihr Sohn. Darauf bekommt sie von den Russen ein Brot.

Über dem Toten beginnt der Kampf der Überlebenden um das Brot.
Ein Jahr später kommt »Die Schlacht, Szenen aus Deutschland« auf die Bühne. Die Aufführung stößt in der DDR zunächst eher auf Ablehnung und Verstörung:

»Deutsches Verhalten unter deutschem Faschismus als undifferenzierter, zirzensischer Alptraum, als höhnisch-makabres Menschheitspanoptikum, als grell und düster zelebrierte schwarze Messe? Die Geschichte der Menschheit – denn in dieser verabsolutierenden Überhöhung sind die Szenen letztlich territorial wie zeitlich austauschbar – nichts als schreiender Schmerz und lähmende Furcht, nur Schlamm und Blut und Spermen. Die Metapher steigert sich zur pauschalen Nur-Denunziation«, schreibt Rainer Kerndl 1975 in »Neues Deutschland«.

Kritisiert wird vor allem, dass in Müllers Stück der antifaschistische Widerstand unerwähnt bleibt. Aber der Zuspruch des Publikums ist enorm und die angegriffene Aufführung bleibt neun Jahre auf dem Spielplan des Hauses.

Müller zeigt in dem Stück, dass ein Großteil der Deutschen Hitler nachlief, während nur wenige sich ihm entgegenstellten. Er wollte damit auch die gern gehegte Meinung korrigieren, dass es einen großen inneren und äußeren Widerstand gegen das Hitler-Regime gegeben hätte.

Im Vorfeld der Inszenierung hatten der Autor und die Regisseure den Text in Schulen und Betrieben vorgestellt und mit den Schülern und Arbeitern diskutiert. Ein Teil der in diesen Diskussionen geäußerten Meinungen wurden in verschiedenen Aufführungen zwischen den Szenen dem Publikum vorgestellt.

Mit »Die Schlacht« nimmt Müller auch deutlich Bezug auf Bertolt Brechts 1938 uraufgeführte Szenenfolge »Furcht und Elend des dritten Reiches« und setzt sich inhaltlich wie formal mit ihr auseinander.

Man kann sagen, dass »Die Schlacht« und ihre Aufführung, besonders aber auch die mit großer Aufmerksamkeit aufgenommene Gastspielserie in Frankreich, enorm wichtig für Müllers internationale Anerkennung als Dramatiker war.

Deutsches Schreckensbild

Kämpft der Mensch um sein Überleben, ist er zu allem fähig: zu Verrat, Denunziation, Kannibalismus, Folter, Mord. Wie spielt man das? Mit welchen Mitteln versucht man das darzustellen? Wie versucht man sich einem extremen Stoff zu nähern, wie soll man mit ungewöhnlichen szenischen Formen umgehen?

Die Schüler und Schülerinnen der Westfälischen Schauspielschule in Bochum proben »Die Schlacht« von Heiner Müller. Unter Anleitung des Regisseurs Manfred Karge, der schon bei der Uraufführung in Ost-Berlin inszeniert hatte, planen 1982 elf junge Menschen, die Schreckensbilder aus Deutschlands Nazi-Vergangenheit vom Ende des 2. Weltkrieges auf die Bühne zu bringen. Heiner Müller besucht die Proben und erzählt den Schülerinnen und Schülern, wie und warum die Szenen entstanden.

»Ich habe die meisten dieser Szenen angefangen zu schreiben als eine unmittelbare Reaktion auf Erlebnisse, Erfahrungen. Das war ziemlich früh, Anfang der fünfziger Jahre. Ich hatte damals keine Vorstellung davon, wie man so etwas auf dem Theater machen kann, auch keine Vorstellung von einer Dramaturgie für solche Szenen. Diese Vorstellung habe ich erst später gekriegt. Einmal durch das Lesen des Antigone-Vorspiels von Brecht, das sehr stark anknüpft auch an alte traditionelle, deutsche, dramatische Kurzformen, sogar Hans Sachs, wenn man will. Auch vom Vers her, das heißt Knittelvers. Oder Urfaust, überhaupt Sturm und Drang. Dann hatte ich fertiggeschrieben, nur ›Fleischer und Frau‹, als Hörspiel, unter anderem weil ich mir Theater dafür nicht vorstellen konnte. Die Theater, so wie sie waren, hatten auch kein Interesse an solchen Formen oder an Sachen, die so geschrieben sind, weil sie auch keine Vorstellung hatten, wie man's macht. Alles steckte sehr tief im Naturalismus oder in sozialistisch aufbereiteten bürgerlichen Salondramaturgien. Dann hatten der Matthias Langhoff und Manfred Karge das ›Laken‹ gelesen, eine der Fassungen vom ›Laken‹ ist mal gedruckt worden. Sie fragten mich immer wieder, ob man das nicht mal inszenieren sollte. Das haben sie dann gemacht im Rahmen des ›Spektakel‹, das wisst ihr. Durch diese Inszenierung habe ich eine Möglichkeit gesehen, diese Szenen alle zusammenzustellen. Zu einer Art Collage zu montieren, zu einer Art Szenenfolge. Da habe ich zum ersten Mal gesehen, dass es dafür eine theatralische Form gibt.«[228]

Wie 1975 bei der Uraufführung der »Schlacht«, folgte bei der Lesung des Stückes 2014 das Fragment »Traktor«. Es ist ein widerborstiges Heldengemälde aus der Nachkriegszeit, eine Art Ballade auf einen Traktoristen, der wider Willen aber opferbereit einen verminten Acker mutig pflügt. Die Explosion befreit das Feld von aller Gefahr, der Traktorist aber verliert ein Bein. Der Held ist verbittert und will das Bein wieder zurück haben.

Noch 1992 kanzelt der westdeutsche Starkritiker Georg Hensel den Text ab. Das sei »nicht mehr als eine verschämte Propagandaschnulze«.[229] Der ebenfalls westdeutsche Kritiker und auch Regisseur Ernst Wendt hält dagegen. Er stellt den Text in größere Zusammenhänge: »Immer wieder kreist Müllers Dramatik um das utopische, das zu wünschende und erst zu erarbeitende Verhältnis von Individuum und einer Gesellschaft, die auf Humanisierung angelegt ist.«

Heiner Müller, der Schrittmacher einer neuen Theatersprache, mal als destruktiv abgetan, mal als der Zukunft zugewandt verstanden, unterliegt in seiner Beurteilung offenbar nach wie vor den Folgen des Kalten Krieges.

Heiner Müller »Die Schlacht« Uraufführung 30.10.1975, Regie: Manfred Karge / Matthias Langhoff, mit Günter Junghans, Dieter Montag, Jürgen Rothert, Helmut Straßburger, Karl-Hermann Risse, Winfried Glatzeder, Hermann Beyer, Henry Hübchen, Besko Acker, Heide Kipp, Ursula Karusseit, Ursula Braun, Hildegard Alex. **»Traktor«** Uraufführung 27.4.1975 Friedrich-Wolf-Theater Neustrelitz, Regie: Thomas Vallentin

Sprechen Bauern in Versen?

Hartmut Lange
geb. 1937

MARSKI

»Der DDR verdanke ich alles, was ich bin.«[230] Hartmut Lange hätte wohl nie studieren können, wäre wohl nie Schriftsteller geworden, hätte nie die Kenntnisse erwerben können, die ihn zu einem scharfsinnigen Essayisten befähigten, wenn er nicht in der DDR aufgewachsen wäre. Nur hier erhielt er eine Ausbildung, die er sich aufgrund seiner subproletarischen Herkunft anderswo nie hätte leisten können. Hartmut Lange hat allen Grund, dankbar zu sein, so wie er gefördert wurde. Dennoch ist er 1965 via Jugoslawien in den Westen »abgehauen«. Niemand hat ihn gezwungen, dennoch musste er gehen. Quasi gezwungenermaßen freiwillig.

Der Moment, in dem ihm endgültig klar wurde, dass er gehen musste, war, als sein Stück »Marski« am Deutschen Theater uraufgeführt werden sollte und für die Spielzeit 1964/65 bereits offiziell angekündigt war. Von der Partei um Auskunft über das Stück gebeten, das, wohlgeformt in Blankversen, von der Kollektivierung der Landwirtschaft erzählt, eröffnet der Parteifunktionär das Gespräch mit der Frage, ob Lange denn schon mal auf dem Land gewesen sei. »Ja.« »Waren Sie auch mal auf einem Bauernhof?« »Ja.« »Haben Sie dort auch mit Bauern gesprochen?« »Ja.« »Sagen Sie, sprechen die etwa in Versen?« In diesem Augenblick, so Lange, hat er endgültig begriffen, dass er in der DDR nicht würde schreiben können. »Es gab für mich wirklich nur zwei Wege. Entweder ich höre auf, Schriftsteller zu sein, dann hätte ich mich einer politischen Aufgabe gewidmet. Wenn ich aber meine Stücke durchbringen wollte, musste ich dem Druck entrinnen, der in der DDR herrschte.«[231]

Der Dramaturg Karl-Heinz Müller vom Deutschen Theater hingegen hält das Stück seiner Zeit für »eine philosophische Komödie«, die man aber »möglicherweise im Jahr 2000« erst verstehen könne, also in 35 Jahren[232]. Das ist zwar ein

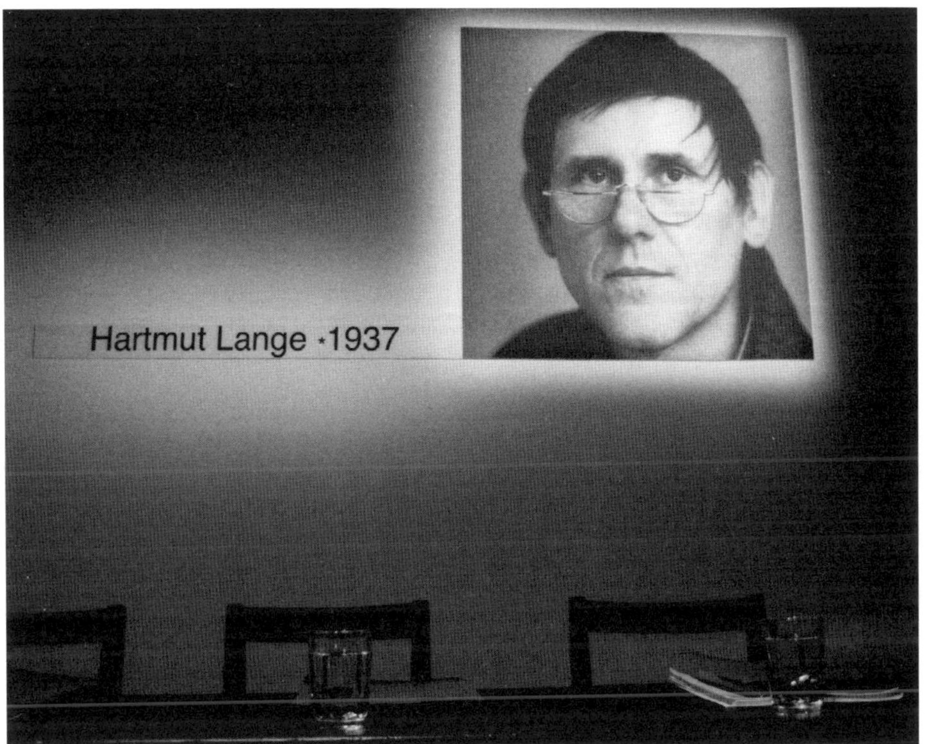

Vor der Lesung von Hartmut Langes »Marski« am 20.3.2013 im Berliner Ensemble

weitblickendes, vorausschauendes Urteil, bedeutet aber auch, dass das Stück 1965 besser noch nicht aufgeführt werden sollte. So gegensätzlich Partei und Theater das Stück auch einschätzen, im Ergebnis kommt es auf dasselbe heraus: besser nicht spielen. Besser so etwas gar nicht erst schreiben.

Dem Großbauern Marski, einem sinnenfrohen Koloss, laufen die Landarbeiter weg. Ihr Glück erhoffen sie sich von der neuen Landwirtschaftlichen Produktionsgenossenschaft. »Von Gott verlassen und von allen Freunden«, schmeckt dem Tyrannen der Braten nicht mehr. Seine ehemaligen Tagelöhner versuchen vergeblich, ihn eines Besseren zu belehren:

> Sei doch nicht blöd und gib den Appetit
> Den Kühen, werd nicht Sklave deiner Sau.

Lebensmüde steckt der Ausbeuter seinen Kopf in die Schlinge und – angesichts des Todes – läutert er sich. Er verschenkt sein Hab und Rittergut und läuft vergnügt über zur LPG. Dort wird er freudig empfangen:

> Herr Marski! Da wir sagen können,
> unser Schweiß war nicht umsonst,
> geben wir Ihnen heute ein Gastmahl.

Auch Peter Hacks' Lob, »Marski« sei »sozialistische Klassik«, verhalf dem Stück nicht zur Aufführung. Die LPG sei »zu mickrig« dargestellt, urteilte dagegen die Partei, der kapitalistische Großbauer sei »zu sympathisch«.[233]

Langes Wechsel in den Westen, um im Osten nicht als »eingemauerte Nachtigall«[234] leben zu müssen, hatte zur Folge, dass »Marski« nun in Frankfurt/Main uraufgeführt wurde. Es stieß dort aber ebenfalls auf Unverständnis. Eine Komödie über den Wandel eines Großgrundbesitzers zum Marxisten war zu Zeiten des Kalten Krieges zuviel der Zumutung – in Ost wie West.

Lange sieht sich nun in der Lage, dass seine Theaterstücke drüben vielleicht verstanden, aber nicht gespielt werden, hüben zwar gespielt, aber nicht verstanden werden. Auf keiner Seite passen sie in die gängigen Konzepte. Dem Misstrauen im Osten entspricht das Desinteresse im Westen. »Als ich rüberkam, fand ich eine Landschaft vor, die der eigenen Produktion uninteressiert gegenüberstand. Da konnte man den Eindruck haben, man befände sich im Exil.«[235]

Fast 50 Jahre später, nach der szenischen Lesung von »Marski« im Berliner Ensemble, an der Hartmut Lange teilgenommen hatte, wunderte er sich, was er damals »in der Jugend« geschrieben hatte: »Vieles hatte ich schon vergessen. Wenn man das heute wieder hört, muss ich sagen: Gar nicht schlecht.«

Hartmut Lange »Marski« Uraufführung 20.8.1966 Schauspiel Frankfurt/Main, Regie: Joachim Fontheim, mit Hans Dieter Zeidler

Der alte Mann und die LPG

Manfred Bieler
1934–2002

NACHTWACHE

Klappern gehört zum Handwerk: Ein Dramaturg lobt sich selbst. Er habe diesen Autor entdeckt, er habe ihn überhaupt erst »für die Theaterarbeit gewonnen. Unsere Zusammenarbeit wird von großem Nutzen sein.« Anschließend lobt er auch das Stück, denn die Hauptfigur »der alte Rechenthin ist eine der reichsten literarischen Gestalten unserer zeitgenössischen Literatur«[236]. Fritz Rödel, Dramaturg der 1964 vereinigten Theater Volksbühne/Maxim-Gorki-Theater, zaudert auch nicht, einem Großmeister der DDR-Theaterkritik, Professor Ernst Schumacher, in die Parade zu fahren. Dieser tut das Stück mit zwei Sätzen ab. Ihm ist in seinem Rückblick auf die Spielzeit 1963/64 die »Nachtwache« lediglich eine kleine Notiz wert. »Bemerkenswert der Versuch, das ewige Thema Tod unter sozialistischen Bedingungen zu variieren ... Wegen Mangels an Nachfrage kaum wirksam.«[237] Im »Neuen Deutschland« wird immerhin der »prächtig dichte, warmherzige und humorvolle Dialog«[238] hervorgehoben. Auch eine der Schauspielerinnen, die in der Uraufführung im Theater im 3. Stock der Volksbühne mitspielt, äußert sich. Die große Lotte Loebinger – sie spielt die Rolle der Frau Klook – nennt das Stück »ein durchaus interessantes Experiment, ein reizvolles Experiment«. Sie erinnert sich aber in dem Interview lieber an die Zeit vor dem 2. Weltkrieg, an »jene Jahre bei Piscator. [...] Die Bühne war für uns junge Kommunisten die Fortsetzung des Kampfes auf der Straße und in den großen Sälen gegen die immer drohender werdende braune Gefahr Hitlers.«[239]

Wie so oft ergeben auch hier die Nachrichten über eine Uraufführung ein uneinheitliches Bild. Manfred Bielers Stück »Nachtwache« lässt sich unterschiedlich lesen und verstehen. Worum geht es?

Der »neue Held«, der den Aufbau des Sozialismus vorantreibt, ist hier kein junger, kraftvoller Mann, sondern der alte Bauer Rechenthin, 73 Jahre alt, ein Mann der Vergangenheit, ein Sterbender. Er glaubt, kurz vor seinem Tod zu stehen, aber »will seinen Tod nicht verschlafen«. Er stapft durchs nächtliche Dorf, überrascht die Nachbarn mit seinem späten Besuch. Er will Ordnung in sein Leben und die LPG bringen. Der Genossenschaftsbauer hat trotz allen Schlendrians, aller Überforderungen, Betrügereien und Gemeinheiten im Dorf seinen Glauben an Ehrlichkeit, Menschlichkeit und seine kommunistischen Ideale von früher bewahrt. Ihnen will er wieder Geltung verschaffen. Er will noch richten, was zu richten ist. Der unzufriedene Sturkopf betreibt sein Vorhaben – dialektische Verdrehung – mit eben jenen faulen Tricks, die ihn so stören. Mal eine drastische Philippika, mal eine unverfrorene Lüge, eine Intrige hier, eine kleine Erpressung dort – das Gute und Richtige heiligt die Mittel. »Nachtwache« ist ein Epitaph auf einen gewitzten Aufrichtigen. Sein Vermächtnis: unbequeme Ruhelosigkeit.

Vordergründig wird die Geschichte eines alten Mannes erzählt, der sein skurril anmutendes Testament selbst vollstreckt. Dahinter steht mehr. Tod und Vermächtnis dienen einer politischen Botschaft. Allein die List, so erzählt die Geschichte, vermag ein heuchlerisches System wieder ins Lot zu bringen. Trickreich versucht der Alte zu richten, was seine siechende LPG versäumt hat. Seine Mängelbeseitigungsversuche lassen erkennen, woran es dem real existierenden Sozialismus fehlt: an Material und Menschlichkeit.

Die Kritik geht auf diesen Untertext nicht ein. Sie betont das allgemein Menschliche. »Ein großes Thema der Literatur und des Theaters, der Abschied eines Menschen vom Leben ... ist schlicht und ergreifend gestaltet. [...] Das Leben dieses Mannes geht nicht einsam und sinnlos, sondern erfüllt zu Ende.«[240]

Der Stasi geriet er nicht nur wegen der »Nachtwache« ins Visier, sondern weil Bieler auch zu Hause nächtliche Partys feierte, die in der Theaterszene offenbar beliebt waren. Ein Informant gibt zu Protokoll: »Entweder ist er ein Anarchist oder er verfolgt eine politische Konzeption.«[241]

Der experimentelle Charakter des Stücks, von dem Lotte Loebinger spricht, bezieht sich in erster Linie auf die ästhetische Herkunft des Textes. Er war ursprünglich ein Hörspiel. Daher fehlen präzise Regieanweisungen, ebenso realistische Beschreibungen der Szenen. Es gibt Zeitsprünge, nicht immer wird linear erzählt, Logik fehlt zuweilen zugunsten assoziativer Sprünge – eine offene Form also. Was Mitte der 60er-Jahre experimentell anmutete, macht das Stück bis heute modern.

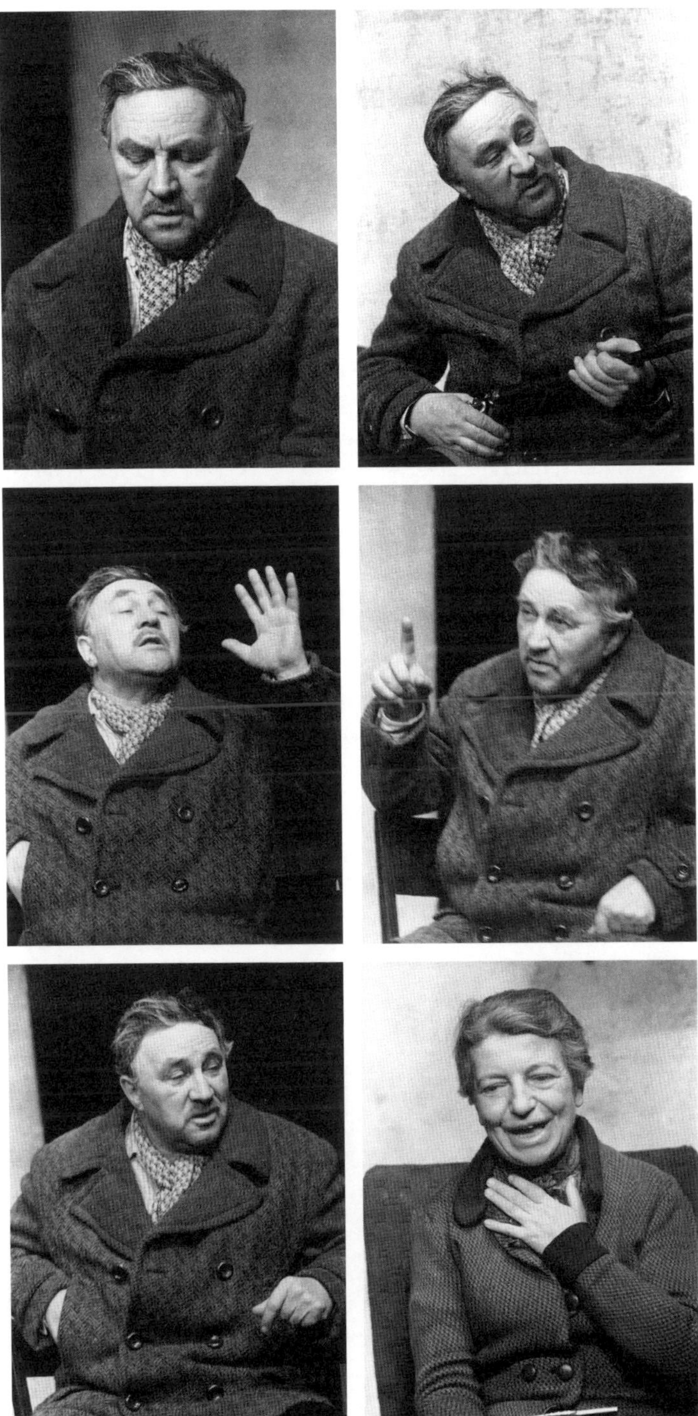

Szenenfotos Uraufführung »Nachtwache«, Volksbühne, Berlin 1964, mit Fritz Dietz und Lotte Loebinger

Der Schriftsteller Manfred Bieler, der als junger Mann einige Zeit als Fischverarbeiter auf dem Hochsee-Fangschiff »Bertolt Brecht« gearbeitet hatte, war in der DDR schnell vergessen, nachdem er 1965, ein Jahr nach der Uraufführung, das Land in Richtung CSSR verlassen hatte. Die »Nachtwache« hinterließ er gewissermaßen als Abschiedsgeschenk. Dieser Abschied aus der DDR war nicht freiwillig. Ihm war nur der Weggang geblieben, wenn er weiter schreiben wollte. Bieler war ein Opfer des kulturpolitischen Erdbebens von 1965, des 11. Plenums des ZK, »Kahlschlagplenum« genannt.

Manfred Bieler »Nachtwache« Uraufführung 7.2.1964 Volksbühne Berlin, Inszenierung: Hans-Joachim Martens, mit Fritz Dietz, Eberhard Mellies, Erich Mirek, Lotte Loebinger, Katja Paryla, Ursula Karusseit, Peter Marx

Der Scherbenhaufen der Scherbengerichte

Manfred Bieler

ZAZA

Der im vorigen Kapitel bereits erwähnte Dramaturg des Gorki-Theaters – zu dieser Zeit mit der Volksbühne vereint – meinte seine sich selbst lobenden Worte offensichtlich ernst. Das Theater beauftragte Manfred Bieler, ein weiteres Stück zu schreiben. Das fertige Manuskript wurde in die üblichen Genehmigungsverfahren eingespeist und kam komplett unter die Räder.

Was muss das für ein Theaterstück sein, dass sogar die mächtigste Instanz des Staates, das Politbüro, es als »staatsfeindlich« verbot? Damit nicht genug. Zugleich erging die Anordnung, im gesamten Land alle Textbücher einzusammeln und zu vernichten. Was machte Manfred Bielers politische Satire »ZAZA« so gefährlich? Er nahm sich zu viel heraus.

Scherbengericht Nr. 1

Der Minister Genosse Wareck ist nach einem aufopferungsvollen Leben für den Aufbau des Sozialismus gestorben und liegt im Sarg. Ob er allerdings in den »Himmel der Genossen« kommt, wird erst entschieden, wenn er sich vor dem »Zentralamt zur Aufbewahrung verdienter Genossen« kurz ZAZA, für sein Leben verantwortet hat. Also meldet er sich, mit Orden und im Leichenhemd, beim ZAZA im Jenseits und trifft zu seinem Erschrecken auf eine Prüfungskommission, die aus Lenin, Hegel, Marx und Rosa Luxemburg besteht.

»Sie breiten aus Ihr Leben. Nicht das ganze / Natürlich. Was Sie selbst für wichtig halten. / Und: nicht die Wirklichkeit, nur wie / Es wirklich war, soll'n Sie uns zeigen.« Dazu fordert Lenin den Genossen Minister der DDR auf und das Stück kann beginnen.

Lenin »legt seine Uhr auf den Tisch. Hegel sieht durch sein Lorgnon. Marx raucht eine Zigarre. Rosa nimmt ihren Hut ab. Wareck starrt auf die leere Bühnenfläche«. Auf ihr führt er die entscheidenden Stationen seiner steilen Karriere vor. Nach dem Krieg beginnt er als Schwarzhändler und Zuhälter, heiratet die Tochter eines Parteifunktionärs, wird selbst Parteisekretär, peitscht die Kollektivierung der Landwirtschaft durch, wird zum Spitzel, denunziert Freunde, geht über Leichen, steigt auf zum Leiter der »Zentralstelle zur Vermittlung und Überprüfung von Kontakten zum Klassenfeind«. Was im Klartext Stasi bedeutet und: »Wir gehen mit dem Feind ins Bett«. Unter den bereitwilligen Damen findet er eine neue Frau; ihre Bettgeheimnisse nutzt er zu den Intrigen, die ihn zum Minister machen. Aber Intrigen bringen ihn auch zu Fall. Schließlich sind die Kader des Staates – General, Staatsanwalt, Richter, Geheimdienstler, Pfarrer, Professoren, die ganze staatstragende Kamarilla – auch nicht anders als er. Er muss am Ende doch dran glauben. Die entgeisterte wie faszinierte Kommission fragt sich: Was tun? Lenin räsonniert: »Wir wissen nicht, was Wahrheit ist.« Ob Minister Wareck mit diesem Lebenslauf der Aufnahme ins ZAZA für wert befunden wird, darüber sind sich die sozialistischen Säulenheiligen Hegel, Marx, Lenin und Luxemburg unschlüssig. »Wir ziehen zur Beratung uns zurück«, so lauten zum Vers rhythmisierten letzten Worte, damit feinsinnig auf den Schluss der Brecht-Oper »Die Verurteilung des Lukullus« anspielend, der fast wörtlich gleich lautet, nämlich: »Das Gericht zieht sich zur Beratung zurück.«

Der Schlusschor singt dazu: »Die Lächerlichkeit soll sie alle töten / Die großen und die kleinen Schweinereien«.

Scherbengericht Nr. 2

Es kann nur die Liberalisierung der Kulturpolitik gewesen sein, die Aufbruchsstimmung zwischen 1961 und 1965, die den Dramaturgen Rödel und Manfred Bieler hoffen ließen, »ZAZA« könne in der DDR aufgeführt werden. Wie sonst hätte ein Stück, das dermaßen den Staat und seine staatstragende Partei karikiert, eine Chance haben sollen? Eine derartig übertreibende Groteske wollte das humorlose ZK nicht durchgehen lassen. Da half auch die lockere satirisch-kabarettistisch-musikalische Form nichts. Jeder Witz zielte unter die realsozialistische Gürtellinie, jede Pointe wirkte wie ein Triumph der Kritik am System.

Das ZK sah sich in der Vorbereitung eben jenes 11. Plenums veranlasst, sich mit »ZAZA« zu beschäftigen. Bieler stand schon zuvor auf der Abschussliste. Stephan Hermlin zum Beispiel hatte bereits ein Jahr zuvor in einem Brief an Siegfried Wagner, den Leiter der Abteilung Kultur im ZK der SED, den Umgang der Partei mit Manfred Bieler getadelt: »Gar nicht zulässig scheint mir die Methode, einen Schriftsteller für eine missliebige Arbeit mit einer Beschränkung seiner Freizügigkeit zu bestrafen. So kann man vielleicht mit Schuljungen umgehen, nicht aber mit bekannten Autoren.« Bieler war verwehrt worden, einer Einladung der Gruppe 47 nach Westdeutschland zu folgen.[242]

Hermlins Brief – vorausgesetzt, er wurde wahrgenommen – scheint das Gegenteil bewirkt zu haben. Am 9.11.1965 beschließt das Politbüro als allmächtige Instanz des Staates das Verbot des Stücks:

»Das Ministerium für Kultur wird beauftragt, dafür zu sorgen, dass der seitens der Volksbühne mit Bieler bestehende Vertrag aufgehoben und dass Bieler zur Rückzahlung der für dieses Stück erhaltenen Gelder verpflichtet wird. Das Ministerium für Kultur wird beauftragt, Bieler zu erklären, dass eine Verbreitung seines Stückes in anderen Ländern und in Westdeutschland untersagt ist.«

Bieler soll außerdem von »der Schädlichkeit des Stückes überzeugt« werden, er müsse es »zurückziehen« und »vernichten«. Diese Aufgabe übernehmen der 1. Sekretär des Schriftstellerverbandes Dr. Koch sowie Hermann Kant, der Vorsitzende des Verbandes. Sie halten den Autor für »geistig verwirrt«. Er vertrete »ideologisch die Grundhaltung intellektueller Kreise der CSSR«.[243] Er sehe offenbar seine »Aufgabe darin, die Partei auf Fehler und Mängel aufmerksam machen zu müssen« und meine, »den Sozialismus dadurch voranzubringen«. Der Theaterleitung, besonders dem Intendanten des Maxim-Gorki-Theaters, »Genosse Wolfram«, wird der Vorwurf gemacht, »mit ungenügender Sorgfalt bei der Auftragsvergabe dieses Stückes vorgegangen« zu sein und »sich faktisch überhaupt nicht um den Schriftsteller gekümmert« zu haben. Denn, so wird abschließend festgestellt, das Theaterstück »ZAZA« sei »ein Ausdruck dafür, wie weit einzelne Künstler vom Leben entfernt sind und auf gegnerischen Positionen stehen. Dieses unserer Republik feindliche und verlogene Stück stellt einen direkten Angriff gegen die Partei dar, entstellt in gröbster Weise die Entwicklung der DDR seit 1945, verhöhnt unsere Genossen und tritt das Bild großer historischer Persönlichkeiten in den Schmutz.«[244]

Bieler »beteuert, dass er keine feindlichen Absichten weder gegen die Partei noch unseren Staat hege, denn wenn dieses wäre, so würde er nicht Liedertexte für die NVA oder gute Hörspiele schreiben«, meldet die Stasi.[245] Aber Bieler traf das Kahlschlagplenum mit voller Wucht. Es beendete eine kurze Reformperiode. »In dieser Zeit zwischen Mauerbau 1961 und 11. Plenum 1965 gab es diese paradoxe Aufbruchsstimmung: man ist eingemauert, empfindet sich aber jetzt in einem Zustand, wo man das Eigene machen kann, wo man mehr Freiheiten hat.«[246] Ursprünglich als Wirtschaftsplenum geplant, nutzte Honecker die Versammlung zu einem Angriff auf liberale Tendenzen der Kulturpolitik. Er schlug den Sack, meinte aber den Esel. Seine Attacke galt stellvertretend der Wirtschaftspolitik, die Ulbricht vorsichtig liberalisieren wollte. Hatte Ulbricht bisher mit Rückendeckung Chruschtschows gehandelt, entfiel diese nach dessen Sturz 1964. Im folgenden Jahr etablierte sich Breschnew in der UdSSR. Dessen Mann in Berlin wird Honecker.[247] Noch traut dieser sich nicht ganz aus der Deckung. Aber der Kultur wurden die Zügel angezogen. Eine ganze Jahresproduktion der DEFA (Die Deutsche Film AG in Potsdam war die einzige Film- und Fernsehen produzierende Organisation der DDR, aufgelöst 1992) fällt dem neuen strengen Kurs zum Opfer, zwölf an der Zahl, darunter »Spur der Steine« von Frank Beyer sowie »Das Kaninchen bin ich«, ein Film von Kurt Maetzig. Dessen Drehbuch hatte Manfred Bieler geschrieben. Horst Sindermann, damals Leiter der Abteilung Agitation beim ZK, lieferte das Schlagwort. Die »Kaninchenfilme«, wie er die zwölf abfällig taufte, verschwanden von der Bildfläche.

Bielers Zukunft verfinsterte sich. Das Sekretariat des ZK beriet bald darauf über die »weitere Taktik zur politisch-ideologischen Zerschlagung der Ansichten Havemanns, Heyms, Biermanns und Bielers und zu ihrer politischen Isolierung«.[248]

Ein Zwischenspiel

Der Autor Manfred Bieler weicht in die CSSR aus, wird Staatsbürger des Landes. Das verbotene Manuskript von »ZAZA« hat er mitgenommen. Was für Ostberlin unmöglich schien, in Prag sollte es möglich werden. Der tschechisch-slowakische Reformkommunismus eröffnete neue Freiheiten. Bieler konnte mit der Uraufführung am Nationaltheater in Prag und weiteren Inszenierungen in Hradec Králové (Königgrätz) und Brno (Brünn) rechnen. Aber er kam vom Regen in die Traufe. Der Einmarsch der Warschauer Pakt-Staaten im Jahr 1968 machte alle Pläne zunichte. Bieler packt wieder seine Sachen, geht »in den Westen«, zieht nach München, wird Bundesbürger.

In der Bundesrepublik findet sich jetzt ein Theater, das das Stück tatsächlich herausbringt: »ZAZA« wird in Tübingen uraufgeführt! Damit ist das Stück zwar zu sehen, die Begleiterscheinungen aber sind skandalös. Bieler kommt von der Traufe in den Regen.

Scherbengericht Nr. 3

Warum sein Licht unter den Scheffel stellen? Den Beginn der Affäre West markiert wieder das Selbstlob eines Dramaturgen. Offenherzig verkündet er in der Spielplanvorschau 1969/70 des Landestheaters Württemberg-Hohenzollern: »Ich, der Dramaturg Axel Plogstedt, bekenne voller Stolz, dass ich sehr stolz darauf bin, dass in Tübingen die Uraufführung dieses Stückes stattfindet.«[249] Eine derartige Ankündigung weckt Erwartungen.

Neun Monate später, zur Uraufführungs-Premiere hin, scheint die Theaterleitung zu ahnen, dass Missverständnisse zu erwarten sind. Das Programmheft versucht, die Öffentlichkeit auf das Stück von der anderen Seite des Eisernen Vorhangs einzustimmen und baut vor: »›ZAZA‹ ist ein komödiantisches Stück, ist der Versuch zu lachen. [...] Das Stück ist kein Anti-DDR-Stück und nicht unter diesem Aspekt zu verstehen. Es ist keine Veralberung von vergangenen Zuständen und keine Abrechnung nach Soll und Haben. Es soll – über allen vordergründigen Spaß hinaus – Fehler der Vergangenheit mit den Mitteln der Satire deutlich machen. ›Das Stück stellt die Verantwortlichen nicht an die Wand, sondern zur Rede.‹ (Manfred Bieler) Ist es schon so weit, dass wir darüber lachen können?«

Die Kritiken

Die unmissverständliche Antwort: Es gibt nichts zu lachen. Die Verrisse sind äußerst aggressiv. Lokale wie überregionale Kritiker konstatieren nicht nur einen Flop, sie bezichtigen das Stück, politisch unzumutbar zu sein: »›ZAZA‹ hat alle Anlagen für ein Hetzstück ... Es ist geschrieben von einem völlig unpolitischen Mann« (Stuttgarter Zeitung 8.12.1969), »Schauriges Veralbern, ein elendes Verhohnepipeln des anderen Deutschland. Eine riesige Blödelei im Stil der kalten Krieger« (Die Welt, 9.12.1969), »Eine kaum zu erwartende politische Torheit« (Südwestpresse, 15.12.1969), »Politische Instinktlosigkeit schlimmsten Ranges. [...] Die Szenen decken sich mit den albernsten Vorstellungen von Mißständen im Sozialismus« belehrt der westdeutsche, gewerkschaftsnahe Kritiker Dietmar N. Schmidt in der »Münchner Abendzeitung« den Autor mit über 30-jähriger DDR-Erfahrung. Schmidt verlangt in schöner Übereinstimmung mit dem ZK der SED: »Die Inszenierung, die in der DDR verboten und in der CSSR abgesetzt wurde, hätte auch hierzulande unterbleiben sollen« (Münchner Abendzeitung 9.12.1969).

Ins gleiche Horn blindwütiger DDR-Verteidigung stößt, bar jeder Camouflage, derer sich das ZK noch bedient hatte, indem es anordnete, Bieler »von der Schädlichkeit zu überzeugen«, auch der ortsallmächtige Chefredakteur Christoph Müller. Als Theaterkritiker ist er auch bei der renommierten Fachzeitschrift »Theater heute« tätig. Apodiktisch verlangt er im »Tübinger Schwäbischen Tagblatt«, dessen Eigentümer er obendrein ist, das Stück umstandslos abzusetzen. Wo das Politbüro der DDR bei aller Rigorosität Gnade zumindest zu signalisieren schien, falls der Delinquent zur Einsicht gelange, diktiert im Unterschied

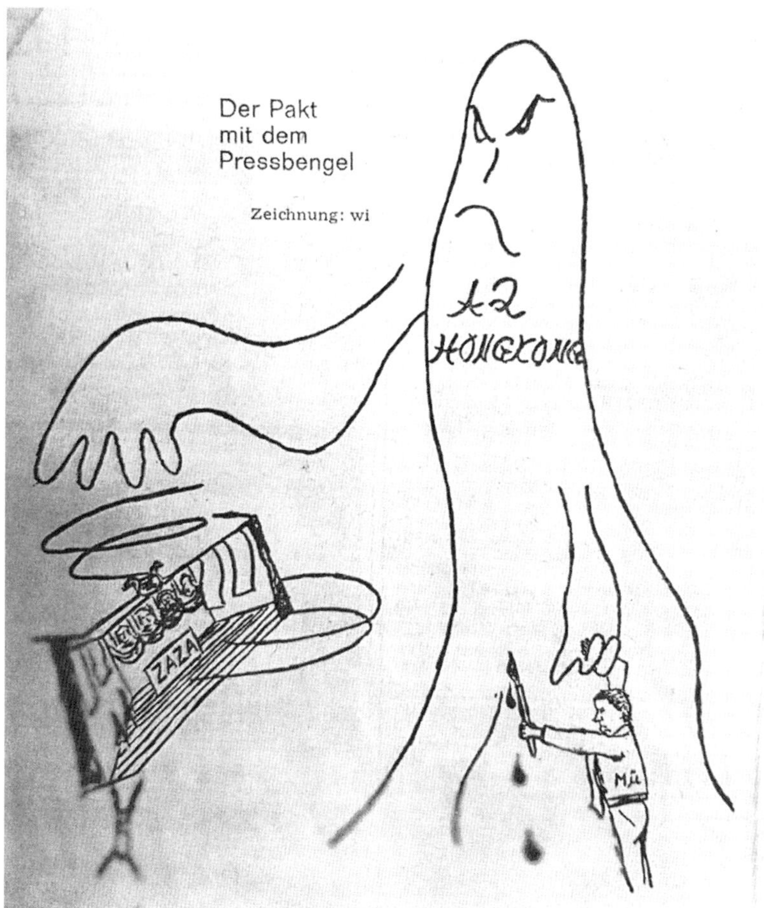

Karikatur im Schwäbischen Tagblatt, Tübingen 20.12.1969 – ZAZA und das Theater werden von einem bösen Geist, dem Höllekönig, bedroht. An seinem kleinen Finger der Kritiker Müller, dem die Tinte vom Federhalter tropft.

dazu das Blatt des schwäbischen Chefideologen: Tod durch das Fallbeil. Das Stück soll verschwinden. Sofort.

Die Ablehnung des Stückes geschieht in Ost wie West aus demselben Grund. Die Kritik Bielers an der DDR weisen beide Seiten gleichermaßen als schädliche Hetze zurück. Obwohl aus unterschiedlichen Perspektiven geurteilt wird, gleichen sich die vernichtenden Urteile bis in die Wortwahl. Die einen wollen nicht mit Dreck beworfen werden, die anderen wollen nicht mit Dreck werfen. Die einen fühlen sich missverstanden, die anderen wollen missverstehen. Eine deutsch-deutsche Gemeinsamkeit der Verblendung.

Es gibt Ausnahmen. Die Einheitsfront der salonkommunistischen Ablehnung bröckelt bei den Kritikern, die vor allem die Form des Stückes mit in Betracht ziehen, um dessen Sinn zu verstehen. Die »FAZ« findet das Stück »sehr vergnüglich zuweilen: des Autors aphoristischer Witz, seine bissige Ironie, geformt in fünffüßige Jamben [...] eine kabarettistisch verpackte ›DDR‹-Brettl-Satire [...] eine nachträgliche Nestbeschmutzung, worin der Deutsche ja keinen Spaß versteht [...] das muss zwangsläufig zu Missverständnissen führen.«[250] Auch die »Neue Zürcher Zeitung« urteilt überlegter: »Manfred Bieler, der sich über die tingeltangelige, moritatenhafte sozusagen nur den Stücktext in Zitatform schaukräftig vorzeigende Inszenierung mit Recht ›entzückt‹ äußerte, ist mit Lenin der Meinung, die Wahrheit sei immer und überall zu sagen.«[251]

Das »Schwäbische Tagblatt« jedoch lässt sich nicht beirren: das Stück sei »katastrophal erfolglos uraufgeführt«[252].

In der Kritiker Urteile drücken sich auch Veränderungen der politischen Großwetterlage aus. Mit Willy Brandt als Bundeskanzler beginnt 1969 eine neue Ostpolitik, die Entkrampfung verheißt. Dieser »Wandel durch Annäherung«, so das Schlagwort, an die DDR, als unbestimmtes Phänomen meist in Gänsefüßchen geschrieben, ist hartgesottenen Antikommunisten ein Stachel im Fleisch. In der öffentlich geführten, ruppigen Auseinandersetzung sieht sich das linksliberale und sozialdemokratische Bürgertum gefordert, zu dem auch Müller und Schmidt zählen, die Öffnung nach Osten auch publizistisch zu flankieren. Der Wechsel vom Kalten Krieg zu einer Politik der »friedlichen Koexistenz« erzeugt den Nebeneffekt, dass die Defizite der DDR, vor kurzem noch angeprangert, heruntergespielt werden, um die politischen Kontakte nach »drüben« nicht zu belasten. Dieses interessengeleitete Wohlwollen wird gestärkt durch ein dem Kapitalismus eigenes Überlegenheitsgefühl. Darüber hinaus sorgen miteinander konkurrierende, linksradikale Studenten, der SHB, der SDS, Republikanische Clubs, K-Gruppen und andere für eine irritierende Unübersichtlichkeit.

Diesem politischen Wirbel kommt das Stück in die Quere. Der bekennende Sozialist Manfred Bieler wundert sich: »Merkwürdig, dass man hier als Schwarzer angesehen wird, wenn man die DDR kritisiert.« Sein Stück jedenfalls »gehöre in die Atmosphäre jener hoffnungsvollen Monate nach dem Prager Frühling« und sei »ein Teil dieser Formung eines neuen Staatsbewusstseins«[253].

Das Ensemble

Der Bombenhagel der Kritiken beeindruckt die Theaterleute. Als erster bekennt der stolze Chefdramaturg, die politische Brisanz nicht richtig eingeschätzt zu haben, meint aber hoffnungsvoll: »Ich halte das Publikum nicht für so dumm, dass es das völlig missdeuten kann. [...] Darum sollte das Stück weiter gespielt werden.«

»Mit dem Stück haben wir immerhin einmal Presse bekommen, die wir sonst nie zu sehen kriegen.«

Ein Darsteller, im Reutlinger Generalanzeiger am 20.11.1969

Das Ensemble diskutiert, ob man das Stück, wie gefordert, absetzen soll. Eine Aktennotiz des Landestheaters, der Tageszeitung zugespielt, hält das Resultat fest: »24 Ensemble-Mitglieder stimmten ab. Ergebnis: zwei für absetzen, sechs für bedingungslos weiterspielen, dreizehn für Fortsetzung mit anschließender Publikumsdiskussion, drei Enthaltungen.«[254] Also wird weitergespielt. Inmitten der zweiten Vorstellung, bevor es überhaupt zur ersten Publikumsdiskussion kommen kann, ereignet sich ein Eklat.

Scherbengericht Nr. 4

»Laut Augenzeugenberichten trat plötzlich ein halbes Dutzend netter Burschen mit langen Haaren (so die Rosa-Luxemburg-Darstellerin Renate Becker) aus den Kulissen und entwand den ratlosen Mimen die gerade benötigten roten Fahnen (sechs an der Zahl), reichte diese über den Orchestergraben hinweg einem anderen halben Dutzend bereitstehender Helfershelfer und ward nicht mehr gesehen. Das ganze Zwischenspiel verlief völlig lautlos und dauerte nicht länger als dreißig Sekunden« (Schwäbisches Tagblatt, 13.12.1969).

Im theaterinternen Vorstellungsbericht hält der Regisseur fest: »Eindruck wie inszeniert. Trotzdem ist es Diebstahl. Es wurde nicht gehauen.«

Wer war's? Das »Metzinger-Urbacher Volksblatt« fragt sich, ob der Fahnenklau etwa von der Intendanz bestellt gewesen sei. Schließlich habe sich das Publikum amüsiert und applaudiert. Oder, wer weiß, »kamen die Herrschaften von rechts?«[255]

Es war der SDS. Die Täter vom Sozialistischen Deutschen Studentenbund, der seine kritische Distanz zum realen Sozialismus in der DDR im Blick hat, raffen in einer happening-artigen Blitzaktion zusammen, was sie von Manfred Bieler beschmutzt meinten – die roten Fahnen. »Als ob sie ein geschändetes Heiligtum in Sicherheit bringen wollten«, erkennt die Interpretin der Rosa

Luxemburg in dem Auftritt der ganz linken Genossen.[256] Oder ist die Aktion eine »idiotische Affekthandlung« gewesen, wie der ortsansässige Walter Jens vermutet? (Schwäbisches Tagblatt 13.12.1969) Vielleicht aber haben die Vertreter der außerparlamentarischen Opposition die Fahnen an sich gerissen, weil sie sie einfach brauchten.

»Manfred Bieler kam zwischen allen Stühlen zu sitzen«, erinnert sich Renate Becker, »weil die westdeutsche, und schon gar Teile der Tübinger Linken zu der Zeit die DDR gern positiver gesehen hätten«.

Der Ostberliner wie der Tübinger Theaterskandal verführen dazu, Manfred Bieler für einen konservativen, ja sogar reaktionären Schriftsteller zu halten, zumindest für einen antikommunistischen. Dieser Ruf klebt fortan wie ein Etikett an ihm. Bielers Werke wie auch seine Biografie sprechen eine andere Sprache. Ein Hindernis für seine Erfolge ist es nicht. Er findet eine breite Leserschaft. Einige seiner Romane wie »Maria Morzeck« (1969), »Der Passagier« (1971), »Der Mädchenkrieg« (1975) oder »Der Kanal« (1978) werden Bestseller. Auch als Drehbuchautor ist Bieler gefragt. Ein Theaterstück hat er nicht mehr geschrieben.

> *»Ich fasse ›ZAZA‹ als Ausdruck von Bielers tiefer, beinahe verzweifelter Enttäuschung und Resignation auf, resultierend aus der Erkenntnis der Diskrepanz zwischen den Forderungen und Vorstellungen der Begründer der östlichen Ideologen [...] Resignation über die (noch?) dort herrschende Aussichtslosigkeit, den sozialistischen Idealstaat zu verwirklichen. Man sehe sich doch nur einmal Bielers Lebenslauf an.«*
>
> Leserbrief an das Tagblatt, Erich Eisterlehner, 20.1.1970

Manfred Bieler »ZAZA«, Volksstück mit Liedern, Uraufführung 11.12.1969 Landestheater Tübingen, Inszenierung: Wolfgang Müller, mit Fred Hospowsky, Reinhard Allendorf, Wolfgang Krebs, Renate Becker, Arnold Herff, Ines Burkhardt, Brigitte Walter, Wolfgang Bödiger, Horst Butschke, Reinhart von Stolzmann, Walter Stoll, Heinz Haus, Peter Rühring, Ellen Brugger, Rosemarie Hees, Heiner Mey, Monika Grünheid, Edith Bäumker, Herbert Leiser, Paul Am Acher, Rolf Idler, Karl Michael Balzer u. a.

When I caught a glimpse of Rita

Thomas Brasch
1945–2001

LOVELY RITA

In verschiedenen Publikationen wird behauptet, Braschs »Lovely Rita« wäre 1976 im Berliner Ensemble drei Wochen probiert, aber dann verboten worden. Das erweckt den Eindruck, das Theater hätte eine offizielle Produktion gestartet, die aber von staatlicher Stelle unterbunden worden wäre. Katharina Thalbach, die Lebensgefährtin Braschs und damals Schauspielerin am Berliner Ensemble, berichtet allerdings etwas anderes.

Außerhalb des offiziellen Programms scharte Katharina Thalbach eine Reihe junger Schauspieler und Schauspielerinnen um sich, um in diesem Zirkel gemeinsam Theaterstücke zu lesen und auf eine eventuelle Aufführbarkeit hin zu prüfen, um diese für eine Aufführung vorzuschlagen. Das besondere Augenmerk war auf neue Stücke gerichtet. Diese Initiative wurde zwar von der Leitung des Hauses (Intendantin: Ruth Berghaus) geduldet, aber nicht sonderlich unterstützt. Eines dieser Stücke, mit denen man sich beschäftigte, war »Lovely Rita« von Brasch.

Um was geht es?

Auf »Lovely Rita», die harmlos liebliche Rita der Beatles, projiziert Brasch seine siebzehn Jahre alte Berlinerin Rita Grabow. Im Kino schneidet sie sich die Pulsadern auf und phantasiert vor ihrem Spiegelbild typische Nachkriegsgeschichten. Mit fünf Frauen, die wie sie aus dem Gefängnis ausgebrochen sind, spielt sie ihre Vergewaltigung durch Besatzungssoldaten. Später liegt sie im Bett mit einem russischen Besatzungsoffizier, der sie mit seinen Visionen von einer neuen Zeit und einem neuen Menschen begeistern will, während sie nur zwei Möglichkeiten für Leute mit Verstand sieht: »Künstler oder Krimineller.« Sie erschießt den Offizier. Rita wird abgeführt und verhört; sie denunziert die fünf

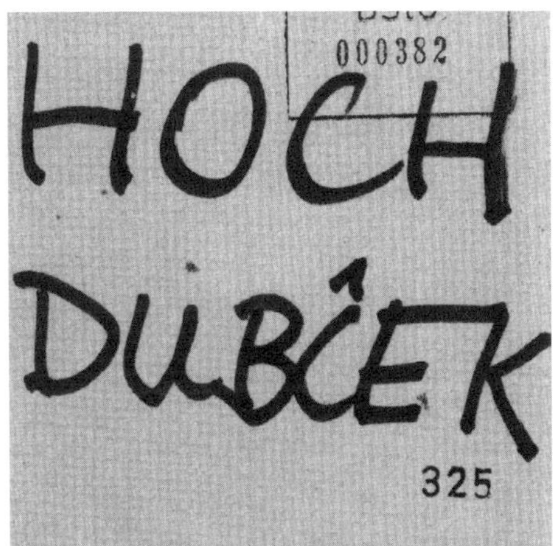

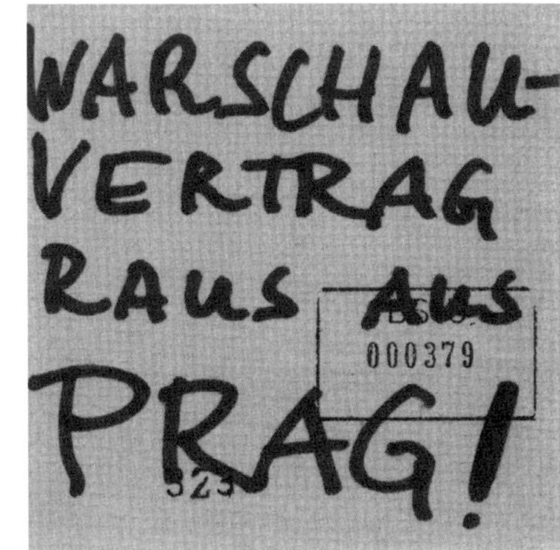

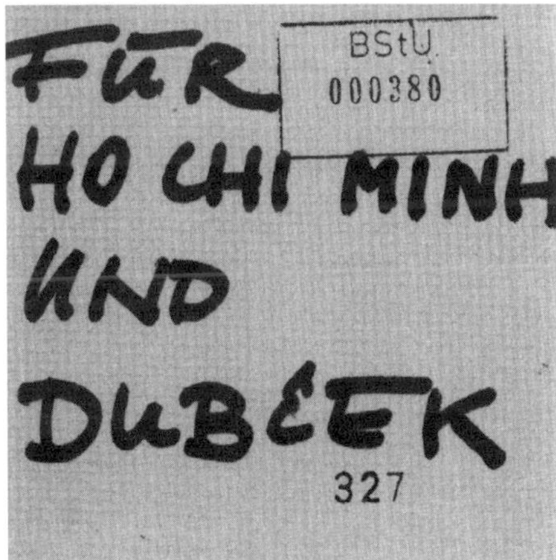

Von Thomas Brasch beschriftete bierdeckelgroße Karten, die er 1968 in Kneipen verteilte, was zu seiner Verhaftung führte

Frauen, mit denen sie gelebt hat. Sie schneidet abermals ihre Pulsadern auf und verbindet sie, während die Abspielnadel auf einer Beatlesplatte hängenbleibt und »Lovely Rita meter maid« endlos repetiert. Rita endet beim Film, zu dem sie von Anfang an gewollt hat …

> *»Rita ist am Schluss nur noch ein Stück Licht an der Wand,*
> *nur noch das Bild von sich selbst, nur noch ein Kunstprodukt.«*
>
> Thomas Brasch

Und der Autor?
Die Eltern des 1945 im englischen Exil geboren Thomas Brasch kehrten mit dem Sohn 1947 nach Ostberlin zurück. Hier begann die politische Karriere des Vaters, die ihn bis ins Amt des stellvertretenden Ministers für Kultur beförderte. Als Thomas elf Jahre alt ist, arrangiert es der Vater, daß der Knabe in die Kadettenanstalt der Nationalen Volksarmee gesteckt wird. Dort blieb er bis 1960. Mehrmals bat er den Vater, die Anstalt verlassen zu dürfen, vergeblich. Hier wuchs in ihm der Wunsch, Schriftsteller zu werden. Als er dem Vater diesen Wunsch mitteilte, schrieb ihm der:

»Du meinst, Dein Besuch der Kadettenschule wird Dir diesen Berufswunsch versperren. Das ist nicht richtig. In der Kadettenschule erwirbst Du Dir nicht nur die notwendigen Grundkenntnisse, sondern, da Du im Kollektiv heranwächst, bist Du auch in der Lage, die Menschen besser kennen zu lernen. Du hast außerdem die Gewähr, dass Du im Geiste des Marxismus-Leninismus erzogen wirst [...]« Es folgen noch viele Ratschläge in dem langen Brief. Er endet mit: »Herzliche Grüße und Küsse von Deinem Vati.«[257]

Nach der Entlassung aus der Kadettenanstalt und dem Abitur arbeitete Brasch als Schlosser, Meliorationsarbeiter und Schriftsetzer. 1964/65 begann er ein Studium der Journalistik an der Karl-Marx-Universität Leipzig, wurde dort aber wegen »Verunglimpfung führender Persönlichkeiten der DDR« exmatrikuliert und arbeitete erneut unter anderem als Kellner. Ab 1967 versuchte er es wiederum mit einem Studium. Diesmal auf der Hochschule für Film und Fernsehen in Babelsberg. Als er zusammen mit einigen Gesinnungsgenossen im August 1968 Flugblätter gegen den Einmarsch der Warschauer-Pakt-Staaten in die ČSSR verteilte, wurde er gesucht und suchte Zuflucht bei seinem Vater. Der ging – nach Aussage von Brasch – unter dem Vorwand Zigaretten zu holen zu einer Telefonzelle und rief die Polizei. Ob sich das genauso zugetragen hat, wird allerdings von einigen Brasch Nahestehenden angezweifelt. »Thomas war ja auch gut im Legendenbilden.« Er wurde jedenfalls verhaftet, verurteilt und öffentlich gemacht im »Neuen Deutschland«, allerdings nach 77 Tagen auf Bewährung entlassen. Danach musste er »zur Erziehung« im Transformatorenwerk Oberspree in Berlin als Fräser arbeiten. Auf Vermittlung von Helene Weigel arbeitete er dann 1971/1972 im Brecht-Archiv. Seitdem begann er intensiver und zielgerichteter zu schreiben und lebte als freier Schriftsteller.

Er hatte versucht, sich eine Öffentlichkeit zu schaffen, indem er in sogenannten »dramatischen Zirkeln«, also Theatergruppen in Schulen, mit seinen Stücken experimentierte. So führten die Schüler der 19. Oberschule in Berlin zum Beispiel 1971 »Das beispielhafte Leben und der Tod des Peter Göring« auf. Nach

Wegen staatsfeindlicher Hetze bestraft

Berlin (ADN-Korr.). Vor dem Berliner Stadtgericht wurde vom 21. bis 28. Oktober in zwei Prozessen gegen sieben Bürger verhandelt, die wegen staatsfeindlicher Hetze angeklagt waren.

Hierbei handelt es sich um den 19jährigen Frank Havemann und den 16jährigen Florian Havemann, den 23jährigen Thomas Brasch, die 18jährige Rosita Hunzinger, die 20jährige Sanda Weigl, die 18jährige Erika-Dorothea Berthold und den 18jährigen Hans-Jürgen Uzkoreit.

Die Anklagevertreter hatten in beiden Prozessen festgestellt, daß es das Ziel der Beschuldigten war, Bürger der Deutschen Demokratischen Republik gegen die sozialistische Gesellschaftsordnung und gegen die Politik der Regierung der DDR aufzuwiegeln. Die gerichtliche Beweisaufnahme bestätigte das. So gaben die vor Gericht Stehenden zu, Flugblätter hergestellt und verbreitet zu haben, mit denen sie die auf die Festigung des Friedens gerichtete Politik unseres sozialistischen Staates diskriminierten und zu staatsfeindlichen Handlungen aufriefen.

Die Brüder Havemann und Hans-Jürgen Uzkoreit beschmierten Gebäude mit Hetzparolen, stellten Flugblätter her und verbreiteten sie. Mit Hilfe der Bevölkerung konnte die Mehrzahl von ihnen auf frischer Tat ertappt und festgenommen werden. Die Jugendlichen, bei denen es sich, wie der Prozeß ergab, um einen isolierten Kreis handelte, hatten sich mehrmals getroffen und ihre Handlungen verabredet.

In ihren Plädoyers wiesen die Vertreter der Anklage darauf hin, daß die Angeklagten durch ihre staatsfeindlichen Handlungen der aggressiven und revanchistischen Politik des westdeutschen Imperialismus offen Schützenhilfe leisteten. Dabei verwundert es nicht, zu hören, daß die Angeklagten ihre Straftaten unter dem feindlichen Einfluß westlicher Propagandazentralen, Rundfunk- und Fernsehsender verübten, die mit immer raffinierteren Mitteln und Methoden den psychologischen Krieg gegen die Deutsche Demokratische Republik führen. Zu ihrer gegen die sozialistische Ordnung in der DDR gerichteten Haltung wurden die Angeklagten von Robert Havemann und Wolf Biermann systematisch inspiriert.

Die Verteidiger baten das Gericht, das Alter der Angeklagten zu berücksichtigen und wiesen auf den schädlichen Einfluß hin, der auf diese jungen Menschen ausgeübt wurde.

Das Gericht erkannte die Angeklagten für schuldig und schloß sich den Anträgen der Staatsanwaltschaft an. Sie wurden angesichts der Tatsache, daß sie ihre Schuld und das Strafbare ihrer Handlungen einsahen, zu folgenden Freiheitsstrafen verurteilt: Rosita Hunzinger: 2 Jahre, 3 Monate; Sanda Weigl: 2 Jahre; Thomas Brasch: 2 Jahre, 3 Monate; Erika-Dorothea Berthold: 1 Jahr, 10 Monate; Frank Havemann: 1 Jahr, 6 Monate; Hans-Jürgen Uzkoreit: 1 Jahr, 3 Monate. Im Falle des 16jährigen Florian Havemann beschloß das Gericht jugenderzieherische Maßnahmen.

Zeitungsnotiz in »Neues Deutschland« vom 29.10.1968

der Premiere wird das Stück verboten. 1975 werden seine Stücke »Eulenspiegel« und »Hahnenkopf« im Jugendclub Weißensee in Berlin zwar aufgeführt, vom Rundfunk aufgezeichnet, aber nicht gesendet.

1976 kam es dann also, Brasch hatte inzwischen die Schauspielerin Katharina Thalbach kennengelernt, zu dem kleinen Experiment am Berliner Ensemble mit »Lovely Rita«.

Brasch berichtet: »Eine Gruppe von Schauspielern, meist Schauspielerinnen, hatte im Theater darum gebeten, einmal ohne Regisseur und ohne Dramaturgen zu arbeiten. Sie wollten einmal den Spielplan nicht von oben diktiert bekommen, sondern Stücke lesen, die noch nicht gedruckt waren, um selber zu sehen, was im Augenblick sie vielleicht interessieren könnte. So sind sie zu verschiedenen Autoren gegangen, zu Trolle, zu Schütz, zu Müller und zu mir. Lovely Rita war das erste Stück, für das sie sich entschieden hatten. Sie begannen mit den Proben [...] Nur wenn sie an einem Punkt nicht weiterkamen,

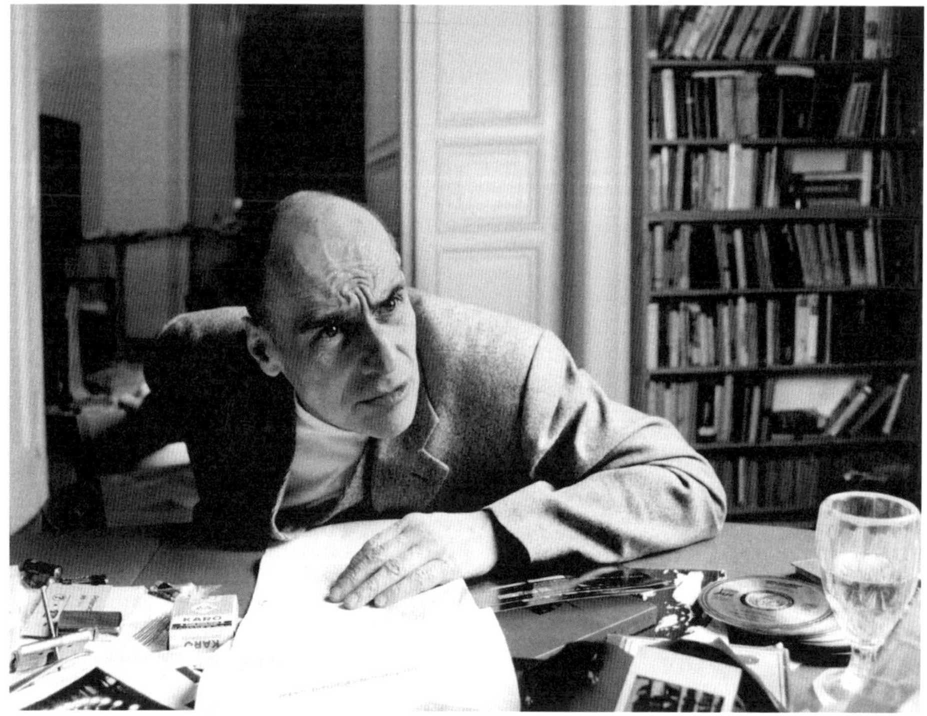

Thomas Brasch, Berlin, 1996

jemanden brauchten, der von unten zusah und Ratschläge geben sollte, holten sie sich einen Regisseur ihrer Wahl. Als es dann aber konkret um zwei Worte im Text ging, um einen Vergleich Stalins mit Hitler, wurde von der Direktion untersagt, weiter zu probieren. Die Texte wurden eingesammelt, und damit war dieser Versuch zu Ende.«

Brasch hat inzwischen sein Buch »Vor den Vätern sterben die Söhne« geschrieben und hofft auf dessen Veröffentlichung. Darum bittet er seinen Vater, ihm ein Gespräch mit Erich Honecker zu organisieren. Honecker empfängt ihn und Brasch übergibt ihm das Buch mit der Bitte um eine Druckgenehmigung. Er betont in diesem Gespräch, dass er die DDR nicht verlassen möchte, sähe aber keinen anderen Weg, wenn sein Buch nicht gedruckt wird. Honecker verspricht eine baldige Antwort. Nachdem Brasch einen negativen Bescheid erhält, geht alles ganz schnell: Die Ausreise wird genehmigt, Brasch und Thalbach packen ihre Koffer und gehen nach West-Berlin, wo »Lovely Rita« im März 1978 in der Werkstatt des West-Berliner Schiller-Theaters uraufgeführt wurde.

Die Aufnahme der Aufführung schwankte zwischen Irritation und Ablehnung. Auch hatte sich herumgesprochen, daß es während der Probenarbeit heftige Kontroversen zwischen dem Autor, dem Regisseur und Teilen der Schauspieler gegeben hatte. Sogar Rechtsanwälte wurden in Stellung gebracht. Und das Publikum der Premiere mußte erleben, wie die »Frankfurter Rundschau«[258] schreibt, »daß Rudolph, Ilona Freyer und der größte Teil der Mitspieler sich am Ende nicht zum Beifall zeigten, spricht für die Erbitterung, mit der da ein Dissens ausgetragen wurde«.

Aber in »Die Zeit« war zu lesen: »Weshalb sitzt man nach den neunzig Minuten der pausenlosen Aufführung (zu der sich der nicht auf der Bühne erscheinende Regisseur nicht mehr bekennt?) dennoch glücklich erschlagen da? Weil in Berlin zu sehen, zu hören ist, was schon lang nicht mehr in solcher Ausprägung und Kraft auf einer Bühne zu erleben war: eine große Künstlerin. Katharina Thalbach. [...] Die dreiundzwanzigjährige Mädchenfrau mit den staunend großen Augen im Gesicht von einer gefährlichen, lasziven Blässe, die durch das kinderblonde Haar, das ihr, achtlos gescheitelt, auf die Schultern hängt, noch gesteigert wird, hält den Totentanz zusammen.«[259]

Und auch der »Tagesspiegel« stellt mit Erstaunen fest, welch neuartig junges Theatertalent ihnen da ins Haus geschneit ist.

»... so zierlich die kleine blonde Person mit den großen blauen Augen ist, so kraftvoll nimmt sie von der Bühne Besitz. [...] Man sieht dem kaltschnäuzigen kleinen Teufel die neunzig Minuten lang fasziniert zu und wünscht sich am Ende des Blut-und-Hoden-Dramas, Katharina Thalbach bald einmal in einer Rolle wiederzusehen, die ihr zu zeigen erlaubte, was sie offenbar in hohem Maße besitzt: einen ganz eigenen Charme.«[260]

Ein Jahr später brachte das Schauspielhaus Bochum Braschs »Lieber Georg« zur Uraufführung. Das »Eis-Kunst-Läufer-Drama«, dem der Autor Biografie und Werk des expressionistischen Lyrikers Georg Heym zur Projektionsfläche eigener Erfahrungen, Wünsche, Träume und Ängste macht, ist wohl einer der nachhaltigsten Theatererfolge Braschs.

P.S. I

Nach der Wende führte der Liedermacher Reinhold Andert Gespräche mit Honecker, der im Haus von Pastor Holmer im brandenburgischen Lobetal untergekommen war. Dabei kam das Gespräch auch auf den Fall Brasch.

»Ich kannte seinen Vater und seine Mutter gut, Margot auch. Wir waren direkt befreundet gewesen. Es war natürlich für mich sehr überraschend, dass Thomas eines Tages bei mir im ZK auftauchte und mir eröffnete, dass er sich entschieden habe, die DDR zu verlassen. Er möchte sie allerdings nicht verlassen wie verschiedene andere. Sondern er möchte sich immer die Möglichkeit offen halten, noch einmal in die DDR zurückzukehren. – Den Thomas kannten Margot und ich schon, als er noch ein ganz kleiner Junge war. Wir sind einmal nach Potsdam gefahren, und an der Grenzkontrolle, die damals noch von amerikanischen Soldaten vorgenommen wurde, hat er einfach gerufen: ›Ami go home!‹ Ich hatte also die Entwicklung von Thomas noch im Blickfeld, nicht so sehr seine spätere, als er in Gegensatz kam zu unserer Sache, zur Politik, die sein Vater unterstützte. – Ich habe ihn gefragt: ›Wie kommst du denn dazu, zu einer solchen Entwicklung?‹ und so weiter. Wir haben diese ganzen Fragen diskutiert. Ich habe aber empfunden, da ist nichts zu machen, da gibt es eine gefestigte Auffassung von ihm, und ich habe ihm gesagt: ›Gut, einverstanden, ich werde das bei den entsprechenden Stellen befürworten, sie werden das ganz bestimmt berücksichtigen.‹ Dann hatte ich mit Thomas noch einmal eine Begegnung. Ich wußte nicht, dass er befreundet war mit der Thalbach. Sie war damals Schauspielerin am Deutschen Theater oder BE. Ich habe auch für sie meine Zustimmung sofort gegeben und später erst gemerkt, dass die DDR eine gute Schauspielerin verloren hatte. Ich muss sagen, sowohl der Thomas als auch die Thalbach haben sich der DDR gegenüber in der Öffentlichkeit anständig benommen.«[261]

P.S. II

»Ich verstehe auch die Leute, die verteidigen das, was sie für richtig hielten und ausprobiert haben in der Generation vor uns. Es wäre doch auch lächerlich, die Partei und die Kommunisten, die diesen Staat hier angefangen haben, zum Popanz zu machen. Heißt ja auch, die Auseinandersetzung klein zu machen. Das war und ich glaube, das wird auch weiterhin so sein – ein großer Konflikt, der eine große Reibung hatte und dadurch große Literatur geschaffen hat.«, urteilt Thomas Brasch.[262]

Thomas Brasch »Lovely Rita« Uraufführung 7.3.1978 Schillertheater Berlin Werkstatt, Regie: Niels-Peter Rudolf, mit Katharina Thalbach

Dienst ist nicht Dienst

Paul Gratzik
(1935–2018)

HANDBETRIEB

Dieses (ist) mein letzter Dienst, hab' von solchen Sachen genug, lass es Dir gut gehen. P.«.[263] Diese saloppen knappen Worte, per Brief und Eilsendung, reichten 1978 aus, damit sich »IM Peter« von seinem Führungsoffizier verabschieden konnte. Sechszehn Jahre lang hatte Paul Gratzik seine Freunde und Kollegen im Auftrag der Staatssicherheit bespitzelt, bevor er »kündigte« und sich gegenüber Heiner Müller und der Schauspielerin Steffi Spira enttarnte. Nun stand er selbst unter Beobachtung. Er wusste ja, was das bedeutete.

> *Günter Kunert nach Lektüre seiner Akten: »Eine formalistische Sprache der meist indirekt von den Offizieren wiedergegebenen Spitzelberichte, ein reduziertes Vokabular, das die Bespitzelten entmenschlichen und zu feindlichen Objekten machen sollte, für die Mitleid aufzubringen ein Anzeichen ideologischer Unklarheit gewesen wäre.«*
>
> Günter Kunert[264]

»Ich hatte gute Gründe, diese Arbeit zu machen. [...] Ich hab keine Moral – jedenfalls nicht eure!« Zehn Jahre nach der Wiedervereinigung zu seiner aufgekündigten IM-Vergangenheit befragt, verteidigt er sich und bekennt im gleichen Atemzug: »Der größte Feind im ganzen Land, das ist und bleibt der

Denunziant. Klar? Und dieses Wort ist nie aus mir rausgekommen, es hat immer genagt.«[265] Gratzik war ein innerlich zerrissener Mann voller Widersprüche, geheimer wie offener, unterdrückter wie impulsiver, zwiespältig wie sein Lebenslauf. Die Konstante in seinem Leben bedeutete für ihn sein Glaube an den Kommunismus, den er trotz aller Irritationen verteidigte, befeuert von einem ungeduldigen Antifaschismus.

Diesen Eindruck hinterließ er bei uns nach seinem Besuch der szenischen Lesung seines Stückes im Berliner Ensemble im April 2013. Zum Abschied übergab er uns sein neues, nach wie vor nicht gespieltes Theaterstück »Der Führer und sein Leibbursche Karras, Ein Sommertagtraum.« Es ist ein wüster, wilder Text, eine expressive und faszinierende Phantasmagorie oder »Trash«, wie man heute sagen würde. Gratzik stellt sein Stück vor: »Die Handlung ist in den Wäldern Ostpreußens, wo ich als Junge Krieg spielte, Blaubeeren, Pilze und Blumen sammelte, auch schwimmen lernte, und etliches mir bis jetzt eben undeutbar Dunkles und Schreckliches erlebte. Der Tag ist ein Sommertag wie Samt und Seide elf Monate vor dem Ende des zweiten Weltkrieges.«[266]

> *»Es ist noch eine Schere zwischen dem, was ist, und dem, was ich hingeschrieben habe.«*
>
> Paul Gratzik

Um Gratzik zu verstehen, ist man schnell bereit, seine Biografie dafür in Haftung zu nehmen. Der Verdacht liegt nahe, bietet aber allenfalls eine Hilfestellung, keine Erklärung. Sein Leben verläuft im Zickzack. Es ist ein Hin-und-her-Geschiebe zwischen Arbeiter und Autor, zwischen Kumpel und Künstler, zwischen Erfolg, der zu Kopf steigt und Erniedrigung, die in den Alkohol führt, ein wiederholtes Wechselbad der Gefühle.

Geboren 1935, Tischlerlehre, Arbeiter, 1955 Bauarbeiter im Ruhrgebiet, was damals schon »Republikflucht« war (Das »Verlassen der DDR ohne staatliche Genehmigung«, im allgemeinen Sprachgebrauch Republikflucht genannt, wurde seit dem Passgesetz von 1954 mit einer Freiheitsstrafe bis zu drei Jahren geahndet), zurück in die DDR, Bergarbeiter, FDJ-Funktionär, Lehrerausbildung, Bekanntschaft mit der bekannten Schauspielerin Steffi Spira. Er wird ihr junger Geliebter, ihre Anregungen bringen ihn zum Schreiben. Arbeitet als Erzieher in

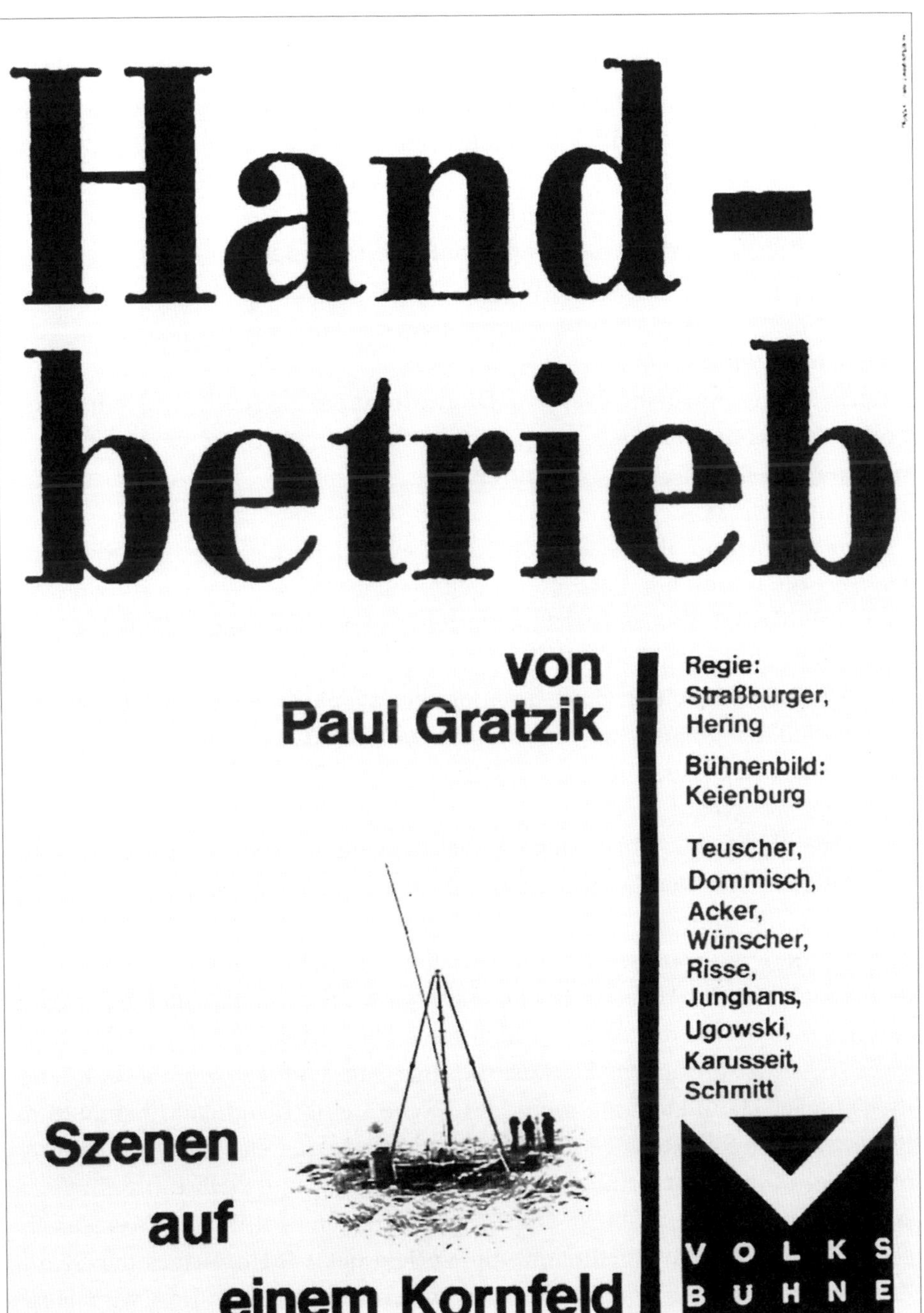

Plakat von Bernd Frank zur Uraufführung »Handbetrieb«, Volksbühne, Berlin 1976

Jugendwerkhöfen. Er wird ans Leipziger Literaturinstitut geschickt, dort Relegation wegen Sympathie für den Prager Frühling bei gleichzeitiger IM-Tätigkeit, wird freier Schriftsteller, wieder Fabrikarbeiter, Kurzzeit-Dramaturg beim Berliner Ensemble (gleichzeitig mit Volker Braun), wieder Arbeiter, freier Schriftsteller. Rückzug aufs Land, wo er in einer dürftigen Mietwohnung haust, im »gesellschaftlichen Aus«. Er stirbt 2018.

»Was hilft uns eine armselige Gradlinigkeit, die auch noch angeschafft erscheint, selbst wenn wir sie nicht wollen.« Paul Gratzik[267]

Dienst nach Vorschrift

Gratzik kannte, worüber er schrieb. Das verführt dazu, seine Stücke schnell einzuordnen. »Handbetrieb« wäre demnach eine simple Geschichte aus der Arbeitswelt der DDR in den 70er-Jahren zwischen sozialistischem Aufbruch und sozialistischem Trott.

Eine Baubrigade dreier Männer führt Bohrungen für Bodenproben durch. Die Technik ist veraltet, Verbesserungen bleiben aus. Um die überhöhte Norm und auch die Prämien zu erzielen, fälschen sie die Bohrtiefen. Sie geben neun Meter Tiefe an, haben aber nur fünf Meter gebohrt. Bobbi: »Wer so blöd ist und unseren Zustand nicht begreift, der muss betrogen werden.« Das betrügerische Trio zerfällt. Sie geraten in Verdacht. Das schlechte Gewissen in der Person einer schönen Genossin mit Namen Berlin meldet sich aus Berlin. Der Bauwagen geht in Flammen auf.

Die Kritik hält das Stück klein. Es sei ein Gebrauchsstück, das Stück eines Werktätigen über Werktätige, aktuell nützlich möglicherweise, aber ansonsten weise es keine weiteren Qualitäten auf. »Es ist wohl ein Vehikel zur Transportierung von Diskussionsstoff ins Publikum.« Deshalb, fügt der Chefredakteur der Fachzeitschrift »Theater der Zeit« hinzu, »scheint mir eine nähere Untersuchung von Schönheiten und Grenzen dieses Theatertextes wenig produktiv.«[268]

Es sei »eine spielerische Herausforderung zum Nachdenken und Beurteilen individueller Haltungen«[269], meint das »Neue Deutschland« und reduziert die Bedeutung des Stückes auf private Probleme Einzelner. Die »Berliner Zeitung« billigt dem Stück immerhin »Auslöserfunktion« zu und stellt es in einen Zusammenhang mit dem Stück »Die Ausgezeichneten« von Regine Weicker. Die geschilderten Mißstände stünden »im Vorfeld des IX. Parteitages der SED in Konfrontation zu den Forderungen des neuen Programms.« Dort wird Honecker zum Generalsekretär gekürt und verkündet einen neuen »Fünfjahresplan zur Entwicklung der Volkswirtschaft«. Ein neuer Aufbruch zum Sozialismus wird gefordert. Der Programmentwurf zum Parteitag weist hin »auf die verstärkten Auseinandersetzungen mit Fehlverhalten und Mängeln wie Vergeudung von Arbeitskraft, Material und Zeit, nachlässigem und verantwortungslosem Umgang mit gesellschaftlichem und persönlichem Eigentum.« Jedenfalls, so erkennt ein Kritiker, »rührt das Stück an Grundprobleme der sozialistischen Lebensweise«.[270] Weil, wie an anderer Stelle festgestellt wird, »Fragen nach sozialistischer Moral – wie wir wissen – unsere größte Reserve ist«.[271] Genau die, die Reserve, wird von Gratzik als fast aufgebraucht geschildert.

> *»Ob bewusst oder unbewusst geschrieben, sind es vor allem die sprachlich forcierten Überhöhungen, der Vorführgestus von Kunstfiguren, die dem proletarischen Milieu seines Stückes als unangemessen abgetan werden. Es ist eine aus dem Bauarbeiter-Jargon entwickelte und verdichtete Kunstsprache. Sie hat mit Horváth zu tun, der in der DDR verpönt war. Obwohl kein platter, kruder Naturalismus, verfügt sie gleichwohl über einen plebejischen Duktus, so eindeutig wie eindrucksvoll.«*
>
> Rolf Schneider[272]

Zur moralischen Aufrüstung der Arbeiter und Bauern scheint das Stück nicht geeignet. Obwohl »großer gesellschaftlicher Sprengstoff, den man in Theaterräumen am wenigsten zu behandeln gewohnt ist« im Text steckt. »Ein kräftiges, überall brauchbares Stück ist es nicht geworden.«[273] Das liegt wohl vor allem an Form und Stil des Stückes. Irritiert registriert die Kritik, dass Gratzik gewohnte, übliche Methoden des Stückeschreibens über Bord geworfen hat. Es fehlt die durchkonstruierte Fabel, ebenso eine stringente Handlung; die Sprache scheint fahrig, sprunghaft. Die Theaterexperten sind geneigt, die Fehler dem ungestümen Naturell des Autors zuzuschreiben. Oder wäre es vielleicht, wird ungläubig gefragt, »ein bewusster Ausbruch aus beengenden Schreibtraditionen?«[274] Das Publikum scheint von diesen Zweifeln unberührt. Eine typische Äußerung aus einem Publikumsgespräch nach der Vorstellung:

Frau: »Ich möchte sagen, mir waren die Arbeiter, wie sie dargestellt waren, sehr sympathisch. Sie verabscheuen diese Arbeit, diese schlimmen technischen Mittel, die sie der Betriebsleitung zuschreiben. Sie kommen nie auf einen anständigen Lohn und versuchen, ihn durch Manipulation aufzubessern.«[275]

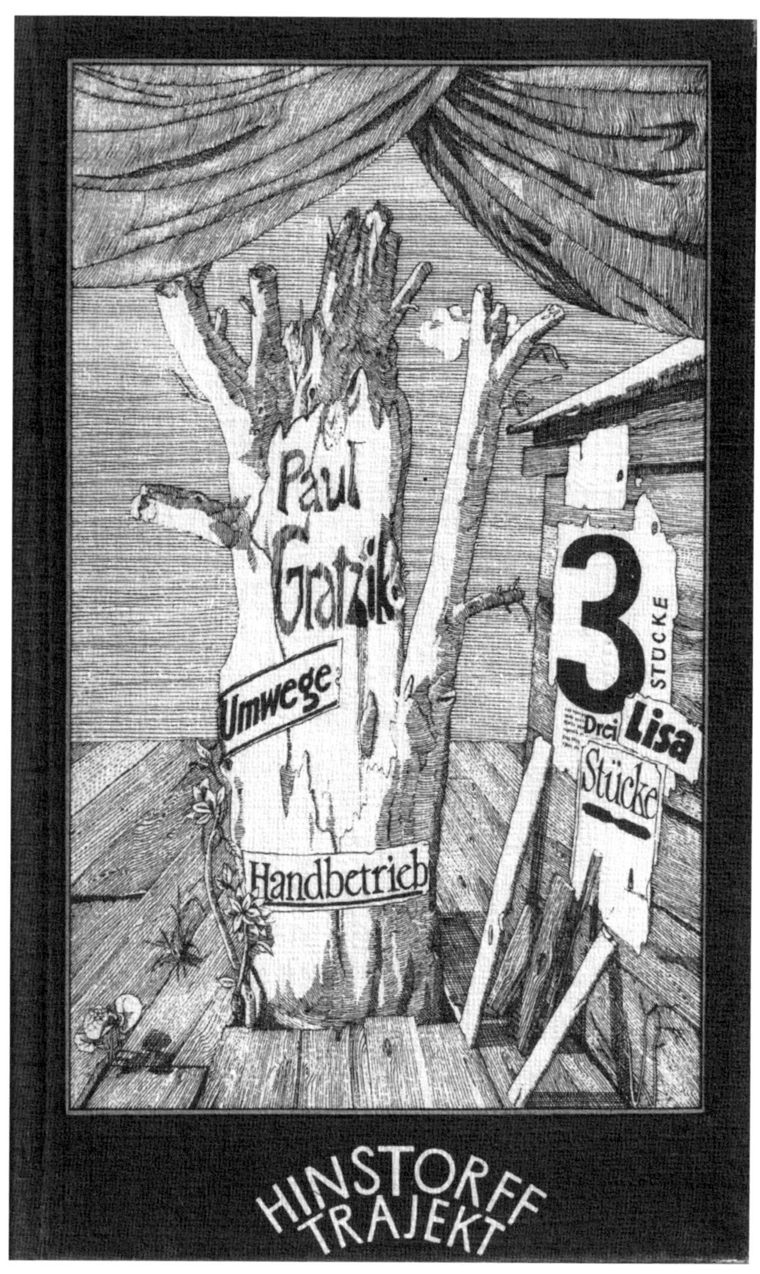

Drei Stücke Gratziks: »Umwege«, »Lisa«, »Handbetrieb« erscheinen 1977 als Buch. Illustration von Paul Ensikat

Ein Rundfunkredakteur erzählt: »Gratzik kam nach Köln zu einem Interview mit dem Deutschlandfunk. Das muss 2005 gewesen sein. Gratzik stieg aus dem Zug und hatte als Gepäck einen Korb dabei, gefüllt mit Äpfeln, dazwischen eine volle Wodkaflasche. Sie war schon vor Beginn des Interviews geleert.«

Heinz Klunker

Außer Dienst

Eigentlich ordnet die Volksbühne Stücke dieser Art der Kategorie »operatives Theater« zu – ein Begriff, den die Dramaturgie zu diesem Zweck erfunden hat. Was das Stück aber über ein aktuelles Zeitungstheater hinaus wachsen lässt, ist nicht zuletzt die damals für Experten ungewohnte Form. Denn in größere Zusammenhänge gestellt, liest sich das Stück als eine Allegorie auf die DDR.

Der Arbeiter-und-Bauernstaat baut auf. Der Fortschritt nimmt Form an. Aus Ackerland wird Bauland. Wohnungen entstehen, die Industrie will auf Weltniveau. Der Aufbau braucht einen festen Untergrund. Dafür sorgen die drei Arbeiter, drei heilige Könige des Arbeiterstaates, mit veraltetem Gerät und im Handbetrieb. Ihr Betrug, zu dem sie sich gezwungen sehen, stellt das Fundament, auf dem der sozialistische Aufbau fußen soll, in Frage. Sie betrügen, damit der Lohn stimmt. So wie schon ihre Vorgänger, wie alle. Sie wissen, irgendwann wird das auffliegen, weil die Statik nicht stimmen kann, wenn sie auf Lüge gründet. Irgendwann in der Zukunft kracht alles, der ganze Staat, zusammen. Er ist auf Sand gebaut. Die DDR wird vorgeführt als ein Staat, der an sich selbst zu Grunde geht.

Zum Glück kommt vor dem Ende aus Berlin eine Dea ex Machina herabgeflogen. Die fesche Funktionärin klärt, komisch genug, den Konflikt und kittet notdürftig die Risse.

Paul Gratzik »Handbetrieb – Szenen auf einem Kornfeld« Uraufführung 12.12.1976 Volksbühne Berlin, Regie: Helmut Straßburger und Ernstgeorg Hering, mit Hans Teuscher, Peter Dommisch, Berko Acker, Marianne Wünscher, Carl-Hermann Risse, Günter Junghans, Karin Ugowski, Ursula Karusseit

Meissner Porzellan lebt!

Günther Rücker
(1924–2008)

HARLEKIN UND COLOMBINE ODER WIE ZWEI GUTE PORZELLANGEISTER IN NÖTEN HELFEN

Schon der Titel klingt possierlich. Und da sofort der Autor dem Publikum seine Absichten erklärt, weiß man, was auf einen zukommt: ein verspieltes und heiteres, harmloses, gar neckisches Boulevardstück: »Ein Spiel mit Tanz, Musik und Lieb und Herzenot, darin vorkommen: ein Liebespaar von heut, wie's jeder kennt und vielleicht sogar darstellt, ohn' es zu wissen; des Weiteren zwei, deren Liebe die Zeit überdauert von Saeculum zu Saeculum; ein Harlekin aus Porzellan und eine ebenso porzellanische Colombine.« Oder wie das »Neue Deutschland« die Fabel trocken beschreibt: »Zwei Porzellanpuppen bringen einem zeitgemäß-sachlichen Pärchen die Liebe bei.«

Das stellt sich als harte Arbeit heraus. In zwei klassischen Commedia dell'-Arte-Figuren aus Meissner Porzellan erwacht nachts ihre frivole Rokoko-Vergangenheit zum Leben. Sie führen die Lehrgangsteilnehmerin einer FDJ-Tagung und den »Vertrauensvorsitzenden« der Gruppe, die im Schloss tagen, auf erotische Abwege. Doch die beiden jungen Funktionäre beharren stur darauf, »im Zeitalter des verstärkten Aufbaus des Sozialismus« keinen Platz für ihre gegenseitige Zuneigung zu haben. Schließlich belehrt eine verdrehte Verwechslungskomödie, die Harlekin und Colombine entfesseln, die beiden, ihre »gegenwärtige Leidenschaft« doch für einander zu bekennen. Und siehe da: Sie opfern ihre sachliche Nüchternheit romantischen Empfindungen. Sie gestehen sich ihre Liebe. Dazu klimpert leis' die Laute.

Das »Neue Deutschland« berichtet von der »hellen Freude der Zuschauer, die sich am Reiz und Witz begeistern«, wie es in der Uraufführung im Oktober 1956 geschieht. In der Tat lehrt das Stück unterhaltsam und verspielt die zwei FDJler,

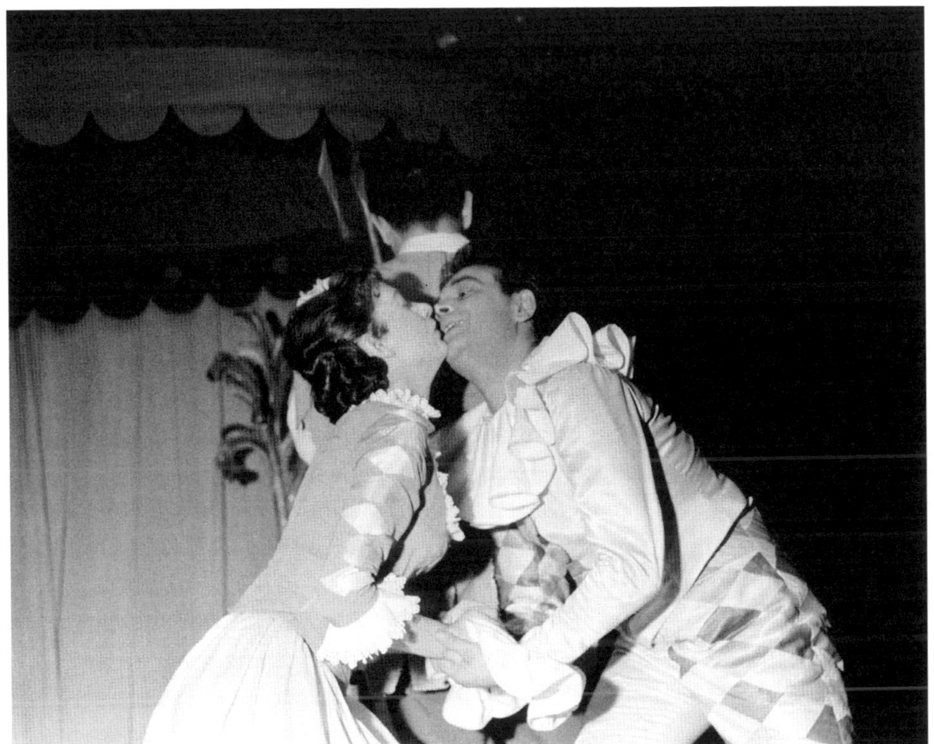

Uraufführung »Harlekin und Columbine«, Volksbühne, Berlin 1956, Elfi Garden und Edwin Marian

eine Sprache zu finden, die ihre verdrängten Gefühle ausdrückt. Die beiden finden nicht nur zueinander, sondern nach vielen komischen Missverständnissen auch zu sich selbst. Setzt man das Stück in Bezug zu jener Zeit, bekommt die anmutige Rokoko-Tändelei einen unvermutet hintergründigen Sinn. Die beiden ehrgeizigen Jungfunktionäre »möchten ihr Dasein ausdehnen«, wie sie es ausdrücken. Sie sind plötzlich bereit, ihre sozialistische Sachlichkeit über Bord zu werfen, um den »kulturhistorischen Scherz«, wie der Autor sein Stück im Schlusswort nennt, »zum Ausleben des Trieblebens zu nutzen.« Das Stück weitet sich unverhofft zu einer Auseinandersetzung zwischen gesellschaftlichen Pflichten und individuellen Neigungen aus. Auch wenn es, wie der Boulevard es verlangt, zum Happy End kommt, also zur Versöhnung beider Gegensätze, plädiert das Stück nicht nur für mehr Achtsamkeit, sondern – zwischen den Zeilen – auch für das Recht auf ein selbstbestimmtes Privatleben, jenseits des Kollektivs und außerhalb der FDJ-Versammlung, die im Hintergrund ziemlich langweilig dahin plätschert.

Ob ein derartiger subjektiver Freiheitsimpuls in Günther Rückers Absicht lag? Ob ihm das unterlief? Oder dokumentiert seine Scharade unbewusst den Zeitgeist Mitte der 50er-Jahre? Nimmt Rücker unwillkürlich ein Thema auf, das im Zug der Zeit lag? Die Sehnsucht nach privatem Glück drängt danach, erfüllt zu werden. Der Aufbau des Sozialismus braucht auch Pausen.

Günther Rücker war ein erfahrener, produktiver, erfolgreicher Literat. Er schrieb Hörspiele, Drehbücher, Erzählungen, Romane, Theaterstücke, führte Regie beim Film und im Theater. Zusammenarbeit verband ihn unter anderen mit Paul Dessau, Wolfgang Kohlhaase, Egon Günther und Karl Hermann Roehricht, dessen Monologe er inszenierte. Er saß in vielen Sätteln. Als IM »Günther« und Sekretär der Sektion Literatur und Sprachpflege in der Akademie der Künste observierte Rücker Mitglieder der Akademie. Franz Fühmann beabsichtigte 1981 eine Anthologie mit Gedichten und Essays von 33 jungen Autoren zusammen zu stellen. Als das Vorhaben von vornherein verweigert wurde, schrieben die Autoren und Fühmann einen geharnischten Protestbrief ans Kulturministerium, der bis zum Politbüro empor gereicht wurde. Von dort erging die Anweisung, die Akademie solle jede Veröffentlichung möglichst geräuschlos verhindern. Rücker beschaffte das Manuskript und gab eine vernichtende Einschätzung ab: »80 Prozent ... der Beiträge sind eindeutig feindlich und lassen eine feindliche politisch-ideologische Grundhaltung zur DDR erkennen ... Für eine Verständigung ist keine Basis vorhanden [...] Fast alle Beiträge sind literarisch minderwertig.«[276]

Die jungen Autoren sahen sich durch die Ablehnung der geplanten Anthologie in ihrer Ablehnung der restriktiven DDR bestätigt. Für Fühmann bedeutete das Verbot eine der Enttäuschungen, die ihn zunehmend auf Distanz zum Staat gehen ließen. Diesen Weg dokumentieren elf Bände auf 3644 Seiten, die die gesammelten Stasi-Berichte über Fühmann füllen.

Günther Rücker, »Harlekin und Colombine oder Wie zwei Porzellangeister in Nöten helfen«
Uraufführung 8.10.1956 Volksbühne Berlin, zur Eröffnung des Theaters im dritten Stock, Inszenierung: Werner Stewe, mit Edwin Marian, Elfi Garden, Susanne Düllmann, Dieter Wallrabe, Hans-Joachim Martens

Wenn ungreifbare Mächte lauern

Karl-Hermann Roehricht
(1928–2015)

FAMILIE BIRNCHEN

Die Stadt Berlin hat 96 Ortsteile, Wilhelmsruh ist einer der kleinsten. Er liegt am nördlichen Stadtrand, wo sich hinter einer ehemaligen VEB-Maschinenfabrik ein überschaubares Wohngebiet erstreckt. Es grenzt an die S-Bahn Richtung Oranienburg. Dieser Bahntrasse entlang wurde 1961 die Mauer gebaut. Sie verbarrikadierte den Zugang zum Bahnhof Wilhelmsruh, der nun mit den Schienen unerreichbar im »Westen« lag, ebenso unzugänglich wie das benachbarte Märkische Viertel, ein Prestigeobjekt Westberlins. Seine neuen Wohnblöcke ragten jenseits der Grenze empor. Wer zu Mauerzeiten aus Berlin Mitte nach Wilhelmsruh wollte, musste bis Pankow fahren und von dort umständlich weiter mit dem Bus. In diesem eingegrenzten Abseits spielt die Handlung von »Familie Birnchen« im Jahr 1972.

Die Mauer steht heute noch – zumindest einige Reste. Ein Heimatforscher entdeckte 2019, dass im Gestrüpp am Bahndamm »ein 80 Meter langes Teilstück des antifaschistischen Schutzwalls vergessen wurde, abgerissen zu werden.«[277] Wilhelmsruh ist eben nach wie vor *jottwede.*

»Im April 1974 setzte ich mich nach der Malarbeit an die Schreibmaschine und tippte in einer Woche eine Kneipenkomödie«, berichtet Roehricht. »Ich erfand wenig, sondern schrieb vom Leben ab, denn ich kannte die Familie Kruska, (Kroatisch: kruska, deutsch: Birne) ihre Lebensumstände und die Kneipe »Zur Falle« in Wilhelmsruh gut. Außerdem wollte ich Kritik anbringen: Ein Familienangehöriger war vor Jahren wegen einer Kleinigkeit der Kunsthochschule Berlin-Weißensee verwiesen worden, und ich fand, dass man das zur Sprache bringen müsse. Noch glaubte ich, dass sich manches bessern ließe.«[278]

Im selben Jahr schon beginnen die Proben am Maxim-Gorki-Theater in Berlin.

Walter Birnchen, der Gastwirt, ist eine Type, »ein altes Hähnchen, immer auf dem Sprung, nicht ohne Witz«, charakterisiert ihn die Regieanweisung, und ist auch einer seiner besten Kunden. Aber durch sein Gasthaus geht ein Riss. Das Gebäude ist einsturzgefährdet, wie auch sein Leben. »Muss was gemacht werden.« Wird aber nicht. Es wird nur gequatscht: »Handeln ist die schönste Tat.« Der Riss ist eine Kriegsfolge. Der Wunsch, ihn zu reparieren, bleibt ungestillt. Der Westverwandtschaft gehört die Hälfte des Gebäudes und die will im Osten nicht investieren. Also bleibt er als West-Ost-Riss bestehen. Am besten, man spricht nicht darüber. Darauf ein Bier. Aber die Gedanken bleiben. Wirt: »Wenn du Frieden sagst, denk ich an Krieg.«

Das Stück ist reich an versteckten Tragödien und Komödien. Skurril kommt der ungeschlachte Fleischer daher, »derb und aufbrausend«, dessen ganzer Stolz sich auf eine Erwähnung in der Brieftaubenzüchterzeitung gründet. Die Vögel sind seine »verzauberten Mädchen«, verrät er. Hinter der absonderlichen Tierliebe verbirgt sich eine ungestillte Sehnsucht nach Zärtlichkeit, die erschrecken lässt. Ein Anstreicher verfolgt die schräge Idee, alle Türen in »van-Gogh-Rot« streichen zu müssen. Langsam kommt man einer Künstlertragödie auf die Spur. Eine Witwe, die ihrem Mann nachtrauert, versäuft das Erbe, weil sie so arm werden will, wie sie sich ohne ihren Mann fühlt. Ein Arzt missachtet wollüstig seine eigenen Therapieanweisungen. Jemand wird ungewollt schwanger. Ein verlassener Fast-Boxweltmeister bekennt: »Uns hat die Liebe zugrunde gerichtet.« Ein Hund wird überfahren. Was macht man mit einem Lottogewinn? Ein Mann fällt vom Dach. Glück gehabt. Nichts passiert.

Der schreibende Maler und malende Schriftsteller Karl Hermann Roehricht weiß zu beobachten. »Es ist ein Schauen, das auch kleinsten Dingen die Würde des Ansehenswerten verleiht.«[279] Er findet hinter dem Alltag eine verzauberte Welt. Sie liegt versteckt unter dem Gewöhnlichen. Sie ist begraben unter dem Schutt des Tages. Roehricht, der Menschenfreund, porträtiert Menschen, indem er erzählt, was ihnen das Leben übrig lässt. In plötzlich aufbrechenden Momenten gewinnt der Zuschauer Einblicke in die Dramen, die jeder mit sich trägt. Sie blitzen auf zwischen den Worten und hinter den Handlungen. Ein Kritiker verlieh Roehricht den Titel »Tschechow im Kleingarten«.[280] In der Tat mag Roehrichts poetisch-überhöhter Naturalismus an den großen Meister erinnern. Allerdings findet er sein Personal nicht im Großbürgertum und in der Intelligenzija, sondern unter Handwerkern und Kleinbürgern.

Die Vorstadtidylle ist der Mantel, in den sich das Stück kleidet. Der hat

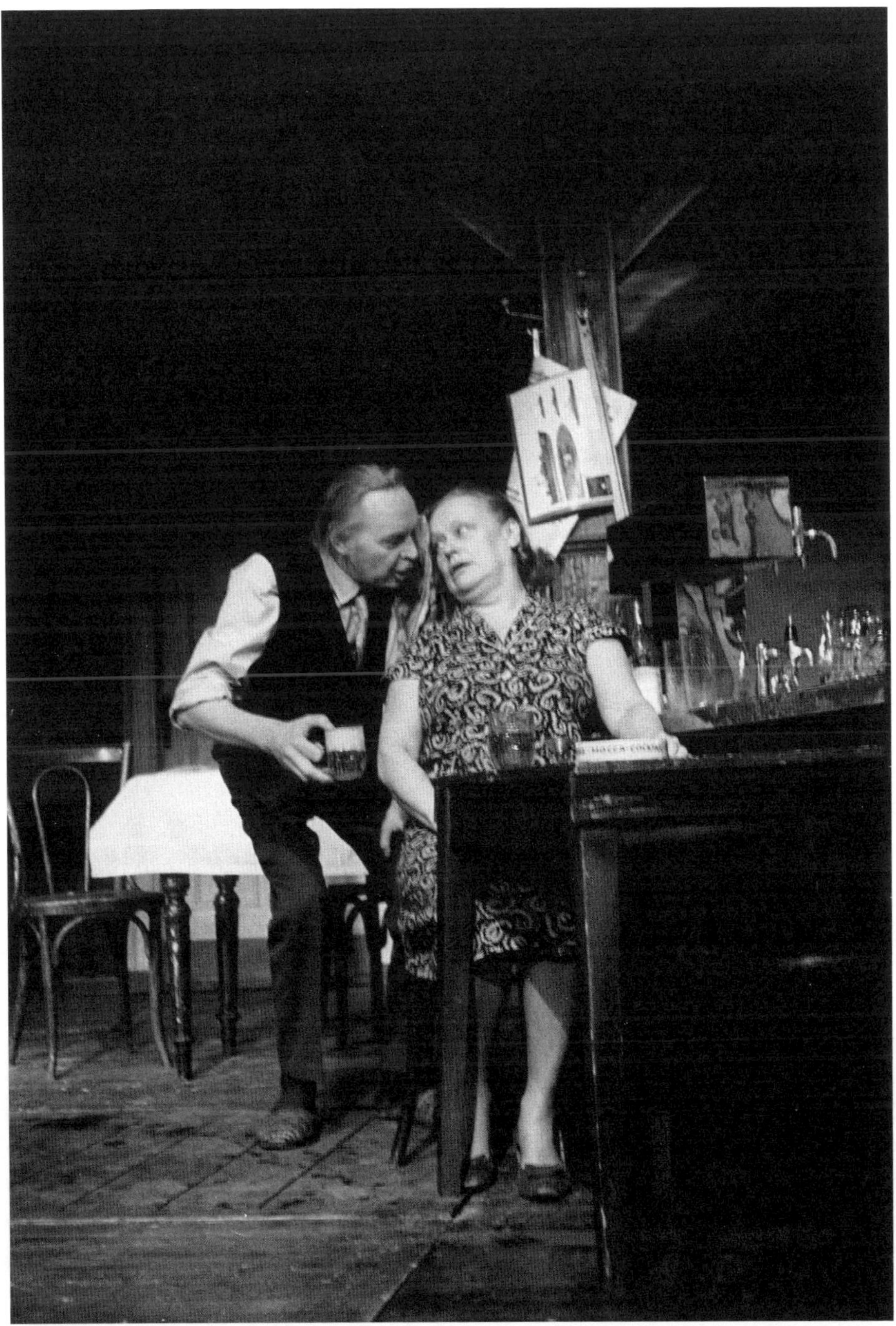

Uraufführung »Familie Birnchen«, Maxim-Gorki-Theater, Berlin 1975 mit Walter Juppé und Manja Behrens

Löcher. Existenzängste schimmern durch. Unter der fadenscheinigen Drapierung verbergen sich mühsame Überlebensstrategien verletzter Menschen. Sie versuchen ihr Leben zu meistern und wenn sie es schaffen, dann ganz ohne Beihilfe eines Parteisekretärs. Das Fehlen eines Vertreters der Partei gilt der Partei bei der Begutachtung des Stücks als Mangel.

Roehricht hat eine Rhapsodie der heiligen Trinker geschrieben. Sprache und Geräusche, Alltagsgerede und Töne wie Gläserklirren, Bierzapfen, Hundebellen, Tellerklappern, Radiomusik, Regentropfen und dergleichen verbinden sich zu einer Gesamtkomposition. Von der Ferne grüßt »Under Milk Wood« von Dylan Thomas.

Der Lebensinhalt eines Menschen kann nur der andere Mensch sein, die anderen Menschen, nie die Sache.[281]

Karl Hermann Roehricht

Die Kritik fällt über das Stück her. Ernst Schumacher bestreitet seine Wirklichkeitsnähe. Der Autor beschwert sich: »Er schreibt sinngemäß: Menschen, die ihren billigen Trost im Alkohol suchen, gibt es bei uns in der DDR nicht mehr. Wenn es sie aber doch gäbe, müsste man sagen: leider.« Die »Berliner Zeitung« hält das Stück für altmodisch: »Je mehr Roehricht beweist, wie scharf er sieht, macht er gleichzeitig deutlich, wieviel er übersieht. ... Das Wilhelmsruh, in dem Birnchens Budike liegt, liegt weit ab von der Hauptstraße des Sozialismus. [...] Spitzweg als Zeitgenosse?!«[282]

Eine einzelne Stimme versucht eine Ehrenrettung: »Roehricht beschreibt zweifellos keine Prozesse von gesellschaftsverändernder Kraft und Wirkung, da werden keine neuen Städte gebaut, keine neuen Technologien entwickelt, die Betriebe oder ganze Industriezweige revolutioniert, da werden keine Minister und Staatssekretäre bemüht, da wird nicht mal ein Brigadier bespöttelt. Aber Roehricht versucht etwas meines Erachtens sehr Wichtiges, nämlich er befreit den ›kleinen Mann‹ aus dem Klischee des ewig unbelehrbaren Kleinbürgers.«[283]

Das Leben auf dem Land

Roehricht hat wohl schon im Voraus gewußt, was auf ihn zukommt. »Dass ein Stück über Berliner Lebens- und Trinkgewohnheiten, die dem sozialistischen

Menschenideal nicht entsprachen, auch Linientreue und Beckmesser auf den Plan gerufen hatte, wurde mir wenige Stunden vor der Generalprobe endgültig klar. An jenem Morgen kam der Bestattungsunternehmer Rintisch mit einem Zinnsarg nach Freienbrink. Er sei angerufen worden, so sagte er, und solle meinen Leichnam – ich hätte doch Selbstmord begangen – in die Pathologie des Kreiskrankenhauses nach Rüdersdorf schaffen«.[284]

Roehricht war Kummer gewohnt. Seine Idylle abseits in einem kleinen märkischen Flecken bei Berlin, umständlich erreichbar, wo er mit seiner Familie zurückgezogen lebte, wurde zum militärischen Sperrgebiet ausgebaut, das unmittelbar an sein Grundstück grenzte. Hier bildete jetzt streng bewacht die NVA Soldaten für das Berliner Wachregiment ›Feliks Dzierzynski‹ aus und »hier befand sich die Post-, Kontroll- und Raubzentrale der Staatssicherheit mit Autobahnzufahrt und Gleisanschluß«.[285] Die Familie sah sich im eigenen Haus von Stacheldrahtzäunen umzingelt und lernte das gesamte Repertoire an Irritations- und Zerüttungsmaßnahmen der Stasi kennen.

»Plötzlich fehlten alltägliche Gebrauchsgegenstände, Werkzeuge, auch Lehrmittel und Bastelarbeiten der Kinder; Haushaltsgeräte verschwanden oder waren so defekt, dass wir an keine Verkettung unglücklicher Zufälle mehr glauben konnten. Häufig war Wasser im Tank des Trabants, oft war der Vergaser verstopft, zweimal waren Bremsseil und Bremskabel durchgekniffen. Es schien, als wolle man uns aus dem Ort vertreiben. Obwohl wir das Haus nie zum Verkauf angeboten hatten, erschienen die ersten Käufer. Wir hatten unterdes einen neuen Fachausdruck gelernt: Was uns widerfuhr [...] hieß ›Bewegen von Gegenständen‹. Wir mussten damit zurechtkommen. Ich war fertig mit der ›Ordnung‹, die das alles zuließ. Der Stiefel-Sozialismus duldete keine Träumer, keine lockeren Außenseiter. Ich hatte Angst, weil fast alle Angst hatten. Wir mussten für unsere Träume bezahlen. Ich vermute, dass all diese unangenehmen Ereignisse einen Ausgangspunkt hatten: meine wiederholte Weigerung, als ›inoffizieller Mitarbeiter‹ für den Staatssicherheitsdienst zu arbeiten.«[286]

Roehrichts Tochter berichtet 2020, ihr Vater habe zum Ärger der Stasi mehrfach erst im allerletzten Moment die Zusage verweigert.

»Roehricht ist ein Mensch, der unter der Teilung Deutschlands besonders gelitten hat, weil er sich dauernd gezwungen sah, die Seiten zu wechseln, ohne jemals willkommen zu sein«[287]

Gerhard Wolf

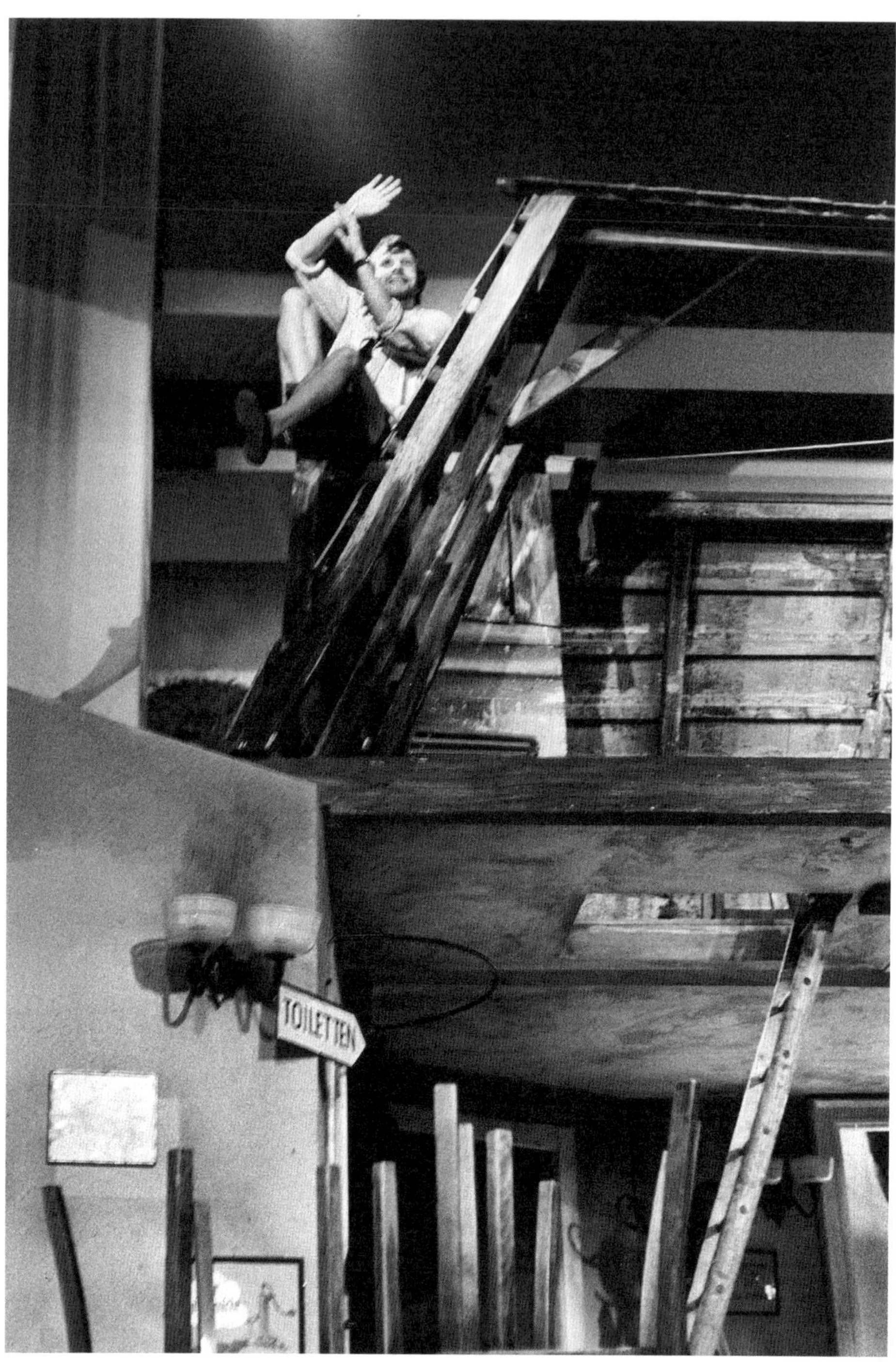

Uraufführung »Familie Birnchen«, Maxim-Gorki-Theater, Berlin 1975 mit Eberhard Prüter

Acht Monate nach der Uraufführung: Die Schauspielerin Lotte Loebinger feiert ihren 70. Geburtstag. Ernst Schumacher würdigt sie in der »Berliner Zeitung« vom 10.10.1975: »Sie spielte in ›Familie Birnchen‹ von Roehricht die kleine Gastwirtin, die Seele von Mensch gegenüber Familie wie Kunden, ausgestattet mit verschmitztem Charme, müde schon, aber unverwüstlich. [...] Diese proletarisch-revolutionäre Bewusstheit, die politische Klarsicht, die Zähigkeit, der Sache des Sozialismus zum Sieg zu verhelfen, der kommunistische Impetus und die Wärme, Mütterlichkeit, das Freundlichsein prägen gemeinsam ihre Persönlichkeit, damit auch die Rollen.«

Vor Tische las man's anders. Was zuvor »weitab von der Hauptstraße des Sozialismus« lag, ist auf einmal – was Lotte Loebinger betrifft – die Inkarnation des fortschrittlichen Sozialismus.

Die Aufführung ist ein großer Publikumserfolg. Roehricht wundert sich, warum sie immer weniger gespielt wird, schließlich ganz vom Spielplan verschwindet. Roehricht, durch Schaden argwöhnisch geworden, vermutet einen faulen Trick. Mit dem Vorwand, der fidele Hauptdarsteller sei krank, kann das Stück ohne weiteres Aufhebens endgültig abgesetzt werden.

Nochmal fährt ein Bestattungsunternehmen vor, und liefert für Roehricht einen weiteren Sarg ab, diesmal aus Eiche.

Roehricht wird mit wohlmeinenden Ratschlägen eingedeckt. Eine Kulturfunktionärin: »Du bist leider viel zu viel Individualist; wenn du dich nicht selbst ändern willst, dann müssen wir dich eben verändern.« Eine Gewerkschaftsfunktionärin fordert sozialistischen Realismus im Sinne des Bitterfelder Wegs:[288] »Sie kennen unsere Bedingungen. [...] Im Übrigen darf ich Ihnen sagen: Wir haben schon ganz andere Leute als Sie hinbekommen.«

Roehrichts Misstrauen wächst über normale Maßstäbe hinaus. Ist es Unvernunft oder Wahn, wenn er sich fragt, ob Scherze unter Freunden tatsächlich noch Scherze unter Freunden oder verklausulierte Warnungen sind? »Hatte ich überhaupt noch Freunde?« Wenn Roehricht an einer Haustür klingelt, klingelt in der Wohnung das Telefon. Einbildung oder Zufall? Sind seine monatelangen Ohrenschmerzen Folge einer geheimen Attacke mit Ultraschall?

»Aktive Überwachung ist angewandte Psychologie. Ein paar Zufälle werden hergestellt, die echten Zufälle wirken dann als Verstärker. Sind erst mal die Schienen gelegt, rollt der Waggon auf jeder schiefen Ebene wie von selbst«, muss er an sich selbst feststellen.

Im Jahr nach der Uraufführung, im Sommer 1978, wurde »Familie Birnchen« verfilmt, war aber sofort von »verantwortlichen Genossen« mit der unsinni-

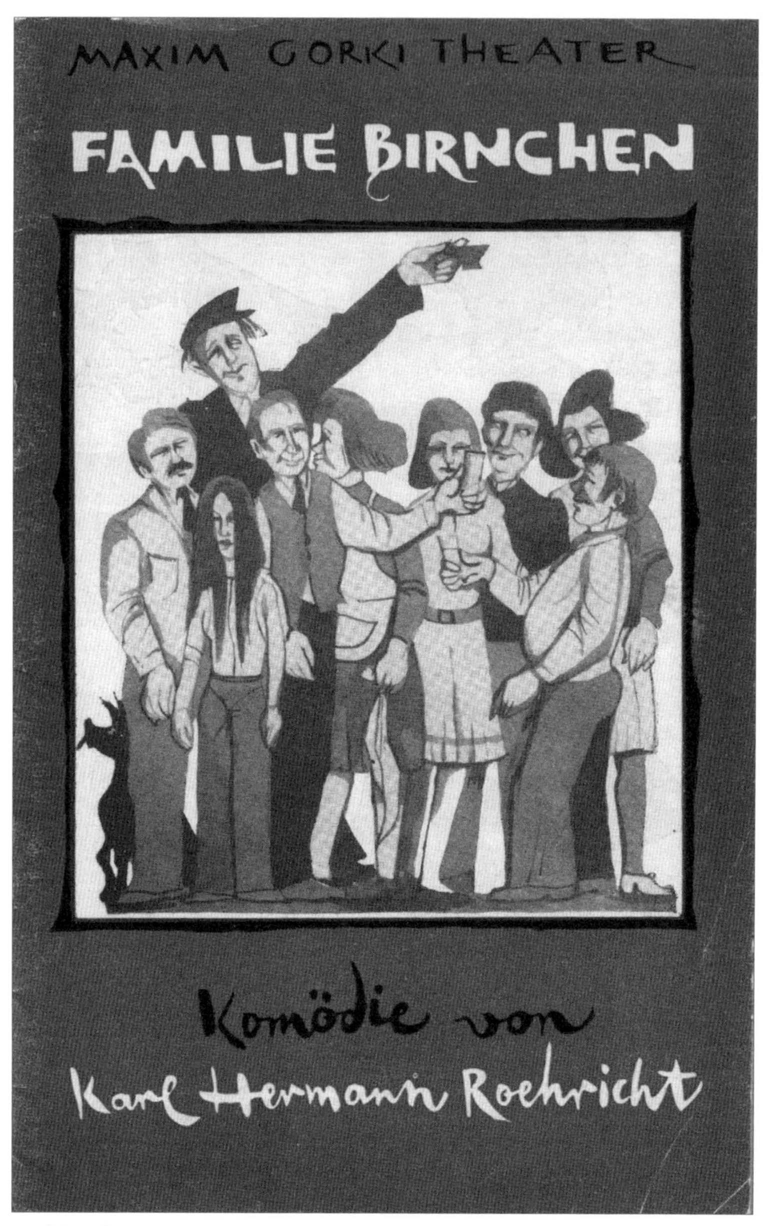

Titelblatt des Programmheftes der Uraufführung von 1975, Entwurf von Karl-Hermann Roehricht gen Begründung, der Film enthalte »faschistische Tendenzen«, verboten worden.[289] Die einmalige Aufführung erfolgte erst einige Jahre später Anfang der 80er-Jahre. Aber zu diesem Zeitpunkt hatte Familie Roehricht, zermürbt vom Psychoterror, längst einen Ausreiseantrag gestellt.

»Ich habe gesehen, wie meine Familie kaputt geht. Und das konnte ich nicht mehr ertragen«, erklärt Roehricht in einem Interview 1984 im Westen nach seiner Ausbürgerung aus der DDR.

> *»Er blieb ein Fremdling in Ost wie West. ›Einer, der sich nicht anpassen wollte.‹«*
>
> Detlef Grosc, ›Neues Deutschland‹ 30.11.91

Hüben und drüben

Karl Hermann Roehricht, zweifach begabt und erfolgreich als Maler wie Schriftsteller, verfügte bereits über Grenzgängererfahrungen, zählte er doch zu den wenigen deutsch-deutschen Mehrfachmigranten. Nach amerikanischer Kriegsgefangenschaft im Westen kehrte er 1945 in seine Heimatstadt Leipzig zurück. 1950 begann er ein Studium der Freien Malerei in Westberlin und geriet in den erbittert ausgetragenen Streit, der zu dieser Zeit die Hochschule in Atem hielt. Ihr Rektor, der Maler Carl Hofer, verteidigte die gegenständliche Malerei, während sein Kontrahent, »Kunstpapst« Will Grohmann, allein abstrakte Malerei gelten ließ. Der Papst entschied den Streit für sich. Roehricht geriet mit seiner realistischen Malerei ins Abseits. 1960 ging er zurück in die DDR.

»Ich habe in den Jahren in Westdeutschland gesehen, dass da das Materielle absolut die Oberhand bekam und dass der Wert des Menschen in den Wechselstuben festgelegt wurde. [...] Eine Westmark gleich vier Ostmark, also war ein Ostmensch nur ein Viertel wert. [...] Andererseits konnte jeder an der Hochschule machen, was er wollte, also diese unbeschränkte Freiheit!«[290]

Zurück in der DDR geriet der schroffe Individualist nicht zuletzt durch die »Familie Birnchen« erneut ins Abseits. 1981 stellte er den ersten seiner 16 Ausreiseanträge. Drei Jahre später durfte er die DDR erneut Richtung Westen verlassen. Erst nach der Wende kehrte Roehricht wieder nach Berlin zurück, wo er 2015 starb.

»Der Mensch fliegt mit seinen Apparaten um die Erde, und die Erde fliegt um die Sonne, das ganze System dreht sich im Kreise, die Gestirne tanzen, da gibt's kein oben und unten mehr, und das Universum gebärt unendlich neue Welten. Und wir sitzen in unserer Kneipe in Wilhelmsruh. Die kleine, runde Welt Wilhelmsruh. Mit ihren Hundeblumen und Frühäpfeln. Die Menschen harken in den Gärten, einer ist hier, der andere dort, einer ist froh, der andere traurig, ich und du, überall gibt's Probleme, die Menschen, sie leben. Sind keine Steine, wenn sie Sterne wären, könnten sie nicht lieben.«

Dr. Schall in »Familie Birnchen«

Nachspiel

Im Juni 1984, vierzehn Tage vor der Ausreise der Familie Roehricht, erzählt der Regisseur Wolfram Krempel, Intendant Albert Hetterle plane, »Familie Birnchen« wieder in den Spielplan aufzunehmen. »Aber Albert, sage ich, die wollen doch weg, sie haben vor drei Jahren an Honecker geschrieben. Und weißt du, was mir Hetterle geantwortet hat? Das kannst du dir nicht vorstellen! Ich sage ihm, dass ihr die DDR verlassen wollt, und er antwortet: Das weiß ich schon lange. Aber das macht doch nichts. – Also, jetzt verstehe ich gar nichts mehr.«[291]

Karl-Hermann Roehricht »Familie Birnchen« Eine Berliner Alltagskomödie in drei Akten, Uraufführung 10.2.1975 Maxim Gorki Theater Berlin, Regie: Wolfram Krempel, Ausstattung: Karl-Hermann Roehricht / Peter Sykora, mit Walter Jupe, Jochen Thomas, Manja Behrens, Lotte Loebinger, Jürgen Kluckert, Eberhard Prüter, Ursula Werner, Swetlana Schönfeld, Kurt Radeke

Dreiklang der Dreifaltigkeit

Thomas Brasch

SINDBAD / KASSANDRA

Heiner Müller

DER MANN IM FAHRSTUHL

Volker Braun

DER EISENWAGEN

Drei kurze Texte, drei zentrale Stücke, drei Höhepunkte des DDR-Theaters. Paradoxerweise nicht szenisch geschrieben, sind sie gleichwohl für die Bühne gedacht. Sie bilden quasi den Extrakt, die konzentrierte Zusammenfassung dessen, was im Kern die Eigenheit und das Besondere des DDR-Theaters ausmacht. Fragmentarisch in der Form, formbewusst die Sprache, inhaltsschwer, andeutungsreich, metaphorisch und leichtfüßig zugleich, stellen diese drei Schriften so etwas wie die Kulmination einer Entwicklung dar, die, auf Brecht bauend und diesen kritisch überwindend, eine spezielle kulturelle Leistung der DDR ist. Drei Herzstücke. Warum nicht von Welttheater sprechen?

»Halleluja, der Wind. Er fegt durch unsere verstaatlichten Hirne.«
Thomas Brasch

Auf hoher See

Sindbad der Seefahrer dient als Sinnbild des eingeengten, suchenden Intellektuellen, der gegen alle Bedenken immer wieder zu neuen Ufern aufbricht. Der Schiffbruch, den er erleidet, lässt ihn rettungslos im Meer zurück: »Jetzt hast du den Boden unter den Füßen verloren.« Sindbads Untergang ist Gleichnis für eine Selbsterkenntnis in aller Hoffnungslosigkeit. Rettung bringt allein der Tod, der macht Sindbad aber auch zum Entdecker seiner selbst: er sieht sich als »ein leeres Blatt«.

Auch Kassandras Weitblick, vom Bockwurststand auf der Schönhauser Allee aus in die Zukunft, die in Wahrheit schon Vergangenheit ist, gehört zum »32. Versuch auf einem untergehenden Schiff aus der eigenen Haut zu kommen«, die Brasch 1977 in seinem Buch »Kargo« versammelt hat.

In der Fremde

Heiner Müllers Angst- und Albtraum-Monolog »Der Mann im Fahrstuhl« wirkt wie ein Fremdkörper in seinem Stück »Der Auftrag«. Unvermittelt und unverbunden ragt in die Geschichte vom obsolet gewordenen Export der Französischen Revolution 1799 nach Jamaika ein singulärer Textblock hinein. Ein Mann fährt im Fahrstuhl zum Büro seines Chefs, der ihn zu sich bestellt hat. Der Mann kommt nie an. Stattdessen steht er, als er aus dem Fahrstuhl steigt, hilflos auf einer verdreckten Landstraße in Peru. Dort wartet die Dritte Welt, unheimlich, drohend, furchterregend.

Die Uraufführung war 1980 an der Volksbühne Berlin, die BRD-Erstaufführung 1982 am Schauspiel Bochum, beide Male inszeniert von Heiner Müller.

Am Abgrund

Volker Brauns »Eisenwagen« ist ein ominöses Gefährt. Anfangs ein rumpelndes Wägelchen, beginnt es eine Fahrt mit Leuten, die wissen, »wo der Weg langgeht«. Freunde springen auf, man gewinnt an Fahrt. Aber das Gefährt gerät unter Beschuss. Man panzert sich mit Eisenplatten und schießt zurück. Man macht sich Mut und schreit Parolen. Man zerstreitet sich, »das Denken auf ein Minimum beschränkt«. Die Karre wird zu einer rasenden, rasselnden Höllenmaschine, aus der auszusteigen unmöglich ist. Die Insassen werden ihrerseits Teil dieser Maschine, sie »hakt sich in die Rippen des Ichs« – eine Waffe des Schreckens.

Der Text veranschaulicht einen geschichtlichen Prozess, ist Ausdruck einer metaphorischen Verdichtung, versinnbildlicht den Weg von den Anfängen des Sozialismus bis zu seinem bitteren Ende. Für Volker Braun ist »das sozusagen die Biografie des Apparats.«

Bereits 1970 geschrieben, setzte Volker Braun den Text später als eine Art Prolog vor sein Stück »Lenins Tod«, das 1988 im Berliner Ensemble uraufgeführt wurde.

Spätzünder im Abseits

Christian Martin
(geb. 1950)

VOGTLÄNDISCHE TRILOGIE
TRAUMREISE / ABSEITS / GOLAN

Der Mittelpunkt der DDR-Theaterwelt lag in Berlin. In und um Berlin herum lebten auch so gut wie alle Theaterautoren. Mag der eine auch im Spreewald gehaust haben, ein anderer sich in den Oderbruch oder ins Havelland zurückgezogen haben, so blieb doch Berlin, nicht weiter als eine Autostunde entfernt, das Nahziel. Die Stadt war intellektuell, gesellschaftlich und beruflich für Autoren Magnet und Fokus. Für Christian Martin galt das alles nicht. Er war eine große Ausnahme. Er lebte im »Abseits«, wie eines seiner Stücke treffend heißt. Dort lebt er nach wie vor, weitab in der Provinz am südwestlichen Rand Sachsens im Vogtland bei Plauen in der kleinen Gemeinde Ellefeld. Er sei eine »geduldete Provinznase«, so bezeichnet er sich, aus einer derart abgelegenen Gegend, die schon Ende des 2. Weltkrieges Russen wie Amerikaner übersahen und zunächst nicht besetzten. Bis ihnen ihr Fehler auffiel, vergingen sechs Wochen, in denen sich die eigenwillige »Republik Schwarzenberg« bildete.

»In den Berliner Kreisen war ich nie integriert«, berichtet Christian Martin. »Ich lebe hier in meinem Geburtshaus seit 1950, ohne größere Unterbrechungen (Studium etc.); und als Dramatiker bin ich ein sogenannter Spätzünder, denn erst mit Anfang 30 gab es schüchterne, aber sehr ernsthafte Schreibversuche – und auch das hat mit meiner Geschichte hier zu tun, meinen ›Wurzeln‹, meinem ›Brennglas‹. In den 70er-Jahren war ich Lehrer für Deutsch und Geschichte, und jene Konflikte trieben mich an den Rand der Verzweiflung, denn dieses Kartenhaus DDR mit seinem verordneten ›wissenschaftlichen Kommunismus‹ bewies ja im grauen Alltag immer das genaue Gegenteil. Die ›Vogtländische Trilogie‹ war ein erster Versuch, jene Erfahrungen aufzuarbeiten, sie dichterisch zu kompensieren, (›Traumreise‹ = Aufbruch, ›Abseits‹ = Ernüchterung, ›Golan‹ = Wüste und Krieg). In jedem Menschen rumort die Sehnsucht, pulsiert ein unauslöschbares Glücksverlangen, das wird diese Menschheit – vielleicht – noch eine Weile am Leben erhalten [...] und hoffentlich auch das Theater, das Schauspiel.«[292]

Christian Martin kennt, wovon er schreibt: Das Leben kleiner Leute in einer fast vergessenen Ecke der DDR, ihre Sehnsucht nach ein bisschen Glück und ihre Unfähigkeit, es zu finden. Bis die »Wende« kommt. Aber was kommt danach? Wohlstand? Konsumrausch? Das Glück in blühenden Landschaften?

Im Kleinen die Größe, in der Enge das Weite

In seiner »Vogtländischen Trilogie« beschreibt Martin die Stationen einer jungen Ehe, schildert den Lebensweg Andys und Sandys. Er erzählt von ihrer Hochzeit, ihrer Reise ans Schwarze Meer, davon, wie sie ranklotzen, um sich was leisten zu können, von Bierrausch und Schwangerschaft, von Krach und Gewalt, vom Westen, der plötzlich über sie kommt, und schließlich vom Tod der jungen Frau.

Es sind Geschichten von einfachen Menschen; Menschen, die ansonsten unbekannt bleiben, fast unsichtbar. Aber Martin schaut ihnen aufs Maul und ins Herz; beobachtet sie genau; beschreibt sie, ohne sie bloßzustellen. Er ist mitten unter ihnen. So klein und eng und dürftig diese Welt auch ist, so geht es gleichwohl um große Gefühle, um Liebe, Hass, Verrat, Rache und Tod. Im kleinen Kreis steckt der ganze Weltkreis. Je genauer in den Einzelheiten, umso deutlicher werden Zusammenhänge, Abhängigkeiten, Beziehungsgeflechte. Es kommt das große Ganze in den Blick, die Hoffnung und ihre Enttäuschung, verflochten mit einer »riesengroßen Riesensehnsucht«.

Unüblich für die DDR-Dramatik stehen Martins Stücke in der Tradition des kritischen Volkstheaters von Fleißer, Horváth, Sperr, Fassbinder und Kroetz, nicht zuletzt auch durch die aus dem Dialekt gewachsene Kunstsprache und dem ihr innewohnenden abgründigen Humor. Martin: »Unser Dialekt ist weniger sächsisch, mehr oberfränkisch, weil die Besiedelung unserer Region früher von Franken aus erfolgte. Deswegen ist meine sprachliche Affinität mehr südlicher Natur. Ich habe immer versucht, mir treu zu bleiben und eine eigene Ästhetik zu entwickeln, einen eigenen Sprachstil mit größter Verdichtung und Verknappung und vielen Pausen. Alles, was durch Mimik und Gestik erspielt werden kann, wird durch Sprache nicht verdoppelt. Außerdem sollten die Figuren sozial sehr genau in der hiesigen Landschaft verankert sein, dass sie dem Publikum glaubwürdig erscheinen. Die Intonation der Sätze, die besondere Sprachmelodie, das Sprechen mit einer kunstdialektischen Färbung trägt zur Erschaffung einer eigenen Authentizität beziehungsweise Wahrheit bei.«[293]

In der DDR schaffen es nur drei seiner Stücke – »Abseits«, »Hans und Marie« und »Der Fall« – zur Uraufführung, alle im Jahr 1984. Martin: »Eine Ablehnung war manchmal länger als das ganze Stück.« Die anderen über 30 Werke finden erst nach der Wende ihren Weg auf die Bühne. In der DDR bleibt der verborgene literarische Zwilling von Kroetz eine Randerscheinung. Dennoch interessiert sich die Stasi für ihn.

> *»Zu den Werkstatt-Tagen des DDR-Schauspiels brachte Martin immer eine größere Menge Wernesgrüner Pilsner mit. [...] So verdichtete er auch die Sprache seiner Heimat, der Dialekt wird zur Kunst-Sprache, die Stücke zum Kunst-Stück, heimatbezogene Parabeln auf die globalisierte Welt. [...] Die ihn mochten, auch seine Stücke, haben gern ein Bier mit ihm getrunken, das vogtländische, damals so schwer erhältliche. Nicht bekannt ist, ob die Stasi die Flaschen gezählt hat.«*
>
> Martin Linzer, 2009

Verschlungene Wege
Christian Martin über seine ersten Theatererfahrungen

»Mein erstes Theaterstück ›Hans und Marie‹ sollte ursprünglich in Karl-Marx-Stadt uraufgeführt werden (Regie: Siegfried Höchst). Aus fadenscheinigen Gründen sagte man dann aber plötzlich ab (Intendant Meyer / Chefdramaturg Görne). Die wahren Gründe blieben für mich bis zur Akteneinsicht geheim. Die Schweriner Uraufführung des Textes fand in einer Art Voraufführung vor geladenem Publikum (SED-Kreis- und Bezirksleitung, Lehrern usw.) statt, welches Textstreichungen einforderte. Ich war damals zutiefst unglücklich. In Senftenberg aber wurde mein ›Abseits‹ 1984 ›pur‹ gespielt, ohne jegliche Einschränkungen. Ich durfte sogar an den Proben teilnehmen. Das war für mich als Dramatikerneuling wichtig und gut.

Die Vergewaltigung zum Schluss von ›Abseits‹ und der Freitod der Turnerin in ›Der Fall‹ wurden im selben Jahr in Leipzig dagegen nicht gespielt, die Stücke ›läpperten‹ einfach so aus ... In der Premiere wurde ich vor diese ›vollendeten‹

Kreisdienststelle Auerbach Auerbach, 13. 12. 1983
ti/k

BStU
000888

SACHSTANDSBERICHT zur OPK "Feder", Reg.-Nr.: XIV 583/82

Die OPK "Feder" wird zur Person

Martin, Christian
geb. am 03. 02. 1950 in Ellefeld
9703 Ellefeld, Gabelsberger Str. 9
politischer Mitarbeiter im NDPD-
Kreisvorstand Auerbach

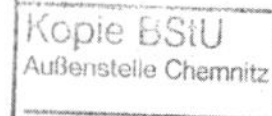

durchgeführt.
Bei MARTIN handelt es sich um einen Laienschriftsteller, der in seinen literarischen Arbeiten einen politisch negativen bzw. oppositionellen Standpunkt vertritt. In Korrespondenzen setzt er sich mit Schriften des aus der DDR ausgewiesenen Staatsfeindes Rainer Kunze auseinander.

1. Politisch-operative Zielstellung

Das Ziel der OPK besteht in der konzentrierten Erarbeitung von Informationen und Beweisen, daß der Verdächtige zu den Kräften der inneren Opposition gehört und als Organisator politischer Untergrundtätigkeit durch selbst verfaßte Schriften staatsfeindlichen Inhaltes hervortritt, mit der Maßgabe, gegen ihn einen Operativen Vorgang anzulegen.

Es ist zu verhindern, daß derartiges Ideengut öffentlichkeitswirksam verbreitet wird und staatsfeindliche Aktivitäten von ihm ausgehen.

2. Bisher eingesetzte Mittel und Methoden bei der Durchführung der OPK

Zur Gewährleistung der operativen Kontrolle des MARTIN wurde der IMS "Taubert" herangeführt und der Kontakt kontinuierlich ausgebaut.

Das durch die Abteilung PZF erarbeitete Material (Gedichte) wurde einer Analyse durch den IMS "Wolfgang Sturm" unterzogen und ein negativer politischer Standpunkt nachgewiesen.

Peripher kamen die IM "Heiko", "Jan" und "Christina" zum Einsatz.

Die bisher festgestellten Verbindungen wurden in den Speichern des MfS überprüft und enge, operativ bedeutsame Kontakte auf dem Sicherungsvorgang erfaßt sowie Fahndungsmaßnahmen der Abteilung M eingeleitet.

Christian Martin im Visier der Stasi[294]

Tatsachen gestellt, über meinen Kopf hinweg. Auch hier war der lange Stasi-Arm aktiv.«

»Zu DDR-Zeiten gab es noch Ringaufführungen«, begründet Martin die beiden Inszenierungen von »Abseits« in Senftenberg und Leipzig, deren Premieren nicht mehr als eine gute Woche auseinanderlagen und beide als Uraufführungen firmieren. Sie kamen aufgrund eines unmittelbaren Interesses der beiden Theater, ihrer Dramaturgen und Regisseure zustande, ganz ohne Beteiligung des DDR-Theaterverlages. Was eigentlich gar nicht möglich war: »Der Henschel Verlag kam erst später dazu«, wundert sich Martin heute noch. Der dritte Teil der Trilogie – »Golan« – wurde am Bayerischen Staatsschauspiel uraufgeführt, wo die 1990 etablierte Autorenwerkstatt, um aktuell zu sein, mit einem DDR-Autor eröffnet werden sollte. Martin: »Ich bekam sogar Geld für die Uraufführung.«[295]

Vor dem ersten Schritt wurde der zweite und dritte gemacht, denn der erste Teil der Trilogie »Traumreise« fand zuletzt den Weg auf die Bühne und das auch erst ein paar Jahre nach der Wiedervereinigung. Ein verquerer Dreisprung, den das Berliner theater 89 vollführte, indem es zudem 1996 erstmals auch die vollständige »Vogtländische Trilogie« spielte, die eigentliche Uraufführung.

Christian Martin »Abseits« Uraufführung 5.10.1984 Theater der Bergarbeiter Senftenberg, Regie: Annette Klare, mit Regina Bode und André Hennicke, am 13.10.1984 zusammen mit den Städtischen Bühnen Leipzig, Regie: Horst Smiszek – **»Golan«** Uraufführung 29.11.1990 Bayrisches Staatsschauspiel München, Regie: Pierre Walter Politz – **»Traumreise«** Uraufführung: 28.2.1996 theater 89 Berlin, Regie: Hans-Joachim Frank, mit Maria Brendel und Matthias Zahlbaum

Grand Guignol DDR

Lothar Trolle
(geb. 1944)

PAPA MAMA / DAS KIND

An einem schönen Sonntagmorgen versteckt der Papa ein scharfes, langes Messer unterm Hemd, die Mama bindet sich einen dicken Strick als Gürtel um den Leib. Auf geht's ins Grüne, die Sonne scheint und beide singen aus vollen Kehlen:

> Heut ist ein wunderschöner Tag.
> Die Sonne lacht uns so hell.

Doch sie hegen gegenseitig dunkle Mordgedanken. Nach dem Mittagessen wollen beide, das verraten sie jeweils dem Publikum, zur Tat schreiten. Gesagt, getan. Mit ziemlich viel Gewürge gelingen beider Vorhaben. Papa bringt Mama und Mama bringt Papa um, und das gelingt beiden seltsamerweise auch wieder nicht. Wie das? Das Rätsel versteckt sich im Alltag. Vielleicht auch beim gefräßigen, fetten Kind.

Das liebe Kind ist ekelhaft. Es reißt Fliegen die Flügel aus, klaut ein Baby, macht Klingelmännchen und krakeelt in die Gegensprechanlage des Wohnsilos: ICH, ICH, ICH! Es phantasiert sich den Zoo mit seinen wilden Tieren herbei, den Elefanten, den Löwen, die Anakonda, und mit den gierigen Biestern terrorisiert es das komplette Plattenbauviertel. Am Ende schmeißt das widerwärtige Ungeheuer sein Publikum mit den Worten aus dem Theater:

Doch Sie dort unten, Sie wissen jetzt,
was für Wunschträume hier hinter meiner Stirn erblühn,
und dabei sehe ich bestimmt aus
wie ein nettes, guterzogenes Kind,
dem man alles, nur nichts Unanständiges zutraut,
doch auch Sie sehen ja aus
wie nette, guterzogene Damen und Herren,
die keiner Fliege etwas zuleide tun können,
doch weiß man,
was hinter ihren unauffälligen Stirnen
so alles vor sich geht?

Leben in Absurdistan

»Weit unterschätzt« nennt ein populärer Schauspielführer[296] die Stücke von Lothar Trolle. Das galt wohl besonders für Kulturverantwortliche der DDR. Sonst lässt sich kaum erklären, wie unbehelligt er unter der Hand seine Stücke an den Mann respektive ans Theater brachte. Einen Autor, der weder im Schriftstellerverband noch im Henschel-Theaterverlag existierte, durfte es offiziell gar nicht geben. Aber unbeachtet von sonst allgegenwärtiger Aufsicht konnten seine Stücke immer wieder in der DDR (acht Uraufführungen) wie auch im Westen (fünf Uraufführungen), was die Sache noch verwunderlicher machte, gespielt werden. Der Autor, den es nicht zu geben schien, erhielt dennoch die Urheberrechtsabgabe für seine aufgeführten Stücke. Sogar für seine in die BRD geschmuggelten Werke, die doch offiziell gar nicht existierten. Das Schlachtschiff DDR hatte offenbar ein Leck. In den 80er-Jahren, wie Trolle berichtet, übersah man offenbar, gewollt und nicht gewollt, einzelne Roststellen. Man hielt sich an die Regel, »dass nicht sein kann, was nicht sein darf«[297].

»Trolle blieb ja sein DDR-Leben lang ein Halblegaler, ein schief Beäugter, ein Draußengelassener, ein bunter Hund, ein merkwürdiges Subjekt. Ein fettes Spitzel-Fressen.«[298]

Hans-Dieter Schütt

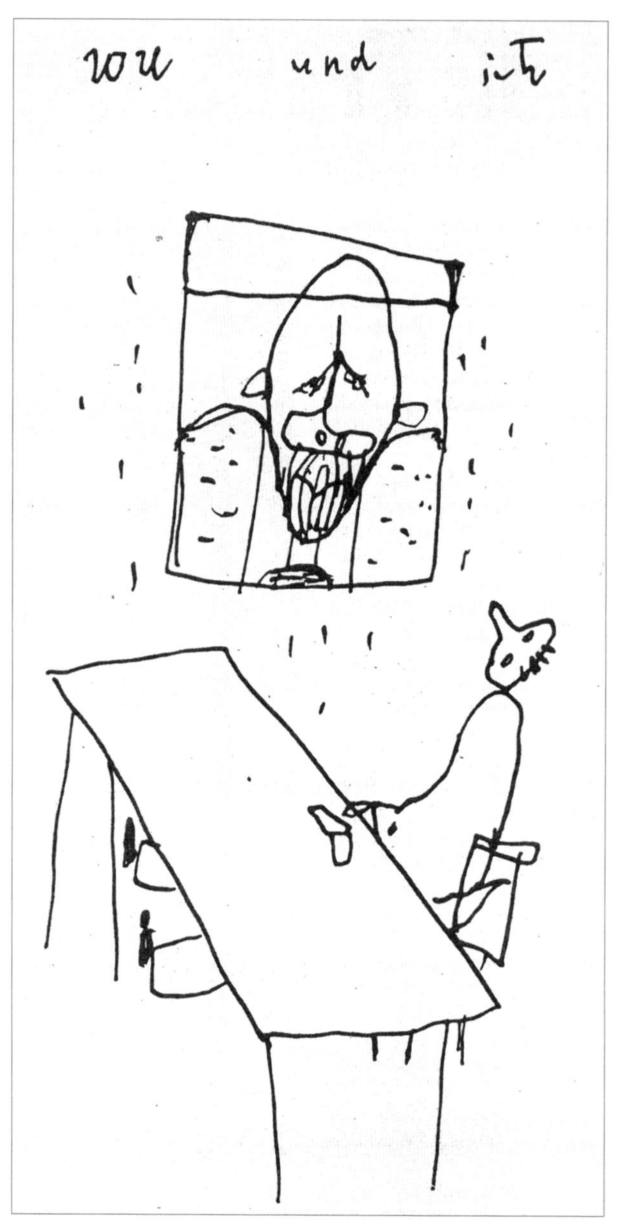

Lothar Trolle schaut auf Walter Ulbricht, Zeichnung von Horst Husssel 1971

Trolles Schriftstellerbiografie spielt sich in einem Land Absurdistan ab, seine Stücke ebenso. Auf den Schultern von Alfred Jarry, Daniil Charms, Vladimir Majakowskij, Kurt Schwitters und ähnlichen Geistesverwandten stehend, erwächst aus Trolles entfesseltem Theater bereits Trash und Splatter, lange bevor diese Erscheinungen die Szene aufmischen. Das Gesicht des DDR-Alltags ist die Grimasse. Trolles surrealer Ehedoppelmord »Mama Papa« wurde auch verstanden als inszenierter Wahnwitz zum jährlichen Frauentag der DDR. Während der Monolog »Das Kind« an den Eisenstangen des Raubtierkäfigs DDR rüttelt. Die damalige Kritik verliert nicht den Blick für die gesellschaftlichen Bezüge dieser Phantasmagorien über die reale DDR: »Lothar Trolle thematisiert den gewöhnlichen Faschismus. [...] Einbetonierte Langeweile gebiert groteske Visionen des Schreckens zwischen Urwald und Neubau«, urteilt ein Kritiker[299]. Trolles abstruse Höllengeburten, die in den 80er-Jahren auf dem Prenzlauer Berg das Licht der Welt erblickten, treiben heute wieder reales Unwesen. Trolles Aktualität ist nicht zu unterschätzen.

> *»Lothar Trolle ist eine Figur aus einem Text von Lothar Trolle. Sein bürgerlicher Name lautet Kaspar Hauser. Von seinem Namensvetter hat er den fremden Blick auf die Wiederkehr des Gleichen in der Tretmühle des Alltags und die Ahnung von einem endgültigen Schrecken, der seine Clownerien schwarz grundiert.«*[300]
>
> Heiner Müller

Im Off

Ein Gespräch mit Lothar Trolle

Trolle: Das war so: Ich bin auf dem Land groß geworden, bei Sangerhausen auf dem Dorf. In der Oberschule war ich befreundet mit Einar Schleef. Als Schleef nach Weißensee auf die Kunsthochschule ging, sagte er immer: Du musst nach Berlin kommen. Das war damals sehr schwer. Man brauchte eine Aufenthaltsgenehmigung. Die bekam man nur, wenn man eine Arbeit nachweisen konnte. Und Arbeit bekam man nur, wenn man eine Aufenthaltsgenehmigung hatte. Ich bin einfach, naiv oder frech, ins Deutsche Theater gegangen, um Bühnenarbeiter zu werden. Ich landete beim Kaderleiter. Der war VdN, das heißt »Verfolgter des Naziregimes.« Ich bin auch VdN, erzählte ich, aufgrund meiner Eltern. »Aha«, sagte er, »das deichseln wir, dass du nach Berlin kommen kannst.« So wurde ich Bühnenarbeiter und habe im Deutschen Theater ein Jahr gearbeitet. Entscheidende Theatererlebnisse waren für mich damals Karge/Langhoffs »Das kleine Mahagonny« und »Arturo Ui« im Berliner Ensemble. Als ich einen Studienplatz erhielt, marxistisch-leninistische Philosophie, las ich auch von Karl Marx die Einleitung zur Hegelschen Rechtsphilosophie. Das war ein weiteres Schlüsselerlebnis. Da ich immer schon das Gefühl hatte schreiben zu müssen, habe ich damals einfach angefangen. Ich schrieb aber bloß so'n psychologischen Quatsch zusammen. Plötzlich rutschte der Groschen. »Mama Papa« habe ich in den Pausen zwischen den Vorlesungen und am Wochenende geschrieben. Schleef fand es ganz toll. Dann lag es rum, bis er sagte: »Das musst du jemandem zeigen.« Irgendwie, ich weiß nicht wie, bin ich auf Tragelehn gekommen.

Frage: In welchem Jahr war das?

Trolle: Das war 1964. Irgendwie bekam ich seine Adresse. Ich ging einfach mit dem Manuskript hin, klingelte so nachmittags um drei einfach an seiner Wohnungstür, Tragelehn machte auf, wie immer im Bademantel *(lacht)*, völlig vertrieft: »Ja, das Stück«, ich gab es ihm. Das war's erst mal. Wochen vergingen. Zufällig traf ich die Schwester von Friedrich Goldmann – er war ein Freund von Tragelehn – und sie erzählte, »Also weißt du, dem Tragelehn, dem ist da was Komisches passiert. Bei ihm hat ein junger Mann ein Stück abgegeben, das findet er ganz toll, weißt du, wer das gewesen sein könnte? Es war keine Adresse dabei.« Drei Tage später habe ich bei Tragelehn angerufen: Ich bin hier der Dingsda, soll ich mal vorbei kommen. Da sagt Tragelehn: »Moment, Moment! Ruf mal in zehn Minuten wieder an, da sag' ich dir einen Termin.« Rief ich in zehn Minuten an: »Kannst du den und den Tag früh rumkommen?« Aber ja, und dann saß Heiner Müller da *(lacht)*. Der hatte das Stück auch gelesen. Beide waren begeistert. So landete ich in Künstlerkreisen. Aber kein Theater hat es gespielt. Im Westen fand in den siebziger Jahren die Uraufführung statt, in Krefeld. Ich erhielt keine Ausreise. Die »richtige« Erstaufführung fand dann in Gera statt. Wolf Bunge hat inszeniert auf einer kleinen Bühne. Mit Mama als Kettenraucherin, das war ulkig gemacht.

Frage: Aber wie ist das Stück denn in den Westen gekommen? Das lief doch eigentlich nur über den Henschel Verlag.

Trolle: In den Westen kam das über Tragelehn, Müller und Wolfgang Storch, einem Dramaturgen aus West-Berlin.

Frage: Und die Aufführung in Gera – lief das dann über den Henschel Verlag?

Trolle: Nein, ich war nicht bei Henschel. Das kam zustande, weil ich Bunge (Hans Bunge, Dramaturg und Regisseur, Leiter des Brecht-Archivs von 1956–1962) kannte.

Frage: Das lief außerhalb des Verlags?

Trolle: Außerhalb von Henschel.

Frage: War es nicht so, dass nur ein Stück, das vom Henschel Verlag, dem einzigen Theaterverlag in der DDR, angenommen wurde, auch gespielt werden durfte, egal wo?

Trolle: Bei mir war's nicht so. Manchmal ging es auch anders. Bis zur Wende 1989 war ich nicht bei Henschel. Zum Beispiel bei meiner Kasperl-Trilogie hat mich der Lektor von Henschel rausgeschmissen. »Du hast hier nüscht« – so ein Schwachsinn – »du hast hier nüscht verloren.« Ich war nie bei Henschel. Das lief alles über mich selber.

Frage: Hat es denn in Gera mit den Behörden, der Theaterleitung oder der Partei nicht Probleme gegeben?

Trolle: Das hab' ich nicht mitbekommen. Ich glaube nicht. Das war ja auch eine kleinere Bühne.

Frage: Im kritischen Literaturlexikon stehen über Sie so Sätze, wie: »Die Stücke waren in der DDR und in der BRD chancenlos.« Oder: »Er ist ein noch zu entdeckender Dramatiker.«

Trolle: Das ist Quatsch. Das ist einfach Denkfaulheit. Auch »Papa Mama« zum Beispiel läuft immer noch. Es war nicht so, als ob ich hier unbekannt war. Die Öffentlichkeit war im Osten anders. Dem Regisseur und Dramaturgen, die du kanntest, gabst du deine Stücke. Wie die das unabhängig vom Verlag gemacht haben, weiß ich nicht, aber es war möglich. Als man mich aus dem Henschel Verlag rausgeschmissen hatte, war ich frech und habe an den Kulturminister einen Brief geschrieben: Ich bin ein junger Autor, hab' so und so viele Stücke geschrieben, der Henschel Verlag nimmt mich nicht, aber ich brauche einen Verlag. Ich möchte die Genehmigung, selber einen Verlag zu gründen. Aber ich hatte gar keine Lust, einen Verlag zu gründen. Das war viel zu viel Arbeit. Das war nur, um die mal ein bisschen – damit die was machen. Jedenfalls auf dem nächsten Schriftstellerkongress mokierte sich Hermann Kant[301] in seinem Referat, es gäbe sogar Leute, die wollen einen eigenen Theaterverlag gründen *(lacht)*. Man konnte ganz leicht eine Wirkung erzielen.

Frage: Waren Sie denn im Schriftstellerverband?

Trolle: Nein. Auch nicht. Vier- oder fünfundsiebzig, als ein bisschen Aufweichung kam, gab's Bemühungen von Karl Mickel, Sarah Kirsch und Friedrich

Dieckmann, mich in den Schriftstellerverband aufzunehmen. Ich musste eine Lesung machen und habe »Papa Mama« gelesen. Drei Leute vom Vorstand kamen. Einer war der Bruder von Hermann Kant, ein anderer Jo Schulz, ein Operettenlibrettist, und noch jemand. Zwischen der Terminvereinbarung und der Lesung hatte aber die Biermann-Ausbürgerung stattgefunden. Und die drei wussten genau, dass sie mich nicht aufnehmen werden. Ich las also vor und danach sagte der Bruder von Kant: »Also ich bin jetzt unendlich traurig. Wie kann man nur sowas schreiben!« Dann fiel der wirklich ganz große Satz von Jo Schulz: »Also ich habe den Eindruck, dem Trolle ist selbst mit dem Sozialismus nicht zu helfen.«

1979 wollte Wolfgang Storch in West-Berlin mit Kindern ein Stück aufführen. Er fragte, ob ich dafür nicht ein Stück über den Krieg schreiben könnte. Ich hab' ihm dann durch das Telefon ein kleines Stück diktiert. Es wurde auch gespielt, im Gleisdreieck, in den Trümmern. Es wurde sogar im ZDF als *Kleines Fernsehspiel* gesendet. Das war nicht genehmigt. Also habe ich sämtliches Geld *cash* gekriegt.

Frage: Das Geld hat Storch dann über die Grenze gebracht?

Trolle: Storch hat sich das nicht getraut. Christoph Bertram[302] hat das gemacht.

Frage: Das alles geschah im Off, sozusagen, gegen die Regeln und Verordnungen. Das wurde geduldet? Das kann doch nicht verborgen geblieben sein.

Trolle: Ja. Schon. Aber in den 80er-Jahren waren wir alle im Off eigentlich. »Papa Mama« ist, meine ich, unpolitisch. In meinen Stasi-Akten machen sie sich immer Gedanken darüber, was ich eigentlich will. Was sollten sie eigentlich machen?

Frage: Eingreifen, weil es außerhalb der Kontrolle lief.

Trolle: Ja, aber ich war VdN. Mein Vater ist von den Nazis hingerichtet worden. Vielleicht war das ein Schutz, vielleicht. Und dann war ich auch integriert in das Komitee der antifaschistischen Widerstandskämpfer Prenzlauer Berg. Ich bekam auch einen Orden – als antifaschistischer Widerstandskämpfer (lacht). Die Alten starben ihnen weg, da brauchten sie Neue. Vielleicht war ich dadurch ein bisschen geschützt, ich weiß es nicht.

Frage: Was für Erfahrungen haben Sie mit Ihrem »Kind« gemacht?

Trolle: »Das Kind«, hat damals Corinna Harfouch gespielt. Das war, glaube ich, 1987. Das entstand ganz spontan. Corinna wohnte im selben Haus wie wir. Sie hatte gerade ein Kind bekommen, kein Engagement und wir meinten, eigentlich müssten wir was machen. Ich habe schnell eine Fassung hergestellt. (lacht) Die Aufführung lief ewig im Theater unterm Dach. Corinna war toll. Die Einnahmen waren gering, aber die Lebenskosten waren nicht hoch.

Frage: Wie haben Sie denn das Geld von den verschiedenen Aufführungen Ihrer Stücke im Westen bekommen?

Trolle: Das Geld kam dann über das Büro für Urheberrechte. Auch »Papa Mama« lief über das Büro. Aber man bekam kein Geld, man bekam Interschecks, und zwar nur im Wert eines Drittels der tatsächlichen Gage. Man kaufte sich dann Jeans und als Höhepunkt Beaujolais.

> *»Hoppelnd, mit krummgezogenem Rücken springt Corinna Harfouch auf die Bühne. Rennt gegen Mauern, in sinnlosen, sich betäubenden Zickzack-Läufen, starrt böse ins Publikum. Ein Kind allein, frustriert, verklemmt, voll giftiger, fantastischer Aggression, die dieses Geschöpf [...] lustvoll-bösartig aus sich herausfiebert. Das Klischee vom ›lieben Kindchen‹ wird gründlich zerstört.«*
>
> Ingeborg Pietzsch in »Theater der Zeit« über die Uraufführung.

Lothar Trolle »Papa Mama« Zwei Einakter, Uraufführung 18.6.1979 Vereinigte Bühnen Krefeld und Mönchengladbach, Regie: Grit Rehfeld. DDR-Erstaufführung 8.11.1985 Bühnen der Stadt Gera, Regie: Wolfgang Bunge – **»Das Kind«**, Ein Monolog, Uraufführung 1987 Theater unterm Dach, Berlin, mit Corinna Harfouch

Was wäre wenn …

Stefan Schütz
(geb. 1944)

URSCHWEJK
NACH JAROSLAV HAŠEK

»Mein Hirn ist gespickt mit Sprengsätzen und mein Fleisch geborsten von Katastrophen.« Stefan Schütz wurde 1944 in Memel, dem heutigen Klaipeda, geboren. Die Eltern waren Schauspieler, und so wollte auch er Schauspieler werden. Er studierte an der Staatlichen Schauspielschule in Berlin und spielte 1962 in der bemerkenswerten Studio-Inszenierung »Der Schuhu und die fliegende Prinzessin« von Peter Hacks. Regie führte Uta Birnbaum, Regisseurin am Berliner Ensemble, die später seine Lebensgefährtin werden sollte. Schütz spielte nach Abschluss des Studiums an verschiedenen Theatern, beschließt aber schon recht bald, als freier Schriftsteller zu arbeiten. 1968 schreibt er sein erstes Theaterstück, das aber unveröffentlicht bleibt. Es folgen weitere Stücke und eine bemerkenswerte Aufführung von »Majakowski« 1979 in London. Im gleichen Jahr bezeichnet ihn die Zeitschrift »Der Spiegel« als »das stärkste, vitalste Talent der jüngeren DDR-Dramatik«.[303]

Heiner Müller hatte bereits drei Jahre zuvor eine außergewöhnliche Eloge »Über den Dramatiker Stefan Schütz« geschrieben: »Das erste, was ich von ihm las, war eine dramatische Satire, der Anlass eher privat, eine Kränkung, die er zu tief empfunden hatte, um keine Satire zu schreiben, das Resultat ein literarischer Bombenanschlag auf ein Theater: Das vom bürgerlichen Standpunkt Unangemessene der Reaktion weist ihn als Dramatiker aus. Kleist ist der deutsche Modellfall. Inzwischen hat Stefan Schütz ein Halbdutzend Stücke geschrieben. Seine Begabung trägt ihn gelegentlich über das im Theater hier und heute Mögliche hinaus. Das heißt: Seine Stücke sollten gespielt werden, weil sie den Bereich des Möglichen erweitern. Der erste Grund, warum eine Gesellschaft, die den Sozialismus aufbaut, sich den Luxus von Dramatik leistet, ist die

Möglichkeit dieser Erweiterung. Theater, als eine Utopie, bleibt lebendig nur solange, wie es sich ständig neu aufhebt. Repertoiretheater ist ein Widerspruch in sich. Mit dem wir noch leben müssen.

Was an Texten von Schütz zuerst auffällt, ist das im besten Sinne Theatralische seiner Fantasie: er ist zu sehr Schauspieler und zu stark vom Leben in der DDR geprägt, um für die Schublade zu schreiben. Jedes neue Stück ist ein gieriger Griff nach dem lebendigen Theater. Die Qualität der manchmal betäubend schönen Sprache liegt darin, dass er nicht geprägte Bilder ausmalt, sondern Bewegungskurven zeichnet, die der Wirklichkeit seiner Figuren und Vorgänge neue Aspekte aufzwingen. Die Grundform der Bewegung ist die Spirale, nicht der Kreis. Das hat mit Geschichte zu tun, mit einer kreativen Haltung zur Geschichte. Wenn er aneckt, liegt es daran, dass er hoch hinaus will.

Eine Gesellschaft, die auf Produktion orientiert ist statt auf den Verschleiß von Produktivität, hat es mit Dramatik, die komisch oder tragisch aus der Zuspitzung von Widersprüchen lebt, nicht leicht. In der besonderen Art, wie Stefan Schütz mit Widersprüchen unserer Epoche umgeht, die er schmerzhaft tief empfindet, wird zunehmend ein Bedürfnis nach dem Ausgleich deutlich, nach einem Weltzustand, der Drama nicht mehr braucht außer als ein freies Spiel von Kräften. Hans Henny Jahnn hat einem seiner späten Stücke den Satz vorangestellt ALLMÄHLICH IST DIE LIEBE UNSER EIGENTUM GEWORDEN. Der Akzent liegt hier und heute auf allmählich, nicht auf Eigentum.«[304]

Aber in der DDR kommt es in den 70er-Jahren überhaupt nur zu zwei Aufführungen seiner Stücke. Das Potsdamer Theater spielt 1975 »Fabrik im Walde« nach einem Roman von Anna Karavaeva, und im Schauspielhaus Leipzig wird 1979 »Kohlhaas« inszeniert.

So erwirkte Schütz einen zweieinhalbjährigen Arbeitsaufenthalt in der Bundesrepublik und geht zusammen mit seiner Frau Uta Birnbaum 1981 als Dramaturg und Hausautor an die Wuppertaler Bühnen. Nach der Uraufführung seines Schauspiels »Sappa« im Januar 1982 kommt es zu Differenzen mit dem Schauspielensemble und im April 1982 zur vorzeitigen Vertragsauflösung im gegenseitigen Einvernehmen. Schütz und Birnbaum bleiben in der BRD, wo er als freier Schriftsteller arbeitet. Aber auch im Westen verbessert sich seine Situation als Dramatiker nicht wesentlich. Zwar werden mehrere seiner Stücke, wie »Die Schweine«, »Werwölfe« und »Spectacle Cressida« uraufgeführt, aber der erwartete Durchbruch als Dramatiker stellt sich nicht ein. Mit dem Satz: »Ein Stück, nur aus einem Schrei gebaut, das wäre ehrlich«, benennt Schütz sein Ideal. Er beginnt, Romane zu schreiben. Gleich mit seinem ersten Werk gelingt ihm Bemerkenswertes. »Medusa« ist »eine antike Tragödie neben Schmierentheater, Essay neben Schauerroman, Groteske neben Pamphlet« beschreibt Kurt Bartsch den Roman.[305] F.C. Delius bezeichnet in seiner Laudatio zur Verleihung des Alfred-Döblin-Preises 1985 an Schütz den Roman als eine »Unendliche Traumwanderung durch die Schluchten einer sozialistisch genannten Gesellschaft«. Theaterstücke schreibt Schütz nur noch gelegentlich. 1987 gelingt ihm allerdings mit dem »Urschwejk« eine treffliche Satire.

Oh du mein wackeres Köpfchen
wie lange wird ich dich
noch auf meinen Schultern tragen

»Der brave Soldat Schwejk« – so der Titel des Schelmenromans von Jaroslav Hašek – treibt seinen Unsinn während des ersten Weltkrieges in der österreichisch-ungarischen Armee, säße aber viel lieber in der Stammkneipe seiner Heimatstadt Prag. Hier wäre er auch lieber, statt für die deutsche Wehrmacht in den Krieg ziehen zu müssen, wohin ihn Bertolt Brecht in seinem Stück »Schweyk im zweiten Weltkrieg«, wie er sich jetzt mit einem y statt mit einem j schreibt, schickt. Bei Stefan Schütz nun gibt Schwejk ein Gastspiel in der Roten Armee, wohin es ihn durch einen dummen Zufall verschlagen hat. In Bugulma im fernen Tartastan hat er es wider Willen, natürlich durch einen dummen Zufall, zum Stadtkommandanten gebracht. Verwickelt in die revolutionären Kämpfe Russlands von 1918, lebt der »notorische Idiot«, wie er sich selbst tituliert, gefährlich und wird alsbald als Konterrevolutionär und Spion denunziert. Das Revolutionstribunal der Ostfront, Gruppe Simbirsk / linkes Ufer tritt auf, ihn zum Tode zu verurteilen. Schwejk bequatscht die kommunistischen »Genossen Tribunal« mit dämlichen Anekdoten und verwirrenden Geschichten. Da wird der Denunziant zum Angeklagten umgedreht und Schwejk entkommt, welch dummer Zufall, dem Todesurteil. Schnell verordnet er sich als Stadtkommandant einen »außerordentlichen Urlaub« und haut ab auf Nimmerwiedersehen. »Melde gehorsamst, ein Anarchist ist einer der, wenn er sich Befehle erteilt, sie nicht befolgen darf.«

Die Geschichte gleicht einem Kindertraum: Raffinierte Doofheit siegt über bornierte Dummheit. Gleichzeitig ist das Stück auch eine irreale Farce und eine ätzende wie belustigende Abrechnung mit dem kommunistischen System.

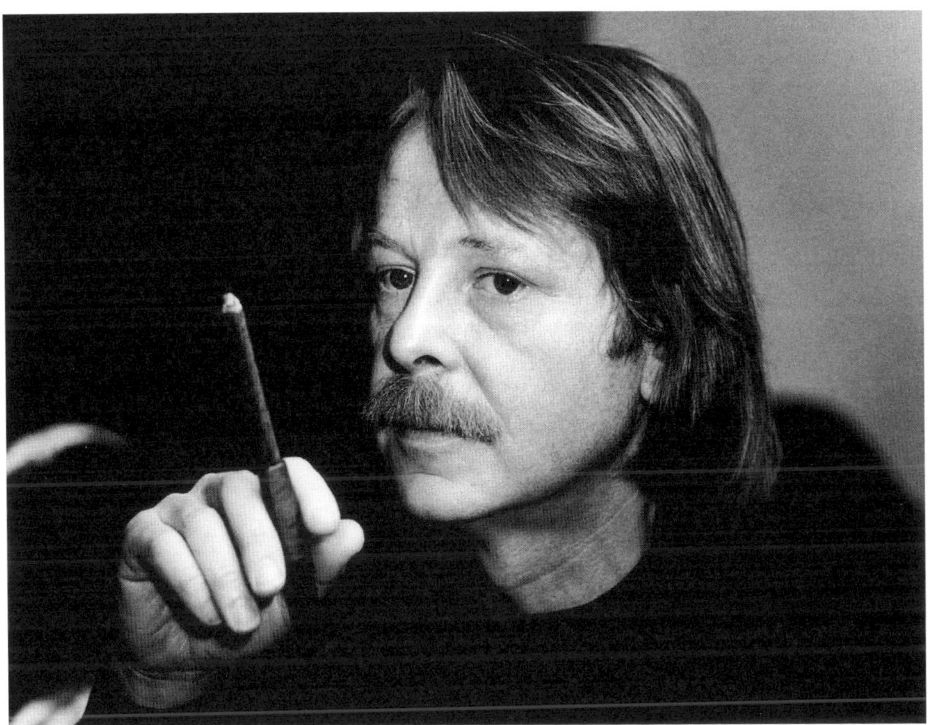

Stefan Schütz 1990

Schwejk bringt mit seinem unorthodoxen Verhalten die autoritären Genossen derart durcheinander, dass sie sich am Ende in ihren Widersprüchen verfangen. Stefan Schütz zeigt den Sieg des chaotischen Individuums über einen technokratischen Machtapparat, der das Individuum nicht mehr zulassen, geschweige denn verstehen kann. Und obwohl das Stück weder in der DDR geschrieben, noch verlegt oder aufgeführt wurde, ging es in unsere Lesereihe ein. Die Vorstellung nämlich, dass das Stück in der DDR aufgeführt worden wäre und welche Reaktionen es ausgelöst hätte, bereitete den Vortragenden wie den Zuhörern großes Vergnügen.

Mit der Lesung wurde »Urschwejk« erstmals einer Öffentlichkeit vorgestellt, aufgeführt wurde das Stück bisher nicht.

Konturlos deutlich

Lothar Walsdorf
(1951–2004)

DAS SCHNECKENHAUS

Wer den Versuch unternähme, eine Typologie der DDR-Dramatik zu schreiben, käme sicherlich schnell an Grenzen. Wie will er die reichhaltige, vierzigjährige Dramenvielfalt unter einen Hut zwingen; wie das kleinste gemeinsame Vielfache finden? Wer es dennoch versucht, könnte beispielsweise feststellen, wie gut die meisten Stücke »gebaut« sind, um es im Theaterjargon auszudrücken. Den Stücken liegt meist eine durchdachte Konstruktion zugrunde. Dramaturgie, Fabel, Handlung, Charaktere, Stil, Sprache lassen eine Beherrschung des Handwerks erkennen. In der gelungenen Kombination dieser Elemente sind die meisten Stücke Zeugnisse beeindruckender Theaterliteratur. Ästhetisch erheben sie stets den Anspruch auf Realismus, unabhängig davon, wie weit der Begriff gefasst wird. Er reicht vom Alltagsrealismus bis hin zu einem phantastischen Surrealismus. Aber es geht immer um eine Auseinandersetzung mit dem Grundthema Realismus und einer entsprechenden Form. Selbst wenn dieser Rahmen gesprengt oder unterminiert wird, geschieht es nicht ohne Bezug dazu.

Kaum ein Autor in der DDR kam darum herum – und sei es im Widerspruch – sich mit diesem auf eine Staatsdoktrin verengten Postulat der Partei auseinander zu setzen. Es lassen sich sogar bei unterschiedlichsten Autoren Gemeinsamkeiten der Inhalte aufspüren. Wer will, kann Kategorien für diverse Entwicklungen einführen. Welcher Literaturwissenschaftler mag es nicht, die Dramatik in verschiedene Phasen zu unterteilen, um sie mit Etiketten zu versehen wie Aufbaustücke, Stücke aus der Produktion, Klassik-Renaissance und so weiter. Gleichwohl haben alle diese Stücke, so könnte man herausfinden, eine verwandte Botschaft. Bei aller direkten Kritik an gesellschaftlichen Phänomenen oder indirekter Kritik grundsätzlicher Art blieben Autoren Sozialisten und verstanden ihre Stücke durchaus in diesem Sinn: als Modelle für ein besseres zukünftiges Leben.

Lasst alle Hoffnung fahren

Auf »Das Schneckenhaus« und seinen Autor Lothar Walsdorf trifft all das nicht zu. Er ist ein absoluter Außenseiter. Sein Stück scheint unförmig, strukturlos, ziellos, die Sprache willkürlich und wild, jenseits jeder Kunstfertigkeit. Die Geschichte ist sehr privat, ja, intim und äußerst subjektiv erzählt – ein Novum für die DDR. Schauplatz ist das Innenleben eines Paares. Es ist das Psychogramm zweier desorientierter Menschen, die sich selbst entblößen. Hier ist alles in Auflösung. Und doch ...

Die verschlungene Handlung wird zusammen gehalten von der porösen Form eines Tagebuches. Geschrieben hat es eine labile Frau, Ärztin in einer psychiatrischen Klinik, über ihr Verhältnis mit einem unzuverlässigen Liebhaber, einem Schriftsteller. Das Tagebuch ist chaotisch durchsetzt von Briefen, Telefonaten, Protokollen, Nachrichten, Attesten, die die täglichen Ereignisse und Gefühle anreichern. Der Autor Walsdorf bedient sich einer verdrehten Erzählperspektive. Er versetzt sich sozusagen in eine Frau hinein, deren Tagebuch er schreibt, in dem diese eine verquere Liebesbeziehung zu einem Mann notiert, der unübersehbar die Züge des Autors trägt.

Über wen also schreibt der Autor? Über die Frau? Über den Liebhaber der Frau? Also über sich? Oder schreibt er als Frau? Oder schreibt die Frau über den Mann? Wer ist wer in diesem Labyrinth? Wer hat das Tagebuch geschrieben? Sie oder er? Oder er als sie? Oder sie statt seiner?

»Die Kategorien sind in der schändlichsten Verwirrung«, klagt in Georg Büchners »Leonce und Lena« der König, als die Ordnung seiner Kleidung durcheinander gerät.

In dem Schneckenhaus, in das sich die Ärztin immer mehr verkriecht und somit ihren depressiven Patienten immer ähnlicher wird, findet sie keinen Halt mehr. Immer schneller dreht sie sich in einer Abwärtsspirale in das immer engere Gewinde des Gehäuses hinein. Ihren Ängsten, ihrer Verzweiflung, dem Zerfall der Beziehung, der Zersetzung ihrer Werte kann sie aber nicht entkommen. Auf ihren ähnlich verstörten Liebhaber ist ohnehin kein Verlass. Er entzieht sich durch Fluchten, bis er sich endgültig auf und davon macht.

Geschrieben kurz vor der Wende, gewinnt das Stück inzwischen eine weitere Bedeutung über die Darstellung einer verkorksten und neurotischen Zweierbeziehung hinaus. Heute gelesen, lässt sich der Text auch als Ausdruck und Gleichnis der Auflösungserscheinungen einer zerfallenden Gesellschaft verste-

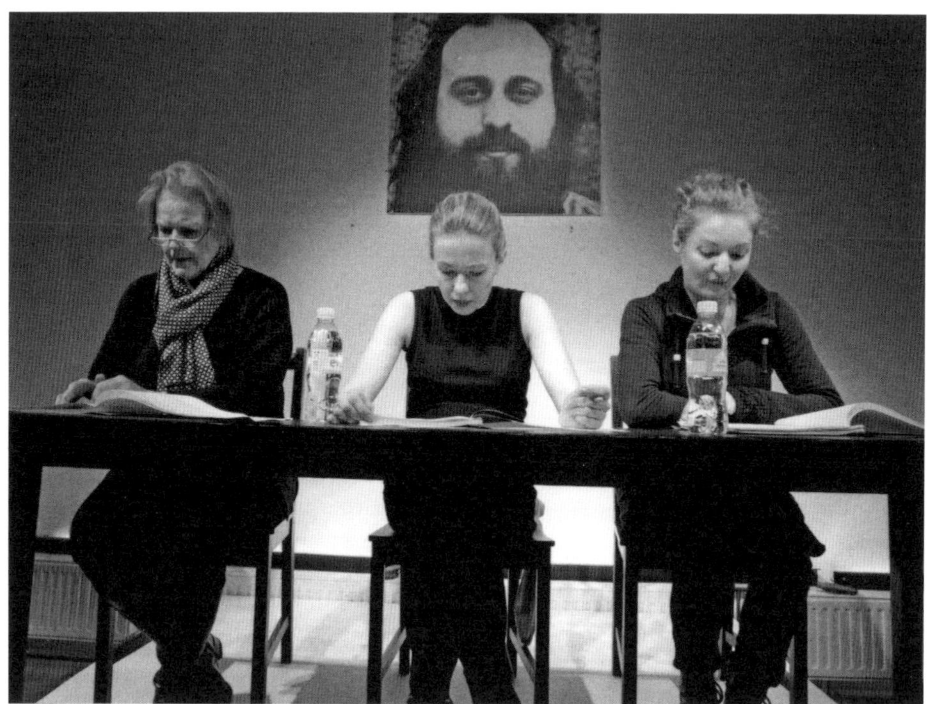

Lesung »Das Schneckenhaus« am 19.3.2016 mit (v.l.) Claudia Burckhardt, Laura Tratnik, Nadine Kiesewalter, im Hintergrund Lothar Walsdorf

hen. Ihre Vertreter sind ein Schriftsteller, der nichts mehr mitzuteilen hat, und eine Ärztin, die nichts mehr heilen kann. So gesehen schildert die Geschichte vom Ende einer Paarbeziehung stellvertretend die Endzeit der DDR. Versteht man das Stück als Sinnbild der untergehenden DDR, ist das Paar deren Verkörperung. Erzählt wird von zerstörtem Vertrauen, zerstörten Erwartungen, zerstörter Hoffnung, zerstörter Liebe, zerstörten Seelen in einer Welt, die sich auf ihren Untergang zubewegt. Mit einem gewissen Recht läßt sich behaupten, Walsdorfs Text stelle modellhaft ein Endspiel der DDR-Dramatik dar, die sich in der Auflösung quasi selbst verschlingt: strukturlos, formlos, haltungslos, gestaltlos, amorph.

Die Ärztin vermag sich selbst so wenig zu helfen wie allen anderen Insassen des Irrenhauses, in dem sie arbeitet. Sie begeht Selbstmord.

Der weitgereiste Autor stirbt nach einem unsteten Leben unter nicht geklärten Umständen. Er wird 2004 tot in seiner Wohnung in einem Berliner Vorort gefunden. Als sein Verlag, der Henschel Bühnenvertrieb, schließlich von seinem Tod erfährt und man, um sich um seinen Nachlass zu kümmern, in seine Wohnung fährt – Walsdorf hat keine Angehörigen oder Verwandte –, ist diese gänzlich leer geräumt. Auch seine eineinhalb Meter einnehmenden Bände seiner Tagesbücher, die er, wie man wusste, seit seiner Jugend geführt hatte, sind verschwunden. Die Müllabfuhr war offensichtlich sehr gründlich gewesen und hatte ganze Arbeit geleistet.

Im Abseits

Literarisch wie privat war Walsdorf ein Einzelgänger. In Heimen aufgewachsen, ohne »richtige« Wohnung, ohne »richtige« Arbeit, ohne regelmäßigen Verdienst, viel auf Reisen, häufig »verschwunden«, ohne Kontakte zur Literaturszene, die er auch nicht suchte, hatte er zahlreiche Gedichte und Erzählungen geschrieben bis, entdeckt von Franz Fühmann, erstmals einige seiner Texte veröffentlicht wurden. Zu seinen Lebzeiten erschienen drei Gedichtbände und ein Kinderbuch.

> »Ich saß stumm auf dem Doppelstockbett, starrte die Wand an./ Putz platzte ab. Ziegel fielen auf mich. Der Wind zerriss das Dach, / die Dielen splitterten. Die Eisenfüße des Gestells drangen in den Boden, versanken/ allmählich im Morast. Ich bewegte mich nicht./ Ich hatte keine Angst. Wie etwas endet, wie es ausgeht:/ Hunger, Schläge, Krieg, Frieden, Liebe, Expressionismus,/ Aggression, Annexion, Flüchtlingslager, Auffanglager, Anstalt, Schneckenhaus; / wusste ich schon, von den eigenen vier Wänden.«

Lothar Walsdorf »Das Schneckenhaus« wurde bisher nicht aufgeführt.

Der Traumtänzer betritt das sinkende Schiff

Ronald M. Schernikau
(1960–1991)

IRENE BINZ, DIE FRAU IM KOFFERRAUM

Ich komme aus Westberlin. Ich bin seit 1. September 1989 DDR-Bürger. Ich bin Kommunist.« Die versammelten Schriftsteller und Schriftstellerinnen staunten nicht schlecht. Schon halb in Auflösung begriffen, tagte am 1. März 1990 der Schriftstellerkongress der DDR zum letzten Mal und stand vor einer ungewissen Zukunft. Da trat ein junger Autor ans Rednerpult: »Die Dummheit der Kommunisten halte ich für kein Argument gegen den Kommunismus. Honeckers Versuch, ein guter König zu sein, so klein und mickrig er auch ausfiel, es war der Versuch des Konsens«, erklärte der Ex-West-Poet irritierten DDR-Dichtern und beklagte »den Terror der Geistlosigkeit unter Honecker«. Deshalb, so seine Erkenntnis, »beruhten die Theaterstücke der letzten Phase der DDR immer darauf, dass der Feind, von dem alle sprachen, ausblieb. Die Kinder kannten den Feind nur als Entschuldigung für das Versagen des Königs. Schließlich glaubten sie nicht mehr an ihn, und die Schauspielerinnen mussten auf dem Tisch tanzen.«

Ungläubig vernehmen die Autoren und Autorinnen die Konsenskritik an Honecker, die sofort wieder zum Lob des Konsens an sich umschlägt. »Er«, der Konsens nämlich, »hat Ihre Reden«, spricht Schernikau die DDR-Künstler direkt an, »so kunstvoll gemacht, Ihre Kinderbücher so lustig, Ihren Blankvers so spannend. Die BRD hat in ihren vierzig Jahren keinen einzigen Blankvers hervorgebracht, keinen einzigen. Verteidigt werden muss die Fähigkeit zum Blankvers. Es gibt keinen Blankvers ohne Konsens.«

Ronald M. Schernikau, Nachwuchshoffnung einer neuen Literatur in der Bundesrepublik, verstörte nicht nur als bekennender Kommunist. Auch als bekennender Schwuler, Mitglied der DKP, Diva im Ensemble »Ladies Neid« und als einziger Westdeutscher am Institut für Literatur in Leipzig studierend, sorgte er

An den Parteivorstand der SEW

Ronald Schernikau
bei Keck
Sigmaringer Str. 6
1 Westberlin 31 und Universitätsstr. 20
DDR 7010 Leipzig

5. März 1989

Liebe Genossen,
ich möchte hiermit meinen Antrag auf Übersiedlung in die DDR stellen und begründen.

Ich wurde 1960 als Sohn der Krankenschwester Ellen Schernikau in Magdeburg geboren, kam 1966 in die BRD und wuchs in Lehrte bei Hannover auf.
Ich wurde 1976 in die Deutsche Kommunistische Partei aufgenommen, veröffentlichte 1980 mein erstes Buch *Kleinstadtnovelle*, machte kurz darauf Abitur und zog nach Westberlin, um Germanistik, Philosophie und Psychologie zu studieren. Ich bin seit 1980 auch Mitglied der Sozialistischen Einheitspartei Westberlin.

1986 delegierte mich die Partei an das Institut für Literatur Johannes R. Becher in Leipzig. Ich habe 1988 dort meinen Abschluss gemacht und besuche jetzt den einjährigen Sonderkurs, der dort für Autoren eingerichtet ist, die sich als Autoren schon ausgewiesen haben.

Ich habe, zumal in den vergangenen zweieinhalb Jahren, die Erfahrung gemacht, dass ich meine Fähigkeiten in der DDR sehr viel sinnvoller einsetzen kann als im Westen. Ich hatte die letzten Jahre in Westberlin als Haushaltshilfe im Haushalt eines Soziologieprofessors gearbeitet. Auch in der DDR könnte ich natürlich vorerst nicht als freiberuflicher Autor leben; aber möglich wäre dort eben eine Lohnarbeit, die meine spezifischen Möglichkeiten überhaupt braucht.

Die DDR ist der Ort, an dem politische Arbeit, literarische Arbeit und Lohnarbeit nicht mehr auseinanderfallen. Ich bin jetzt in der Wohngebietsgruppe II des Kreises Schöneberg organisiert und bitte für den Fall der Übersiedlung natürlich um Übernahme in die Sozialistische Einheitspartei Deutschlands.

Meinen Antrag kann ich nur insofern politisch begründen, als auch in der DDR Kommunisten gebraucht werden. Ein Kommunist kann an jedem Ort sinnvoll arbeiten und leben. Ich möchte dies in der DDR tun.

Ronald M. Schernikau stellt einen Antrag[306]

für Verwirrung. Als er im September 1989 die DDR-Staatsbürgerschaft erwarb, war er der Letzte, den man vor dem Ende des Staates noch eingebürgert hat.

Fünf Jahre zuvor bietet der Westberliner Ronald M. Schernikau seinen in Blankversen geschriebenen Roman »Irene Binz, die Frau im Kofferraum« dem Ostberliner Verlag »Neues Leben« an. Der lehnt ab. Im Absagebrief wird die Naivität der Hauptfigur bemängelt. »Einer Veröffentlichung steht die Redaktion aus Profilgründen ablehnend gegenüber.«[307]

Was mit Naivität gemeint ist, wird in einem internen Gutachten des Verlages deutlich. Die Frau im Kofferraum wechselt zwischen Ost und West hin und her, zwischen DDR und BRD. Sie macht das aus Liebe zu einem Mann, der sie überdies immer wieder enttäuscht. In fester Überzeugung besteht sie aber darauf, in Ost wie West als Kommunistin zu gelten. Der Verlag »Neues Leben« zeigt sich verwundert: »Zumindest der Autor müsste wissen, dass der Wechsel von einem deutschen Staat in einen anderen immer eine politische Entscheidung ist. Und er muss es so oder so sichtbar machen.«[308] Das heißt wohl: Irene Binz, SED-Mitglied, fehlt das richtige Bewusstsein. Anders lässt sich ihr mäanderndes

Leben auch nicht erklären. Abgesehen davon, dass der Text, so der Gutachter, auch sexuelle Details enthält, die »geschmacklos« sind.

»Wenn die Dummheit der Kommunisten die Leute zu Antikommunisten gemacht hat: dann war sie deren furchtbarster Fehler.«

Ronald M. Schernikau, 1990

Die Lebensgeschichte der Irene Binz, die Ronald M. Schernikau in einem langen Monolog erzählt, ist die Lebensgeschichte seiner Mutter Ellen Schernikau, wie sie diese dem Sohn erzählt hat. Die junge, lebenslustige Krankenschwester aus Magdeburg verliebt sich unsterblich und bekommt ein Kind. Als ihr verheirateter Liebhaber in den Westen verschwindet, folgt sie ihm ebenso illegal. Ein schwedischer Diplomat schmuggelt sie und ihren Sohn als seine Begleitung in einer Limousine über die Grenze. Allerdings nicht im Kofferraum, der bleibt für den Titel des Stückes reserviert. Im Westen aber ändert sich die private Beziehungs-Konstellation nicht. Sie bleibt die Nebenfrau und arbeitet wieder als Krankenschwester. Ihre Vitalität jedoch bleibt ungebrochen. Sie behauptet sich als alleinerziehende Mutter unter demütigen Lebensbedingungen, die ihr als überzeugte Kommunistin mehr als zuwider sind. Ihre Lebenslust aber ist ungebrochen. Sie sehnt sich nach »drüben« und will zurück. Was ihr überraschend für einen Besuch lang gelingt. Er reicht ihr, um doch im ungeliebten Westen zu bleiben. Irgendwie passt sie mit ihrer unbekümmerten Leidenschaftlichkeit nicht in das eine wie in das andere Land.

»Was mich verblüfft, ist die volkommene Wehrlosigkeit, mit der dem Westen Einlaß gewährt wird, das einverständige, ganz selbstverständliche Zurückweichen, die Selbstvernichtung der Kommunisten. Ich habe jeglichen Glaube verloren.«

Ronald M. Schernikau, 1990

Das ist nicht nur eine irritierende Biografie der Schriftstellermutter, es ist auch ein Stück weit Zeugnis irrer Zeitgeschichte. Die Männer wechselnde Mutter wird immer wieder betrogen und findet kein Glück. Ebenso ergeht es ihr mit den beiden Staaten, zwischen denen sie hin und her wechselt. Von der Liebe enttäuscht, glaubt sie dennoch unerschütterlich an die Liebe. Und sucht sie stets aufs Neue. Vom Kommunismus enttäuscht, glaubt sie dennoch unerschütterlich an ihn. Wie ihr Sohn: »Ich bin im Kleinen pessimistisch und im Großen völlig ungebrochen optimistisch. Ich glaube nicht, dass ich in irgendeiner Weise eine Besserung erleben werde. Aber das bricht meinen Optimismus eigentlich überhaupt nicht. [...] Der Zusammenbruch der DDR, so schmerzhaft er für mich war: Er hat nichts an meiner Haltung ändern können.«[309]

Am Ende der DDR betritt ein Autor die Szene, der wider seiner Erfahrung den Glauben nicht aufgibt. Er besteht mit kindlichem Trotz auf der Utopie des Kommunismus. Er tritt auf wie die clowneske Verkörperung der an seinen Widersprüchen gescheiterten DDR. Im Untergang »der Zukunft zugewandt«, ist er eine ebenso tragische wie komische Figur. Er bietet eine Travestie-Show, gespielt von einer politischen Drag-Queen, die das Begräbnis des Staates glamourös ausschmückt. Ein Narr am Grab der DDR.

„Ein Kommunist sieht die Welt, wie sie ist, nur optimistischer.«

Hans Mayer

Seine Position zeugt von einer seltsamen Mischung aus Naivität und Reflexion, die ihn mit dem Zeitgeist über Kreuz liegen lässt. Für ihn »ist auch der Sieg der Realität kein Argument«[310]. Es ist wohl diese Mischung, die provoziert und die Schernikau sein Leben lang aussehen lässt, als wäre er als Querschläger und Paradiesvogel immer am falschen Ort. Das scheint auch posthum noch so zu sein, wenn er als »Lichtgestalt der deutschen Literatur« oder »größter Schriftsteller der letzten Jahrzehnte« gefeiert wird, als »kommunistische Diva« und »Ikone der Subkultur« verklärt wird, die »grandios gescheitert« ist und in »Schönheit unterging«[311].

1991 starb Ronald M. Schernikau in Ostberlin an den Folgen von Aids. Acht Jahre später erscheint sein Roman »Legende«, sein Hauptwerk, an dem er bis zu seinem Tod gearbeitet hat.

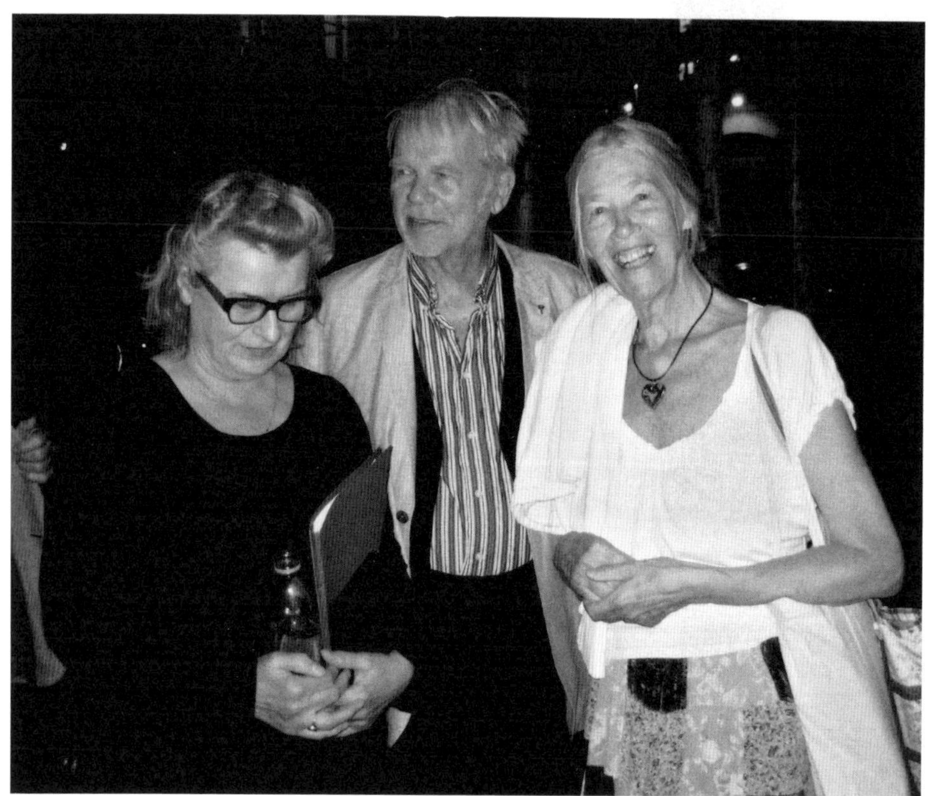

Traute Hoess, Schauspielerin, Manfred Karge, Regisseur und Ellen Schernikau, »Die Frau im Kofferraum« und Mutter Roland M. Schernikaus nach der Lesung des Stückes im Berliner Ensemble 2011

Ronald M. Schernikau »Irene Binz, die Frau im Kofferraum« Uraufführung 4.10.2011 Theater unterm Dach, Berlin durch die Gruppe PortFolio Inc., Inszenierung: Marc Lippuner

NACH
SPIEL

Sieben Epiloge auf die DDR

Manfred Karge
(geb. 1938)

MAUERSTÜCKE

Nicht richtig weggegangen, nicht richtig angekommen«, lautete 1990 die Antwort Manfred Karges auf die Frage, wo er denn jetzt zu Hause sei, im Osten oder im Westen? Jahrelang war er mit dem blauen DDR-Pass, den er nie aufgab, in der BRD unterwegs, wo er lebte und arbeitete, bis die Wiedervereinigung ihm einen neuen, einen roten, verpasste. Diese Doppelrolle verschaffte ihm einen gewissen Abstand zum einen wie zum anderen Deutschland. Vielleicht war seine kritische Distanz, seine Untauglichkeit zur Vereinigung der beiden Hälften, die in ihm hausten, eine Voraussetzung für Karge, mit einem Stück unmittelbar und aktuell auf den Mauerfall zu reagieren. Mit scharfem Blick betrachtet er die Verwirrungen der Wiedervereinigung aus zwei Perspektiven gleichzeitig – mit überraschenden Ergebnissen.

Seine sieben Einakter werfen blitzartig Schlaglichter dorthin, wo die große Politik mit ihren schrägen, witzigen, bitteren, ätzenden, lachhaften, rabiaten oder wahnwitzigen Auswüchsen in das Leben der kleinen Leute eingreift. Es sind lauter Endspiele, sieben Epiloge auf ein dem Untergang geweihtes Land. Gleichzeitig stellen die »MauerStücke« Fragen an eine fragwürdige Zukunft – wie zum Beispiel die Szene »Testamentseröffnung«.

Brief des Vaters an den Sohn

Undank ist der Welten Lohn:
Ich bin entlassen, lieber Sohn.
Gab vierzig Jahre dem Betrieb
Und fragst Du mich, was für mich blieb
Ein Brieflein: Hab, Kollege, Dank
Für Deine Arbeit. Mir ist bang
Ums Herz, mein Sohn, nach all die Jahr
Steh ich vor dem Nichts. Mir war
Stets keine Arbeit nicht zu schwer
Auch haben mich nicht nebenher
Der Krieg und nicht Gefangenschaft
Nicht Hunger, Kälte weggerafft
Aber dies Brieflein hats geschafft.
Kein Arbeitsplatz ist jetzt mehr sicher
Das Recht auf Arbeit gänzlich strich er
Der flinke Streicher der Gesetze.
Mein lieber Sohn, ich widersetze
Mich dieser kalten Welt nicht mehr
Das wirst du für mich tun, geh her
Mein lieber Sohn, fechts für mich aus.
Das ist mein Testament, und aus
Den oben genannten Gründen
Wirst du nur dies, nichts andres bei mir finden.
Räche den Vater, ders selbst nicht mehr kann.
Sei kühn, verschlagen, grimmig, sei ein Mann.
Und wie du immer deine Tat betreibst
Sieh zu, dass du der Sieger bleibst ...

Two characters and one set

Ein Gespräch mit Manfred Karge

Frage: Wie bist Du überhaupt auf die Idee zu den »MauerStücken« gekommen? Eigentlich muss man nach sieben Ideen fragen, denn jedem Stück liegt eine neue zu Grunde. Mal ist es eine Farce, mal Parodie, mal Groteske, mal ein innerer Monolog, mal Paraphrase und so weiter. Das erste MauerStückchen war »Der Mauerhund«?

Karge: Das Royal Court Theatre in London, eine gute Adresse für zeitgenössische Dramatik, plante für ein Projekt, das die europäischen Ereignisse um den Herbst 1989 zum Gegenstand haben sollte. Das Theater schrieb Autoren an, die mit dem Theater verbunden waren, kurze Stücke zu dem Unternehmen beizusteuern. Es gab eine klare Ansage: »Two characters and one set.« So erhielt auch ich eine solche Bitte des Theaters. Das Royal Court hatte bereits zwei Stücke von mir aufgeführt. »Jacke wie Hose« mit Tilda Swinton und »Die Eroberung des Südpols« mit Alan Cumming.

Da mich die Sache interessierte, überlegte ich mir dies und das. Da stieß ich auf einen Artikel im »Spiegel«. Das war eine Geschichte über die Mauerhunde, diese Schnüffelhunde, die dort eingesetzt waren, um die Grenze zu bewachen. In dem Artikel wurde darüber geschrieben, was aus diesen Hunden jetzt wird. Sind die zu resozialisieren? Oder muss man die in den Knast schicken? Das waren eine ganze Menge Hunde. Ich glaube, es waren – ich weiß es nicht mehr genau – bestimmt 200 Hunde. Man hat sich dann dazu entschlossen, sie auch zu veräußern, um sie nicht durchfüttern zu müssen. Es gab ziemlich viele Interessenten. Besonders auffällig war, dass Zuhälter und solche Typen sich mit einem scharfen Hund schmücken wollten. Diese ganze Materie fand ich interessant und dachte, da könnte man ein Stück draus machen. Das habe ich dann geschrieben: »Der Mauerhund« – »The Wall-Dog« hieß es dann in der Übersetzung von Howard Brenton. Das wurde dann am Royal Court mit anderen Dramoletten zusammen aufgeführt.

Es ist die Geschichte zwischen einem DDR-Grenzsoldaten, der schon etwas liebäugelt mit dem neuen System und versucht, da rauszukommen, und dem Hund, der ganz orthodox ist und der ihn immer in die Schranken weist. Aber schließlich wird er geschlachtet. Die Innereien werden an asiatische Restaurants verkauft. Ja, und als ich Peymann von dem Plan des Royal Court erzählte, sagte er: »Verdammt, warum ist mir sowas nicht eingefallen? Wir müssen unbedingt auch so einen Abend machen!«

Frage: Das war am Burgtheater in Wien?

Karge: Am Burgtheater. Und er hatte gleich ziemlich feste Vorstellungen davon: es müssen sieben Stücke sein. So ist das auch bei Thomas Bernhard, wenn der Einakter schreibt. »Also deinen Mauerhund nehmen wir, und dann brauchen wir noch sechs.« Und er hat dann verschiedene Autoren, die mit dem Haus verbunden waren, also Turrini, Tabori, Handke und so, gebeten, auch was zu schreiben. Er wollte unbedingt, dass der Abend noch vor der Wiedervereinigung, also vor dem Oktober 1990 zustande kommt. Er war ziemlich enttäuscht, dass da nichts Rechtes kam. Ich glaube Tabori hatte was geschrieben, aber sonst war da kein großes Interesse. Ich hatte inzwischen Blut geleckt, weil die Themen ja wirklich auf der Straße lagen. In dieser bewegten Zeit war ja so viel los. Die Themen flogen einem eigentlich entgegen, sodass ich für mich selber noch so zwei, drei Sachen geschrieben habe. Und als Peymann wieder mal enttäuscht sagte: »Da kommt nix von denen«, da habe ich nur gesagt: »Jetzt habe ich schon vier.« »Mach noch drei und dann machen wir eben den Abend mit Dir.« So ist das Ganze entstanden.

Dann – das ist jetzt nicht so wichtig, aber ganz lustig –, weil Peymann unbedingt wollte, dass die »MauerStücke« vor dem 3. Oktober aufgeführt werden, bekam er ein Problem. Das Burgtheater hat, ich glaube seit hundert Jahren, ganz feste Ferienzeiten – August, September – und die Uraufführung konnte nur rechtzeitig zustande kommen, wenn in einem Teil der Ferien mit einem Teil der Schauspieler probiert wird. Die Ferientermine zu kürzen, war ein Sakrileg. Aber er hat es wirklich geschafft, dass ein Teil der Schauspieler eher aus den Ferien zurückkam. Ich habe allerdings auch viele junge Rollen mit Studenten vom Reinhardt-Seminar besetzt. Ja, und dann hatten wie also am 20. September die Premiere.

Frage: Also rechtzeitig. Wie war die Resonanz bei den Wienern?

Karge: Es gab Fürsprecher und andere. Ein Herr Haider zum Beispiel war ein berühmt-berüchtigter Kritiker in »Die Presse«. Der schrieb, was haben die Piefkes, also die Deutschen, hier bei uns in Wien ihre dreckige Wäsche waschen müssen? Für den Herrn Haider war der Fall der Mauer und seine Folgen eine ferne Welt. Da fällt mir eine drollige Geschichte ein, die mein Freund Alfons Nowacki in der Tram in Wien erlebt hat. Zwei Wiener im Gespräch, der Eine: »Und jetzt is also die Mauer gfalln. Ja, die Deitschen.« Der Andere: »Den erstn Weltkrieg hams verloren. Den zweitn Weltkrieg hams verloren. Oaschlöcher sans.«

Frage: Sind die Szenen denn anderswo nachgespielt worden?

Karge: Die deutsche Erstaufführung in Bochum war am 17. November 1990, also ziemlich schnell danach. Inszeniert hat Uwe Jens Jensen. Es war eine ganz passable Inszenierung. Besonders gefiel mir die Keim-Szene, also »Der Mauerhund«. Der Hund ist übrigens inzwischen ein beliebter Fernseh-Schauspieler. In der Folge haben andere Theater nachgezogen und zu der aktuellen Situation Abende gemacht, wo dann einzelne Szenen gespielt wurden.

Zur Premiere in Bochum wurde ich vom Intendanten mit düsterer Miene empfangen. Erstmal machte er die Aufführung seines Hauses vor mir madig. Ich glaube, er hat mich sogar gewarnt reinzugehen. Dann war er auch noch außer sich wegen des durchgestrichenen DDR-Emblems auf der Rückseite des Programmheftes. In den Büros saßen die gesamte Dramaturgie und alle Billeteure und strichen mit schwarzen Filzstiften das Ärgernis durch. Aber Uwe Jens Jensen, der dreiste Bursche, hatte sich etwa 200 unzensierte Programmhefte gegriffen, in einen Einkaufswagen getan und die Originale vor dem Theater an die Zuschauer verteilt.

Frage: Du warst damals als Regisseur und Schauspieler fest am Burgtheater engagiert. Wie kam es dazu? Als DDR-Bürger, der am Berliner Ensemble und am Volkstheater seine Heimat hatte, ist das kein normaler Weg. Gab es politische Gründe, die DDR zu verlassen?

Karge: Es gab am Berliner Ensemble, zu der Zeit, als ich dort engagiert war zwei, drei nennenswerte Eingriffe von Seiten der Kulturpolitik. So konnten wir nach dem 11. Plenum des ZK der SED 1965, das harsche Kritik an vielen Kunstproduktionen übte, unsere bereits begonnene Arbeit an Volker Brauns Erstlingsstück »Kipper Paul Bauch« nicht fortsetzen. Später hatten wir Helene Weigel vorgeschlagen, zum 70. Geburtstag von Hanns Eisler dessen Opernlibretto »Johann Faustus« in einer Szenischen Lesung vorzustellen. Das wurde verboten. Die näheren Umstände sind ja im Eisler-Kapitel beschrieben. Und letztendlich gab es dann zum Ende unserer BE-Zeit die heftige Auseinandersetzung um Aischylos' »Sieben gegen Theben«. Mit diesem Stück, in dem es um einen Krieg zwischen Brüdern geht, gerieten wir in die Ereignisse um den Einmarsch der »Bruder-Armee« in Prag. Ja, das Ganze hat hohe Wellen geschlagen.

Frage: Ist das Stück heraus gekommen?

Karge: Ja, das war der Weigel, ihrer Hartnäckigkeit und ihrem Geschick zu verdanken.

Frage: Du sprichst von »wir«?

Karge: Ja. Von meinem Freund und Weggefährten Matthias Langhoff. Wir arbeiteten fast 25 Jahre im Team. Matthias hat in einem späteren, sehr persönlichen Aufsatz die Kulturlandschaft in der DDR trefflich beschrieben:

»Der kalte Krieg wurde auch als Kulturkampf geführt. Dort wo ich lebte, wurden der Kunst alle Mittel, die sie brauchte, zur Verfügung gestellt und ihre Produkte allen zugänglich gemacht, verbunden mit Auflagen und mehr und mehr mit Maßregeln und Verboten. Doch die Gruppe, die aus dem Kampf gegen die Barbarei gekommen war, zu denen meine Vorbilder und Lehrer gehörten wie Brecht, Eisler, Anna Seghers, Wolfgang Langhoff, mein Vater, Ernst Bloch und viele andere, waren schwer zu beugen und blieben mächtig, da man ihnen zuhören wollte. [...] Was sie wollten oder wofür sie kämpften, das verband sie mit anderen in der Welt. [...] Trotz allen Verboten wurde ihr

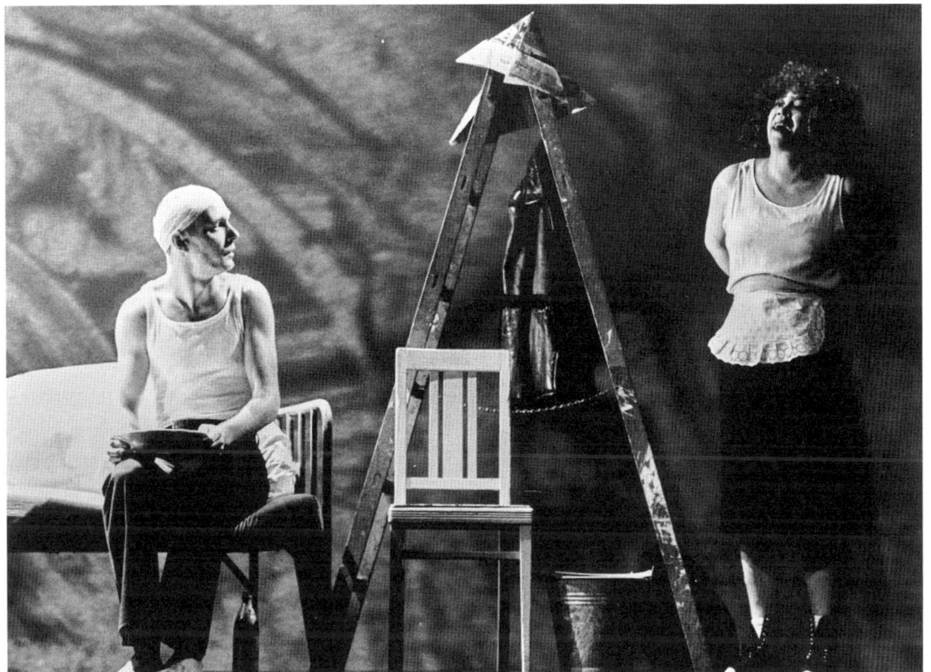

Uraufführung »MauerStücke«, Burgtheater Wien 1990 mit Martin Brambach und Lore Brunner

Erbe zu einem kollektiven Reichtum, der fehlende Bananen nicht ersetzte, aber als Eigentum Lebensglück erzeugte. Und auf Glück kommt es doch an. Ich lernte ... meine Arbeit als Künstler so, dass man glücklich werden kann, wenn man ein Unrecht auch Unrecht nennt und den Erniedrigten eine Stimme gibt. Mit jedem Verbot meiner Arbeit fühlte ich neben dem Schmerz auch die Macht, denn die Herrschenden schienen mich zu fürchten. Mit Schrecken sah ich, wie der Hunger nach Kultur verdrängt werden sollte durch ein besseres Warenangebot. Wie das Erbe von Brecht, Eisler, Seghers, Zweig und auch von meinem Vater zur Zierleiste am Fernsehgerät verkam.«

Frage: Mit Matthias Langhoff zusammen bist du 1969 an die Volksbühne in die Truppe um Benno Besson gewechselt, als der dort die Leitung übernahm. Gab es dort ähnliche Vorfälle?

Karge: Da gab es zum Beispiel die heftigen Angriffe auf unsere »Räuber«-Inszenierung. Da hieß es, wir hätten durch gewisse Anklänge in der Aufführung zu große Sympathien für die 68er-Bewegung gezeigt. Auch schon das Vorspiel mit seinem grellen, getrommelten »Was Medizin nicht heilt, heilt Eisen« hätte dies vorgegeben, und wir hätten den »positiven Helden« Karl

Moor »verzerrt« und als Renegaten gezeigt und damit das klassische Erbe beschädigt. Der Stadtschulrat meinte sogar, er müsse den Besuch der Aufführung für Schulklassen verbieten.

Es gab aber auch genügend Fürsprecher von verschiedenen Seiten, zum Beispiel von der Akademie der Künste und eine große Solidarität des Publikums, sodass die Aufführung ohne Beschädigung und für eine lange Zeit im Spielplan bleiben konnte.

Frage: Bot die öffentliche Unterstützung Schutz gegen die politischen Eingriffe von außen?

Karge: Es gab ständig Querelen. Wir führten ein sehr offenes Haus, eine enge Beziehung zu unserem Publikum, und, da wir im Haus selbst sehr zusammenhielten, konnten wir viele Angriffe abschmettern. Aber ausgerechnet an einem kleinen Nebenwerk des großen Goethe, »Der Bürgergeneral«, entzündete sich viel Ungemach. Die Hauptfigur der Komödie ist ein Barbier namens Schnaps, der durch einen Zufall in den Besitz einer Jakobineruniform gekommen war. Und da hinter der Grenze des Kleinstaates die französische Revolution tobt, herrscht große Angst, die Revolution könne herüber schwappen. Das weiß dieser Gauner auszunutzen. Er täuscht gute Beziehungen zu den Revolutionären vor, und im Fall des Falles könne eine gute Beziehung zu ihm nicht schaden. So gelingen ihm seine kleinen Gaunereien. Diese Geschichte ermöglichte natürlich eine Menge Anspielungen. Und da wir den Fürsten sächsisch sprechen ließen, im Zuschauerraum einen Freiheitsbaum aufgestellt hatten und schließlich unter den Klängen eines Beatles-Songs Flugblätter vom Rang fallen ließen, verließ der SED-Chef von Berlin, der damals als Honecker-Nachfolger gehandelt wurde, türenknallend den Saal. Na ja, damit hatten wir nicht gerade Pluspunkte gemacht. Als dann am Ende der Spielzeit unser gesamter Spielplan für die nächste Saison nicht genehmigt wurde und Benno Besson enttäuscht den Bettel hinwarf, sahen Langhoff und ich für eine Fortsetzung der Arbeit auch keine Möglichkeit mehr. Es herrschte eine sehr vergiftete Atmosphäre. Schade, es waren spannende und sehr produktive Jahre. Aber das war nun vorbei.

Frage: Was bedeutete das Ende an der Volksbühne 1976 für dich und Matthias Langhoff?

Karge: Wir erhielten eine Einladung zu einem Gespräch bei Kulturminister Hoffmann. Er wollte wohl eruieren, ob wir für die Kulturpolitik der Partei noch irgendwie zu retten waren. Es war ein sehr offenes Gespräch, das kann man sagen. Nach fünf Stunden bei Salzstangen und Cognac, das war so ein übliches Menü bei solchen Verhandlungen, schlug uns Hoffmann vor, mit einem Visum für ein paar Jahre im Ausland zu arbeiten. Das Angebot haben wir dann nach Abwägen der Sachlage schließlich angenommen.

Frage: Man hat euch sozusagen aus der DDR hinaus komplimentiert?

Karge: Nein, nein. Wir hatten ein Arbeitsvisum und blieben DDR-Bürger bis zum bitteren Ende. Man wollte das Tischtuch nicht endgültig zerschneiden.

Frage: Ihr seid also DDR-Bürger geblieben und habt dann im Westen inszeniert?

Karge: Ja, wir suchten dann nach einem Theater, von dem wir den Eindruck hatten, ähnliche Voraussetzungen vorzufinden, wie wir sie gewohnt waren, Spielplan, Ensemble und so. Da stießen wir auf das Stuttgarter Theater mit Claus Peymann. Aber die saßen auch schon auf den Koffern, denn nach der legendären Affäre um die Sammlung von Spenden für die Zahnbehandlung der inhaftierten Ensslin hatte der Alt-Nazi und Ministerpräsident Filbinger den Peymann und seine Truppe aus dem Ländle rausgeschmissen. Na ja, das waren ja auch Zustände. Aber wir gingen dann mit nach Bochum und machten dort als erste Inszenierung die Uraufführung von Thomas Braschs »Lieber Georg«.

Manfred Karge »MauerStücke« Uraufführung 20.9.1990 Akademie Theater Wien (Die Szene »Der Mauerhund« wurde zuvor am 7.6.1990 im Royal Court Theatre London uraufgeführt), Regie: Manfred Karge, mit Therese Affolter, Lore Brunner, Stephani Liebscher, Oda Thormeyer, Martin Brambach, Hermann Beyer, Hans Dieter Knebel, Adi Hirschal, Rudolf Melichar, Hermann Schmid, Stefan Bohne, Paul Cornelius, Klaus Müller, Samuel Weiss, Tim Kramer, Markus Bartl

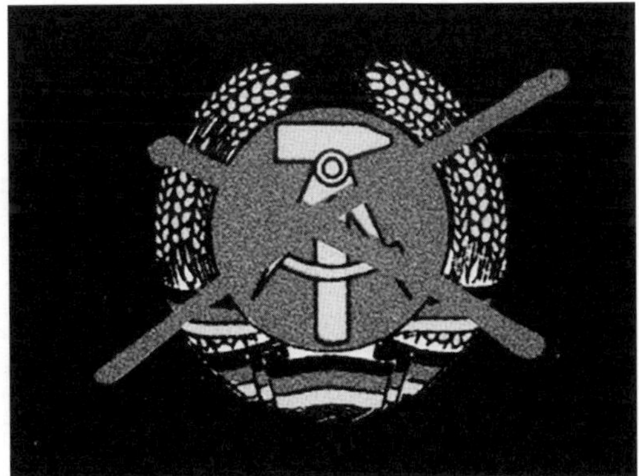

Das durchgestrichene DDR-Emblem auf der Rückseite des Bochumer Programmheftes »MauerStücke« 1990

EPI
LOG

Wahrheit und Grenzen

»Was wurde aus dem Vergessen geholt?«, befragte die Kritik in einem zusammenfassenden Überblick die Lesereihe. »Eine dramatische Literatur, die von einer gesellschaftlich neuen Schule des Lebens erzählt. Und was führte damals zu Verboten und Absetzungen? Die Wahrheit in diesen Stücken: dass sich der Staat als Lehrer aufspielt, der das Volk tatsächlich als Schüler betrachtet, denen mit ideologischer Strenge fortwährend das Reifezeugnis verweigert wird. Es ist die Tragödie der Kommunisten gewesen, dass sie die Krankheiten der

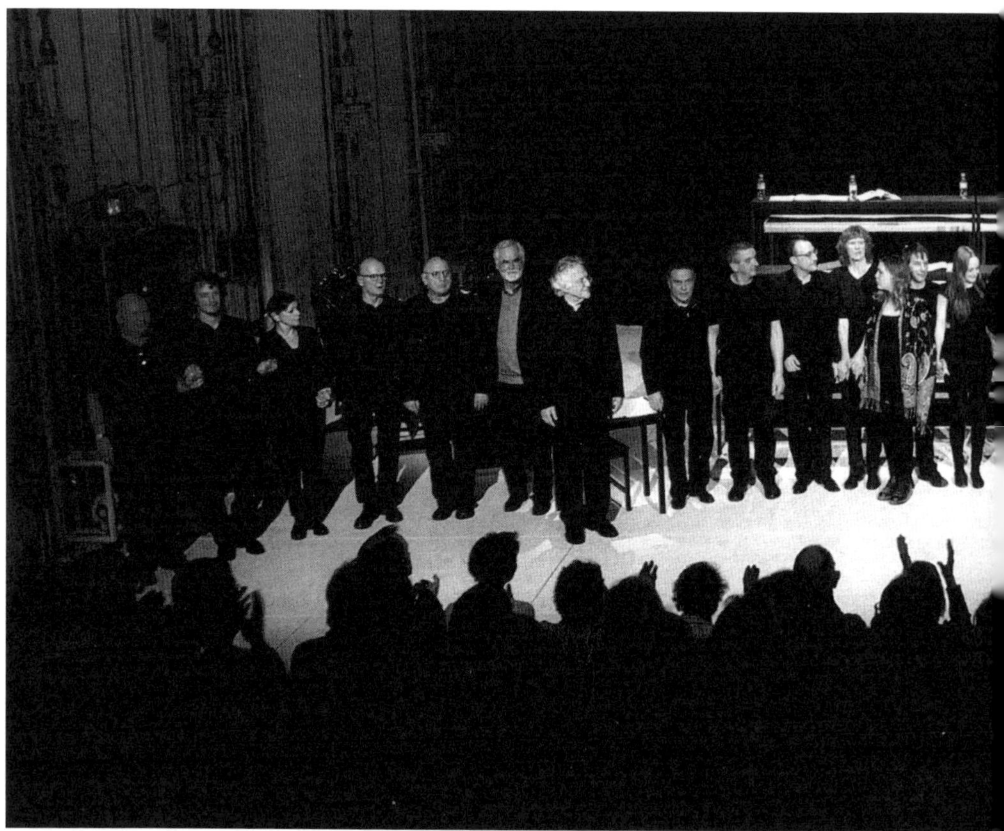

Schlussapplaus nach der Lesung von Brechts »Tage der Commune« am 4.4.2016 im Berliner Ensemble

Welt richtig diagnostizierten, aber sie mit ihrer staatlichen Therapie auch nur auf spezielle Weise verschlimmerten. Das schuf gesellschaftlichen Groll, vernichtete geistige Grazie, brachte Kunst zu Größe – und an Grenzen. Erbrachte böse Gleichnisse, bittere Gedankenspiele, spottende Komödien.« – Hans-Dieter Schütt[312]

Festzustellen ist auch: Die Theaterleitungen und die Autoren saßen im selben Boot. Geriet das Boot in schwierige Gewässer, wurde die »Zweckgemeinschaft« oft auf eine harte Probe gestellt. Aber wir stellen mit Erstaunen fest, dass es ihnen in den meisten Fällen gelang, mit Hartnäckigkeit und Geschick, mit Geduld und mit Talent und mit Witz den Stürmen zu trotzen. Der überwiegende Teil der umkämpften Stücke kam letztendlich doch auf die Bretter, die die Welt bedeuten.

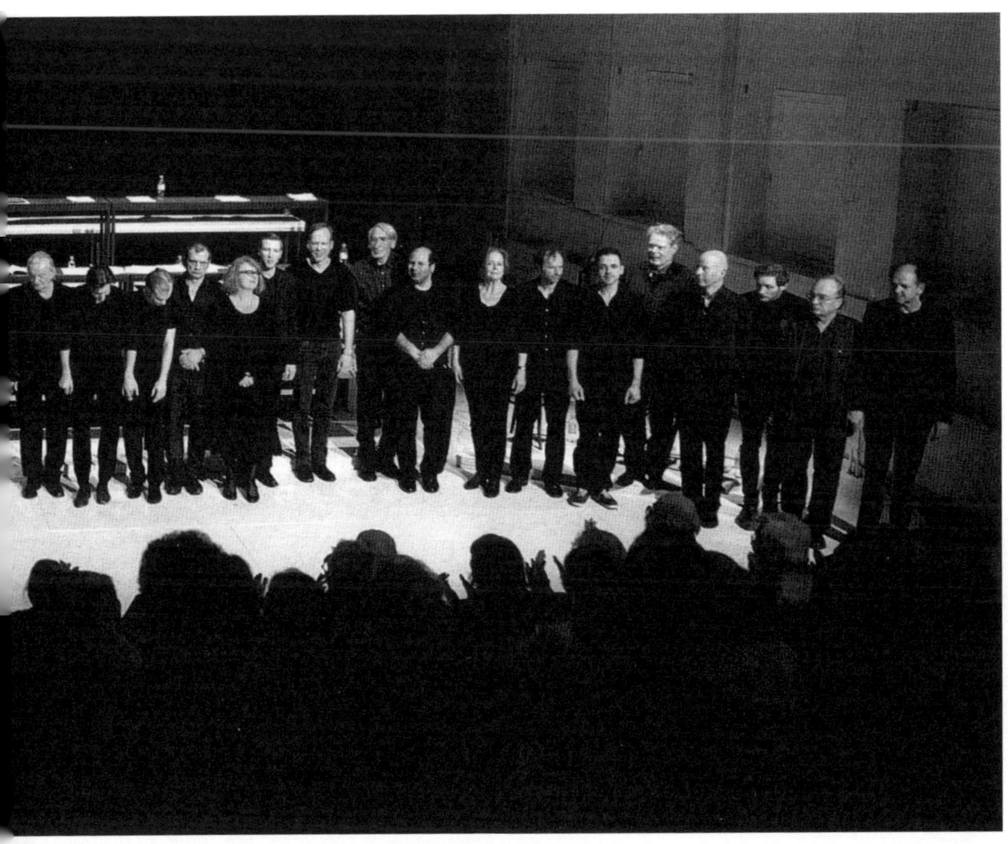

VOR DEM VOR HANG

Zugabe I

DAS NADELÖHR ZUR URAUFFÜHRUNG
EIN GESPRÄCH

Mit Andreas Leusink (Geschäftsführer des Henschel Schauspiel Theaterverlags, Berlin), Bernd Schmidt (Geschäftsführer des Gustav Kiepenheuer Bühnenvertriebs, Berlin), Manfred Karge (Autor des Henschel Theaterverlages) und Hermann Wündrich (Dramaturg)

Wündrich: Ein DDR-Autor hat ein Stück geschrieben. Damit es gespielt werden kann, übergibt er es dem Henschel Theater Verlag, dem einzigen Bühnenvertrieb der DDR. Mit dessen Hilfe wird ein Theater für eine Inszenierung des Stückes gesucht. War das die vorgeschriebene Praxis?

Leusink: Die Praxis war so, dass ein Autor oder eine Autorin, der oder die ein Stück geschrieben hat, es in der Regel dem Henschel Verlag angeboten hat. Der Bühnenvertrieb des Verlages hat sich dann um ein Uraufführungstheater bemüht. Die Abteilung Schauspiel im Henschel Verlag, der an sich ein großer Buchverlag war, hatte sieben Dramaturgen. Für zeitgenössische deutschsprachige Theaterliteratur gab's drei. Die haben das Stück gelesen, sich darüber verständigt und haben's der Gruppe vorgeschlagen. Wenn das Stück also von dieser kleinen Gruppe angenommen wurde, gab's zwei Genehmigungswege. Der eine war harmlos. Innerhalb des Verlages musste auch die sogenannte Titelannahmekommission dem zustimmen. Da gab's aber, soweit ich es erinnere, nie ein Problem. Das waren die verschiedenen Abteilungen des Hauses, die sozusagen ihr Okay geben mussten.

Wündrich: Die Abteilungen des gesamten Henschel Verlages? Von dem die Theaterabteilung ein Teil war?

Leusink: Richtig. Das größere Problem war, die Druckgenehmigung zu bekommen. Diese Druckgenehmigung erhielt man im Ministerium für Kultur –

formal. In Wirklichkeit gab's natürlich Verbindungen von dort zum ZK der SED. Wenn die Uraufführung schon feststand, auch zu einzelnen Bezirksleitungen der SED.

Wündrich: Wenn die Druckgenehmigung erteilt war, das heißt Textbücher hergestellt waren, konnte das Stück dann von jedem Theater gespielt werden?

Leusink: Theoretisch ja, praktisch nicht. Jede Bezirksleitung der SED hatte ein Einspruchsrecht. Es gab sehr konservative SED-Bezirksleitungen, zum Beispiel in Halle oder Leipzig oder Cottbus, und es gab SED-Bezirksleitungen, die liberaler waren, zum Beispiel Dresden oder Karl-Marx-Stadt.

Wündrich: Gab es auch Fälle, in denen der Verlag einen Autor angenommen hat und dann das ZK gesagt hat: Den nicht?

Leusink: Den Autor gab's nie, aber das Stück.

Karge: War jedes Stück, das von einem DDR-Autor in der DDR aufgeführt wurde, im Henschel Verlag?

Leusink: Nein.

Karge: Aber der Henschel Theaterverlag war der einzige Theaterverlag in der DDR. An ihm führte kein Weg vorbei. Oder gab es auch Theateraufführungen ohne einen Vertrag mit Henschel?

Leusink: Ja, das gab's. Dann musste das Theater einen Vertrag direkt mit dem Autor machen. Aber dann griffen natürlich gesonderte Genehmigungsverfahren durch die jeweilige SED-Bezirksleitung.

Karge: War das eher die Ausnahme?

Leusink: War die Ausnahme. Ich denke, unter fünf Prozent.

Schmidt: Hat es deshalb Stücke gegeben, die in dem einen Bezirk gespielt werden konnten und in dem anderen nicht?

Leusink: Ja, natürlich. Vor allem in den 80er-Jahren bei bestimmten sowjetischen Stücken, aber auch bei Heiner-Müller-Stücken. Oft war es so, dass die Theater und wir bestimmte Absprachen trafen: Wer reicht was zuerst ein? Wenn wir zum Beispiel vom Ministerium für Kultur bereits eine Druckgenehmigung hatten, war's für das Theater leichter, eine Aufführungsgenehmigung zu bekommen. Diese taktische Karte haben wir oft gespielt.

Wündrich: Hat das nicht auch zu Konflikten zwischen ZK und Bezirken geführt? Es gibt eine Rede von Hager, in der er den Bezirksvorsitzenden die Leviten liest. Er weist darauf hin, dass das, was in der Zentrale verabschiedet wurde, in den Bezirken umgesetzt werden muss und nicht anders herum.

Leusink: Konflikte gab's immer wieder. Es gab Betonköpfe in bestimmten Bezirksleitungen und in anderen Bezirksleitungen war's eben liberaler.

Schmidt: War das ZK liberaler als manchmal der Bezirk?

Leusink: Ja. Auch im Politbüro gab es einen Riss zwischen bestimmten Leuten. Es gab die verschiedenen Emigrantengruppen. Die einen waren im Westen und die andern in der Sowjetunion gewesen. Die hatten ganz andere Repressalien erlebt. Die beiden Gruppen zusammenzuführen war nicht einfach am Anfang der DDR. Durchgesetzt haben sich die Emigranten, die in der Sowjetunion waren – auch mit Hilfe der Sowjetunion. Die anderen hatten es immer schwerer.

Wündrich: Wenn dann ein Stück gespielt wurde, wie und mit wem wurden die Einnahmen abgerechnet?

Leusink: Wenn ein Theater direkt mit dem Autor einen Vertrag gemacht hat, ist direkt bezahlt worden. Und ansonsten lief das über uns. Die Theater haben mit uns am Ende des Monats die Einnahmen abgerechnet.

Wündrich: Wie war die Aufteilung?

Leusink: Es gab eine Zehn-Prozent-Regelung. Zehn Prozent aller Bruttoeinnahmen gehörten Autor und Verlag, und diese zehn Prozent sind gleich hundert gesetzt worden, 25 Prozent hat der Verlag behalten, 75 Prozent gingen an den Autor. Aber da die Theaterkarten so preiswert waren, gab es keine riesigen Einnahmen. Jemand wie Rudi Strahl hat von seinen Stücken gut leben können, aber andere Leute eben nicht so. Lothar Trolle zum Beispiel.

Wündrich: Wie war das Auslandsgeschäft organisiert?

Leusink: Das ist ganz schnell erzählt. Das Auslandsgeschäft lief über unsere Partneragenturen im Ausland, wie heute auch. Im deutschsprachigen Bereich hatten wir Subvertriebe. Ab Ende der 70er-Jahre haben die Autoren stark mitbestimmt, welcher Westverlag als Subvertriebsverlag in Frage kam. Das waren eigentlich alle großen Verlage: Kiepenheuer, Rowohlt, S. Fischer, Verlag der Autoren, Suhrkamp, Drei Masken Verlag und Felix Bloch Erben. Wir haben mit allen zusammengearbeitet, je nachdem, was ein Autor sich wünschte. Er hatte im Ausland die freie Wahl des Verlages, die er im Inland nicht hatte. Wir hatten gute Beziehungen zu allen Verlagen, auch weil wir deren Stücke in der DDR vertreten haben. Das war überhaupt der Anfang der Arbeitsbeziehung.

Wündrich: Wie lief das? War das Interesse des Verlages zuerst da, oder gab's ein Theater, das gesagt hat: »Wir möchten jetzt den Autor. Besorgt uns den aus dem Westen«?

Leusink: Bis Ende der 70er-Jahre ging das allein vom Verlag aus. Ab den späten 70er-Jahren waren das auch oft Theater, die gesagt haben: »Wir möchten gern das und das machen, könnt ihr uns das besorgen?« Die eine Möglichkeit war über uns, und die andere Möglichkeit bestand über das Büro für Urheberrechte. Während das Büro für Urheberrechte aber nur die Abrechnung gemacht und die Tantiemen verwaltet hat, sind wir ja auch von Theater zu Theater gereist und haben das Stück aktiv beworben. Deswegen waren die West-Verlage daran interessiert, dass die Sachen über uns liefen.

Schmidt: In unseren Verträgen stand, dass eins zu eins in D-Mark abgerechnet werden soll. Das bedeutete für uns West-Verlage natürlich, dass der Henschel Verlag und das Büro für Urheberrechte sehr daran interessiert waren, DDR-Autoren in den Westen zu bringen. Denn die Deviseneinnahmen waren erheblich. Umgekehrt allerdings waren die Preise der Theaterkarten in der DDR sehr niedrig. Was bei uns letztlich in D-Mark ankam, war entsprechend wenig. Für die DDR bedeutete das ein wesentlich besseres Geschäft, wenn dann die Devisen kamen.

Wündrich: Wenn für ein West-Stück zum Beispiel 1.000 Ost-Mark eingenommen worden waren, wurde die Summe in 1.000 West-Mark umgetauscht und an den Westverlag überwiesen. Also die gleiche Summe, nur in West-Mark?

Schmidt: Ja, genau. Natürlich unter Abzug der Provision, die auch Henschel dann bekommen hat.

Leusink: Wenngleich man bedenken muss, dass die Eintrittspreise niedrig waren. Die Westverlage haben hauptsächlich an den Textbüchern verdient. Wir haben ja nicht nachgedruckt, sondern wir haben die originalen Bücher vom Westverlag bezogen.

Schmidt: Ach so!

Leusink: Ja, wir haben eure Textbücher genommen. Das war für eure Verlage in der Regel ein besseres Geschäft als die Aufführungstantiemen.

Wündrich: Wie war es umgekehrt? Wenn ein Ost-Autor, der zum Beispiel im Subvertrieb bei Kiepenheuer ist, im Westen gespielt wurde?

Schmidt: Der wurde natürlich von den Theatern genauso honoriert wie jeder andere Autor auch. Man hat nach der sogenannten Regelsammlung abgerechnet.

Wündrich: Das Geld wurde dann wohin überwiesen?

Schmidt: Das haben wir unter Abzug unserer Provision dann an das Büro für Urheberrechte überwiesen.

Wündrich: Was hat das Büro für Urheberrechte damit gemacht? Hat es die Einnahmen dem Verlag weitergegeben oder hat man den Autor direkt bezahlt?

Leusink: Die Autoren haben ihr Geld nicht über uns bekommen. Sie haben ungefähr 25 oder 35 Prozent in sogenannten Genex-Scheinen bekommen, das heißt, sie durften im Intershop einkaufen. Der andere Teil wurde umgerechnet, eins zu eins in DDR-Mark. Später konnte man auch einen Teil stehenlassen. Jeder Autor hatte ein Konto beim Büro für Urheberrechte. Wenn man in den Westen fuhr, konnte man auch einen kleinen Teil mitnehmen. Den Verlagsanteil haben wir nie erhalten. Wir wussten allenfalls, wieviel mit unseren Autoren im Westen im Jahr verdient wurde, und das war regelmäßig über eine Million D-Mark, allein was die Subvertriebe einbrachten.

Wündrich: Geld konnte aber auch bei den Subvertrieben im Westen bleiben, damit es nicht sonst wohin transferiert, sondern irgendwann den Autoren zugute kommen konnte.

Leusink: Damit die Autoren tatsächlich D-Mark bekommen und nicht umgerechnete DDR-Mark.

Wündrich: Bei der Wiedervereinigung musstet ihr euch von den Subvertrieben trennen. Wie geschah das?

Schmidt: Die Vereinbarung habe ich aus dem Kiepenheuer-Archiv hervorgeholt. Das Gespräch dazu hat am 8. Oktober 1990 stattgefunden, und daran teilgenommen haben Andreas Leusink, Wolfgang Schuch, Maria Müller-Sommer und ich. Es gibt eigentlich nur drei Punkte. Erstens: »Sämtliche zwischen beiden Verlagen geschlossenen Subvertriebsverträge enden am 31.12.1990. Verträge, die beide Verlage im Namen des Originalverlags mit Dritten bis zum 31.12.1990 geschlossen haben, werden durch den vertragsschließenden Verlag bis zum Auslaufen der Verträge abgewickelt.« Dann heißt es »Anfragen seitens Dritter, die sich auf zuvor im Subvertrieb befindliche Werke beziehen, werden nach dem 31.12.1990 umgehend an den Originalverlag weitergeleitet«. Und schließlich kommt eine Formulierung, die ich in keinem anderen unserer Verträge je wieder finden werde: »Der Verlag Henschel Schauspiel und die Gustav Kiepenheuer Bühnenvertriebs GmbH treffen diese Vereinbarung in gegenseitigem Einvernehmen und kündigen alle bestehenden Subvertriebsverträge vorzeitig aufgrund der neuen politischen Situation in Deutschland.«

(*Alle lachen*)

Leusink: Urheberrechtsverträge gelten immer für einen geografischen Raum und nicht für einen Staat. Da der geografische Raum aber fortbestand, nur der Staat aufgelöst wurde, musste es eine Begründung geben. Sonst hätte man das juristisch anfechten können. Deswegen diese Formulierung einer einvernehmlichen Kündigung aus politischen Gründen.

Schmidt: Es gibt einen weiteren Aspekt, der betrifft die Verwertungsgesellschaften. In dem Staatsvertrag zwischen der Bundesrepublik und der DDR hatte man das Urheberrecht einfach vergessen. Die VG Wort in München hat sich damals auf die Hinterbeine gestellt. Es war ja völlig undenkbar, dass in einem

Land plötzlich die eine Seite der Autorenschaft zum Beispiel von Bibliothekstantiemen und einer Reprographieabgabe profitierte und die andere nicht. Das DDR-Urheberrecht sah ganz andere Vergütungsformen vor. Man hat als Autor nicht partizipiert, wenn ein Buch ausgeliehen wurde. Man hat nicht partizipiert, wenn man ein Fernsehspiel geschrieben hatte und das dann irgendwo anders hin verkauft wurde. Das waren im Grunde genommen Buy-out-Verträge, die nahezu alle Rechte beinhalteten. Durch die Intervention der VG Wort kamen nochmal Einnahmen für die Autorinnen und Autoren in der DDR hinzu, die es vorher nicht gegeben hatte.

Leusink: Einerseits. Andererseits erzähle ich jetzt von den Verlusten. Es gab regelmäßige Autorenförderungen vom Ministerium für Kultur. Für das Schreiben eines neuen Stückes erhielt man zwischen 10.000 und 30.000 DDR-Mark. Was sehr, sehr viel Geld war. Es gab auch, wenn ich jetzt mal in ein anderes Medium gehe, diese hochwertigen Hörspiele für Kinder, die von »Litera« produziert worden sind. Die allerersten Schauspieler haben mitgemacht. Ein Autor, der eine Märchenbearbeitung geschrieben hat für »Litera«, für das Label des Schallplattenvertriebs, hat 6.000 DDR-Mark bekommen. Das ist sozusagen mehr als das Fünffache dessen, was ich verdient habe. Davon konnte man gut und gerne mehr als ein halbes Jahr leben in der DDR. So viel bekam man für eine Märchenbearbeitung für Kinder. Sowas ist heute unvorstellbar, dass jemand von einem Label so ein Auftragshonorar bekommt.

Wündrich: Die Förderung vom Ministerium bekam man auf Antrag?

Leusink: Ja. Es gab verschiedene Institutionen, die diese Anträge stellen konnten. Wir waren nur eine davon. Der Henschel Verlag konnte zwei, drei solcher Anträge im Jahr stellen, die sind in der Regel befürwortet worden. Georg Seidel hat zum Beispiel Förderung bekommen, auch Irina Liebmann. Wen wir vorgeschlagen haben, hat auch eine Förderung bekommen.

Wündrich: Es ging was verloren, man hatte was gewonnen.

Leusink: So ist es. Man kann sagen, es gab Verluste und Gewinne.

Zugabe II

DAS ENDE DER ZENSUR IN VIER ZITATEN

»Das Genehmigungsverfahren, die staatliche Aufsicht, kürzer und nicht weniger klar gesagt: die Zensur der Verlage und Bücher, der Verleger und Autoren, ist überlebt, nutzlos, paradox, menschenfeindlich, volksfeindlich, ungesetzlich und strafbar.« Christoph Hein auf dem X. Schriftstellerkongress der DDR am 4.12.1987[313]

»Das Druckgenehmigungsverfahren ist notwendig. Es ist ein kulturpolitisches Instrument zur Verhinderung feindlicher Arbeit [...] Wenn ein Stück freigegeben ist, dann ist das eine Republiksentscheidung.« Kurt Hager, Mitglied des ZK der SED, auf der Beratung mit den Sekretären der Bezirksleitungen am 4.1.1988[314]

»Erst im letzten Moment, am 28.6.1988, hat der stellvertretende Kulturminister Höpke mit der schönen Anweisung die Zensur aufgehoben, dass Manuskripte nicht mehr eingereicht werden müssen, sondern nur eine halbe Seite Druckantrag.« Volker Braun über eine Anweisung von Kulturminister Höpke, die das Ende der Zensur bedeutete, vom 28.6.1988[315]

»Einige versuchen, Unsicherheit und Zwietracht zu verbreiten oder den Verband gewissermaßen zu Tode zu demokratisieren.« Ursula Ragwitz, Leiterin der Abteilung Kultur des ZK der SED über den Schriftstellerverband der DDR am 19.12.1988[316]

Zugabe III

TRENNUNG WG. WIEDERVEREINIGUNG
WIE EIN THEATER-VERLAG SICH NEU ERFINDET
EIN GESPRÄCH

Mit Marion Victor (ehemalige Geschäftsführung Verlag der Autoren, Frankfurt / M.), Andreas Leusink (Geschäftsführung Henschel Schauspiel Theaterverlag, Berlin), Manfred Karge (Autor, Henschel Schauspiel) und Hermann Wündrich (Dramaturg).

Wündrich: Zu DDR-Zeiten war Henschel Schauspiel eine Abteilung des Henschel Verlags. 1989/90 bei der Wende, bei der Wiedervereinigung, konnte der Henschel Verlag nicht weiterbetrieben werden wie bisher. Was geschah da? Und wie ist es zur Trennung zwischen Henschel und Henschel Schauspiel gekommen?

Victor: Im Oktober 1989 kam Georg Seidel zur Buchmesse nach Frankfurt und fusselte aus seiner Hosentasche lauter kleine Zettelchen. Er hatte die Dresdner Erklärung »Wir spielen nicht mehr mit!« zerrissen, die das Ensemble des Dresdner Staatsheaters vor jeder Vorstellung verlas. Die haben wir wieder zusammengelegt und abgeschrieben, dann den Text kopiert und auf der Messe verteilt. Wir haben an diesen Tagen aufgrund von Gesprächen mit Georg Seidel entschieden, unsere Quartalsabrechnung nicht mehr in die DDR zu überweisen, sondern in Frankfurt zurückzuhalten. Damit Gelder, wenn alles zusammenbricht, bei uns für die Autoren aufbewahrt bleiben, gesichert sind und nicht ans Urheberrechtsbüro der DDR gehen.

Wündrich: Das sind Tantiemen der Autoren des Henschel Verlags gewesen, die im Subvertrieb des Verlags der Autoren aufgelaufen waren.

Victor: Genau. Das war eine ganze Menge.

Wündrich: Aber der Henschel Verlag existierte doch nach wie vor? Und die Theaterabteilung war ein Teil des Henschel Verlags.

Victor: Genau.

Wündrich: Wie und wann kam es aber zur Trennung?

Leusink: Es gab innerhalb der Belegschaft des gesamten Henschel Verlags, wie in allen Betrieben der DDR, eine große Unruhe im Sommer und im Herbst '89. Bei uns wurde Mitte Oktober eine Art Belegschaftsrat gegründet, in den jede Abteilung einen Vertreter entsandte. Dieser Belegschaftsrat hatte juristisch, wenn man das von heute aus betrachtet, nichts zu sagen. Moralisch war die Situation aber so: Man gab sich eine Verfassung und dieser Rat hatte sehr große Macht. Er tagte einmal die Woche beim Verlagsleiter. Ab Mitte Oktober gab es keine Entscheidung der Verlagsleitung mehr ohne Zustimmung des Belegschaftsrates.

Wündrich: Aus wie vielen Leuten bestand der Belegschaftsrat?

Leusink: Sieben, acht Leute. Ich war von Henschel Schauspiel dabei. Es gab im Oktober eine große Belegschaftsversammlung mit der Verlagsleitung, wo wir bestimmte Veränderungen gefordert haben innerhalb des Hauses. Das waren jetzt keine großen politischen Forderungen, was die ganze DDR angeht, die fanden ja auf der Straße statt, sondern wir hatten bestimmte Forderungen an die Verlagsleitung, was die Struktur des Hauses betraf.

Wündrich: Also Forderungen an Mittelstädt?

Leusink: Ja, an Kuno Mittelstädt, aber Kuno war ja nur einer der Leute, die verantwortlich waren, also im Prinzip an die gesamte Verlagsleitung, auch an die Parteileitung des Verlages.

Wündrich: Weil der Verlag der Partei gehörte?

Leusink: Das wusste zu dem Zeitpunkt keiner, nicht mal Kuno Mittelstädt. Lange Zeit dachten wir alle, der Henschel Verlag sei ein Privatverlag. Bruno Henschel hatte ihn 1946 mit Erlaubnis der sowjetischen Militäradministration gegründet. Er hat ihn aber still und heimlich Ende der 50er-Jahre der SED geschenkt. Das kam erst im Januar 1990 raus. Aber dessen ungeachtet gab es längst verschiedene Überlegungen bei Henschel Schauspiel, wie wir anders arbeiten könnten. Ende November sind Karlheinz Braun vom Verlag der Autoren aus Frankfurt am Main und ich zusammen in Griechenland bei einer internationalen Theatertagung gewesen. Karlheinz war der Vertreter Westdeutschlands, ich war der Vertreter der DDR. Wir haben die Zeit – das waren zwei Wochen – jeden Tag genutzt, um darüber zu sprechen, wie man Henschel Schauspiel umgestalten kann. Karlheinz hatte natürlich viel Erfahrung und hat uns auf einige Ideen gebracht und praktische Tipps gegeben.

Victor: Schon Anfang November 1989 bei der Tagung der Dramaturgischen Gesellschaft in Berlin – das war noch vor Griechenland – saßen wir mit Georg

Seidel zusammen, der in meiner Erinnerung eine treibende Kraft war. Er kannte unseren Verlag. Die Gespräche drehten sich in diesen Tagen immer darum: »Wie seid ihr strukturiert? Wie macht ihr das? Wie geht das?« Wir waren ein ganz kleiner Kreis, zu dem auch Wolfgang Schuch gehörte, damaliger Leiter der Theaterabteilung des Henschel Verlages. Alles war so ungewiss.

Leusink: Nicht nur ungewiss. Die Ereignisse überschlugen sich von Tag zu Tag. Im Dezember haben wir eine große Autorenversammlung organisiert, die im Januar stattfand. Alle Autoren von Henschel Schauspiel waren eingeladen. Wir wollten gemeinsam überlegen, wie es weiter gehen kann. Und bei dieser Tagung lief's schon sehr darauf hinaus, dass wir uns aus dem großen Henschel Verlag verabschieden und einen eigenen Henschel Theaterverlag gründen.

Karge: Was hatte das für praktische Gründe, dieses sich Lösen vom großen Verlag?

Leusink: Wir wollten selber bestimmen, wie wir mit unserem Verlagsanteil umgehen. Zu dem Zeitpunkt wusste noch niemand, dass im Juli die D-Mark kommt. Wir hatten aber einen Valutaumsatz gehabt von über einer Million D-Mark im Jahr und davon gab es einen entsprechenden Verlagsanteil. Wir wollten über diesen Verlagsanteil selbst bestimmen. Wir wollten Kopierer, PCs kaufen und so weiter. Das war aber nicht möglich, weil dieser Valutaanteil direkt in den Staatshaushalt floss. Nicht mal der Henschel Verlag, der große, hat was davon gesehen.

Victor: Liefen die Gelder nicht über das Urheberrechtsbüro der DDR?

Leusink: Formal ja, aber praktisch war es so, dass der Staat die kassiert hat. Das lag nicht mehr in unserem Interesse. Es ging im Wesentlichen darum, dass wir selbst bestimmen können, dass wir nicht mehr fragen müssen, was wir machen dürfen, dass wir Reisen nicht mehr beantragen müssen. Für unsere Westreisen haben wir nie Spesen bekommen. Wir haben bei Freunden übernachtet und die Freunde haben für uns Fahrkarten und auch sonst alles gekauft. Wir hatten keine müde D-Mark.

Wündrich: Wie ist die Ablösung vom großen Henschel Verlag dann vonstatten gegangen? Ihr habt gesagt: »Tschüß!« und die haben euch laufen lassen?

Leusink: Nein, so einfach nicht. Erstmal gab's den Willen der Autoren, sich selbständig zu machen – mit allen Risiken. Autoren wie Manfred Karge, Heiner Müller, Volker Braun, Christoph Hein, Peter Brasch, der eine wesentliche Rolle spielte bei dieser Unabhängigkeitsbestrebung, Maik Hamburger, der im Neuen Forum sehr engagiert war, die haben das stark vorangetrieben.

Aber wir mussten ja erst das Formale lösen. Schuch und ich haben ab Januar in Ost- und West-Berlin einen Anwalt gesucht.

Wir haben überlegt, welche juristische Form wir annehmen sollen, und wie man das überhaupt bewerkstelligen kann. Parallel war ich im Februar 1990 mit Kuno Mittelstädt im ZK der SED, weil wir rauskriegen wollten – inzwischen wussten wir, dass wir ein Parteiverlag sind – wie die das eigentlich sehen. Das war eines meiner gruseligsten Erlebnisse, weil die sich überhaupt nicht vorstellen konnten, dass eine Belegschaft die Sache selbst in die Hand nimmt. Die wollten uns nicht gehen lassen, nur gegen einen hohen Preis. Ihnen war nicht vorstellbar, dass wir eine quasi sozialistische Form wählen wollten, nämlich eine Genossenschaft. Das war für mich sehr desillusionierend.

Wir hatten also, ich weiß nicht, wie viele Treffen mit Anwälten. Wir hatten immer irgendwie das Gefühl, das passt nicht zusammen. Erst ganz zum Schluss haben wir Grischa Worner getroffen. Schuch guckte mich an und sagte: »Der ist es«. Grischa Worner hat uns dann alles geebnet. Er hat uns bis vor fünf Jahren die ganze Zeit begleitet und nie eine Rechnung geschrieben. Unser Vorbild war der Verlag der Autoren. Die hatten auch einen Anwalt –

Victor: – der nie eine Rechnung gestellt hat.

Leusink: Das habe ich mir gut gemerkt. Das muss jemand machen aus Solidarität und nicht, um Geld zu verdienen.

Wündrich: Und Worner hat dann mit der SED/PDS verhandelt?

Leusink: Er hat zunächst mit der Verlagsleitung gesprochen. Uns war ja klar, dass wir erstmal den Henschel Verlag als Ganzes privatisieren müssen, bevor wir allein weitermachen können. Der Henschel Verlag muss aus der SED/PDS ausgelöst werden. Es gab dann eine große Belegschaftsversammlung Anfang März, wo ich das ganze Modell vorgestellt habe. Wir hatten den Plan, dass sich der Henschel Verlag als GmbH und als eine Art Angestelltengesellschaft gründet. Es haben sich unter den 150 Angestellten des Verlages 26 Angestellte gefunden, von denen jeder mindestens 5.000 DDR-Mark reingegeben hat in das Stammkapital. Und dann wurde der Henschel Verlag eine GmbH – mit Genehmigung der SED/PDS.

Daraufhin ist der Henschel Schauspiel Theaterverlag Ende April 1990 gegründet worden. Vorbereitet hatten wir längst, dass wir danach aus dieser Henschel Gesamtgesellschaft austreten und unsere eigene Gesellschaft gründen, und das geschah dann auch drei Wochen später. Das waren dann schon über 60 Gesellschafter, eben mit Manfred Karge, Heiner Müller, Christoph Hein, mit Volker Braun und Peter Brasch und Maik Hamburger und allen möglichen anderen noch. Da gab's eine große Gründungsversammlung.

Wündrich: Wieviel haben die Gesellschafter ins Stammkapital eingezahlt?

Leusink: Bei uns gab es eine Mindestgebühr von 500 DDR-Mark. Einige haben mehr gegeben. Dann gab's eine große Versammlung in der Mensa des Henschel Verlages, wo es auch heiß herging. Peter Brasch hat die Versammlung geleitet. Es gab immer wieder Fragen von Autoren, die sich das nicht richtig vorstellen konnten. Aber die meisten waren fest davon überzeugt, dass wir das machen müssen und dass wir das schaffen, und wenn es nicht klappt, dass wir's wenigstens versucht haben.

Ich kann mich an einen kurzen Dialog zwischen Heiner Müller und den beiden Tragelehns erinnern, als sie in den Versammlungsraum reingingen. Christa Tragelehn fragte Müller: »Was denkst du, Heiner?«, und er sagt: »Wir müssen's versuchen!« Das war die allgemeine Grundhaltung.

Victor: In den ersten Jahren fragte uns Heiner Müller immer mal wieder: »Meinst du, dass die's schaffen?« – Wir: »Ja, die werden's schon schaffen.« So bestätigte man sich gegenseitig.

Karge: Ich kann mich entsinnen, wie gut es war, dass es den Verlag der Autoren gab. Er bot uns ein Modell. Wir kannten ja alle diesen Verlag und wussten auch ungefähr, wie er funktioniert.

Victor: Ich erinnere mich, dass wir euch alle Verträge als Muster geschickt haben, die Aufführungsverträge, die Autorenverträge und so weiter. Das ging so weit, dass eure Buchhalterin damals vierzehn Tage mit unserer von morgens bis abends in Frankfurt zusammen saß und ihr erzählte, wie das alles geht.

Leusink: Wir mussten erstmal ein Konto haben, solche ganz praktischen, kleinen Sachen waren sehr schwierig.

Victor: Weil es noch DDR war.

Leusink: Ja. Du konntest nicht einfach ein Konto eröffnen. Alle hatten Angst, irgendwelche Fehler zu machen, auch die Banken. Und wir mussten erstmal im Amtsgericht eingetragen werden als Gesellschaft, auch das ging nicht so einfach, weil das alles Leute waren, die im bürgerlichen Recht nicht so erfahren waren. Das dauerte und dauerte. Kuno Mittelstädt hat dafür gebürgt, dass das alles seine Richtigkeit hat. Und wir haben in der Zeit, also vor allem im Frühjahr 1990, im Auftrag aller Autoren nicht nur die Gelder beim Verlag der Autoren, sondern auch bei S. Fischer, bei Kiepenheuer, beim Drei Masken Verlag, Suhrkamp, überall, wo wir Gelder stehen hatten, im Westen gelassen. Wir wussten seit März, dass es eine Währungsunion geben wird, und folglich wollte kein Autor mehr DDR-Mark haben. Also blieb das Geld im Westen. Das wurde uns zwei Jahre später zum Verhängnis.

Ab 1. Juli gab's die Währungsunion, dann kamen die Gelder aus dem Westen, und zwar eins zu eins. Wir konnten anfangen zu arbeiten. Wir hatten ja auch – solche profanen Dinge muss man sich vorstellen – siebzehn Gehälter zu bezahlen, aus dem Stand heraus. Und zwar in einer verunsicherten Gesellschaft, wo es schon die ersten Entlassungen in der DDR gab. Natürlich hatten auch unsere Angestellten Angst, wie sie mit ihrem Monatsgehalt das Ganze überstehen. Insofern war es ganz wichtig, dass wir eben sofort Gehälter zahlen konnten. Im Sommer haben wir dann angefangen, alle Mitarbeiter zu schulen. Wir mussten auch Miete zahlen im Henschel Verlag Kunst und Gesellschaft, weil wir ja unabhängig waren. Wir mussten Telefongebühren zahlen, alles, also normale Betriebskosten ...

Wündrich: Das Gebäude mit euren Büros gehörte Henschel?

Leusink: Es gab dann einen Restitutionsanspruch einer Gewerkschaft, die kaum noch existierte, aber noch einen formalen Sitz in West-Deutschland hatte und plötzlich zu einer Immobilie gekommen war. Natürlich wollte die, wie in vielen dieser Geschichten ...

Wündrich: ... absahnen.

Leusink: Ja. Das Gebäude wurde verscherbelt. Diese Gewerkschaft hatte nur noch ein Büro irgendwo und ist zu Reichtum gekommen – eine Immobilie in der Oranienburger Straße in Berlin Mitte. Wir waren dort noch zweieinhalb Jahre zur Miete. In der Zeit hat uns vor allem der Verlag der Autoren mit vielen, vielen praktischen Sachen geholfen. Das kann man sich heute kaum vorstellen. Wir haben jeden Tag miteinander telefoniert. Welchen Computer kauft man am besten? Solche sinnvollen Sachen. Wir hatten große Angst, dass wir an Typen geraten, die uns über den Tisch ziehen. Und wir sind relativ schnell in den Verband der Bühnen- und Medienverlage aufgenommen worden.

Wündrich: Wie habt ihr die Autoren denn auseinanderklamüsert? Heiner Müller und viele andere waren ja im Subvertrieb beim Verlag der Autoren. Ging das mechanisch oder haben sich die Autoren entschieden? Und umgekehrt: Ihr hattet im Henschel Verlag auch West-Autoren. Was machte man mit denen?

Leusink: Das ging ganz schnell. Alle West-Verlage wollten natürlich – von denen ging der Impuls aus – ab 1. Juli, wenn sie D-Mark zum Beispiel in Dresden kassieren konnten, ihre Rechte selber vertreten. Deswegen wurden alle Subvertriebe zum 1. Juli 1990 aufgelöst. Alle, bis auf einen. Und das war Heiner Müller, und den haben wir uns lange Zeit mit dem Verlag der Autoren geteilt.

Wündrich: Ihr seid wie der Verlag der Autoren ein Genossenschaftsverlag mit Mitgliedern, denen der Verlag gehört? Und das sind die Autoren.

Leusink: Nicht nur. Zu 90 Prozent haben wir die Verfassung des Verlags der Autoren. Bei uns war es bloß von Anfang an so, dass wir einen Autorenrat hatten. Das ist ein Ergebnis der Wendezeit. In bestimmten Betrieben haben damals Belegschaftsräte eine große Rolle gespielt. Und die Autoren wollten das auch, dass wir in dieser Gesellschaft einen Autoren- und Übersetzerrat haben, der die Geschäftsführung zwischen den Mitgliederversammlungen berät.

Victor: Das haben wir auch. Aber der tritt nur auf den Plan, wenn es zwischen Autoren und Verlag zu irgendwelchen Schwierigkeiten kommt.

Wündrich: Wie viele Mitglieder hat euer Rat?

Leusink: Fünf bis acht. Die werden alle drei Jahre auf der Vollversammlung gewählt. Dieser Rat tagt zweimal im Jahr. Dann muss die Geschäftsführung Zahlen vorlegen und von den wesentlichen Dingen berichten, die in den letzten vier, fünf Monaten angefallen sind. Der Rat war für uns ganz wichtig, vor allem in den 90er-Jahren, als dann eben 1992 wie aus dem Nichts die Treuhand uns verwaltet hat. Ich erinnere mich an die Situation noch sehr genau. Schuch kam zu mir nach Hause, ich stand da in Malerklamotten und er sagt zu mir: »Leusink, setzen Sie sich mal!« Und dann sagte er, die Treuhand habe uns in Verwaltung genommen. Ich habe nicht verstanden, wie das möglich war.

Wündrich: Warum? Ihr wart doch schon ein neuer, eigenständiger und florierender Verlag!

Leusink: Tatsächlich war es so, dass die Treuhand durch ein Gesetz der Bundesrepublik in Verwaltung nehmen konnte, wen sie wollte, ohne irgendeinen Beweis. Und man konnte nichts, gar nichts dagegen machen. Die gute Idee dahinter war, flüchtiges SED-Kapital festzuhalten. In unserem Falle war der Auslöser das Bestreben von westdeutschen Verlagen, ostdeutsche Verlage zu übernehmen. Was uns betrifft, gab es zwei Begehren. Das eine kam vom Thomas-Sessler-Verlag aus Wien, der uns kaufen wollte. Er hat sich gedacht, er wendet sich einfach an die Treuhand und die wird das schon richten. Wir zahlen einen Preis X und dann gehört Henschel Thomas Sessler. So war die Idee. Das zweite kam von Bernd Lunkewitz, einem Frankfurter Immobilienhändler. Der hatte eine Frau, die am Schauspiel Frankfurt Schauspielerin war, und die sagte zu ihm: »Du, da gibt's einen Verlag, da liegen die Heiner-Müller-Rechte.« Und er hatte damals schon den Aufbau Verlag erworben, und daraufhin hat er einen Antrag bei der Treuhand gestellt, Henschel Schauspiel zu kaufen. Da haben die erst festgestellt, dass wir überhaupt existieren und haben uns in Treuhandverwaltung genommen, ohne eine richtige Rechtsprüfung.

Als wir uns gegründet haben, hatten wir das Problem, wo kommen unsere Textbücher her? Wir meinten, okay, wir nehmen die alten Textbücher mit.

In unserer Naivität dachten wir, wir müssen die auch formal-rechtlich übernehmen. Also haben wir einen Vertrag abgeschlossen mit der Henschel Verlag GmbH, die wir zuvor mitbegründet hatten, und die bringen als Einlage in unseren neuen Verlag diese Textbücher mit ein. Es wurde kein Geld gezahlt, aber wir haben diese Textbücher bekommen. Das war das Einfallstor für die Treuhand. Die Treuhand hat gesagt, die Henschel Verlags GmbH ist unrechtmäßig gegründet worden. Die Gesellschaft gehört der SED, folglich war die SED über diesen Geschäftsanteil der Henschel Verlag GmbH bei uns mit dem Vermögen der alten Textbücher mit drin. Und jetzt habe ich einen Fehler gemacht. In der Gründungsphase musste diese Sacheinlage der Textbücher irgendwie bewertet werden. Wir wussten nicht, wieviel sie wert sein könnten. Jeder große Verlag würde sowas mit Null werten. Das waren Textbücher aus den 50er- und 60er-Jahren. Sie waren längst abgeschrieben. Aber keiner von uns kannte sich aus. Ich habe sie auf 60.000 D-Mark bewerten lassen von einem Antiquar. Der hatte Angst, dass man ihn dafür haftbar machen könnte, und ich musste ihn schriftlich von jeglicher Haftung entlasten. Aber diese 60.000 D-Mark waren die Begründung dafür, dass wir in Treuhandverwaltung genommen werden konnten.

Es folgte ein Aufschrei in der deutschen Medienlandschaft. Alle großen westdeutschen Verlage, voran der Verlag der Autoren, und alle anderen, von Suhrkamp bis Rowohlt bis S. Fischer, alle haben Protestnoten geschrieben und viele Autoren, auch viele westdeutsche Autoren, haben der Treuhand eingeheizt. Es verging kaum ein Tag, wo nicht irgendwas in den Medien darüber berichtet wurde. Das hat immerhin dazu geführt, dass die Breuel, die war damals Treuhandchefin, die Sache schnell erledigt haben wollte. Und deswegen haben wir im Unterschied zu vielen anderen Betrieben relativ schnell einen Prozess gekriegt, ich glaube, nach einem knappen Jahr.

Wündrich: Was heißt »Prozess«?

Leusink: Wir haben gegen diese Verfügung geklagt.

Wündrich: Geklagt wurde vor was für einem Gericht?

Leusink: Vor dem Kammergericht. Das Problem war eben, dass wir jeden Morgen zur Treuhand laufen mussten und alle Ausgaben des Tages genehmigen lassen mussten. Also vor allem Briefmarken – wir mussten ja Post verschicken.

Victor: Die Textbücher!

Leusink: Ja, aber natürlich auch jede Autorenüberweisung. Wenn Karge beispielsweise in Zürich am Theater Geld verdient hat, dann mussten wir die Überweisung an Herrn Karge von der Treuhand genehmigen lassen. Die hatten überhaupt keine Ahnung. Im Prinzip unterschrieben die alles. Aber morgens musste immer jemand hinlaufen und sich die Überweisungen des Tages abzeichnen lassen. Ich will nicht über die Treuhand reden, welche Leute da saßen ...

Wündrich: Das wäre jetzt meine Frage gewesen: Wer war das?

Leusink: Da gab's einen Herrn Fischer, der war vorher in einem Telefonbuchverlag in Hessen. Das ist kein Witz. Ich glaube, er ist auf diese Position gekommen, weil er Fischer hieß. Die dachten, der kommt vom Fischer Verlag. Der hat da Pfeife rauchend gesessen, als wenn er jetzt ein ganz großer Verleger wäre, hatte aber von Tuten und Blasen keine Ahnung. Er hat über Verlage entschieden, wie Volk und Welt, Aufbau, Reclam, die ganz großen DDR-Verlage, hatte keine literarische Bildung und keine Ahnung von den großen westdeutschen Verlagen. Das war ein kleiner Verleger aus dem Hessischen, der plötzlich Macht hatte. So waren auch seine Zuarbeiter. Furchtbare Gestalten. Es gab im Dezember 1992 eine mir unvergessliche Autorenversammlung, weil die Autoren verlangten, dass die Treuhand sich rechtfertigt.

Wündrich: War das schon nach dem Prozess?

Leusink: Nein, davor. Für die Treuhand erschien eine Anwältin, die hieß Frau von Klenk. Ich schätzte sie auf Ende 20, Anfang 30. Sie saß nun vor Heiner Müller und Volker Braun und Christoph Hein und versuchte zu rechtfertigen, was nicht zu rechtfertigen war. Alle versuchten, irgendwie die Fasson zu wahren, außer Peter Brasch – der rastete aus und beschimpfte die nach Strich und Faden. Sie kriegte sich nicht mehr ein, dass sie so beschimpft wird. Aber dann fielen auch andere Autoren über sie her.

Dann kam's zum Prozess. Vertreten hat uns Dr. Ehrhardt, der auch Geschäftsführer des Verbandes Deutscher Bühnen- und Medienverlage war. Wir saßen einer Riege von sieben Richtern gegenüber, alles alte West-Berliner Richter, so Mindestalter 50, und dann kamen zwei junge Anwälte von der Treuhand. Der Vorsitzende Richter, altes West-Berliner Urgestein, knöpfte sich diese jungen Anwälte vor und fragte sie: »Sie haben doch das, was wir ja immer wollten: die Leute haben ihr Geschick in die eigenen Hände genommen und dann fahren Sie denen in die Parade. Warum eigentlich?« Der fragte so ganz moralisch und scheinbar naiv. Diese Treuhandanwälte wussten nichts Richtiges zu antworten und nach einer halben, dreiviertel Stunde sagten die Richter durch die Blume, aber doch eindeutig genug, dass sie uns Recht geben würden.

Schon vor dem Prozess hatte die Treuhand unser Lager mit den Textbüchern besichtigt, weil sie wissen wollten, wie die SED/PDS-Millionen aussehen, die wir versteckt haben. Uns wurde ja unterstellt, die wären mit 60.000 völlig unterbewertet, wir hätten eigentlich Millionen. Die kamen in das Lager und – sie hätten die Gesichter sehen müssen, wie die zusammenfielen. Im Keller war es staubig, es war dreckig und alles war sehr alt.

Victor: Die haben gesehen, dass das keine 60.000 wert war. Das war absolut überbewertet. Altpapier.

Leusink: Jedenfalls spielte das dann noch eine Rolle im Prozess. Die Anwälte beantragten eine Pause. Sie gingen raus und riefen irgendwo ganz oben bei der Treuhand an. Als sie wiederkamen, sagten sie: »Wenn das Gericht so entscheidet, wie eben angedeutet, dann werden wir in Berufung gehen.« Daraufhin hat Jan Ehrhardt für uns eine Pause beantragt. Ich hatte überhaupt nicht verstanden, was los ist. Ich dachte, naja, ist doch gut für uns, wenn das Gericht so entscheidet. Jan sagte: »Wenn die in Berufung gehen, dann habt ihr die ganze Scheiße mit jeden Tag Hinlaufen noch zwei Jahre am Hals. Wer weiß, wie lange es bis zur Berufungsverhandlung dauert.« Die Richter, die das Verhalten der Treuhand missbilligten, haben dann einen Vergleich vorgeschlagen. Der sah so aus, dass wir diese 60.000 von diesen dreckigen Staubtextbüchern zu bezahlen hatten, in D-Mark, eins-zu-eins umgerechnet. Außerdem noch – und jetzt kommt die Crux – 55.000 D-Mark aus den Tantiemen, die wir für die Autoren im Westen bis zur Währungsunion stehen gelassen haben. Das hatten die inzwischen errechnet. Das logische Argument war, diese 55.000 D-Mark Verlagsanteil hatten eigentlich der SED zugestanden und nicht uns (obwohl: wir haben die Arbeit gemacht), aber nach DDR-Gesetz hat's der SED gehört und folglich jetzt der Treuhand. Und die wollten sie wiederhaben. Und das war sozusagen die Strafe. Also mussten wir 60.000 plus 55.000 zahlen, was für uns damals sehr, sehr viel Geld war.

Victor: Das war ein Vergleich. Ist das Gericht nicht runtergegangen?

Leusink: Nein, denn dafür hat die Treuhand nachgegeben. Wir haben in den sauren Apfel gebissen. Zum Glück war gerade »Hase Hase« [Theaterstück von Coline Serreau, die deutsche Erstaufführung fand am 16.5.1992 am Schillertheater in Berlin statt, Regie: Benno Besson] angelaufen, später an über 50 Bühnen der Bundesrepublik. Alles was wir mit »Hase, Hase« verdient haben ist an die Treuhand geflossen.

Victor: Dass sich der Verlag der Autoren gegründet hat und der Henschel Schauspiel Theaterverlag sich so gründen konnte, hängt ja auch damit zusammen, dass du im Gegensatz zu einem Buchverlag für einen Theaterverlag kein großes Startkapital brauchst. Und dass ihr auch das Glück hattet, »Hase Hase« zu haben.

Zugabe IV

THEATERBESUCH NACH PLAN? EIN GESPRÄCH ÜBER ORGANISIERTEN THEATERBESUCH

Burkhard Kleinert war im Kombinat VEB Zentraler Industrieanlagenbau der Metallurgie in Berlin seit 1980 Bereichsleiter für Arbeit und Löhne, eine Art Arbeitsdirektor, ab 1984 Direktor für Ökonomie und Planung. Das Kombinat hatte 4.000 Beschäftigte und gehörte zur Stahlindustrie der DDR.

Frage: In der DDR war es üblich, dass Theaterbesuche von Betrieben als gemeinsame Gruppenunternehmung organisiert wurden. Warum kümmerte sich eigentlich ein Betrieb darum? Warum blieb das nicht dem Einzelnen überlassen?

Kleinert: Grundsätzlich war das so, dass die Einbettung der Belegschaften in ihre Betriebszusammenhänge eine viel stärkere war als heutzutage. Es gehörte zum planwirtschaftlichen Modell, dass möglichst Einfluss genommen wurde auf das Freizeitverhalten. Es gab dafür auch entsprechende finanzielle Mittel. Im Grunde gab es drei Töpfe, aus denen die konsumtiven Bedürfnisse der Belegschaften abgedeckt werden konnten. Das war zum einen der Lohnfonds, daraus wurden Löhne und Gehälter gezahlt. Dann gab es den Prämienfonds, der wurde für besondere Einzelleistungen oder Kollektivleistungen eingesetzt. Er diente vor allem der Finanzierung der Jahresendprämie, die ja so eine Art dreizehntes Monatsgehalt war. Und dann gab es eine Sache, für die es wahrscheinlich überhaupt nichts Vergleichbares im marktwirtschaftlich organisierten Westen gibt, nämlich den Kultur- und Sozialfonds. Der gehörte zur Grundausstattung eines jeden Unternehmens und wurde durch den Plan ausgewiesen. Über die Verwendung konnten die Belegschaften in bescheidenem Umfang mitbestimmen.

Frage: Was heißt »Mittel wurden zugewiesen«? Von wem?

Kleinert: Das Ganze war ja ein hierarchisches System. Es gab die staatliche Plankommission, wo die Gesamtplanung gemacht wurde. Dann wurde das runtergebrochen auf die Industriezweige, die alle selbstständige Ministerien hatten, und über die Ministerien wurde das dann an die Kombinate gesteuert. Die Kombinate haben das weitergegeben an die einzelnen Kombinatsbetriebe. Dieses jahresbezogene Planungsmodell war ein iterativer, unaufhörlicher Prozess: Es wurde was reingegeben, und dann gab's einen Rücklauf. Das mündete in die berühmte Plandiskussion. Hier wurden einerseits Forderungen nochmal erhoben, zum anderen wurden auch Verpflichtungen übernommen, etwa welche großartigen Ergebnisse man in der Produktion erzielen wollte. Am Ende stand der Plan.

Ein Bestandteil des Planungsprozesses war der sogenannte Betriebskollektivvertrag. Kannte man im Westen auch nicht. Das war eine Vereinbarung zwischen Betriebsleitung und Gewerkschaft über die Verwendung speziell des Prämienfonds und des Kultur- und Sozialfonds. Aus dem Kultur- und Sozialfonds wurden unter anderem die betrieblichen Ferieneinrichtungen, Kindertagesstätten, die Arbeiterversorgung, d.h. wie wurden die Kantinen ausgestattet, und eben auch das kulturelle Leben unterhalten. Das wurde zum Teil durch die Kombinate selbst organisiert. Große Betriebe hatten eigene Kulturhäuser, zum Teil riesige Paläste. Es wurden eigene Theatergruppen betrieben, Chöre organisiert, Philatelistengruppen unterhalten, also alles, was man sich vorstellen kann. Das musste finanziert werden und wurde über diesen Kultur- und Sozialfonds abgedeckt.

Dazu kommt ein Instrument, was im sogenannten sozialistischen Wettbewerb eine Rolle spielte, das waren diese »Kollektive der sozialistischen Arbeit«. Die gab es im Grunde flächendeckend. Jeder war irgendwie Mitglied eines solchen Kollektivs. Ich war selber auch Mitglied, und dort gab man sich fürs Jahr so eine Art Programm. Die Ergebnisse wurden dokumentiert in sogenannten Brigade-Tagebüchern. Viele sind leider durch die Wende verschütt gegangen. Das sind interessante Dokumente über die Verpflichtungen, die man übernahm. Dazu gehörten zum Beispiel die Theaterbesuche. Auch Besuche von Ausstellungen, gemeinsame Dampferfahrten und so weiter –

Frage: Wer bestimmte, ob man ins Theater ging oder ob man Dampfer fuhr? War es das Kollektiv, die Brigade?

Kleinert: Das bestimmte das Kollektiv. Das hat die Brigade selber organisiert. Ob man einen Grillabend machte oder vielleicht ins Berliner Ensemble fuhr oder nach Dresden zur Kunstausstellung, das konnte man frei entscheiden. Entsprechend der Zusammensetzung der Kollektive unterschied sich das natürlich sehr stark. Sicher haben Arbeiterbrigaden andere Präferenzen gehabt als Forschungs- und Entwicklungskollektive.

Frage: Wer hat denn die Organisation eines Theaterbesuchs in die Hand genommen, der Brigadeführer? Wie kam man an die Theaterkarten?

Kleinert: Es gab sozusagen einen Kollektivleiter, einen Ehrenamtlichen. Das waren in erster Linie nicht die Chefs, sondern Mitarbeiter, die sich bereit erklärten, für das Jahr diesen Prozess mitzusteuern. Und dann gab's im Kollektiv Absprachen: Was machen wir denn jetzt? Wir wollen ja einen Punkt kriegen für unseren Wettbewerb.

Frage: Es gab Punkte für die Aktivitäten im Kulturbereich?

Kleinert: Also es ist so: In jedem Jahr musste man den Titel »Kollektiv der sozialistischen Arbeit« verteidigen.

Frage: Den Titel bekam man nicht automatisch? Den musste man sich verdienen?

Kleinert: Man musste anmelden, dass man den erwerben will, und dann musste man ihn Jahr für Jahr verteidigen.

Frage: Wo meldete man das an? Bei der Betriebsleitung?

Kleinert: Bei der Gewerkschaft. Die war eng mit der Betriebsleitung verflochten. Man musste dann eine Art Verpflichtung abgeben, was man alles machen will. Jährlich gab man eine Art Rechenschaftsbericht ab. Es war immer gut, wenn man möglichst viele Aktivitäten vorzuweisen hatte. Kulturelle Aktivitäten waren besonders hoch angesehen.

Frage: Wurden die Aktivitäten unterschiedlich bewertet? Bekam eine kulturelle Unternehmung mehr Punkte als ein Grillabend?

Kleinert: Ich war mehrfach Mitglied einer Jury, die das zu bewerten hatte. Ich kann mich nicht erinnern, dass große Unterschiede gemacht wurden. Wenn man einmal Kollektiv der sozialistischen Arbeit war, wurde man den Titel kaum mehr los. Es sei denn, es geschah was ganz Schlimmes, zum Beispiel 50 Prozent des Kollektivs haben einen Ausreiseantrag gestellt oder so. Dann lief das nicht mehr. Aber normalerweise wurde es zu einer Formalie. In der Endzeit der DDR gab es noch den Versuch, den sogenannten ökonomisch-kulturellen Leistungsvergleich durchzuführen. »Ökulei« hieß das in der Abkürzung. Das war eingebettet in dieses System der »Kollektive der sozialistischen Arbeit«. Da wurde versucht, eine Art Punktesystem zu entwickeln. Aber das hat sich nicht durchgesetzt.

Frage: Weil man die Punkte haben wollte, beschloss man zum Beispiel, wir gehen ins Berliner Ensemble und gucken uns ein bestimmtes Stück an. Wer hat das ausgesucht?

Kleinert: Die Mehrheit hat gesagt, wir gehen jetzt dahin.

Frage: Dann ging man geschlossen hin?

Kleinert: Wenn das Kollektiv ins Theater losmarschierte, waren die dabei, die sich für Theater interessierten. Es war nicht so, dass alle mit mussten. Wurde auch nicht abgerechnet, ob nun 10 Prozent oder 80 Prozent des Kollektivs hin gingen. Man klebte dann in sein Brigade-Tagebuch ein Foto und schrieb einen kurzen Dreizeiler, dass man da war und wie es einem gefallen hat und das war es.

Frage: Wie groß waren die Kollektive?

Kleinert: Bei uns bestand ein Kollektiv aus maximal 20, 30 Kollegen. Aber da sind nie alle mitgegangen. Es wurden auch Angehörige mitgenommen. Es diente ja der Gemeinschaftsbildung.

Die Theater in den Bezirksstädten – wie Rostock oder Schwerin oder Neubrandenburg – die lebten in hohem Maße vom Zulauf aus den Betrieben. Selbst die LPG-Bauern sind ins Theater gefahren. Für viele, heute würde man sagen bildungsferne Schichten, bot das eine Möglichkeit, überhaupt eine Theatererfahrung zu machen. Durch die gemeinsamen Unternehmungen kannte man sich untereinander sehr gut. Wie überhaupt sich das Leben in der DDR sehr viel stärker im Betrieb abgespielt hat als das heutzutage der Fall ist.

Frage: Das private Leben wurde durch den Betrieb sehr stark geprägt, weil der für alles sorgte?

Kleinert: Der Betrieb war der Ansprechpartner. Zum Beispiel wurden die Wohnungsfragen zum Teil über Betriebe geklärt. Die waren meistens beteiligt an den sogenannten Arbeiterwohngenossenschaften (AWG), viele davon gibt's noch, mit neuem Namen und ohne Betriebsanbindung. Im Ferienwesen waren die Betriebe engagiert. Sie waren zuständig für Sport, es gab Betriebskliniken, eine Feuerwehr, Theatergruppen und so weiter und so fort, bis hin zu Bällen und Festen. Es gab in den Betrieben auch eine Art Festkultur. Der Betrieb war der Ort überhaupt! Das galt, wenn auch eingeschränkt, sogar in Berlin.

Frage: Rührt es daher, dass viele ehemalige DDR-Bürger heute klagen: »Es kümmert sich keiner mehr um uns?« und sich alleine gelassen fühlen.

Kleinert: Das ist auf jeden Fall ein Aspekt. Dieses Wegbrechen der ganzen Struktur hat doch erhebliche Probleme nach sich gezogen. Möglicherweise werden sie erst jetzt richtig sichtbar. In den ersten Jahren nach der Wende hat sich um sowas keiner gekümmert. Da wollte jeder irgendwie sehen, wo er seinen neuen Platz findet. Aber der Wegfall dieser Versorgungsfunktion, die ja nicht nur eine materielle war, sondern auch so eine kulturell-geistige, wird in Regionen, die große Strukturprobleme haben, verstärkt spürbar. Das wird neuerdings wieder thematisiert. Mit marktwirtschaftlichen Mitteln ist das nicht reparabel. Da muss man andere Wege gehen.

Frage: Konnte man sich als einzelner dem Kollektiv auch verweigern?

Kleinert: Es gab ja auch viele Kollektive, die wollten nicht »Kollektiv der sozialistischen Arbeit« werden. Es gab Anreize, deswegen kriegte man auch ein bisschen Geld aus dem Kultur- und Sozialfonds oder auch mal Prämien für bestimmte Aktivitäten. Aber es war eine freiwillige Angelegenheit, jedenfalls da, wo ich mich auskenne. Möglicherweise gab's anderenorts sehr starken Druck, sich in solche Strukturen zu begeben.

Das folgte ja alles einer bestimmten Theorie. Die Frage ist ja: wie funktioniert eine Planwirtschaft? Wie wird das Volkseigentum, das doch eigentlich Staatseigentum war, dem Volk anverwandt und dienstbar gemacht? Da war immer dieses Motivationsproblem: Wie kriegen wir die Leute dazu, dass sie im Sinne der Gesellschaft, des Staates, der sozialistischen Ziele arbeiten und leben? Die Idee war, man muss sie in gewisser Weise stimulieren, sowohl materiell als auch geistig, um sie in die Ziele des sozialistischen Aufbaus so einzuordnen, dass sie diese auch mitverfolgen. Da reichte der Lohn alleine nicht, der war auch nicht so hoch. Also mussten andere Instrumente geschaffen werden. Das war ein Problem der Mitbestimmung. Eigentum, also Staatseigentum, das sich als Volkseigentum versteht oder mindestens so deklariert war, musste irgendeine Form von Volksbeteiligung beinhalten. Man hatte sich Verschiedenes überlegt, zum Beispiel den Betriebskollektivvertrag. Diese Kollektivinitiative lief unter der Überschrift »Sozialistischer Wettbewerb«. Die Idee war, dass man damit das Konkurrenzsystem ersetzt.

Jede Wirtschaft hat das Problem, die Leute, die da arbeiten, bei Laune zu halten. Mit welchen Mitteln macht man das? Macht man's über'n Gulag – da ist die Laune nicht mehr so groß (lacht), das war dann Terror. Oder versucht man mit bestimmten Mitteln die materielle Interessiertheit zu wecken – so hieß das in der Theorie der sozialistischen Ökonomie. Wie kann man diese Interessiertheit wecken, in welchem Maße kann die befriedigt werden und welche zusätzlichen Motivationen kann man durch Stimulanzen erreichen? Ziel war die Erweckung eines sozialistischen Eigentümertyps. Aber das hat, wie wir alle wissen, nicht funktioniert. Das war alles zu abstrakt, zu formal, zu wenig überzeugend.

Vorlage

Die Lesereihe im Berliner Ensemble von 2013 bis 2017

Heinar Kipphardt SHAKESPEARE DRINGEND GESUCHT 10. Januar 2013 – Alfred Matusche KAP DER UNRUHE 27. Januar 2013 – Hartmut Lange MARSKI 20. März 2013 – Paul Gratzik HANDBETRIEB 25. April 2013 – Peter Hacks BARBY 15. Mai 2013 – Irina Liebmann BERLINER KINDL 19. Juni 2013 – Rainer Kirsch HEINRICH SCHLAGHANDS HÖLLENFAHRT 23. September 2013 – Regina Weiker DIE AUSGEZEICHNETEN 29. Oktober 2013 – Rudi Strahl FLÜSTERPARTY 28. November 2013 – Jürgen Groß MATCH 13. Dezember 2013 – Heiner Müller WEIBERKOMÖDIE 11. Januar 2014 – Raine Kerndl ICH BIN EINEM MÄDCHEN BEGEGNET 23. Februar 2014 – Georg Seidel KÖNIGSKINDER 30. März 2014 – Volker Braun HINZE UND KUNZE 25. April 2014 – Christoph Hein DIE WAHRE GESCHICHTE DES AH Q 27. Mai 2014 – Stephan Schütz URSCHWEJK 15. Juni 2014 – Heiner Müller DIE SCHLACHT / TRAKTOR 8. Oktober 2014 – Manfred Karge MAUERSTÜCKE 8. November 2014 – Karl Hermann Roehricht FAMILIE BIRNCHEN 8. Dezember 2014 – Heiner Müller DIE KORREKTUR I und II 9. Januar 2015 – Friedrich Wolf WIE TIERE DES WALDES 23. Februar 2015 – Kurt Bartsch DER STRICK / DER BAUCH 24. März 2015 – Hanns Eisler JOHANN FAUSTUS 8. April 2015 – Thomas Brasch LOVLEY RITA 3. Juni 2015 – Günther Rücker HARLEKIN UND COLOMBINE 10. September 2015 – Friedrich Wolf PROFESSOR MAMLOCK 18. Oktober 2015 – Berta Waterstradt EHESACHE LORENZ 12. November 2015 – Manfred Bieler NACHTWACHE 11. Dezember 2015 – Peter Hacks DER MÜLLER VON SANSSOUCI 15. Januar 2016 – Joachim Knauth DIE KAMPAGNE 18. Februar 2016 – Lothar Walsdorf DAS SCHNECKENHAUS 19. März 2016 – Bertolt Brecht DIE TAGE DER COMMUNE 4. April 2016 – Volker Braun TRANSIT EUROPA 12. Mai 2016 – Lothar Trolle PAPA MAMA und DAS KIND 9. Juni 2016 – Hans Lucke DER DOPPELTE OTTO 26. September 2016 – Volker Braun KIPPER PAUL BAUCH 19. Oktober 2016 – Christian Martin VOGTLÄNDISCHE TRILOGIE 24. November 2016 – Barbara Honigmann DAS SINGENDE SPRINGENDE LÖWENECKERCHEN 14. Dezember 2016 – Heinz Drewniok KARL UND KASIMIR / DIE JÄGER / UNTERM APFELBAUM 25. Januar 2017 – Heinz Fühmann DER STURZ DES ENGELS 16. Februar 2017 – Manfred Bieler ZAZA 22. März 2017 – Thomas Brasch SINBAD / Heiner Müller DER MANN IM FAHRSTUHL / Volker Braun DER EISENWAGEN 18. April 2017 – Ronald M. Schernikau IRENE BINZ. DIE FRAU IM KOFFERRAUM 18. Mai 2017 – Die Affäre um Heiner Müllers DIE UMSIEDLERIN 6. Juni 2017

Nachschlag

Abkürzungen

AdK = Akademie der Künste, Berlin
BArch = Bundesarchiv
BE = Berliner Ensemble
BStU = Behörde des Bundesbeauftragten für die Stasi-Unterlagen
BZ = Berliner Zeitung
DT = Deutsches Theater, Berlin
FAZ = Frankfurter Allgemeine Zeitung
FR = Frankfurter Rundschau
ND = Neues Deutschland
NZ = Neue Zeit
TdZ = Theater der Zeit
ZK = Zentralkomitee der SED = Sozialistische Einheitspartei Deutschlands

Anmerkungen

1 Entwurf zur Kulturkonferenz der SED 1957 BArch DR 1/8243
2 BArch DR 1/6042
3 Ebenda
4 BArch DY 30/68747
5 Brief Brechts vom 1.4.1953 BArch DR 1/6042
6 Ebenda
7 Gespräch mit Maik Hamburger, Shakespeare-Übersetzer und ehemaliger Dramaturg am Deutschen Theater Berlin, November 2019, in einem seiner letzten Interviews vor seinem Tod.
8 Petra Stuber, Spielräume und Grenzen, Berlin 1998, S. 179
9 BArch DR 1/6047
10 Berliner Zeitung 4.7.1953
11 Neues Deutschland 3.7.1953
12 Leserbrief Johannes Resch, Berliner Zeitung 9.7.1953
13 Berliner Zeitung 9.10.53
14 Kritiker und Leiter des Konrad Wolf Archivs der AdK, BArch DR 1/6047
15 Neue Deutsche Literatur, Heft 7, 1955, S. 136–138
16 BArch DY 30/85045
17 Porträt Kipphardts in: Neues Deutschland 9.10.1953
18 BArch DY 30/68747
19 Ebenda
20 BArch DY 30/68744
21 BArch DY 30/68747
22 Ebenda
23 Andrei A Shdanow, Rede auf dem 1. Union(s)kongress der Schriftsteller 1934 in: Über Kunst und Wissenschaft. Berlin 1951
24 Neues Deutschland 17.2.1959
25 Neues Deutschland 27.2.1959
26 BArch DY 30/7011
27 BArch DY 30/68744
28 Alle Zitate Protokoll Kulturkommission, BArch DY 30/68747
29 Süddeutsche Zeitung am 30.4.1971
30 Süddeutsche Zeitung am 10.5.1971
31 BArch DY 30/68748
32 BArch DY 30/85035
33 Ebenda
34 Bernhard Reich »Im Wettlauf mit der Zeit«, Berlin-O 1970
35 AdK, Friedrich Wolf Archiv M 303
36 Günther Rühle, »Theater in Deutschland 1945–1966«, Frankfurt 2014
37 Friedrich Wolf, Tägliche Rundschau 4.4.1952
38 Alfred Polgar, »Ja und Nein«, Hamburg 1956
39 Herbert Jhering »Theater der produktiven Widersprüche«, Berlin-O 1967
40 Siehe: Gerhard Schmidt, »Zwischen Antimoderne und Postmodere«, Berlin o.J.
41 Werner Mittenzwei, »Das Leben des Bertolt Brecht«, Berlin/Weimar 1986

42 Archiv Berliner Ensemble
43 Werner Mittenzwei, »Das Leben des Bertolt Brecht«, Berlin/Weimar 1986
44 Ebenda
45 Klaus Pierwoss, »Eislers Faustus«, in: Das Argument, 2015.
46 Walter Ulbricht, »Die Geschichte der deutschen Arbeiterbewegung«, Band 4, Berlin/DDR 1954, S. 604.
47 Theater der Zeit 6/1976
48 Martin Linzer, Theater der Zeit 12/1984
49 Brief 20.8.1965, AdK, Alfred Matusche Archiv, Sign. 80
50 Ebenda, Brief vom 23.12.1965
51 Protokoll Hans-Otto-Theater Potsdam vom 10.3.1966, AdK Alfred Matusche Archiv 80/43-44,
52 Ebenda, Brief vom 16.4.1966
53 Ebenda
54 Internes Protokoll einer »Auswertung des Durchlaufs Kap der Unruhe am 9.3.1972 in der Künstlerischen Leitung« der Volksbühne Sign 44
55 Brief vom 22.12.1966, AdK, Alfred Matusche Archiv Sign. 75
56 Ebenda
57 Konzeptpapier AdK, Alfred Matusche Archiv Sign. 75
58 Brief vom 14.6.1969, AdK Alfred Matusche Archiv Sign. 80
59 Ebenda
60 Ebenda
61 Henryk Bereska, 1926–2005, Schriftsteller und Übersetzer polnischer Literatur
62 Neues Deutschland am 27.12.70
63 Martin Linzer, Theater der Zeit 4/1971
64 Notiz aus dem Nachlass, in: AdK, Alfred Matusche Archiv Sign. 25
65 BArch DY 30/70771
66 Zentrales Parteiarchiv Sign. IV 2/1/188
67 BArch DR 1/6111
68 In: Programmheft »Kap der Unruhe, Volksbühne Berlin, Spielzeit 71/72
69 Christoph Schroth, Gespräch mit dem Autor am 10.1.1972, unveröffentlichte Mitschrift, AdK, Alfred Matusche Archiv Sign 44
70 Tyche ist in der griechischen Mythologie die Göttin des Schicksals, der glücklichen (oder bösen) Fügung und des Zufalls. Die römische Entsprechung ist die Göttin Fortuna.
71 Siehe: fembio.org
72 Elfriede Brüning, Geburtstagsbrief, Berliner Zeitung 9.8.1967
73 Jan Koplowitz, Berliner Zeitung 17.6.1958
74 Ebenda
75 Tagesspiegel 23.3.1986
76 Sender Freies Berlin 16.3.1986
77 Die Weltbühne 1.4.1986
78 Archiv Deutsches Theater Berlin
79 Gespräch mit Maik Hamburger, November 2019
80 Verlautbarung der Parteileitung des DT, »Information zur Faust-Inszenierung des DT«vom 18.11.1968, BArch DY 30/68478
81 BArch DY 30/68476
82 Archiv Deutsches Theater Berlin
83 BStU 000336, Archiv Außenstelle Rostock, AKG Nr. 182, Bd. 1
84 Historischer Spitzelbericht aus dem Programmheft der Uraufführung, in: Anne Marie Lange, »Berlin zur Zeit Bebels und Bismarcks«, Berlin 1976
85 BStU MfS Br Rostock AKB Nr. 182 Bd. 1
86 Neue Zeit 29.7.1974
87 Neues Deutschland 19.10.1974
88 Theater der Zeit 6/1977
89 Neue Zeit 2.10.1974
90 In: Kurt Bartsch, Zugluft, Berlin 1968
91 Siehe: Joachim Walter, Sicherungsbereich Literatur, Berlin 1999, S. 53
92 BStU MfS AOP 7941/84
93 BStU MfS HA XX 3846
94 Bericht von Regisseur Ernstgeorg Hering, Theater der Zeit 12/1974
95 Regina Weicker, Theater der Zeit 3/1977
96 Neue Zeit 14.9.1974
97 Martin Linzer, Theater der Zeit 12/1974
98 Neue Zeit 14.9.1974
99 Ebenda
100 Theater der Zeit 3/1977
101 Ebenda
102 Ebenda
103 Neue Zeit 14.9.1974
104 Regina Weicker Theater der Zeit 3/1977
105 Ebenda
106 Ebenda
107 Werner Hecht, Brecht Chronik, Ergänzungen, Frankfurt 2007, S. 84

108 Werner Hecht, Brecht Chronik, Frankfurt 1997, S. 860
109 Die Weltbühne 18.1.1949
110 Werner Hecht, Brecht Chronik, Frankfurt 1997, S. 862
111 Ebenda S. 869
112 Ebenda S. 938
113 Ebenda S. 860
114 Werner Hecht, Brecht Chronik, Ergänzungen, Frankfurt 2007. S. 105
115 Werner Hecht, Brecht Chronik, Frankfurt 1997, S. 1076
116 Klaus Völker, Brecht Chronik, München 1997, S. 371
117 Werner Hecht, Brecht Chronik, Frankfurt 1997, S. 901
118 BArch DR 1/7881
119 Bertolt Brecht, Die Dialektik auf dem Theater, Werke V 15, S. 79
120 BArch DR 1/7881
121 Ebenda
122 Staatliche Kommission für Kunstangelegenheiten, StaKoKu von 1951 bis 1953. Danach trat das Ministerium für Kultur an ihre Stelle, BArch DR 1/6111.
123 BArch NY 90/536
124 AdK – O ZAA 118/262
125 Ebenda
126 In: Bertolt Brecht, »Die Gedichte«, Frankfurt/M. 2007, S. 1534
127 Friedrich Dieckmann, »Wer war Brecht?«, Berlin 2003, S. 170
128 BArch DR 1/7881
129 Adolf Dresen, »Siegfrieds Vergessen«, Berlin 1992, S. 198
130 AdK Archiv Rainer Kirsch, Sign. 209
131 Gutachten zu »Heinrich Schlaghand« von Heinz Czechowski, Magdeburg 24.11.72, Typoskript, in: AdK Rainer Kirsch Archiv, Sign. 209
132 BStU 000129 bzw. MfS AIM 9188/91 Teil II Bd. 5
133 Nach: Robert Darnton, »Die Zensoren«, München 2014, S. 211
134 Siehe: Karl-Heinz Braun, »Herzstücke«, Frankfurt 2019, S. 517
135 Zitiert nach: »Nachruf auf Rainer Kirsch«, https://vs.verdi.de/themen
136 Zeit Online, abgerufen am 1.6.2020
137 Michael Opitz im Gespräch im Deutschlandradio Kultur, Lesart, 17.7.2014
138 Rainer Kirsch, Interview zum 80. Geburtstag, Neues Deutschland 17.7.2014
139 Neues Deutschland am 23.9.1983
140 Neues Deutschland am 26.3.1981
141 Theater der Zeit, 5/1981
142 Peter Reichel, Theater der Zeit, 5/1981
143 Deutschlandfunk Kultur, Köln am 24.4.2007
144 BStU, MfS HA XX 20217/0060
145 11. Plenum des ZK der SED, siehe Seiten 65 und 221
146 BArch DY 30/85403
147 Nach Hartwig Albiro, »Der Brand« in: H.A. »Nicht ohne Narrheit«, Nürnberg 2008
148 Programmheft Deutsches Theater 22.12.1983
149 Ernst Schumacher, Berliner Zeitung am 10.1.1984
150 Christoph Hein, in: Die Wochenzeitung, Zürich 7.6.1985
151 Archiv des Deutschen Theaters Berlin
152 Martin Krumbholz, Laudatio für Christoph Hein, Walter-Hasenclever-Literaturpreis der Stadt Aachen 2008
153 BArch AY 30/27352
154 BArch WR 1/8407
155 ZEIT – online Archiv, Jahrgang 1984, Ausgabe 10
156 BArch DY 30/85405
157 Hans-Dieter Schütt, Neues Deutschland 2.10.2018
158 Rainer Kerndl, Neues Deutschland 30.12.1977
159 Ernst Schumacher, Ein bayerischer Kommunist im doppelten Deutschland, München 2007
160 Theater der Zeit 7/1971
161 Irina Liebmann, »In seiner Freizeit las der Angeklagte Märchen«, Nachwort, »Wer spricht?«, Köln 1992
162 Theater der Zeit 3/1988
163 Gerd Loschütz in: Georg Seidel, Materialien, Düsseldorfer Schauspielhaus 1989/1990
164 Foto aus dem Stadtarchiv Schwedt
165 Georg Seidel Archiv Berlin AdK Sign. 644

166 Theater der Zeit 3/1990
167 Interview mit Joachim Lux, in: Materialien Düsseldorfer Schauspielhaus 1990
168 Typoskript Archiv Verlag Henschel Schauspiel
169 Ernst-Günter Kautz, Theater der Zeit 1/79
170 Helmut Ullrich, Neue Zeit am 3.10.1978
171 Rainer Kerndl, Berliner Zeitung am 4.10.1978
172 Ingeborg Pietzsch, Theater der Zeit 3/1988
173 Theater der Zeit 6/2001
174 BStU MfS BV Berlin Abt. XX 7905
175 Ebenda
176 Ebenda
177 Ebenda
178 Joachim Walter, Sicherungsbereich Literatur, Berlin 1999
179 Erhard Preuk, Programmheft »Barby«, Landestheater Halle 1.10.1983
180 Peter Hacks, Werke 13, S. 16
181 Theo M. Lies, »Eine Idee im Rollstuhl«, in: Liberal Demokratische Zeitung der DDR 20.10.1983
182 Rudi Strahl im Gespräch mit Hans-Rainer John, Theater der Zeit 2/1984
183 Georg Antosch: »Komödiantisches Denkvergnügen«, in »Neue Zeit« am 8.2.19 83
184 Theo M. Lies: »Eine Idee im Rollstuhl« in »Literatur Der Zeit«, Liberal-Demokratische Zeitung der DDR am 20.10.1983
185 Hans-Rainer John: »Dritter Versuch« in Theater der Zeit 2/1990
186 Dieter Kraft: »Der entkettete Knecht«, Vortrag Tagung Hacks Gesellschaft am 6./7. 11. 2009
187 Peter Hacks, »Der Müller von Sanssouci«
188 Archiv Deutsches Theater Berlin
189 Henryk Keisch in: Neues Deutschland a, 20.3.1958
190 Fritz Erpenbeck, Berliner Rundfunk am 15.3.1958
191 Walther Pollatschek, Berliner Zeitung am 4.10.1962
192 BArch DY 30/68747, Interne »Erste Information der Kulturabteilung« des ZK vom 12.1.1963
193 BArch DY 30/68747
194 Berliner Zeitung 31. 6. 1963
195 BArch DY 30/68747
196 Archiv Deutsches Theater Berlin
197 Neues Deutschland 17. 4. 63
198 Protokoll der Betriebsversammlung der Partei im Deutschen Theater, BArch DY 30/68747
199 BStU Abt. XX/4014
200 Michael Bauer, »Ich find' Engel toll«, Theater heute 8/91
201 Programmheft »Entdeckungen 7«, dem 90. Geburtstag von Bertolt Brecht gewidmet, Mecklenburgisches Staatstheater Schwerin 29./30.1.1988
202 Axel Werner im Gespräch am 13. 9. 2019 – Auf dem Personenzettel der Uraufführung sind die Namen des Regie-Duos von Hand durchgestrichen und als Regie »Kollektiv« angegeben, ausgedruckt mit einem kleinen Stempel.
203 Irina Liebmann im Gespräch am 11. 10. 2019
204 Martin Linzer, Gewidmet: Brecht, Theater der Zeit 4/1988
205 Nach Ronald Weber, Der Freitag 21/2015
206 Archiv der Fachhochschule für Technik und Wirtschaft, FHTW, früher HfÖ, Hochschule für Ökonomie, in: Matthias Braun, Drama um eine Komödie, Berlin 1995
207 Heiner Müller Archiv, AdK Berlin
208 B. K. Tragelehn, »Die Leiche im Keller«, Interview mit Dieter Kranz, Manuskript 1990, AdK Archiv Tragelehn 128
209 Ebenda
210 Siehe: Marianne Streisand, Chronik einer Ausgrenzung, in: Sinn und Form, 43. Jahrgang 1991, 3. Heft, S. 429–286 sowie: Matthias Braun, Drama um eine Komödie, Berlin 1995 sowie: Thomas Irmer/ Matthias Schmidt, Die Bühnenrepublik, Theater in der DDR, Berlin 2004
211 In: B. K. Tragelehn »Die Umsiedlerin« von Heiner Müller, Fragment eines Modellbuchs, Berlin 2004 AdK Archiv Tragelehn Sign. 231
212 BArch DY 30/7011
213 BArch DY 30/68751
214 Ebenda
215 Ebenda

216 FAZ 1. 8. 2019
217 Die Zeit Nr. 51, 8.12. 2015
218 AdK, Archiv Tragelehn Sign 250
219 TdZ 5/1961
220 Tragelehn: Aus dem Interview von Dieter Kranz mit Heiner Müller und B. K. Tragelehn, gesendet am 28. 5.1990 auf Radio DDR 2 und gedruckt unter dem Titel »Argumente gab es nie« in: »Sonntag Nr. 31«, 5. 8.1990, S.3 f. Das hier wiedergegebene Zitat findet sich nur im Manuskript. AdK Archiv Tragelehn Sign. 128
221 Manuskript, geschrieben während der Proben, AdK Tragelehn Archiv Sign. 442
222 Dieter Kranz, »Argumente gab es nie«, Interview mit Heiner Müller und B. K. Tragelehn, Radio DDR 2, 28. 5.1990 in: AdK B. K. Tragelehn Archiv Sign 128
223 Christoph Hein, »Wunden – für Heiner Müller« zum 9.1.1996, in: Ausstellungs-Prospekt HOWEGE, »Die Umsiedlerin« Modellbuch, Berlin 9.1. 2004
224 In: Heiner Müller, »Die Umsiedlerin« 1961, Fragment eines Modellbuches, B. K. Tragelehn, HOWEGE Wohnungsbaugesellschaft, Berlin 2004 in: AdK Archiv Tragelehn Sign. 231
225 Heiner Müller, MP3, Tondokumente 1972–1995, Berlin/Köln o. J.
226 Heiner Müller, »Theater-Arbeit«, Berlin 1974
227 Theater der Zeit 3/1971
228 Programmheft »Die Schlacht« Westfälische Schauspielschule, Schauspielhaus Bochum, Theater Unten, Spielzeit 81/82
229 Georg Hensel, Spielplan, München 1992
230 Hartmut Lange im Gespräch am 23. 3. 2013
231 Andreas W. Mytze im Gespräch mit Hartmut Lange, Der Tagesspiegel 17.1.1974
232 Theaterinternes Gutachten, Archiv Deutsches Theater Berlin
233 Archiv Deutsches Theater Berlin
234 Der Spiegel 36/1966
235 Ebenda
236 Berliner Zeitung am 26. 3. 64
237 Ebenda
238 Neues Deutschland am 13. 3.1964
239 Gespräch Lotte Loebinger mit Myriam Sello-Christian, Neues Deutschland 4. 3.1964
240 Neues Deutschland am 10. 8.1965
241 BStU MfS BV Berlin Abt. XX/4300
242 Brief vom 13. November 1965, in: Günther Agde, Kahlschlag, Berlin 1991, S. 288f
243 BStU MfS AP 13966/92
244 Information über ein Theaterstück von Manfred Bieler, Beschluss des Politbüros vom 9.11.1965, in: Günter Agde, Kahlschlag, Berlin 1991, S.293 ff
245 BStU MfS AP 13966/92
246 Gunnar Decker, »1965 - Der kurze Sommer der DDR«, München 2015
247 Ebenda
248 Jochen Cerny, »Versuch, ein Fazit zu ziehen«, in: Günter Agde (Hrsg.), Kahlschlag, Berlin 1991, S. 166
249 Stadtarchiv Tübingen Sign. E 399/0025
250 FAZ am 17.12.1969
251 Neue Zürcher Zeitung, 12.12.1969
252 Schwäbisches Tagblatt 15.12.1969
253 FAZ am 17.12.1969
254 Stadtarchiv Tübingen Sign. E 399/0139
255 Volksblatt am 23.1.70
256 Schwäbisches Tagblatt am 13.12.1969
257 Siehe Programmheft Berliner Ensemble Nr. 133, November 2011
258 FR am 13. 3.1978
259 Die Zeit am 24. 3.1978
260 Tagesspiegel Berlin am 9. 3.1978
261 Reinhold Andert/Wolfgang Herzberg, »Der Sturz. Erich Honecker im Kreuzverhör«, Berlin 1990
262 Thomas Brasch in der Sendung »Bücherrunde« des ORB, 1990.
263 In: Hannes Schwenger, »Sicherheitsbereich Literatur«, Berlin 1996
264 Günter Kunert, Das Schwein ist kein besserer Künstler, in: FAZ 9.10.1996
265 Annekatrin Hendel, »Vaterlandsverräter«, TV Dokumentation 2011
266 Paul Gratzik, »Der Führer und sein Leibbursche Karras«, Manuskript
267 In: Theater der Zeit 2/71
268 Manfred Nössig, Theater der Zeit, 4/76
269 Rainer Kerndl, Neues Deutschland am 19. 2.1976

270 Kurt Schumacher, Berliner Zeitung a, 19.2.1976
271 Martin Linzer, Theater der Zeit 2/1978
272 Rolf Schneider, »Kohlenkutte«, über Paul Gratzik in: Der Spiegel, 12.07.1982
273 Neues Deutschland am 19.2.1976
274 Manfred Nössig, Theater der Zeit 4/1976
275 Ernst Georg Hering, in: »Gratziks Stücke«, Publikumsgespäch 7.4.1976
276 Joachim Walther »Sicherungsbereich Literatur«, Berlin 1999, S. 344f
277 Christian Bormann, »Reste der Berliner Mauer nach dem Abriss«, Berliner Morgenpost 20.1.2019
278 Siehe Roehricht, »Seltsame Zeiten – Der Einzelne und die Diktatur«, Manuskript, Karl Dedecius Archiv, Bibliothek Collegium Polonicum, Slubice/Polen, Inventar Nr. HB 7 – 190 und 191
279 Lea Grundig, nach Helga Wolle, »Freude am Sein und So-Sein«, NZ 11.8.74
280 Hans-Dieter Schütt, Neues Deutschland am 10.12.2014
281 Karl Hermann Roehricht in einem Film von Harald Quist, Fernsehen der DDR 1979
282 Berliner Zeitung am 13.12.1975
283 Martin Linzer, Theater der Zeit 4/1975
284 Siehe Roehricht, »Seltsame Zeiten«
285 Bernd Ehrhardt, Kreiskalender Oder–Spree 2016
286 Siehe Roehricht, »Seltsame Zeiten«
287 Christa Wolf, Gerhard Wolf (Hrsg.) Unsere Freunde, die Maler, Berlin 1995
288 Auf der Autorenkonferenz 1959 in Bitterfeld erging die Aufforderung an Künstler, Erfahrungen in Betrieben zu sammeln und diese künstlerisch im Stil des sozialistischen Realismus zu verarbeiten
289 Siehe www.fernsehenderddr.de
290 Interview mit Ingrid Feix, in: Junge Welt am 12.11.80
291 Siehe Roehricht, »Seltsame Zeiten«
292 Christian Martin im Gespräch mit Christa Stöß, Ellefeld/Plauen, September 1995, in: Programmheft Theater 89, Berlin 1996
293 Interview mit Skadi Jennicke, Theater als soziale Praxis, Berlin 2011
294 Privatarchiv Christian Martin
295 Brief Martins an die Herausgeber 16.10.2019
296 Reclams neuer Schauspielführer, Stuttgart 2005
297 Christian Morgenstern, »Palmström«, Berlin 1910
298 Hans-Dieter Schütt, »Saure Süßigkeiten«, Neues Deutschland 11./12. 6.2016
299 Martin Linzer, Kritik »Das Kind« Schweriner Entdeckungen, Theater der Zeit 4/88
300 Heiner Müller, Berliner Zeitung, am 22./23.1.1994
301 Romancier, Mitglied des ZK, Präsident des Schriftstellerverbandes 1978–1990
302 Ein Journalist, u.a. bei »Die Zeit«
303 Der Spiegel vom 26.3.1979
304 Heiner Müller »Theater Arbeit« Rotbuch 142 Berlin 1976
305 Der Spiegel vom 30.3.1986
306 In: Programmheft Volksbühne »legende« 2019
307 Schernikau Archiv, Akademie der Künste Berlin Sign. 312
308 Ebenda
309 Programmheft Volksbühne »legende« Berlin 11.12.2019
310 Erika Runge, »Schernikau: ... lieben was es nicht gibt«, zitiert nach: »legende« Nachwort, Verbrecher Verlag, Berlin 2019, S. 1051
311 Siehe Internet unter Schernikau »legende«, und Matthias Frings »Der letzte Kommunist«, Kritiken
312 Neues Deutschland am 19.4.2014
313 Schriftstellerverband (Hrsg), X. Schriftstellerkongress der DDR, Arbeitsgruppen, Berlin/Weimar 1987
314 BArch DR 1/13157
315 Gespräch mit Volker Braun im Herbst 2019
316 In: Bericht für Beratung der Kulturkommission des Politbüros, BA DY 30/18561

Bildnachweise

Trotz intensiver Bemühungen konnten nicht alle Inhaber der Rechte an Bildern oder Texten ausfindig gemacht werden. Wir bitten bei berechtigten Ansprüchen um Kontaktaufnahme.

Umschlag vorn: Harry Hirschfeld
Umschlag hinten: Wolfram Schmidt
S. 13: Helga Albrecht
S. 35: Presse- und Informationsamt der Bundesregierung / Christa Hochneder
S. 36: Presse- und Informationsamt der Bundesregierung / VEB Landesdruckerei Sachsen
S. 51: Presse- und Informationsamt der Bundesregierung / Eva Kemlein
S. 58: Bernd Frank
S. 61–63: Harry Hirschfeld
S. 71: Ulrich Rödiger
S. 72 oben und unten: Ulrich Rödiger
S. 77: Bernd Frank
S. 84: Helmut Brade
S. 88: Franziska Poreski und Christo Libuda, Entwurf Karl-Ernst Hermann
S. 97: SLUB Dresden / Deutsche Fotothek / Abraham Pisarek
S. 99: Helga Albrecht
S. 101: SLUB Dresden / Deutsche Fotothek / Roger Melis
S. 112, 113: Manfred Karge
S. 114: SLUB Dresden / Deutsche Fotothek / Abraham Pisarek
S. 115: Presse- und Informationsamt der Bundesregierung / Vera Katschorowski-Stark
S. 119: SLUB Dresden / Deutsche Fotothek / Roger Melis
S. 123: SLUB Dresden / Deutsche Fotothek / Christian Borchert
S. 129 oben und unten: Martin Dettlof
S. 135: SLUB Dresden / Deutsche Fotothek / Abraham Pisarek
S. 139: Theater der Stadt Schwedt
S. 141: Volker Pfüller
S. 146, 150: Wolfram Schmidt
S. 153: Jürgen Groß
S. 156: Presse- und Informationsamt der Bundesregierung / Jürgen Sindermann
S. 159 links: SLUB Dresden / Deutsche Fotothek / Roger Melis
S. 159 rechts: SLUB Dresden / Deutsche Fotothek / Christian Borchert
S. 164: Georg Meyer-Hanno
S. 167 oben und unten: Georg Meyer-Hanno
S. 175: Bernd Frank
S. 184/185: Karl Schrader
S. 186: Helga Albrecht
S. 189 oben und unten: B.K. Tragelehn
S. 191: Heiner Müller
S. 197, 200: Harry Hirschfeld
S. 203: SLUB Dresden / Deutsche Fotothek / Abraham Pisarek
S. 207 oben und unten: Harry Hirschfeld
S. 208: Bernd Frank
S. 213: Helga Albrecht
S. 217, alle Fotos: SLUB Dresden / Deutsche Fotothek / Abraham Pisarek
S. 232: SLUB Dresden / Deutsche Fotothek / Roger Melis
S. 237: Bernd Frank
S. 240: Paul Ensikat
S. 243, 247, 250: SLUB Dresden / Deutsche Fotothek / Abraham Pisarek
S. 252: Privat, Familie Roehricht
S. 264: Horst Hussel
S. 273: SLUB Dresden / Deutsche Fotothek / Klaus Morgenstern
S. 276: Sören Schulz
S. 282: Helga Albrecht
S. 289: Matthias Horn
S. 294: Sören Schulz
Klappe Autorenfoto: Angela Fensch